朱明数 编

赓续·变革

清代学术与思想
研讨会论文集

社会科学文献出版社
SOCIAL SCIENCES ACADEMIC PRESS (CHINA)

代前言·赓续·变革

——清代学术与思想研讨会致辞

林存阳

中国社会科学院古代史研究所

谢谢主持人余来明先生！

尊敬的各位专家学者：

上午好！

非常感谢大家拨冗参加今天的"'赓续·变革——清代学术与思想'研讨会"！见到这么多熟悉的师长好友，以及久闻大名、拜读过作品但未谋面的诸多才俊，非常高兴，也甚感荣幸！本次会议虽然规模不大，但我想，从某种意义上来说，还是别具一格的。

自 1904 年章太炎先生发表《清儒》以来，关于清代学术与思想的研究，已即将一百二十年。百余年来，大家、名家辈出；研究成果、视野、方法、理论，与时俱进；相关文献整理与开拓，更是愈益丰硕。不过，就学术会议来看，多侧重于某位学者或地域学术，从整个清代学术思想着眼的，还很不够。而且，即使前者，近些年来无论频率还是声音，也越来越少、越来越弱。宝岛那边，过去举办过几届以"清代学术"为题的会议，但这些年来，也后继乏力，活跃度明显降低。但事实上，经过百余年的持续耕耘，我们有必要，也有条件，对清代学术与思想研究的历程、升降、成就、问题，进行回顾、总结、省思；而随着科研条件的改善，尤其是互联网、数字化、数据库、大数据提供的极大便利，文献整理成果的大量涌现，我们的治学生态比前辈学者好很多，按道理说，也应更有一番新作为。总之，如何在新的起点上，整装再出发，是我们需要认真思考的一个大问题，也是新时代推进文化自信自强建设中，清代学术与思想研究的意义与活力之所在。我们本次会议的举办，就是想在这方面做点新尝试。

从整个会议的情况来看，我个人觉得，还是很有特色和亮点的。就参会人员来说，体现了三个结合：一是年龄上，既有活跃在科研一线、具有代表性的壮年派知名学者，也有冉冉升起的青年才俊，还有正在攻读学位、具有学术发展潜质的博士生，不同年龄段人的结合；二是学科上，文史哲的结合；三是领域上，科研人员、学术刊物、出版社的结合。这三方面的会聚一堂，显然比单打一，更能激发出互动效应和活力。在《研究文化史的几个重要问题》一文中，梁启超先生用了一个词，即"互缘"，也就是"互相为缘"，意思是："这件事和那件事有不断的联带关系，你靠我、我靠你才能成立，就在这种关系状态之下，前波后波衔接动荡，便成一个广大渊深的文化史海。"这个说法，也很适合于学术会议功能的彰显。正所谓"独学而无友，则孤陋而寡闻"。

再从研讨内容来看，大家关注的问题，既有对清代学术与思想的宏观性回顾、反思，理论、方法的探讨，持整体性、贯通性视野，也有对具体个案的精细化探究；既有对老问题的再思考，也有对新议题的发掘与开拓；既有对清代当时学术与思想的深度诠释，也有对清代学术与思想研究史的观照呈现。尤其突出的是，有相当多的内容，聚焦于清代的经学、礼学问题。在《近世之学术》中，梁启超先生曾强调："本朝学派，以经学考据为中坚。"看来，梁先生的这个判断，是很有眼光和识见的。

一时代有一时代之学术，因之而产生不同的问题意识、治学方法。就实而论，清代的学问，虽有部类之分、专门之学，但大要而言是整全的。近代以来，由于受西学的影响，分科之学盛行，传统学问被切割开来，虽然有其合理性、便利性，但也产生不少问题。对此，钱穆先生曾有一反思，指出："文化异，斯学术亦异。中国重'和合'，西方重'分别'。民国以来，中国学术界分门别类，务为专家，与中国传统通人通儒之学大相违异。循至返读古籍，格不相入。此其影响将来学术之发展实大，不可不加以讨论。"（《现代中国学术论衡·序》，九州出版社，2012，第 1 页）今天，各种情况更是发生了很大变化，以"统合"的视野和方法，考察清代的学术与思想，似乎是值得努力的一个方向。

关于清代学术的评判，自章太炎、梁启超、钱穆等先生以来，已经形成了诸多具有典范意义的观点和理念（例如：理学反动说；不识宋学即无以识近代，不知宋学则无以评汉宋之是非的每转益进说；内在理路说；乾嘉或清代新义理学；吴皖非分帜，乾嘉学派是一个历史过程等）。其中，梁启超先生的"理学反动"说、清代学术"以经学考据为中坚"的判断，尤其值得注意。我的恩师陈祖武先生，更在 1992 年出版的《清初学术思辨录》中，提出"以经学济理学之穷"的命题，并在之后的论著中，续有拓展，以阐释清代学术的进路和特征。陈先生"以经学济理学之穷"这一命题的提出，应该说，既是对前辈学者观点的赓续，更是解读清代学术的一个新尝试、新推进。从学界同人对此命题的采用、借鉴来看，这一命题还是得到认可的，从而也显示了其解释力。当然，如何深化这一命题，还需更多的同人继续努力。我个人的一点粗浅体会，陈先生的这一观点，既是一个命题，也是一个方法，更是一种理念，而且，包含了多个可以阐发的层面。由于时间关系，这里不能展开，只简单谈一下清代理学、经学嬗变的大轮廓。

就理学在清代的发展而言，无论政治层面，还是学术层面，理论性的探讨相较于宋明时期，新意、突破不大，而更注重修身、践履、力行；理学虽然经过清初"崇儒重道"，尤其是康熙帝"理学真伪论"的抉择，成为主流统治思想，但在整合社会、凝聚人心方面也遇到不小的挑战。怎么走出面临的困境，是个大问题。而与理学的衰微形成对照，经过清初大儒顾炎武等的倡导，经学愈益受到关注，至乾嘉时期遂蔚为大观，就连康熙帝、乾隆帝也致力于"以经学为治法"的文化治策导向。基于此，《经义考》、御撰诸经、《三礼义疏》、《四库全书》、《皇清经解》及《续经解》等，相继推出；"通经明道"、"以礼代理"、经世致用等，亦成为学人运思的鹄的。所有这些，无不呈现出一种新的发展态势；同时，也体现了自清初以来兴起的"以经学济理学之穷"的时代与学术走向。

　　附带说一下，筹备这个主题的会议，既是偶然，又是酝酿已久。说偶然，是因为2023年2月6日，我和杨华先生参加丁鼎先生的"《三礼学通史》专家评鉴会"，杨兄打电话提议一起搞个学术活动，于是一拍即合，说干就干。选个什么主题呢？我想起了前几年与雷平兄的一个因疫情未能举行的合作会议计划——"赓续·变革·转型——清代学术与思想"学术研讨会，比今天的主标题多"转型"一词，与杨兄、雷兄磋商后，就定下武汉大学中国传统文化研究中心、中国社会科学院古代史研究所清史研究室、湖北大学历史文化学院三家联合主办。接下来，不到一周的时间，会议方案、邀请函、邀请专家学者、预订宾馆等等，大体上就都就绪了。而这一切，要归功于杨华主任、雷平院长的神速办事效率，以及为会议事宜付出辛苦劳动的朱明数老师等团队成员。最关键的，还是诸位师长、友朋的鼎力支持、快速回应。在此，我要向大家致以最诚挚的感谢，谢谢啦！

　　最后，还有一个期待，那就是：期待"'赓续·变革——清代学术与思想'研讨会"不仅是一个开端，而且能够持续、多种形式地举办下去。当此全面建设社会主义现代化国家新征程扬帆远航之际，作为推进文化自信自强的应有之义，清代学术与思想的研究，可谓恰逢其时，应该在赓续前贤的基础上，有一番新的作为。与大家共勉！

　　大幕已经开启，来自全国各地的专家学者齐聚珞珈山，论学互动，定会呈现出不一样的思想烟火，非常期待诸位高贤的精思妙论！

　　谢谢！

目　录

清代学术史研究的回顾与再思考

李帆

北京师范大学历史学院

改革开放以来，特别是 20 世纪 90 年代以来，中国学术史研究是学界一个不大不小的热点，相关著述一再问世，讨论的问题也越发宽泛，触角深入到很多领域，似已成为清季民国之后的第二个高峰。尤其是对清代学术史的研究，无论研究深度还是广度，较之以往均有较大突破，成绩斐然。尽管如此，该领域仍存在不少需要完善的空间及需深入反思之处，甚至某种程度上已出现研究瓶颈，制约着下一步的顺利发展。所以，总结清代学术史的研究进展，分析其利弊得失，显然颇有必要。

一

学术史在中国出现得不是很早，基本上是近代的产物。有学者认为二十四史中的《儒林传》以及《明儒学案》之类的书都属于学术史的范畴，然以今日标准而言，这些著述不能算是严格意义上的学术史。真正的学术史研究兴起于清季，盛行了数十年，一直延续到民国年间，章太炎、刘师培、梁启超、罗振玉、王国维、胡适、钱穆等学者为之做了大量工作。从 20 世纪 40 年代开始，以"学术史"命名的著作就不多了。此后直至 20 世纪 80 年代，学术史研究长期不景气。一直到改革开放后的第二个十年，即进入 90 年代以后，学术史再度引发学界的关注，从而活跃起来，成了学界热点之一。

在学术史研究的这波热潮中，既有纵论中国学术发展历程的多卷本通史性著作问世，如李学勤主编《中国学术史》、张立文主编《中国学术通史》、张岂之主编《中国学术思想编年》等，又有通论中国传统学术史的单卷本著述如卢钟锋《中国传统学术史》、陈祖武《中国学案史》等，还有一系列专论一朝一代学术发展历程的断代学术史问世。体裁上以章节体为主，但继承传统又有出新的学案体著述也不乏佳作，如杨向奎主编《清儒学案新编》、张岂之主编《民国学案》等。可以说，通过这些著作和相关论文的系统研究，中国学术史的大体框架已基本构建起来，一些重要论题也得到了初步解决。特别是某些时段的学术史相对更受重视，所取得的研究成就也更显著些，清代学术史的研究就是如此。

清季民国之时，学术史最早引发学界关注之际，清代学术史即学界研讨的重点，章太炎的《訄书·清儒》《清代学术之系统》，刘师培的《近儒学术统系论》《清儒得失论》《近代汉学变迁论》，梁启超的《论中国学术思想变迁之大势·近世之学术》《清代学术概论》《中国近三百年学术史》，胡适的《清代学者的治学方法》，罗振玉的《本朝学术源流概略》，钱穆的《中国近三百年学术史》，等等，都是这方面的名作，对于奠定清代学术史研究的学术根基起了巨大作用。改革开放以后，尤其是20世纪90年代以来，出版或再版了一批具有较高学术水准的探讨清代学术史的著作，使清代学术史研究再现辉煌，如陈祖武《清代学术源流》，陈祖武等《乾嘉学派研究》，陈祖武、朱彤窗《乾嘉学术编年》，王俊义《清代学术探研录》，胡楚生《清代学术史研究》及《清代学术史研究》（续编），黄爱平《朴学与清代社会》，陈居渊《汉学更新运动研究——清代学术新论》，林存阳《清初三礼学》，漆永祥《乾嘉考据学研究》，张舜徽《清代扬州学记》，陈其泰《清代公羊学》，黄开国《清代今文经学新论》，罗检秋《嘉庆以来汉学传统的衍变与传承》《近代诸子学与文化思潮》，程尔奇《晚清汉学研究》，汤志钧《近代经学与政治》，陆益军《道光时代汉学研究》，朱维铮《求索真文明——晚清学术史论》，王汎森《权力的毛细管作用：清代的思想、学术与心态》《中国近代思想与学术的系谱》，熊月之《西学东渐与晚清社会》，罗志田《权势转移：近代中国的思想、社会与学术》，郑师渠《晚清国粹派文化思想研究》，刘巍《中国学术之近代命运》，桑兵、关晓红主编《先因后创与不破不立：近代中国学术流派研究》，桑兵《晚清民国的国学研究》《晚清民国的学人与学术》，王先明《近代新学——中国传统学术文化的嬗变与重构》，左玉河《从四部之学到七科之学——学术分科与近代中国知识系统之创建》，李帆《章太炎、刘师培、梁启超清学史著述之研究》，张勇《梁启超与晚清"今文学"运动——以梁著清学史三种为中心的研究》，等等。此外还有大量的学术论文问世。与此同时，与清代学术史相关的资料整理工作也取得很大成就，清代主要学者的著作基本都有整理本问世，如顾炎武、黄宗羲、王夫之、胡渭、阎若璩、惠栋、戴震、段玉裁、王念孙、王引之、阮元、凌廷堪、焦循、庄存与、刘逢禄、宋翔凤、龚自珍、魏源、戴望、陈澧等；清季民国交替之际的主要学者如康有为、梁启超、章太炎、刘师培、罗振玉、王国维、廖平、皮锡瑞等的著作更受重视，有多种不同版本的整理本问世；一些新的学术史文献也被发现和整理，如柴德赓《清代学术史讲义》，松崎鹤雄译注的罗振玉《清朝学术源流概略》等。所有这些，都为清代学术史研究向更深广处开掘，产出更多高精尖成果，奠定了非常重要的文献基础。与此同时，一些基金项目也对清代学术史研究进行资助，如国家清史纂修工程项目"清史·朴学志""清史·类传·学术"，以及各类国家社会科学基金、教育部项目等。不过，相较其他领域，清代学术史研究方面的学术交流不是十分活跃，围绕徽学、湘学、蜀学、扬州学派等清代地域学术展开的研讨交流活动相对多些，针对清代整体学术演进所开展的全国性的学术研讨交流活动稍显沉寂。

在国际上，出于多种因素，中国学术史的研究并非热点所在，清代学术史相对受重视些，但研究成果亦不丰厚。美国学界从事这方面研究的以华人学者居多，代表作如余英时《中国思想传统的现代诠释》《论戴震与章学诚：清代中期学术思想史研究》等，在国内同行中产生了比较广泛的影响。此外，艾尔曼的《从理学到朴学：中华帝国晚期思想与社会变化面面观》《经学、政治和宗族：中华帝国晚期常州今文学派研究》也对中国学界影响较大。日本学者的著作、论文比较集中在乾嘉学术思想和晚清学术思想的研讨上，如滨口富士雄《清代考据学之思想史的研究》、桥本高胜《戴震哲学研究》、冈田武彦《戴震与日本古学派的思想——唯气论与理学批评论的展开》、青木晦藏《伊藤仁斋和戴东原》、坂出祥伸《焦循的学问》、高田淳《辛亥革命和章炳麟的齐物哲学》、嵯峨隆《近代中国的革命幻影：刘师培的思想和生涯》等。由于日本从事学术史研究的学者多属哲学学科，故相对重视学术思想史或哲学思想史的探讨，特色鲜明。大体而言，清代学术史的研究力量和成果主要集中在中国，国际化倾向并不明显。

综观这一时期研究清代学术史的论著，处在前沿的学术成果主要集中在以下几个方面：

第一，在继承前人的基础上开新。章太炎、刘师培、梁启超、钱穆等学者的研究成果奠定了清代学术史的研究根基，特别是梁启超的《清代学术概论》《中国近三百年学术史》和钱穆的《中国近三百年学术史》树立了研究典范。今人的研究则在继承他们的基础上，有了更多创新。一方面，章太炎、刘师培、梁启超、钱穆等集中探讨过的问题，如清代学术的由来、政治环境变化对清代学术的影响、考据学的发展阶段、考据学的派别问题等，今人都在继续探讨，而且得出了更多更合乎历史实际的结论；另一方面，今人的研究内容较之前人大大扩展了，所谓"清代学术"在今人那里的范围更宽，所涉地域、学者、流派更广，所以相应的论著也更多样纷繁。

第二，注重研究范式的归纳总结。经过百余年来的发展，清代学术史的研究范式大体已构建起来。今人很重视归纳总结这些范式，有学者曾归纳出几个基本范式，如章太炎的"反满说"、梁启超与胡适的"理学反动说"、钱穆的"每转益进说"、侯外庐的"早期启蒙说"等。[①] 另外，以"遗老"立场书写清代学术史的罗振玉等人的作品，也被视为研究的一种类型，受到越来越多的关注。

第三，个案研究更为丰富。清代学术史的核心问题前人已做过不少探讨，但个案相对集中，如探讨吴派、皖派、扬州学派、常州学派的学术，

---

① 陈居渊：《20世纪清代学术史研究范式的历史考察》，《史学理论研究》2007年第1期。

研究顾炎武、黄宗羲、王夫之、惠栋、戴震、阮元等最主要学者的贡献。今人研究的视野则开阔得多，不仅探讨的学术流派、学术地域、学术命题扩展丰富了许多，而且学者个案的研究极大扩展，清代前中期的主流学者多被分别研究，问题探讨愈发细致；对晚清学者的深入细致的个案研讨则是近些年来的一大亮点，在继续重点研讨章太炎、康有为、梁启超等学者的基础上，刘师培、廖平、皮锡瑞等一批以往研究相对薄弱的学者受到更大关注，涌现一系列专门成果，如李帆《刘师培与中西学术》、陈德述等《廖平学术思想研究》、吴仰湘《皮锡瑞的经学成就与经学思想》等。此外，清季民初的学术转型问题成为一个探讨的热点，相关成果层出不穷。

第四，注重与思想史、思潮史、社会史、制度史等的交叉融合。作为知识史的重要一环，学术史向来与思想史、思潮史密不可分。如果说思想是"浪花"，学术便是思想浪花下面深深的"海水"，两者处在不同层面，但也不能截然分离，王元化先生所倡导的追求有思想的学术或有学术的思想，一直为学者努力的目标。实际上，梁启超、钱穆的清代学术史名著同时也是清代学术思想史或学术思潮史著作。今人在这方面的研究成果不少也是学术史与思想史或思潮史的融合。同时，作为一个研究领域，学术史不仅只研究学者精神层面的结晶，也要研究许多物质层面、制度层面的事物，即学术传承、学术环境、学术制度、学术组织等等，都在研讨的范围以内，所以社会史、制度史等和学术史的交叉融合也是近年来的一个亮点。在这方面，清代学术史的研究也不例外，学术制度史、学术社会史的新成果一再问世，在学术界产生了良好反响。

二

清代学术史的既有研究成果已然非常丰厚，这为后续研究打下了坚实基础，同时也为学术开新带来一定困难。应该说，在清季民国学人所奠定之根基上，现有研究在拓展深化方面成绩显著，但开新就意味着不能仅是"接着讲"，而是要实现继承传统基础上的新突破，这是难点所在。

就学术定位而言，清代学术是集中国古典学术之大成的学术，其中的晚清学术又是熔中西学术于一炉的学术。这就要求清代学术史的研究者需具备中国古典学术的基本素养，并在此基础上通晓近代以来学科体系化的西学。这两方面兼长自是很高的要求，相对而言具备中国古典学术的根基和修养更为繁难，因我们已长期身处西方式的近代学科体系中，对于自身的学术传统和丰厚底蕴反而有所陌生。质言之，中国传统学术的特色是以人统学，文史哲不分泾渭，遑论自然与人文、社会之界限，治学者有"以天下为己任"的情怀，士不可以不弘毅，视学问为身心家国一体之事，格物、致知、诚意、正心、修身、齐家、治国、平天下乃求学、治学的目标阶梯。这样的学术，研究主体和研究对象之间的界限并非全然分明，常常主客不分、学用一体，和西方学术主客分离、"为学术而学术"的传统差异甚大，尽管梁启超说清代考据学具有西方式的科学精神，但恐怕仍是形似而非神似，似是而非。实际上，以人统学、主客不分的中国传统学术讲求的是通人之学，而以学统学、主客分离的西方近代学术讲求的是专家之学。集中国古典学术之大成的清代学术，自然也在通人之学的范畴中，要充分了解和认识它，可能更为关键的是把握住其以人统学的特色，如学术传承中学缘关系、血缘关系、地缘关系之为要素，而非专业化的学科分类；而研究清代学术史的今人，却是在西式学科分类体系下所受的教育，乃专家之学的训练，以此研究古学系统中的清代学术，难免有枘凿之处。张之洞曾有言："由小学入经学者，其经学可信；由经学入史学者，其史学可信；由经学、史学入理学者，其理学可信；以经学、史学兼词章者，其词章有用；以经学、史学兼经济者，其经济成就远大。"[①] 这是研治学用兼长之中国学问的典型经验之谈，也是真正贴近中国学问本体的切肤之论，西式学科分类体系下训练出的今之学人，恐难依此而做。一方面，清晰的学科边界意识使学者们"专家"意识颇强；另一方面，森严的学科壁垒也使学者们局限于现代文、史、哲各学科中，欠缺跨越小学、经学、史学、理学的学术训练。以"专家"之身从事"通人"之学，确也勉为其难，但做清代学术史研究，又不能不具备"通人"素养。所以，打破学科

---

① 张之洞编撰，范希曾补正，孙文泱增订《增订书目答问补正》，中华书局，2011，第570页。

壁垒，补上小学、经学等学术短板，以"了解之同情"心态与清人处同一立场，竭力接近清人学术本相，恐怕是实现清代学术史研究新突破的一个关键。至于研治交汇了中西学术的晚清学术史，则又需在中西之间出入，抓住其从古典走向近代的过渡性特点，把握好古典学术和近代学科之间的辩证关系。两者皆需有志者挣脱现有学科体系的诸般束缚，下一番艰苦卓绝的功夫。

从学术格局、境界和体验上贴近清人学术之本相，只是研究清代学术史的必要前提。要想撰述好清代学术史，还需明了清代学术史论述与清代学术史本体之间的差异，正如有学者所指出的，"清代学术史和清代学术史论述是历史运动本体和历史记述两者的关系，两者既有密切联系，也有差别，不能简单等同。现有的成形的清代学术史论述自有其产生的背景、经过和内容，与中国近代知识与制度转型的具体进程密切相关。在现实层面上，它是一百多年来学术的运动过程所积累的研究成果的总和。在理论方面，它是有别于清代学术史的本体的认知"。① 这样的表述，实际是提示研究者要在清代学术史的历史书写层面多下功夫。重要的历史现象一出现，往往就会有对它的相关议论同时面世，集中国古典学术之大成的清代学术自然也不例外。有清一代，学术从业者本身和他人对于本朝学术自始至终都不乏议论和叙述，这些议论和叙述实际构成了清代学术史的"前史"，对于清代学术史话语体系的形成，起着重要作用，如被誉为清代学术史论述的典型和源头之一的阮元《儒林传稿》，就是其中的代表。尽管清代学术史论述有别于清代学术史本体，但梳理清楚清代学术史论述的源头、相关语境、演进历程及其与晚清以来中国知识、制度转型的关联，进而厘清清代学术史话语体系的建构关键，形成"后见之明"，以此为基础所撰就的清代学术史著述，庶几可更近于清代学术史本体。这样的研究，实际是在清代学术史的历史书写层面所做，应是突破现有研究瓶颈的一个关键。换句话说，此为既有的清代学术史论述的"史源学"。现今的清代学术史研究，应在阮元《儒林传稿》之类的原始论述基础上前推后延，用

---

① 戚学民：《阮元〈儒林传稿〉研究》，生活·读书·新知三联书店，2011，第6页。

"上穷碧落下黄泉"的精神与态度穷尽清代学术史论述的"史源",再以此为根基,引入个体生命体验,书写出这一代人的"清代学术史"。之所以如此,盖因学术史以历史上的学者为研究对象,研究学术史者则为今之学人,今之学人自身的学术历程具有生命体验的意义,以此去体会古之学者,等于主体对主体,会生"同情之了解",更何况中国传统学术的特色乃以人统学,与个体生命体验往往分不开。以"史源学"为本,基于个体生命体验所写出的清代学术史著述,应会成为贴近清代学术史本相之作,也会成为学术史的一代佳作。

除此之外,要实现清代学术史研究的突破,恐怕还需在前提预设层面多做些工作。在这方面,概念史视角与方法的引入是非常必要的。多年来,学术界在研究清代学术史时不太注意相关概念的谨严,习惯于约定俗成、不言自明的思维方式,以至于有些学术讨论未在同一话语层面展开,如"清代学术"本指有清一代的全部学术,但学界时有以"清学"指代"清代学术"的现象。"清学"固然可作为"清代学术"的简称,但它更多是指一种以考据见长的学术形态,可与汉学、宋学并列。再如"经学""汉学""考据学""朴学"一类名称,也是治清代学术史时常用的概念,但清人所言"经学"所指为何?是否将古文经学、今文经学都包含在内?是否与"汉学"为同等概念?清人之"考据""考证"之学是否可与"朴学"同等视之?类似问题与概念,应属清代学术史研究的前提预设,不界定清楚,各由自身逻辑或喜好用之,可能会导致很大的理解偏差,使学术对话难以持久。而概念史的研究,恰可弥补此不足。概念史依托于两个前提:"一是历史沉淀于特定概念,并在概念中得到表述和阐释;二是这些概念本身有着自己的历史,走过不同的历史时期。"① 讲求的是概念在历史语境中生成,在历史过程中不断被表述和阐释,并非静态之物。实际上,清代学术史的上述核心概念即如此。若能在撰著清代学术史时,首先以概念史的视角、方法厘清核心概念本义及其流变,再书写学术史本体,从而

---

① 方维规:《概念史研究方法要旨》,黄兴涛主编《新史学(第三卷):文化史研究的再出发》,中华书局,2009,第8页。

让学界同行和读者能明确知晓全书的前提预设，准确把握作者意旨，庶几可令相关学术讨论真正处在一个平台之上，避免鸡同鸭讲的弊端，使该领域的研究工作真正获得实质性的进展与突破。

当然，作为一个相对繁难的学术领域，清代学术史研究既需要深厚的学术根基和开阔的学术视野，又需要"板凳一坐十年冷"的精神与意志。要研究好它，当今学者可能还欠缺一些必要的古典学术训练，知识结构上也不完整，这需要采取专门措施予以培养和完善。与此同时，也要创造条件，既在课题立项、经费投入等方面予以专门支持，为研究者解除后顾之忧；又要营造超脱功利、不计得失的学术氛围，使研究者有开创名山事业之心，真正坐稳冷板凳，长期刻苦钻研。如此，定能在前人基础上取得突破性的成就。

[本文发表在《华中师范大学学报》（人文社会科学版）2023 年第 3 期]

清代史学的近代误读与校验

谢贵安

武汉大学中国传统文化研究中心

武汉大学历史学院

本文所说的"清代史学",是指在清代前中期（1644～1840）所产生的思想史（如"新民本"思想）、学术史（如乾嘉考据学、章学诚"六经皆史"、崔述疑古考信）等史学成果。本文所说的"近代"是指晚清民国时期（1840～1949）。晚清民国时期,西方史学大量传入中国,清代史学成为因应和嫁接西方史学的本土资源,被做了过多的西方式的阐释,甚至被认为属于某些西方史学的同类现象,从而出现了误读以及随之而来的校验实践。校验是对误读现象的一种校正和验证。外来异质文化在向本土文化传播时,除了与本土文化产生激烈的冲突,形成文化交流中的排异现象外,还会产生潜渐的"涵化"（acculturation）,形成文化交流中的互渗状态。文化涵化时,本土文化表现为以与自身相和谐的方式对外来文化加以诠释、消化和吸收。面对外来文化的陌生概念和现象,人们常常用本土文化中相似的概念和现象进行"对接"、"翻译"和"诠释",并渗入自身的理解,形成"误读"（misreading）,但恰恰是这些不准确的充斥着"误读"的"译本",适应了本土文化的习惯和本社会的需要,消除了深受本土文化熏陶的人们对外来文化感通的阻隔,而得以迅速传播。[①] 关于清代史学在"对接"西方近代史学时出现的误读现象,前人曾从不同侧面做过精到的论述,[②] 但未

---

① 参见郭齐勇《文化学概论》,湖北人民出版社,1990,第274～275页。

② 萧功秦:《近代中国人对立宪政治的文化误读及其历史后果》,《战略与管理》1997年第4期;何锡蓉:《朴学的误读——兼论实证主义在近代中国》,《学术月刊》2004年第3期;邢兆良:《是"误译"、"误读",还是主动选择——近代科学文化的传播与近代中国社会思潮的变迁》,《上海交通大学学报》（哲学社会科学版）2006年第4期;王丹:《从西方对近代中国的理解看中西方的文化误读》,《中国科技信息》2009年第5期;刘雄伟:《"六经皆史"的近现代误读》,《天津社会科学》2017年第2期。

见系统和全面的研究；至于清代史学误读后的校验问题，则未见有人做专门探讨。下面试做论述。

一 清代史学普遍性的近代误读

近代中国人在用清代史学与相似的西方史学进行对接时，会出现两种情况：普遍性的误读和差异性的误读。前者是指近代学界普遍认为某类清学与传入的某类西学相似，从而进行一致性的比附；后者是指近代学者由于个人经历、学术素养、政治立场等方面的不同，而对某类清学与外来的某类西学进行特殊的比附和认知，这种比附并未获得其他学者的认同。普遍性的误读，往往反映了近代学界在以清学对接西学上的普遍认同，可以说形成了一种学术浪潮。近代学界产生的普遍性误读，如认为以黄宗羲《明夷待访录》为代表的"新民本"思想就是欧洲的"启蒙思想"（如卢梭的"社会契约论"），清代的"古学复兴"就是欧洲的"文艺复兴"，乾嘉考据学方法就是欧洲科学实证主义方法等。这种简单而明了的嫁接和误读，并非一人一家所为，而是近代学者共同的认识。普遍性误读的出现，是近代中西史学"碰撞—交融"潮流激起的主要浪花。下面分题叙述。

第一，将清初"新民本"思想误读为"启蒙思想"。晚清民国时，康有为、梁启超、郑观应、章太炎、刘师培等一大批学者普遍地将清初思想史上的"新民本"思想①误读为欧洲 17～18 世纪的"启蒙思想"，特别是其中的"社会契约论"和"民主"思想（君主立宪和民主共和）。黄宗羲《明夷待访录》中反对君权，重视相权、学校议政的思想资源，被一致性地比附为卢梭社会契约论、君主立宪制甚至民主共和思想。1891 年，康有为不仅称赞"本朝人物以黄梨洲为第一"，②而且还用黄宗羲"天下为主，君为客"的话语来阐释社会契约论。③ 1902 年，梁启超直接将黄宗羲比附

---

① "新民本"思想是对旧民本思想的升级，将旧民本思想的"民本—尊君"上升为"民本—限君"模式。参见谢贵安《试论明末清初"新民本"思想》，《江汉论坛》2003 年第 10 期。

② 《万木草堂讲义·七月初三夜讲源流》，姜义华、张荣华编校《康有为全集》第 2 集，中国人民大学出版社，2007，第 290～291 页。

③ 《孟子微·总论第一》，《康有为全集》第 5 集，第 421 页。

为中国的卢梭，说"孕育十九世纪之欧洲者谁乎？必曰卢梭"，然后指出："吾中国亦有一卢梭，谁欤？曰梨洲先生。"① 1904 年，他又指出："《明夷待访录》之《原君》《原臣》诸篇，几夺卢梭《民约》之席；《原法》以下诸篇，亦厘然有法治之精神。"② 1908 年，章太炎也将黄宗羲思想解释为君主立宪制，认为"余姚者（指黄宗羲——引者），立宪政体之师。观《明夷待访录》所持重人民、轻君主，固无可非议也"。③ 1904 年，刘师培在《黄梨洲先生的学说》一文中，直接把《明夷待访录》与卢梭的《民约论》相比较，表示对黄宗羲"五体投地而赞扬靡止"。④ 他还在编写的《中国民约精义》一书中，反复将黄宗羲的思想与卢梭的社会契约论相比附。⑤ 除黄宗羲外，王夫之、顾炎武、唐甄的思想，也常常被晚清民国学者误读为欧洲启蒙性质的民主思想。梁启超认为，王夫之的思想与黄宗羲一样都有反专制的性质："《黄书》亦《明夷待访》之亚也，其主张国民平等之势力，以裁抑专制，三致意焉。"⑥ 1948 年，柳诒徵在其《国史要义》中，将《日知录·周室班爵禄》中"为民而立君"——天子不过是众多爵位中的一种，他的赋入也不过是俸禄中的一种，"而非绝世之贵"，既"不敢肆于民上以自尊"，也"不敢自取于民以自奉"——的观点，阐释为近代民约论。⑦

第二，将清代"古学复兴"误读为"文艺复兴"。近代学者在描写清代学术史发展的曲折历程时，普遍地将它与西方的"文艺复兴"相比附。⑧ 1904 年，梁启超认为清朝 200 余年共分 4 期，第一期顺康间，谈程朱、陆

---

① 《〈黄梨洲〉绪论》，汤志钧、汤仁泽编《梁启超全集》第 3 集，中国人民大学出版社，2018，第594 页。
② 《论中国学术思想变迁之大势》，汤志钧、汤仁泽编《梁启超全集》第 3 集，第 85~86 页。
③ 《太炎文录补编·王夫之从祀与杨度参机要》，《章太炎全集》第 11 册，马勇整理，上海人民出版社，2017，第 315 页。
④ 刘师培：《黄梨洲先生的学说》，转引自朱维铮《求索真文明——晚清学术史论》，上海古籍出版社，1996，第 357 页。
⑤ 刘师培：《中国民约精义》卷 2，《刘申叔遗书》，北京修绠堂，1934，第 8 页 b~第 9 页 a。
⑥ 《论中国学术思想变迁之大势·近世之学术（起明亡以迄今日）》，张品兴主编《梁启超全集》第 1册，北京出版社，1999，第 607 页。
⑦ 柳诒徵：《国史要义》，中华书局，1948，第 146 页。
⑧ 参见葛兆光《一个历史事件的旅行——"文艺复兴"在东亚近代思想和学术中的影响》，《学术月刊》2016 年第 3 期。

王问题；第二期雍乾嘉间，谈汉宋问题；第三期道咸间谈今古文问题；第四期光绪间，谈孟荀问题、孔老墨问题。他由此断言："本朝百年之学术，实取前此二千年之学术，倒影而缫演之，如剥春笋，愈剥而愈近里；如啖甘蔗，愈啖而愈有味。"并由此提出了"此二百余年间，总可命为古学复兴时代"的观点。① 随后将这种古学复兴的时代，与欧洲文艺复兴相比附。1920 年，他为蒋百里的书稿《欧洲文艺复兴史》写序时，特别提到 16 年前他对清学类似欧洲文艺复兴的判断，遂将"古学复兴时代"特改为"中国之'文艺复兴时代'"。② 胡适在其 1919 年出版的《中国哲学史大纲》上卷中，也将清代学术与文艺复兴做了对接。受到梁启超和胡适的影响，1919 年，傅斯年也认为清代学术与文艺复兴相似："清朝一代的学问，只是宋明学问的反动，很像西洋 Renaissance 时代的学问，正对着中世的学问而发。虽说是个新生命，其实复古的精神很大。所以我平日称他做'中国的文艺复兴时代'。"③ 1915 年，时为清华学堂学生的吴宓也有这种误读，不过他仅认为晚清维新以来的清代历史，相当于欧洲的文艺复兴。他在日记指出："文艺复兴之大变，极似我国近数十年欧化输入情形。""近读西史，谓世界所有之巨变均多年酝酿而成，非一朝一夕之故，故无一定之时日示其起结。若欧洲中世之末文艺复兴 Renaissance，其显例也。余以文艺复兴例之中国维新改革。"④

第三，将清代乾嘉考据学误读为科学实证主义。近代学者还普遍将清代的考据学与西方科学实证主义史学相对接。科学实证主义是以德国的历史、语言学的实证为基础，以兰克注重史料分级及史实考证为特征的史学方法。1918 年，钱智修将汉学（考据学）与科学实证主义相比附："自河间献王开古文学之门户，实事求是一语已成汉学家金科玉律，至清世而朴学之士尤重，其说务在得证据明事实以存所治之学之真相，盖与科学方法为近，不得以其研究之内容不同而异之也。"⑤ 次年，胡适也将清朝的朴学

① 《论中国学术思想变迁之大势》，汤志钧、汤仁泽编《梁启超全集》第 3 集，第 103 页。
② 梁启超：《序》，蒋百里：《欧洲文艺复兴史》，吉林出版集团股份有限公司，2017，第 3 页。
③ 傅斯年：《清代学问的门径书几种》，《新潮》第 1 卷第 4 号，1919 年，第 699 页。
④ 《吴宓日记》第 1 册，吴学昭整理注释，生活·读书·新知三联书店，1998，第 381、407 页。
⑤ 钱智修：《功利主义与学术》，《东方杂志》第 15 卷第 6 号，1918 年。

与科学方法相比附："清朝的'汉学家'所以能有国故学的大发明者，正因为他们用的方法无形中都暗合科学的方法。"① 丁文江以自信的态度告诉人们："许多中国人不知道科学方法和近三百年经学大师治学的方法是一样的。"② 傅斯年更以近代德国的历史学和语言学研究为参照，肯定清朝学术的主要成就是历史学和语言学——"三百年中所谓汉学一路，实在含括两种学问：一是语文学，二是史学、文籍考订学"，③ 于是将历史学与语言学整合在一起，建立了中央研究院的历史语言研究所，并宣称"史语所的研究工作系根据汉学与德国语文考证学派的优良传统"④ 而确立，并明确提出"史学只是史料学"。受这股将乾嘉考据学与科学实证主义相比附的潮流的影响，章学诚、崔述这些在生时并不被考据学派所重视的学者的观点，都被误读为科学实证主义史学。对于章学诚的"六经皆史"，胡适指出其"本意只是说'一切著作，都是史料'"。⑤ 崔述《考信录》本是卫道之作，尊崇经的绝对权威，相信经所记载的古史的真实性，而对后人所作的传注中的古史提出怀疑。由于他所否定的传注多为汉代学者所作，因此忤逆了清代考据学家所尊崇的汉代经师，而受到当时清代汉学家们的忽视。受科学实证主义的影响，近代学者误认为崔述重经轻传的方法，与兰克重视一手史料而辨析二手史料的方法相一致，导致崔述之学受到特别的重视。

上述清史学的普遍性误读，是近代史学转型中形成的新学术浪潮的反映。在西学影响下，与之相应的清史现象被一致地选择出来，获得广泛的关注和聚焦。

二 清代史学差异性的近代误读

近代学者在将清代史学对接西学时，既有上述普遍性的误读，也有差异性的误读。对于清学与西学之间的联系，不同的人，由于个人经历、所

---

① 胡适：《论国学答毛子水》，《新潮》第 2 卷第 1 号，1919 年。
② 张君劢、丁文江等：《科学与人生观》，山东人民出版社，1997，第 57 页。
③ 《与顾颉刚论古史书》，欧阳哲生编《傅斯年全集》第 1 卷，湖南教育出版社，2003，第 446 页。
④ 《兰克的生平与著作·按语》，《张致远文集》，台北："国防"研究院，1986，第 124 页。
⑤ 《章实斋先生年谱》，季羡林编《胡适全集》第 19 卷，安徽教育出版社，2003，第 145 页。

受教育、所站立场不同，会对同一现象产生不同的理解，呈现出误读上的差异性或特殊性，而不总是众口一词。

对于王夫之的思想，在其普遍被视为与黄宗羲、顾炎武、唐甄相类的"启蒙思想"和社会契约论的同时，也有学者做了特殊的解释。学者曾将王夫之的思想与西方哲学家费尔巴哈、德国近世理性派和 17 世纪"廉价政府论"派的思想进行挂钩。1944 年，侯外庐在《近代中国思想学说史》中，称王船山"在湖南猺洞里著作有那样大的成就，我们不能不钦服他可以和西欧哲学家费尔巴哈并辉千秋，他使用颇丰富的形式语言成立他的学说体系，我们又不能不说他可以和德国近世的理性派东西比美"；[①] 还说"船山的政治思想，甚可与十六世纪欧洲'廉价教会'的要求，十七世纪以后'廉价政府'的要求相比照"。[②] 但是，侯外庐的上述比附，并未得到其他学者的广泛认同，属于差异性的误读。

对于章学诚的思想，近代学人除了将其"六经皆史"误读为科学实证主义的观念"六经皆史料"外，还误读为与西方历史哲学和史学理论相似的思想。留美归国的何炳松，用所学的西方概念解读章学诚的言论，进行新的认定。1928 年，他认为章学诚的史学观念中有"主观"和"客观"的概念，并认为这些概念超过黑格尔和白克尔等人："（章学诚）对于史学上客观主观的分别看得这样清楚；他对于主观里面两个原素的分析和性质，说得这样彻底；他对于限制主观达到客观的办法想得这样周到。我个人对他，实在不能不五体投地崇拜到万分。我近来再去翻看德国海尔达尔（Herder）的'观念'说，黑格尔（Hegel）的'民族精神'说，英国白克尔（Buckle）的'文化进步的定律'等等'历史的哲学'，我总要发生一种感想，觉得他们的见解太是肤浅，太是没有实质上的根据。就我个人研究世界各国史学名家所得到的知识而论，我以为单就这'天人之际'一个见解讲，章氏已经当得起世界上史学界里面一个'天才'的称号。"[③] 受到

---

① 侯外庐：《近代中国思想学说史》上，生活书店，1947，第 1 页。

② 侯外庐：《近代中国思想学说史》上，第 3 页。

③ 何炳松：《增补章实斋年谱序》，《民铎》第 9 卷第 5 号，1928 年；又收入刘寅生、房鑫亮编《何炳松文集》第 2 卷，商务印书馆，1996，第 236 页。

何炳松这类留洋学者的鼓舞，梁启超对章学诚的阐释也越来越放开。1933年，梁启超将原本当作"科学历史学"的章氏史学特性，阐释为历史哲学："我们看《文史通义》有四分之一或三分之一是讲哲学的，此则所谓历史哲学，为刘知幾、郑樵所无，章学诚所独有，即以世界眼光去看，也有价值。最近德国也有几个人讲历史哲学，若问世界上谁最先讲历史哲学，恐怕要算章学诚了。"①他这种阐释十分前卫，但是也有很多误读的成分。严格来说，中国传统学术中并无"哲学"体系，将章学诚的史学理论解释为类似西方的历史哲学，是个人误读的结果。

还有学者将章学诚"记注"与"撰述"关系的理论，与德国、英国和法国关于史料与史学关系的理论相联系。1931年，罗家伦指出："（史料）虽然不能全部发表，不能不有精密的选择"，"在写史书以前，史料丛书的编订，是必经的阶段。如德国的'Monumenta Germania Historica'、英国的'Rolls Series'和法国的'Collection des Documents lnédits sur l'Histoire de France'正是这一类的重要贡献。最近德国的'Die Grosse politik'，也是一个史料的宝藏"。接着指出，上述西方选择和保存史料的方法，与中国传统的"长编"有相似之处："中国以前的'长编'也仿佛有同样的性质。所以章实斋关于史料整理的意见，说是理宜先作长编。长编既定，及至纂辑之时，删繁就简，考订易于为功（参见《章氏遗书》卷十三）。章氏论史，以'记注'与'撰述'并重，因为名词的用法不同，他所谓史学，只限于史书。他说'整辑排比谓史纂，参互搜讨为史考'；但是史纂史考仍是达到精确的史学所必经的阶梯，所以他说'史之为道也。文士雅言，与胥吏簿谱，皆不可用，然舍此二者，无所以为史也'（参见章氏《文史通义》）。"他因此得出结论，指出西方通过史料纂辑及考订以达到史学精确研究的"这种认识，是中国从前的学者有过的"。②他这里所说的"中国从前的学者"，指的就是章学诚。"记注"与"撰述"关系的论述，与英法德等西方各国的相关论述，固有部分相似，但其间的差异也大，罗

---

① 梁启超：《中国历史研究法》，汤志钧导读，上海古籍出版社，1998，第310页。
② 罗家伦：《研究中国近代史的意义和方法》，《武汉大学社会科学季刊》第2卷第1期，1931年，第146~147页。

家伦将二者相等同，具有误读的成分。

有的民国学者甚至将章学诚的理论误读为启蒙思想和唯物主义观念。章学诚是清代著名的理学家，他提出史德观的目的就是要维护儒家的纲常伦理，但民国时李长之却将其思想阐释为启蒙思想和唯物主义理论。1945年，李长之指出，章学诚学术具有启蒙精神，与五四运动的文化意义相近，称章学诚的"哲学既是那样清浅，是自然主义，是进化思想，具唯物色彩"，"所表现的全然是一个启蒙运动时代（Aufklärung）的精神。中国近代的五四运动，就文化史的意义看起来，不也正是一个启蒙性质的运动么？这也就是章学诚的精神和我们颇有默契处的缘故"。李长之甚至认为章学诚"发明了一种诗的试验法"，即将诗与散文互译，认为这种方法"实在无独有偶，在外国是柏拉图，在中国现代有梁实秋"。[①] "一千个读者眼里有一千个哈姆雷特"，民国学者对章学诚的理解和误读也因人而异。

三　清代史学近代误读的原因

清代史学之所以在近代发生误读现象，是因为它与西方史学之间，存在着多方面的相似性，但这种相似性，往往并非本质上的相同，于是误读得以产生。

第一，内容相似导致误读。清代史学的内容与西学内容有某种相似性，因而导致误读现象的发生。黄宗羲的《明夷待访录》，被一致误读为中国的民约论，是因为前者在论述政治模式时，确立以"万民之忧乐"为政治最高目标，强调以相权制约君权，确立君臣同事关系，建立学校议政制度，在内容上，与卢梭的"社会契约论"、君主立宪制、议会制等有某种相似之处，故而被误认为是中国的"启蒙思想"。王夫之在论"隋均田为虐民之政"时所表达的"生计自由"的观点，被近代学者误读为亚当·斯密的《国富论》中的市场调节观点。王夫之在《读通鉴论》中曾说："人则未有不谋其生者也，上之谋之，不如其自谋；上谋之，且弛其自谋

---

① 李长之：《章学诚的文学批评》，《国立中央大学文史哲季刊》第 2 卷第 2 期，1945 年，第 135~136 页。

之心，而后生计愈蹙。故勿忧人之无以自给也，借其终不可给，抑必将改图而求所以生，其依恋田畴而不舍，则固无自毙之理矣。上唯无以夺其治生之力，宽之于公，而天地之大，山泽之富，有余力以营之，而无不可以养人。"① 此论反对国家干预经济，而倡导"生计自由"。1906 年，勇立发表《王船山学说多与斯密暗合说》一文，说原以为"若斯密生计学之学说，我国士夫之言，殆无有与之吻合者"，因为"我国士夫素以言利为戒"，但是他"及今读王船山之书，其中所言，竟有与斯密《原富》，不谋而合者"。他感到大为惊奇："噫，亦奇矣！今夫生计自由之论，非创于斯密氏哉？吾人今读其书，鲜不目为新奇之说，而抑知船山先生，早剀切言之。"他断言王夫之的观点："此与斯密生计自由之说，真若无毫发之差者！卓哉！船山，其殆我国最大之计学家，而与斯密东西辉映者乎！"② 勇立首次阐发了王夫之蔑视政府作为、相信市场力量的观点，认为与亚当·斯密将经济规律视为"看不见的手"的观点如出一辙。该文在《东方杂志》上发表后，引起了较大反响。同年，《北洋官报》便以《时论采新》为题，分两期从《东方杂志》上转载《王船山学说多与斯密暗合说》一文。③ 第二年，《四川学报》也予以转载。④ 1944 年，侯外庐在引述了《黄书·大正第六》之后，指出"大贾富民者，国之司命"，在于自由参加产业活动，和"故家大族""墨吏猾胥"之超经济剥削，是相为对立的，从而断言："今按船山此段文字，虽有他所谓'观物避炎威'之诗意，而颇具洛克的近代思想，更接近亚旦斯密士之'国民之富'的观点。"⑤ 王夫之的"生计自由"的观点，的确与亚当·斯密市场调节的观点有相似之处，但二者产生的土壤不同，所论述的经济现象也不尽相同。斯密的《国富论》涉及生产、收入、资本、货币、贸易、税收等几乎所有的经济学说重

---

① 王夫之：《读通鉴论》卷 19《隋文帝·隋均田为虐民之政》，《船山全书》第 10 册，岳麓书社，1996，第 710 页。
② 勇立：《王船山学说多与斯密暗合说》，《东方杂志》第 3 卷第 10 期，1906 年。
③ 勇立：《王船山学说多与斯密暗合说》，《北洋官报》第 1217 册，1906 年，第 5~6 页；第 1219 册，1906 年，第 5~6 页。
④ 勇立：《王船山学说多与斯密暗合说》，《四川学报》丁未第 3 册，1907 年，第 1~3 页。
⑤ 侯外庐：《近代中国思想学说史》上，第 4 页。

要课题，而王夫之的"生计自由论"只是在读史时有感而发，且所论仅限于朝廷对生计的干预与否，二者有本质区别。然而，勇立等近代学者，却抓住王夫之史论的只言片语，便将二者做本质上的联系，并进而指出："吾始闻东海、西海心同理同之说，窃尝疑之。及读中外鸿哲学说，乃喟然叹曰：'古人之言，不我欺也。'"并相信"近人谓泰西名哲所见之理，我国古代实早发明，非过言也"。① 其言已滑入"古已有之"的论调之中。

第二，形式相似导致误读。清代史学的运动方式与西方史学的相似，易于被近代学人比附和误读。如清代古学复兴的运动方式，是以向后的形式展开，这与欧洲文艺复兴的运动形式相似，于是晚清民国学者便将前者误读为后者。1904年，梁启超在《论中国学术思想变迁之大势》中，指出清朝两百余年学术运动的形式，"实取前此二千年之学术，倒影而缫演之"，并断言"此二百余年间，总可命为古学复兴时代"。② 这种复古向后的运动方式，颇像欧洲的文艺复兴，因此他放言：欧洲"文艺复兴者，由复古得解放也，果尔，吾前清一代，亦庶类之"。③ 胡适因为清代学术"古学昌明"，即向后发力，与文艺复兴相似，指出："综观清代学术变迁的大势，可称为古学昌明的时代，自从有了那些汉学家考据、校勘、训诂的工夫，那些经书、子书，方才勉强可以读得。这个时代，有点像欧洲的'再生时代'。（再生时代，西名 Renaissance，旧译文艺复兴时代）欧洲到了'再生时代'，昌明古希腊的文学、哲学，故能推翻中古'经院哲学'的势力，产出近世的欧洲文化。"④ 傅斯年也因为清代学术是宋明理学的"反动"，即向后运动，而认为其"很像"欧洲的文艺复兴。

第三，方法相似导致误读。清代乾嘉考据学、章学诚的"六经皆史"、崔述的疑古考信等，均因方法与科学实证主义方法相似，而被近代学者直接等同，形成误读。清代乾嘉考据学之所以被误读为欧洲的科学实证主义，究其原因，也是二者的考证方法有相似处。清代乾嘉考据学确立了

① 勇立：《王船山学说多与斯密暗合说》，《东方杂志》第 3 卷第 10 期，1906 年；《四川学报》丁未第 3 册，1907 年，第 1~3 页转载。
② 汤志钧、汤仁泽编《梁启超全集》第 3 集，第 103 页。
③ 梁启超：《序》，蒋百里：《欧洲文艺复兴史》，第 3 页。
④ 胡适：《中国哲学史大纲》，商务印书馆，1926，第 9 页。

"实事求是"的原则，重视原始史料搜集、辨析，强调孤证不立，从而被认为与科学实证主义史学重视史料的证据，强调史学的客观性相同。章学诚的"六经皆史"说，也被认为是"六经皆史料"，从而被认为属于科学实证主义"史学即史料学"的范畴。崔述坚信六经、质疑传注的方法，被解读为相信六经这种原始文献，而怀疑传注这种次生文献，被认为与兰克史学重视一手史料、辨析二手史料的方法相同。然而，清代乾嘉考据学与西方科学实证史学在本质上并不同。有学者指出："朴学其实有其内在的学术发展规律，是中国学术土壤中结出的果，它与西方实证科学完全是两回事。受实证科学影响发展出的西方实证主义在近代传入中国，而接受实证主义思想的中国的学者，其实不论对实证主义还是对中国哲学都有误读的成分。厘清这些成分，有助于我们对中国学术文化特点的理解。"①

第四，古汉语言简意赅和模糊宽泛的特点，让学者容易对赖此表达的清代史学中的传统概念、观念，与西方历史哲学思想发生联想，产生指向性的阐释，从而引发不少误读现象。如前述章学诚的"六经皆史"，文字就过于简练，语义比较模糊，可以解释为"六经皆史书"，也可以解释为"六经皆史料"，如果是前者，则意为经书是对"先王之政典"的记载；如果是后者，则与西方科学实证主义"史学即史料学"的观念相接近。因此，清代史学在近代转换中，由于词语的简练模糊而容易被过多阐发，从而被误读为西方史学观念。

总之，由于近代西方史学强劲东传，清代史学只要在内容、形式、方法、语言上与西方近代史学相近，都极易被近代学者有意或无意地在二者之间建立起内在联系甚至是对等关系，从而忽略清代史学所蕴含的民族性特色，产生误读现象。有学者指出："中外交流的历史经验告诉我们，'交流'以'全球化'（普遍性、同质性）的背景框架作为预设回避了'对话'的可能性，从而进一步遮蔽了'民族化'（特殊性、异质性）的现实情境。"② 这导致具有特殊性的清代史学概念和现象与西方的相关问题混为

---

① 何锡蓉：《朴学的误读——兼论实证主义在近代中国》，《学术月刊》2004 年第 3 期，第 15 页。
② 顾晓伟：《在"交流"与"对话"之间重建"家学"——以章学诚研究的接受史为例》，《国际汉学》2017 年春之卷，第 114 页。

一谈。

四　清代史学近代误读的作用

"误读"虽然在两种文化的对接中未能达到精确的标准，但在学术和社会实践中，也常常起到重要作用。近代学者将清代史学误读为西方近代史学，导致后者在中国得以嫁接并迅速传播，进而促进传统史学的变迁和转型。

第一，误读促进西学在中国传播，并最终落地生根。中西文化各有其独特的体系和特殊的运动轨迹，如清代的古学复兴与欧洲的文艺复兴发生的背景、运行的轨迹和本身的性质并不一样，却因为晚清民国学者的误读，而产生密切的联系，客观上促进了中国人对西方相应历史和学术的了解。中国人以前对欧洲"文艺复兴"的概念、内容都十分陌生，但经过与清代"古学复兴"相比附，便很容易接受其概念，了解其内容，并认识其实质。正如赵少峰所说的那样，梁启超通过史学误读的形式，"把西方文艺复兴运动介绍给中国学术界，其观点虽有些片面性，但对西学东传起了一定的作用"。① 当两种异质文化相遇时，往往是陌生、隔阂和对立的，易于发生文化排异和文化冲突，但经过有意或无意的误读，将两种文化中相似的内容和现象加以比附，两种文化间便建立了联系，搭建了津梁。清代史学中的误读事实，证实"误读"属于文化和史学交流中温和的方式。误读是在文化（史学）冲突发生前，在本土文化中寻找可以连接的概念和现象，虽然对原意有所扭曲，但实际上却搭建了一座渡河的桥梁。误读虽然造成一定的理解偏差，却能够使国人引进锚定的先进观念，促使中国传统观念产生积极的变化。像欧洲"文艺复兴"、18~19世纪欧洲"启蒙思想（包括卢梭的社会契约论）"、以兰克为代表的"科学实证主义"等，都曾被以种种误读的方式，与中国的古学复兴、明末清初"新民本"思想、清代乾嘉考据学建立了直接的联系，使前者迅速获得近代中国人的认同和接受，从而在中国扎下根来。

---

① 赵少峰：《〈新潮〉与"中国文艺复兴时代"》，《西部学刊》2015年第11期，第43页。

　　第二，误读促进近代中国史学的变化和发展。近代中国人对清史与西方史学之间的误读，有些是理解不够所造成，有些则是出于一定的目的有意为之。对于后一种现象，章太炎一针见血地指出："民不知变，而欲其速化，必合中西之言以喻之。"① 有意识地将清代史学误读为西方近代史学，能够加快人们对于某些外来史学的理解、吸收和传播，促使中国近代史学迅速转型。近代，误读是一种普遍的现象，重塑了中国的学术体系。在与西方"启蒙思想"的对接中，原本并不存在的所谓顾炎武、黄宗羲、王夫之"清初三大儒"概念，得以重构，在后来的学术史中作为"常识"得以书写。在中国传统的学术史中，只有"十三经""二十四史"等概念，并无所谓"史学三书"，但在应对西方史学理论方法传入时，近代中国学者将刘知幾《史通》、郑樵《通志·总序》和章学诚《文史通义》误读为与西方史学理论方法相似的论著加以重构，使之成为史学史上的通行概念。② 仍以欧洲文艺复兴、启蒙运动为例，民国前期的学者在所撰著作中"将清代学术史比作西方的'文艺复兴''启蒙运动'。这种简单的比附，完全还是以西方史学为蓝本，对中国史学进行简单的分析和论断"，不过，"从某种意义上而言，这种比附突出了清代学术在学术革新方面的贡献"。③ 以梁启超撰写的《清代学术概论》为例，从体例到内容，都呈现出新的面貌。他曾明确叙述道："'清代思潮'果何物耶？简单言之，则对于宋明理学之一大反动，而以'复古'为其职志者也。其动机及其内容，皆与欧洲之'文艺复兴'绝相类。而欧洲当'文艺复兴期'经过以后所发生之新影响，则我国今日正见端焉。"④ 显然，在这部蕴含种种近代误读的清代学术史著作中，历史书写与旧史迥异，学术面貌焕然一新。

　　第三，直接推动了近代学人和政治家的社会实践。近代中国处于大变革之中，亟需新的思想和学术动力加以推进。清代思想史中的先进思想，被误读为欧洲启蒙思想后，就促进了近代社会的急剧变化。维新派思想家

① 章太炎：《变法箴言》，汤志钧编《章太炎政论选集》上册，中华书局，1977，第23页。
② 参见谢贵安《清代史学的近代择受及重构论析》，《中国高校社会科学》2022年第4期。
③ 赵少峰：《西史东渐与中国史学演进（1840—1927）》，商务印书馆，2018，第291页。
④ 梁启超：《清代学术概论》，朱维铮导读，上海古籍出版社，1998，第3页。

康有为、梁启超和郑观应等人将清初"新民本"思想误读为启蒙思想和社会契约论，并广加宣传，在某种程度上推动了戊戌维新运动。试图在中国推行君主立宪制的维新领袖康有为，率先将黄宗羲《明夷待访录》的思想比附为君主立宪思想，称赞"梨洲大发《明夷待访录》，本朝一人而已"，① 并通过对黄宗羲《明夷待访录·原臣》"民为主而君为客"的阐述，将它与西方立宪民主制相联系，称"民聚则谋公共安全之事"，于是"举公人任之"，"众民所归，乃举为民主。如美、法之总统"；"民者如店肆之东人，君者乃聘雇之司理人耳。民为主而君为客，民为主而君为仆"，② 以此鼓动人们进行制度维新。梁启超作为康有为的学生，坚信"乾隆间入禁书类"的《明夷待访录》"的确含有民主主义的精神"，于是"光绪间我们一班朋友曾私印许多送人，作为宣传民主主义的工具"。③ 他还叙述自己与谭嗣同等人为"倡民权共和之说"，将《明夷待访录》节抄，印数万本，秘密散布，"于晚清思想之骤变，极有力焉"。④ 并一再提到他们"窃印《明夷待访录》……等书，加以案语，秘密分布"⑤ 的事实。具有反清性质的同盟会和国粹派，在将《明夷待访录》误读为近代民主思想后，在一定程度上推动了辛亥革命的兴起。后来的同盟会会员、国粹派主帅章太炎在1897 年即指出："昔太冲《待访录》'原君'论学，议若诞谩，金版之验，乃在今日。"⑥ 认为黄宗羲民主君客、虚君重相的"立宪"主张，已在世界各国得到验证。他在《冥契》一文中再一次强调黄宗羲的思想与近代"五洲诸大国，或立民主，或立宪政"的制度相同，并且"黄氏发之于二百年之前，而征信于二百年之后，圣夫！"⑦ 章太炎《訄书》中由《族制》到《冥契》的这 11 篇论文，"不论从哪个角度考察，结论都与二百年前黄宗羲的《明夷待访录》关于否认天子享有独裁特权的议论暗合，即所谓'冥

---

① 《万木草堂讲义·七月初三夜讲源流》，《康有为全集》第 2 集，第 290~291 页。
② 《孟子微·总论第一》，《康有为全集》第 5 集，第 421 页。
③ 梁启超：《中国近三百年学术史》，夏晓虹、陆胤校，商务印书馆，2011，第 60、62 页。
④ 梁启超：《清代学术概论》，朱维铮导读，第 18 页。
⑤ 梁启超：《清代学术概论》，朱维铮导读，第 85 页。
⑥ 章太炎：《致汪康年书》，汤志钧编《章太炎政论选集》上册，第 3 页。
⑦ 《〈訄书〉初刻本·冥契》，《章太炎全集》第 3 册，上海人民出版社，2014，第 28 页。

契'"。① 显然，章太炎通过宣称《明夷待访录》的主张已在世界很多国家获得成功，来鼓动人们在中国也建立民主政治。刘师培甚至认为黄宗羲著《明夷待访录》是为了"定公私之界说"，就像"今太西各国之立法也，有宪法，有皇室典范。宪法者，一国之公法也；皇室典范者，一家之私法也"那样。他还指出："黎洲之所言为天下，非为一姓也；为万民，非为一人也。以君为国家客体，非以君为国家主体也。以君当受役于民，非以民当受役于君也。其学术思想与卢氏同。"② 刘师培在分析黄宗羲的思想后，乐观地指出："本此意以立国，吾知其必为法、美之共和政体矣。"③ 孙中山或其盟友甚至亲自节录《明夷待访录》的《原君》篇，进行散发和传播。④ 可见，同盟会和国粹派常常将黄宗羲《明夷待访录》中的反专制思想，与欧洲启蒙思想中的社会契约论、民主思想相勾连，虽然理解并不精准，但无疑推动了民主共和思想在中国的传播，促进了中国社会的变化。

五　清代史学近代误读的校验

中国史学与西方史学各有体系，两个体系不可能完全相同和相融。虽然西学史学的部分概念和现象与中国相类似，但由于体系的差异，也会出现似是而非的误读现象。误读往往在最初阶段容易产生，随着中西史学交流的加深，国人会对误读现象进行校验。因为误读是一种"文化误导""文化误判"，会引起"文化冲突"，"歪曲认知对象，加深两种文化彼此之间的鸿沟"，⑤ 因此，随着中西文化和史学交流的不断深入，对误读的校验也提上了议事日程。校验是对误读现象的校正和验证，能使中西史学的涵化和交融超越初级阶段的认识，而上升到高级的认知阶段。

---

① 朱维铮：《〈訄书〉发微》，《求索真文明——晚清学术史论》，第 275 页。
② 刘师培：《中国民约精义》卷 2，《刘申叔遗书》，第 9 页 a~b。
③ 刘师培：《中国民约精义》卷 2，《刘申叔遗书》，第 9 页 b。
④ 朱维铮称，小野和子教授在日本发现了《明夷待访录》在清末的一份节刊本，节录的部分是《原君》篇，刊行者不是梁启超，而是孙中山或他的盟友。见朱维铮《求索真文明—— 晚清学术史论》，第 355 页。
⑤ 傅守祥、魏丽娜：《跨文化传播视域中的文明互鉴与文化误读探微》，刘宏、张恒军、唐润华主编《中华文化海外传播研究》总第 4 辑，社会科学文献出版社，2022，第 95 页。

晚清民国时期，继中西史学误读之后，史学校验也随之跟进。就在梁启超、胡适、吴宓将清代复古之学误读为欧洲"文艺复兴"的现象时，傅斯年已经开始了反省。他曾经也视清代学术变迁的大势像欧洲的"再生时代"，但很快就进行了校验，指出："西洋 Renaissance 时代的学者，求的是真理，中国的'文艺复兴'时代的学者，求的是孔二先生孟老爹的真话。他未尝不是要求真理，只是他误以孔二先生孟老爹当做真理了，所以他要求诸六经，而不要求诸万事万物。"① 于是，他对上述误读进行了修正，将近代学术划分为复兴和再造两个阶段，以康有为和章太炎作为清代学问的结束期，而这个时期正好是中国近代文化转移的枢纽，"这个以前是中国的学艺复兴时代；这个以后，便要是中国学艺的再造时代"。②

从 1897 年至 1904 年，梁启超一直将黄宗羲的《明夷待访录》误读为卢梭的《社会契约论》，将前者的"新民本"思想误读为近代民主思想。严复曾责备梁启超不该将中学与西学随便比附，梁氏答道："启超生平最恶人引中国古事以证西事，谓彼之所长，皆我所有，此实吾国虚骄之结习，初不欲蹈之，然在报中为中等人说法，又往往自不免。"③ 到了 1915 年，梁启超对自己将黄宗羲思想误读为民主思想做了校验，认为简单的比附会对中国人进一步全面理解民主思想造成障碍："若稍有牵合附会，则最易导国民以不正确之观念，而缘'郢书燕说'以滋流弊。例如，畴昔谈立宪，谈共和者，偶见经典中某字某句与立宪共和等字义略相近，辄掇拾以沾沾自喜，谓此制为我所固有。其实今世共和、立宪制度之为物，即泰西亦不过起于近百年，求诸彼古代之希腊、罗马且不可得，遑论我国。而比附之言，传播既广，则能使多数人之眼光之思想，见局见缚于所比附之文句，以为所谓立宪、共和者不过如是，而不复追求其真谛之所存……此等陋习，最易为国民研究实学之魔障。"④ 日本学者沟口雄三指出，梁启超等清末进步人士，"称誉黄宗羲为中国式的卢梭"，把他看成"民权主义的

---

① 傅斯年：《清代学问的门径书几种》，《新潮》第 1 卷第 4 号，1919 年，第 701 页。
② 傅斯年：《清代学问的门径书几种》，《新潮》第 1 卷第 4 号，1919 年，第 702 页。
③ 梁启超：《与严幼陵先生书》，《饮冰室合集》文集之一，中华书局，1941，第 108 页。
④ 梁启超：《孔子教义实际裨益于今日国民者何在欲昌明之其道何由》，《饮冰室合集》文集之三十三，第 64 页。

先驱人物",导致"清末民权共和思想之中,《明夷待访录》所占比重之大"。他们把民权思想做了"急躁的和主观的假托",甚至这是"连黄宗羲本人也可能意想不到的"。之所以出现这种误读,是因为近代中国"处于落后于欧洲的状况",使当时的中国人"难免陷入焦躁的困境",从而径直将"卢骚《民约论》出世前数十年"黄宗羲的思想,解读成具有近代性质的君主立宪制式的民主思想。① 美国学者张灏也认为梁启超"对中国政治传统所作的种种道义上的抨击与对一知半解的作为政治良药的民权思想的狂热崇拜搅合在一起",② 导致了对黄宗羲思想的近代误读。

1940 年,萧公权对黄宗羲《明夷待访录》的近代阐释做了校验,认为其思想可能并非与西方卢梭的民约论相类,而是来自中国传统的政治思想,如孟子的民本论。他明确指出"清初民本思想之主要代表当推余姚黄宗羲","《待访录》之最高原理出于孟子之贵民与《礼运》之天下为公。其政治哲学之大要在阐明立君所以为民与群臣乃人民公仆之二义";又进一步指出:"君民之关系既明,梨洲乃进论君臣之关系。其立言亦悉依孟子,一扫专制天下'君为臣纲'之传统思想。"他指出:"以今日之眼光观之,其言不脱君主政体之范围,实际上无多价值。然其抨击专制之短,深切著明,亦自具有历史上之重要意义。"最后,萧公权断言:"梨洲贵民之古义,不啻向专制天下之制度作正面之攻击。使黄氏生当清季,其为一热烈之民权主义者,殆属可能。然而吾人细绎《待访录》之立言,觉梨洲虽反对专制而未能突破君主政体之范围。故其思想实仍蹈袭孟子之故辙,未足以语于真正之转变。"③ 在萧公权看来,黄宗羲的思想并未冲破传统民本思想框架,这是对此前流行的黄宗羲《明夷待访录》为中国之民约论阐释的校验。

对于乾嘉时期崔述的疑古考信思想的近代误读,也有学者进行了校验。1934 年,朱谦之对胡适、顾颉刚等人把崔述《考信录》误读为科学实证主义史学家,提出了疑问,指出:"很可惜的这一位疑古大师对于战国

---

① 沟口雄三:《中国前近代思想之曲折与展开》,陈耀文译,上海人民出版社,1997,第 232~234 页。
② 张灏:《梁启超与中国思想的过渡》,崔志海、葛夫平译,江苏人民出版社,1995,第 89 页。
③ 萧公权:《中国政治思想史》第 2 册,商务印书馆,1948,第 256~257、259、264 页。

秦汉古书的怀疑，而在积极方面，却跳不出理学家卫道的圈套……我不是有意鄙薄崔氏，实在他的卫道之心太切了，由怀疑古书古史，而归结以六经为考信的根据；这不能不说他失却史家之正当精神，也就算不得'科学的古史家'了。"① 这就还原了崔述崇经卫道的真实面貌，而将胡、顾等人披在崔述身上的科学实证主义的外衣揭开。

对于章学诚史学的近代误读，也有民国学者做了校验。1938 年，钱穆针对章太炎、胡适等人误读章学诚"六经皆史"的现象，指出章学诚的"六经皆史"，本意是让经与史一样，都作为先王政事的体现，从而强调其致用之功："章氏'六经皆史'之论，本主通今致用，施之政事……公羊今文之说，其实与六经皆史之意相通流，则实斋论学，影响于当时者不为不深宏矣。近人误会'六经皆史'之旨，遂谓'流水账簿尽是史料'。呜呼！此岂章氏之旨哉！"② 显然，钱穆是从中国传统史学内在理路上探寻"六经皆史"的本意，认为其目的是要说明"六经皆先王之政典"，而非像胡适、傅斯年解释的那样"流水账簿尽是史料"（即一切文字都是史料）。钱玄同对胡适将章学诚"六经皆史"说解释为"六经皆史料"，亦感觉有误读之嫌，于是进行校验，指出："此说我不以为然，不但有增高解释之失，实在和《文史通义》全书都不相合。"③ 他认为将"六经皆史"解读成具有科学实证主义特色的"六经皆史料"，有点太高估身处 18 世纪的章学诚了。事实亦是如此。正如有学者指出的那样："六经皆史"是史学向理学争卫道地位的理论产物，"清人章学诚的'六经皆史'彻底打破了六经对天理的垄断，赋予了史学以同样的达道功能。然而，近代以来，'六经皆史'却被严重地'误读'，它不仅被解读为'六经皆史料'，而且还被赋予了反封建主义的'先进'意义"。④

校验是对误读的超越，有助于分别对清代史学和西方史学进行本质上的追问，加深对清代史学民族特色的认识和重视，从而对初级阶段的简单

---

① 朱谦之：《中国史学之阶段的发展》，《现代史学》第 2 卷第 12 期，1934 年，第 59 页。
② 钱穆：《中国近三百年学术史》上册，商务印书馆，1997，第 433 页。
③ 《钱玄同日记》，转引自刘贵福：《论钱玄同的疑古思想》，《史学理论研究》2001 年第 3 期，第 66 页注 4。
④ 刘雄伟：《"六经皆史"的近现代误读》，《天津社会科学》2017 年第 2 期，第 148 页。

比附予以纠偏。

结　语

所有的历史都是当代史。每个时代的史学家都会根据当下所面临的问题，对历史进行新的解释。清代史学的近代误读，正是这一理论的反映。近代是西学全面进入中国的时代，近代学者在对清代前中期史学进行解释时，必然打上时代的烙印。

在西方史学大规模进入中国的近代（晚清民国时期），清代史学由于与同时代的西方史学发展趋近，又在时间上与近代相接，而常常被近代学者选择出来，作为与西史因应、比附和嫁接的对象。在"以中附西"时，人们习惯于在双方的概念、现象乃至事物、人物中寻找相似之处，而往往忽略二者的差异，容易牵强附会，出现"误读"的现象。近代学者对清代史学的误读，分为两种情况，一是普遍性的误读，如近代人们一致认为清初以黄宗羲《明夷待访录》为代表的"新民本"思想，就是欧洲启蒙思想（如卢梭的社会契约论）；清代二百余年学术的复古倾向，就类似于欧洲文艺复兴；清代重实事、重证据的乾嘉考据学，就是以德国兰克为代表的欧洲科学实证主义。这种普遍性的误读，是一种社会性的史学认知，反映了近代的某种学术思潮的汹涌澎湃，如对"新民本"思想是启蒙思想的普遍性误读，是晚清民国反对专制、倡导立宪和共和民主的学术思潮和社会浪潮的反映；对乾嘉考据学是科学实证主义的普遍性误读，是民国学者建立中西交融的近代史学体系的学术思潮的反映。正因为如此，占据民国学术正宗地位的是"新考据学"，具有崇高威望的学者是"新考据学派"的王国维、陈寅恪、陈垣、顾颉刚等人。二是差异性的误读。指近代学者对清代史学与西史的比附，往往是个人的理解和阐释，并未获得普遍的认同，属于特殊性的学术认知。如王夫之的"生计自由"论被理解为亚当·斯密市场调节的观点；章学诚的史学思想被阐释为唯物主义观念等。这种差异性的误读，未能达成共识，无法形成学术思潮和社会浪潮。清代史学与西方史学对接过程中之所以产生误读，是因为两者之间，存在着内容、形式、方法上等多方面的相似性。在现实需要的推动下，便将二者直接衔接，产生误读。"误读"导致中西史学在对译、互释中未臻精确境界，留下模糊空间和错误信息；但在学术和社会实践中，却也常常起到重要的作用。近代学者将清代史学误读为西方近代史学，既促进了来自异质文化的西方史学，因与本土的清代史学相接而得以迅速被国人接受，而在中国扎根和传播；又促进了近代中国史学，在对清代史学的西学式阐释中，而建立起新的史学体系，有力地推动了传统史学的近代转型；同时还因将"新民本"与民主思想相联系，而促进了中国社会和政治的近代转换。

"误读"在中西史学交流的初期，无疑起到了搭建桥梁的作用，使异质文明得以为国人所直观体验，并进而产生理解和不同程度的认同。然而，这种误读虽有郢书燕说之功，毕竟对中西史学的深入交流和精准理解形成障碍，因此在更高阶段，便有学者对之开展校验，加以超越，以臻化境。近代中西史学的交流，也正是因为这种肯定—否定—再肯定—再否定的误读—校验的实践，得以不断发展和提升，从而推动中国史学从传统向近代的转型进程。

［本文发表在《湖北大学学报》（哲学社会科学版）2023 年第 5 期］

从"卫道"到"辨理"

——汉宋之争的学理脉络

雷　平

湖北大学历史文化学院

汉宋之争为清中叶学术史的一大聚讼问题。学术界关于汉宋之争的既有研究多从汉学家的立场出发，主要关注汉学家对理学空疏学风的批评，而对理学阵营的声音则较少关注，对汉宋之争的焦点也没有给予足够的挖掘，对理学家也较少有"同情之理解"，故而在汉宋之争的评价上呈现贬低理学家的一面倒趋势。笔者以为，从理学家的角度对汉宋之争进行反思，或许能对清代学术的面向有更好的认识，故撰成此文，以求教于方家。

一　方苞、姚鼐集矢于汉学的"卫道"之论

乾嘉时期最早向汉学发起批判的当为桐城派。桐城派坚守程朱理学，以"文以载道"相标榜，主要代表人物有方苞、姚鼐。

方苞，字灵皋，号望溪，桐城人，服膺程朱之学。王兆荣记述方苞自叙为学宗旨说："学行继程、朱之后，文章介韩、欧之间。"[1] 戴钧衡认为方苞"服习程朱，其得于道者备。"[2] 方苞与人交往，凡非议朱子之学者皆视为异端。他曾经激烈批评李塨：

> 窃疑吾兄承习斋颜氏之学，著书多訾謷朱子。习斋自异于朱子者，不过诸经义疏与设教条目耳，性命伦常之大原，岂有二哉？此如

---

① 王兆荣：《原集三序》，方苞：《方望溪全集》，中国书店，1991，第2页。
② 戴钧衡：《重刻方望溪先生全集序》，方苞：《方望溪全集》，第1页。

张、夏论交，曾、言论礼，各持所见，而不害其并为孔子之徒也，安用相诋訾哉？《记》曰：人者，天地之心。孔孟以后，心与天地相似而足称斯言者，舍程、朱而谁与？若毁其道，是谓戕天地之心，其为天之所不祐决矣。故自阳明以来，凡极诋朱子者，多绝世不祀。仆所见闻，具可指数，若习斋、西河，又吾兄所目击也。①

方苞此信指斥诋毁程朱之学者多"绝世不祀"，其态度近乎无礼，所批判对象不仅有倡导经学的毛奇龄，也有主张"习行"的颜元，而他们之所以受到批判皆因"诋朱子"。此处，方苞的卫道之心显露无遗。继方苞之后，桐城派中批评汉学者当数姚鼐。

姚鼐，字姬传，号惜抱，学者称其为惜抱先生。姚鼐曾经想师事戴震，但被戴震婉拒。戴震乙亥《与姚孝廉姬传书》云：

> 至欲以仆为师，则别有说：非徒自顾不足为师，亦非谓所学如足下，断然以不敏谢也。古之所谓友，固分师之半。仆与足下，无妨交相师，而参互以求十分之见，苟有过则相规，使道在人不在言，斯不失友之谓，固大善。昨辱简，自谦太过，称夫子，非所敢当之，敬奉缴。②

从此信可知，姚鼐曾经有与戴震书，称戴为"夫子"，自处门生。但戴震并未许可。戴震的答词中，"非徒自顾不足为师，亦非谓所学如足下，断然以不敏谢也"反映出戴震强烈的自信甚或自负。戴震虽然提出了"交相师"的说法，但此举显然激怒了姚鼐。此段公案后世评说较多。章太炎说："姚鼐，欲从震学，震谢之，犹驱以微言匡饬。鼐不平，数持论诋朴学残碎。"③ 刘师培也说："自桐城姚鼐以宋学鸣于时，为先生所峻拒，因

---

① 方苞：《与李刚主书》，《方望溪全集》，第68~69页。
② 戴震：《与姚孝廉姬传书》，戴震研究会等编纂《戴震全集》第5册，清华大学出版社，1997，第2597页。
③ 《检论·清儒》，《章太炎全集》第3册，上海人民出版社，1984，第157页。

集矢汉学，桐城文士多和之，致毁失其真。呜乎！"①

其实，姚鼐对汉学之批评不仅仅是因为戴震拒绝接收其为弟子，还与姚鼐在四库馆的经历有关。郑福照《姚惜抱先生年谱》乾隆三十九年条记："于是纂修者竞上新奇，厌薄宋元以来儒者，以为空疏，掊击讪笑，不遗余力，先生往复辨论，诸公虽无以难而莫能助也。"② 清人叶昌炽《缘督庐日记》卷四称："乾隆中开四库馆，惜抱预校录之列，此其拟进书题，以《提要》勘之，十仅采用二三。"③

姚鼐于此种风气之下在四库馆中的处境十分艰难，故入馆不到两年即被迫称疾请辞，离开四库馆。姚鼐于是年撰写《赠钱献之序》对汉学展开了激烈的批评：

> 孔子没而大道微，汉儒承秦灭学之后，始立专门，各抱一经，师弟传受，侪偶怨怒嫉妒，不相通晓；其于圣人之道，犹筑墙垣而塞门巷也。久之通儒渐出，贯穿群经，左右证明，择其长说；及其敝也，杂之以谶纬，乱之以怪僻猥碎，世又讥之。……宋之时，真儒乃得圣人之旨，群经略有定说；元、明守之，著为功令。……明末至今日，学者颇厌功令所载为习闻，又恶陋儒不考古而蔽于近，于是专求古人名物、制度、训诂、书数，以博为量，以窥隙攻难为功，其甚者欲尽舍程、朱而宗汉之士。枝之猎而去其根，细之搜而遗其巨，夫宁非蔽与？④

姚鼐此文认为程朱义理学是学术的根本。他讥讽汉学为"窥隙"，是"细"，仅关心枝节问题。后来，姚鼐还就此事进行进一步阐发："往昔在都中，与戴东原辈往复，尝论此事；作《送钱献之序》，发明此旨，非不

---

① 刘师培：《戴震传》，《刘申叔先生遗书》，江苏古籍出版社，1997，第 1823 页；刘师培：《中国近三百年学术史论》，时代文艺出版社，2009，第 302 页。

② 郑福照辑《姚惜抱先生年谱》，北京图书馆编《北京图书馆藏珍本年谱丛刊》第 107 册，北京图书馆出版社，1999 年影印本，第 582 页。

③ 叶昌炽：《缘督庐日记》第 1 册，王立民校点，吉林文史出版社，2011，第 494 页。

④ 姚鼐：《赠钱献之序》，《惜抱轩文集》卷 7，《惜抱轩诗文集》，刘季高标校，上海古籍出版社，1992，第 110~111 页。

自度其力小而孤，而义不可默焉耳。"① 姚鼐晚年对汉学的批评更加激烈，其锋芒甚至直指他一度想拜为师的戴震：

> 儒者生程、朱之后，得程、朱而明孔、孟之旨，程、朱尤吾父师也。然程、朱言或有失，吾岂必曲从之哉？程、朱亦岂不欲后人为论而正之哉？正之可也，正之而诋毁之，讪笑之，是诋讪父师也。且其人生平不能为程、朱之行，而其意乃欲与程、朱争名，安得不为天之所恶。故毛大可、李刚主、程绵庄、戴东原，率皆身灭嗣绝，此殆未可以为偶然也。②

此种语气已近乎谩骂，不是纯粹意义上的学术争鸣。姚鼐的这种态度深刻影响了桐城派的师弟子。桐城派也因此而成为清中叶的理学重镇。降至嘉庆年间，姚鼐弟子方东树又因江藩著作《汉学师承记》而与之辩难。

二　方东树的"汉学商兑"

方东树，字植之，号仪卫轩老人。安徽桐城人，与梅曾亮、管同、刘开并为姚鼐四大弟子，为学宗主程朱，尝自叙学行说："余生平观书，不喜异说，……惟于朱子之言有独契。觉其言言当于人心，无毫发不合，直与孔、曾、思、孟无二。……故见后人著书，凡与朱子为难者辄恚恨，以为人性何以若是其蔽也！"③

《汉学师承记》刊布时，方东树与江藩同处阮元幕中。阮元亲自为《汉学师承记》作序并资助其刊刻，江藩受到了空前礼遇。方东树则为一老名士，屡试不中，此时感到了落寞。又因为《汉学师承记》的崇汉立场惹怒了其宗程朱学的立场，故愤而与江藩相争，遂有《汉学商兑》之结撰。《汉学商兑·序例》云：

> 近世有为汉学考证者，著书以辟宋儒、攻朱子为本，首以言心、

---

① 姚鼐：《复蒋松如书》，《惜抱轩文集》卷6，《惜抱轩诗文集》，第96页。
② 姚鼐：《再复简斋书》，《惜抱轩文集》卷6，《惜抱轩诗文集》，第102页。
③ 方东树：《序纂十六》，《书林扬觯》卷下，李花蕾点校，华东师范大学出版社，2011，第110页。

言性、言理为厉禁。海内名公巨卿，高才硕学，数十家递相祖述，膏唇拭舌，造作飞条，竟欲咀嚼。究其所以为之罪者，不过三端：一则以其讲学标榜，门户分争，为害于家国；一则以其言心、言性、言理，堕于空虚心学禅宗，为歧于圣道；一则以其高谈性命，束书不观，空疏不学，为荒于经术。而其人所以为言之旨，亦有数等。若黄震、万斯同、顾亭林辈，自是目击时弊，意有所激，创为救病之论，而析义未精，言之失当；杨慎、焦竑、毛奇龄辈，则出于浅肆矜名，深妒《宋史》创立《道学传》，若加乎《儒林》之上，缘隙奋笔，恣设诐辞；若夫好学而愚，智不足以识真，如东吴惠氏、武进臧氏，则为暗于是非。①

方东树于此臧否汉学家，将近世以来的汉学家分为三等，然后叙述《汉学商兑》之宗旨：

今诸人边见慎倒，利本之颠，必欲寻汉人分歧异说，复汩乱而晦蚀之，致使人失其是非之心，其有害于世教学术，百倍于禅与心学。又若李塨等，以讲学不同，乃至说经亦故与宋人相反，虽行谊可尚，而妒惑任情，亦所不解。东树居恒感激，思有以弥缝其失。顾寡昧不学，孤踪违众，河滨之人，捧土以塞孟津，不自度其力之弗胜也，要心有难已。②

方东树之《汉学商兑》仿朱子《杂学辨》例，摘录汉学家言论，然后在条目之下附辨正之语。所辩驳之人自毛奇龄始，包括顾炎武、黄宗羲、万斯同、戴震、焦循、汪中，以至于阮元。

《汉学商兑》专门驳斥汉学家关于程朱之学的批判，如卷中上云：

今汉学家，咎程朱以言心、言理堕禅，岂知程朱是深知禅之害，

---

① 方东树：《汉学商兑·序例》，江藩、方东树：《汉学师承记（外二种）》，生活·读书·新知三联书店，1998，第235页。
② 方东树：《汉学商兑·序例》，江藩、方东树：《汉学师承记（外二种）》，第236页。

在不致知穷理，故以致知穷理破彼学，而正吾学之趋邪！①

方东树对戴震等重新解释"天理"的做法深恶痛绝，将之视为异端邪说。他批驳说："程朱所严辨'理''欲'，指人主及学人心术邪正言之，乃最吃紧本务，与民情同然好恶之欲迥别。今移此混彼，妄援立说，谓当通遂其欲，不当绳之以'理'，言'理'则为'以意见杀人'，此亘古未有之异端邪说。"② 他指出"汉学之人，有六弊焉"：

其一，力破"理"字，首以穷理为厉禁，此最悖道害教。

其二，考之不实，谓程、朱空言穷理，启后学空疏之陋。不知朱子教人，固未尝废注疏；而如周、程诸子，所以发明圣意经旨，迥非汉儒所及，固不得以是傲之也。……

其三，则由于忌程朱理学之名，及《宋史》《道学》之传。

其四，则畏程、朱检身，动绳以理法，不若汉儒不修小节，不矜细行，得以宽便其私。……

其五，则奈何不下腹中数卷书，及其新慧小辨，不知是为驳杂细碎，迂晦不安，乃大儒所弃余，而不屑有之者也。

其六，则见世科举俗士，空疏者众，贪于难能可贵之名，欲以加少为多，临深为高也。③

方东树具有很深的"汉学"能力，于汉学家的许多观念都能通过考据的方式进行反驳。如卷上辨毛奇龄关于"道学"名目源于道家的说法，即通过考据的方式指出"道学"名目渊源于孔孟。又如，阮元认为"克己复礼"之"己"即"自己"之"己"。方东树指出"此全祖述毛奇龄《四书改错》。阮氏平日教学者，必先看《西河文集》。故其所撰，支离悖诞，亦皆与之相类"。④ 接着，方东树通过对《论语》字义的辨析，并引古人"言

---

① 方东树：《汉学商兑》卷中之上，江藩、方东树：《汉学师承记（外二种）》，第272页。
② 方东树：《汉学商兑》卷中之上，江藩、方东树：《汉学师承记（外二种）》，第279~280页。
③ 方东树：《汉学商兑》卷下，江藩、方东树：《汉学师承记（外二种）》，第385~386页。
④ 方东树：《汉学商兑》卷中之上，江藩、方东树：《汉学师承记（外二种）》，第305页。

各有当，随举自明"为说，证明"克己"之"己"系"私欲"，而下文"为人由己"之"己"则为"自己"，两者并不矛盾。[①]

《汉学商兑》刊布于道光十一年，此后逐渐流行。李慈铭评论方东树说："颇究心经书，以博洽称，而好与汉学为难。《汉学商兑》一书，多所弹驳，一时汉学之焰，几为之熄。"[②] 此说法认为方东树的《汉学商兑》使"汉学之焰，几为之熄"，诚为夸大之论。此时汉学之"焰"几为之熄灭乃是因为学术风气的流转，汉宋之对立已经过渡到汉宋兼采也。梁启超则认为《汉学商兑》"为宋学辩护处，固多迂旧，其针砭汉学家处，却多切中其病"。[③]

三 汉宋之争所争在一"理"字

姚鼐虽激烈驳斥汉学家，但对汉学的治学方法却有一定程度的认可：

> 鼐尝谓天下学问之事，有义理、文章、考证三者之分，异趋而同为不可废。一途之中，歧分而为众家，遂至于百十家。同一家矣，而人之才性偏胜，所取之径域，又有能有不能焉。凡执其所能为，而呲其所不为者，皆陋也，必兼收之乃足为善。[④]

前述方东树即具有较深的汉学功力，对于汉学"辨章学术、考镜源流"的方法运用相当娴熟。既如此，"汉学"和"宋学"为何又能"争"呢？

其实，汉宋之争的要害从根本上说在于思想的争锋。汉学家从根本上也从未放弃对"义理"的追求。惠士奇手书楹联云"六经尊服、郑，百行法程、朱"。[⑤] 此句即承认汉学在经学、训诂与名物制度的研究上具有优越性，而宋学则在心性方面具有优越性。这也是汉学初兴时期学者们的理念：就"学"而论，尊崇"汉学"；就"行"而论，则服膺"宋学"。

---

① 方东树：《汉学商兑》卷中之上，江藩、方东树：《汉学师承记（外二种）》，第306页。
② 李慈铭：《越缦堂日记》，同治二年正月十七日条，商务印书馆，1921。
③ 梁启超：《清代学术概论》，上海古籍出版社，1998，第69页。
④ 姚鼐：《复秦小岘书》，《惜抱轩文集》卷6，《惜抱轩诗文集》，第104~105页。
⑤ 江藩：《宋学渊源记》卷上，江藩、方东树：《汉学师承记（外二种）》，第187页。

在乾嘉学者中，戴震向以考据学大师著称。实际上，在戴震的思想中，义理占据着重要的地位。

戴震在《原善》中坦言：

> 余始为《原善》之书三章，惧学者蔽以异趣也，复援据经言疏通证明之，而以三章者分为建首，次成上、中、下卷。比类合义，灿然端委毕著矣，天人之道，经之大训萃焉。以今之去古圣哲既远，治经之士，莫能综贯，习所见闻，积非成是，余言恐未足以振兹坠绪也。藏之家塾，以待能者发之。①

此段文字一方面是戴震治学精神的表述，另一方面也足见乾嘉时期考据学话语权的强大，以及"义理学"在一般学者心中地位之低落。在当时的学术界，可以称为"学"的有三种形态："古今学问之途，其大致有三：或事于理义，或事于制数，或事于文章。"② 在这三种学说中戴震实际上最钟情的是"义理"。段玉裁记载戴震的话说："先生初谓：'天下有义理之源，有考核之源，有文章之源，吾于三者皆庶得其源。'后数年又曰：'义理即考核、文章二者之源也。'"③ 戴震晚年自述称："仆平生著述之大，以《孟子字义疏证》为第一，所以正人心也。"④ "六书、九数等事，如轿夫然，所以舁轿中人也。以六书、九数等事尽我，是犹误以为轿夫为轿中人也。"⑤ 皮锡瑞在《经学历史》中指出："戴震作《原善》《孟子字义疏证》，虽与朱子说经抵牾，亦只是争辨一理字。"⑥ 此正可以见戴震于义理之旨趣。

戴震身后，学者们对其治学主体精神的认识颇有出入。洪榜"生平学问之道服膺戴氏。戴氏所作《孟子字义疏证》，当时读者不能通其义，唯

---

① 戴震：《原善》卷上，《戴震集》，汤志钧校点，上海古籍出版社，2009，第330页。
② 《与方希原书》，《戴震全集》第5册，第2589页。
③ 段玉裁：《戴东原先生年谱》，《戴震文集》，赵玉新点校，中华书局，1980，第246页。
④ 段玉裁：《戴东原集序》，《戴震文集》卷首，第2页。
⑤ 段玉裁：《戴东原集序》，《戴震文集》卷首，第2页。
⑥ 皮锡瑞：《经学历史》，周予同注释，中华书局，2004，第228页。

榜以为功不在禹下"。① 他在为戴震所作的《戴先生行状》中，全文收录了
能集中体现戴震义理学思想的《答彭进士允初书》一文，高度评价戴震的
义理之学"于老庄、释氏之说入人心最深者辞而辟之，使与六经、孔孟之
书，截然不可以相乱"。② 洪榜认为戴震之学"期于求是，亦不易之论"。
洪榜的做法招致了朱筠等人的坚决反对。朱筠在与洪榜的书信中提出，
《答彭进士允初书》"可不必载，戴氏可传者不在此"。③ 洪榜对朱筠的观点
并不认同，围绕戴学的"可传"与"不可传"，两人之间展开了激烈的辩
论。洪榜认为戴学之"可传者"不仅在于名物、训诂方面的成就，更重要
的还在于其义理之学。洪榜对朱筠反对其将《答彭进士允初书》收录进行
状的三条辩难理由一一进行了驳斥，并宣称"戴氏之学，其有功于六经、
孔孟之言甚大，使后之学者无驰心于高妙，而明察于人伦庶物之间，必自
戴氏始也"。④ 其后，戴震族人戴祖启在致其子书函中，曾记戴震临终有
言："生平读书，绝不复记。到此方知义理之学，可以养心。"⑤ 焦循以此
为出发点，对戴震的义理学思想表达了认可的态度：

> 东原生平所著书，惟《孟子字义疏证》三卷、《原善》三卷最为
> 精善。知其讲求于是者，必深有所得。故临殁时，往来于心，则其所
> 谓义理之学可以养心者，即东原自得之义理，非讲学家西铭太极之义
> 理也。⑥

在焦循看来，戴震之义理乃有别于张载等理学家之所谓义理，属于"自
得"之义理。此种自得之"义理"实际上就是戴震"乃发狂，打破宋儒家
中太极图"⑦ 的思想结晶。

在汉宋之争中，宋学家所极力反对的主要是汉学家对"理"的批判和

---

① 江藩：《国朝汉学师承记》，江藩、方东树：《汉学师承记（外二种）》，第 116 页。
② 洪榜：《戴先生行状》，张岱年主编《戴震全书》第 7 册附录之二，黄山书社，1997，第 6 页。
③ 江藩：《国朝汉学师承记》，江藩、方东树：《汉学师承记（外二种）》，第 116~117 页。
④ 洪榜：《上笥河先生书》，《戴震全书》第 7 册附录之二，第 141 页。
⑤ 方东树：《汉学商兑》卷中之下，江藩、方东树：《汉学师承记（外二种）》，第 360 页。
⑥ 焦循：《申戴》，《雕菰集》卷 7，商务印书馆，1937，第 95 页。
⑦ 段玉裁：《答程易田丈书》，《经韵楼集》卷 7，钟敬华校点，上海古籍出版社，2008，第 184 页。

改造。方东树言：

> 顾、黄诸君，虽崇尚实学，尚未专标汉帜。专标汉帜，则自惠氏
> 始。惠氏虽标汉帜，尚未厉禁言"理"；厉禁言"理"，则自戴氏始。
> 自是宗旨祖述，邪诐大肆，遂举唐宋诸儒已定不易之案，至精不易之
> 论，必欲一一尽翻之，以张其门户。江氏作《汉学师承记》，阮氏集
> 《经解》，于诸家著述，凡不关小学，不纯用汉儒古训者，概不著录。①

此段文字批评的焦点正在于戴震的"义理"之学。

方东树对"东原自得之义理"极为不满，在《汉学商兑》下卷云
"夫古今天下，义理一而已矣。何得戴氏别有一种义理乎？"② 在方东树看
来，汉学宗旨第一义乃"圣贤之教，无非实践"，"不当空言'穷理'"。③
对此，他反驳道：

> 圣门论学，固知行并进，然知毕竟在先，使非先知之，何以能行
> 之不失也？理即事，而在所谓是者何邪？非理之所在邪？若不"穷
> 理"，亦安知所求之是之所在？朱子固曰"在即物而穷理"，夫"即物
> 穷理"，非即实事求是乎？于此而强欲别标宗旨，非所喻也。"穷理"
> 本孔子之言，以之训"格物致知"最确，何谓增出？……程朱教人
> "穷理"，皆先就自家身心，及伦物日用之地求之，为说甚详，何尝以
> 空言"穷理"？④

又说：

> 夫六经、孔孟多言"思"。《洪范》曰"睿"、曰"思"。曰
> "睿"，非谓以心通其理乎？凡天下事物，莫非实理，何云空言"穷
> 理"也？"理"属知边，礼属行边。孔子曰"穷理尽性"，孟子曰

① 方东树：《汉学商兑》卷上，江藩、方东树：《汉学师承记（外二种）》，第259~260页。
② 方东树：《汉学商兑》卷中之下，江藩、方东树：《汉学师承记（外二种）》，第360页。
③ 方东树：《汉学商兑》卷中之下，江藩、方东树：《汉学师承记（外二种）》，第297页。
④ 方东树：《汉学商兑》卷中之下，江藩、方东树：《汉学师承记（外二种）》，第297页。

"尽心知性"，言知其理也。①

方东树对汉学家对"理"的新解也非常不满。如戴震释"理"为"腠理"，方东树批评说：

> 其说惟取庄周言，寻其腠理，而析之节者有间等语，解"理"字为"腠理"，以辟程朱"无欲"为"理"之说，则亦仍不出训诂小学伎俩。不知言各有当，执一以解经，此汉学所以不通之膏肓锢疾。②

汉学家凌廷堪和阮元均主张"以礼代理"。凌氏云：

> 《论语》记孔子之言备矣，但恒言礼，未尝一言及理也……夫《论语》，圣人之遗书也。说圣人之遗书，必欲舍其所恒言之礼，而事事附会于其所未言之理，是果圣人之意邪？后儒之学本出于释氏，故谓其言之弥近理而大乱真。不知圣学礼也，不云理也，其道正相反，何近而乱真之有哉！③

阮元则认为："朱子中年讲理，固已精实。晚年讲礼，尤耐繁难。诚有见乎理必出于礼也。"④

方东树反驳道：

> 礼是四端、五常之一，"理"则万事万物咸在。所谓礼者，"理"也，官于天也；礼者，"天理"之节文，天叙、天敕云云，皆是就礼一端言。其出于"天理"，非谓"天理"尽于礼之一德。而万事万物之"理"，举不必穷也。周子言"理"曰：礼者，是就四德分布者言，非以一礼尽四德之"理"也。盖分言之，则"理"属礼；合论之，仁、义、知、信，皆是"理"。虽礼之取数至多，为义至广，宰制万

---

① 方东树：《汉学商兑》卷上，江藩、方东树：《汉学师承记（外二种）》，第 295 页。
② 方东树：《汉学商兑》卷中之下，江藩、方东树：《汉学师承记（外二种）》，第 279 页。
③ 凌廷堪：《复礼下》，《校礼堂文集》卷 4，王文锦点校，中华书局，1998，第 31~32 页。
④ 阮元：《书东莞陈氏〈学蔀通辨〉后》，《揅经室续三集》卷 3，《揅经室集》，邓经元点校，中华书局，1993，第 1062 页。

物，役使群动，三千三百，无所不统。①

在方东树看来，"'理'是礼之所以然，在内居先，而凡事凡物之所以然处，皆有'理'，不尽属礼也"。② 因此，他反对以"礼"代理：

> 今汉学家，厉禁"穷理"，第以礼为教。又所以称礼者，惟在后儒注疏名物、制度之际，益失其本矣。使自古圣贤之言，经典之教，尽失其实，而顿易其局，岂非亘古未有之异端邪说乎！夫谓"理"附于礼而行，是也；谓但当读《礼》，不当"穷理"，非也。"理"干是非，礼是节文，若不"穷理"，何以能隆礼，由礼而识礼之意也？夫言礼而"理"在，是就礼言"理"。言"理"不尽于礼，礼外尚有众"理"也。③

综上所述，在汉、宋学的论争中，"理"为一核心问题。诚如有学者所云，乾嘉时期的汉宋关系既有"争"的一面，又有"不争"的一面，"不争"在方法论上，双方其实都承认"考据"和"义理"不能偏废，"争"则在义理取向的歧义上。④

---

① 方东树：《汉学商兑》卷上，江藩、方东树：《汉学师承记（外二种）》，第 293～294 页。
② 方东树：《汉学商兑》卷上，江藩、方东树：《汉学师承记（外二种）》，第 294 页。
③ 方东树：《汉学商兑》卷上，江藩、方东树：《汉学师承记（外二种）》，第 294 页。
④ 周积明：《乾嘉时期的汉宋之"不争"与"相争"——以〈四库全书总目〉为观察中心》，《清史研究》2004 年第 4 期。

读惠栋《周易述》札记十则

漆永祥

北京大学中国语言文学系

东吴惠氏，为清江南吴县（今属苏州）人。自惠周惕父有声（1608~1677）始，即好汉学，独开蹊径；至惠周惕（1641~1697）、士奇（1671~1741）父子，而其家学渐显；终至惠栋（1697~1758）而集其大成，为清中叶考据学派之首庸与代表人物。今以读惠栋《周易述》之闻思所及，摘为札记十条，以见其《易》成就与学术思想之一斑。

一 "四世传经"之说的背景与言外之意

惠栋治学述古，追溯原委，屡言其家"四世传经"。其友顾栋高亦曰："盖先生经学，得之半农先生士奇，半农得之砚溪先生周惕，研溪得之朴斋先生有声，历世讲求，始得家法，亦云艰矣。"① 又王昶撰钱大昕墓志铭称："君在书院时，吴江沈冠云、元和惠定宇两君，方以经术称吴中。惠君三世传经，其学必求之《十三经注疏》暨《方言》《释名》《释文》诸书，而一衷于许氏《说文》，以洗宋、元来庸熟鄙陋。君推而广之，错综贯串，更多前贤未到之处。"② 张舜徽先生论惠氏"三世传经，而栋则昌言四世。自述生平治《易》与《左传》，皆必上溯渊源于其曾祖朴庵公，所谓朴庵公者，名有声，以教授乡里终其身，乃明末一塾师耳。栋标榜家学，必高远其所从来，不能无溢美之辞，斯亦通人一病"。③

按惠栋论学，多有称引有声之说者，未必皆为标榜家学。清儒治学，

---

① 顾栋高：《周易述叙》，《万卷楼文稿》第 4 册，中国国家图书馆藏清抄本，无页码。
② 王昶：《詹事府少詹事钱君墓志铭》，《春融堂集》卷 55，《清代诗文集汇编》第 358 册，上海古籍出版社，2010 年影印本，第 549 页。
③ 张舜徽：《清人文集别录》卷 5，上册，中华书局，1963，第 143 页。

喜言家学渊源与师法家法，如江都焦氏（循）、仪征刘氏（台拱）、嘉定钱氏（大昕）、绩溪胡氏（培翚）等，或四世传经，或举族治史，此为清学特质，不特惠氏如此。宋明理学，讲求道统，自朱熹《伊洛渊源录》始，更追叙源流，树旗立帜，横居要路。而清儒自惠栋始，蔑视理学，卑弃道统，采用"放开大路，占领两厢"之策，溯源"学统"，追至孔子、子夏，主张恢复汉学，倡导师承家法。故惠氏等标榜四世传经者，即以"师承家学"与"学统脉络"相呼应尔。

二　惠栋汉《易》之辑佚与提倡师承家法之学

汉儒师法家法之学，魏晋以来，日渐湮没。惠栋以为清初顾炎武、毛奇龄等人治《易》是"非汉非宋，皆思而不学者也"。[①]又云："汉人传《易》，各有源流。余尝撰《汉易学》七卷，其说略备。识得汉《易》源流，乃可用汉学解经，否则如朱汉上之《易传》、毛西河之《仲氏易》，鲜不为识者所笑。"[②]惠氏辑考汉《易》诸家，卷一、卷二为孟喜，卷三为虞翻，卷四、卷五为京房附干宝，卷六为郑玄，卷七为荀爽，并别汉《易》为三支。《四库全书总目》论其意云："以虞翻次孟喜者，以翻《别传》自称五世传孟氏《易》；以郑玄次京房者，以《后汉书》称玄通京氏《易》也；荀爽别为一卷，则费氏《易》之流派矣。"[③]惠氏解《易》，以荀爽升降说与虞翻卦变说为主，其曰："今幸东汉之《易》犹存，荀、虞之说具在，用申师法，以明大义，以溯微言，二千年绝学，庶几未坠。其在兹乎！其在兹乎！"[④]

惠栋反复三叹，强调师法之重要性，经其辑考，汉《易》梗概略显，对当时学术界的影响极大。如焦循称"东吴惠氏，四世传经；至于征士，学古益精；弼、康告退，荀、虞列庭；例明派别，祛蔽开冥；学者知古，

---

① 惠栋：《九曜斋笔记》卷2"本朝经学"条，《丛书集成续编》第92册，上海书店，1994年影印本，第514页。
② 惠栋：《九曜斋笔记》卷2"趋庭录"条，《丛书集成续编》第92册，第525~526页。
③ 《四库全书总目》卷6经部易类六《易汉学》，上册，中华书局，1965年影印本，第44页。
④ 惠栋：《易例》卷上"元亨利贞大义"条，《周易述（附易汉学、易例）》，郑耕万点校，中华书局，2007，第652页。

惟君是程"。① 又《四库全书总目》论惠栋《九经古义》"曰古义者，汉儒专门训诂之学，得以考见于今者也"。② 而惠氏《九曜斋笔记》中更辑汉儒之论列"师法""家法"二条，以供后学者参稽，其家四世传经，相延不绝，更是对这种风气的直接继承。"汉学"旗号，至此打响，从者如云，蔚为显学矣。

三 惠栋对宋代经学之评价：宋儒之祸甚于秦灰

惠栋欲举汉学之大纛，则必降下宋学之旌幡；欲建汉儒之高坛，则必拆宋儒之泥胎。故惠氏对宋代经学进行全面攻驳，首先认为宋儒不重小学训诂，即"宋儒不识字"。③ 其次，他认为"汉有经师，宋无经师，汉儒浅而有本，宋儒深而无本"。④ 再次，惠栋认为宋儒以理释经，凿空无据。如他批评朱熹云："子曰'盖有不知而作者'，'不知'谓不从见闻中所得而凿空妄造者，朱子谓不知其理，郢书燕说，何尝无理！"⑤ 最后，惠栋批评宋儒援释道入儒，淆乱六经，如其父士奇所谓"宋人取之，援释入儒，吾无取焉"。⑥ 又谓"《三传》幸存，《三礼》残阙，后之学者，不能信而好之，择其善而从之，疑则阙之，徒据《孟子》'尽信书则不如无书'之说，于是力排而痛诋，以为《礼记》皆汉人伪造，以求购金，则《大学》《中庸》皆不足信，后世俗儒之议论，甚于秦灰矣。呜呼！"⑦ 惠栋继其父之后，对宋代经学大加排斥，亦称"栋则以为，宋儒之祸甚于秦灰"。⑧ 此说与后来戴震"酷吏以法杀人，后儒以理杀人"遥相呼应。

就《周易》而论，惠栋以为"辅嗣《易》行无汉学"，"王辅嗣以假

---

① 焦循：《读书三十二赞》，《雕菰楼集》卷6，《焦循诗文集》上册，刘建臻点校，广陵书社，2009，第115页。

② 《四库全书总目》卷33经部五经总义类《九经古义》，上册，第277页。

③ 惠栋：《松崖笔记》卷1"主一无适"条，《丛书集成续编》第92册，第474页。

④ 惠栋：《九曜斋笔记》卷2"趋庭录"条，《丛书集成续编》第92册，第526页。

⑤ 惠栋：《九曜斋笔记》卷2"不知而作"条，《丛书集成续编》第92册，第513页。

⑥ 惠栋：《松崖笔记》卷1"诞先登于岸"条引惠士奇语，《丛书集成续编》第92册，第470页。

⑦ 惠士奇：《半农先生春秋说》卷3，清乾隆吴氏璜川书屋刻本，第37页 a～b。

⑧ 李集：《敬堂鹤征录》卷3"惠周惕"条注引惠栋语，《四库未收书辑刊》第2辑第23册，北京出版社，1997年影印本，第596页。

像说《易》，根本黄老，而汉经师之义荡然无复有存者矣"。① 故将精力集中在汉《易》的辑考与研究上，继胡渭之后辨图书之伪甚力。他大声疾呼"说经无以伪乱真，舍《河图》《洛书》《先天图》而后可以言《易》矣，舍'十六字心传'而后可以言《书》矣"。② 正因为如此，惠栋后半生倾全力撰著《周易述》一书，在王弼、韩康伯之注与唐人义疏外，自为注而自疏之，开清儒十三经新疏之先河，具有革新图变的划时代意义。

四　惠栋引《礼》解《易》：《易》为"赞化育"之书

关于伏羲画八卦，文王演《易》、孔子作《十翼》，惠栋并无异议，但他不同意《易》为卜筮之书的观点，以为"伏羲用蓍而作八卦，而筮法亦由之而始，后人专谓筮法者，非也。作八卦者，所以赞化育，圣人幽赞于神明而生蓍，赞化育之本也"。③ 又曰："《易》者，赞化育之书也。其次为寡过，夫子以《易》赞化育（其义详于《中庸》），而言无大过者，谦辞。"④ 又于《说卦传》"昔者圣人之作《易》也，幽赞于神明而生蓍"句疏云："《说卦》先说蓍数、卦爻、重卦之义，二篇次及消息、六子，以明《易》之为逆数，然后叙明堂之法，而终之以《既济》，圣人作《易》以赞化育，其义已尽。"⑤

赞者，助之义。赞化育，即助化育。所谓圣人作《易》，即为助天地、万物、人事之化育，此为作《易》之本。亦即他所说"圣人之作《易》，其始也，幽赞于神明；其终也，明赞于天地"。⑥ 《易》为赞化育之书，亦即治国理政之大法，为政治教科书矣。

五　《易》道尚"时中"说

惠栋治汉《易》，在虞翻"乾升坤降"说的基础上，选择了《易》尚

---

① 惠栋：《易汉学》原序，《周易述（附易汉学、易例）》，第513页。
② 惠栋：《九曜斋笔记》卷2"趋庭录"条，《丛书集成续编》第92册，第526页。
③ 惠栋：《易例》卷上"伏羲作《易》大义"条，《周易述（附易汉学、易例）》，第648页。
④ 惠栋：《易例》"易"条，《周易述（附易汉学、易例）》，第646页。
⑤ 惠栋：《周易述》卷20，《周易述（附易汉学、易例）》，第384页。
⑥ 惠栋：《周易述》卷23《易微言》下"幽赞"条，《周易述（附易汉学、易例）》，第467页。

"时中"说。其云:"《易》道深矣,一言以蔽之曰:时中。……盖时者举一卦所取之义而言之也,中者举一爻所适之位而言之也。时无定而位有定,故《象》言中不言时,然六位又谓之六虚,唯爻适变,则爻之中亦无定也。位之中者,惟二与五者,汉儒谓之中和。……愚谓孔子晚而好《易》,读之韦编三绝而为之传,盖深有味于六十四卦三百八十四爻时中之义,故于《彖》《象》二传言之重词之复。子思作《中庸》,述孔子之意而曰:君子而时中。《孟子》亦曰:孔子圣之时。夫执中之训,肇于中天;时中之义,明于孔子。乃尧、舜以来相传之心法也(据《论语·尧曰》章)。其在《丰》彖曰:天地盈盈,与时消息。在《剥》曰:君子尚消息盈虚,天行也。《文言》曰:知进退存亡而不失其正者,其惟圣人乎。皆时中之义也。知时中之义,其于《易》也,思过半矣!"① 此说为惠栋论《易》之核心,他还引用其他经典之文以证成其说。如《乾·文言》"君子行此四德者。故曰:乾,元亨利贞"。惠氏疏云:"一阴一阳之谓道。元亨利贞,皆道也。《中庸》曰:苟不至德至道,不凝焉。故云人行之则为德。'中庸'即中和也。《易》尚中和,君子之德合于中和,故能行此四者,以赞化育,与天地合德也。"②

惠栋引《中庸》以证《易》有中和之道,并释"中庸"即"中和"。同时,惠氏还极重卦爻之位是否当位与相应,即他所谓"《易》重当位,其次重应"。③《易》尚时中,亦重相应,但并非恒常不动之义,而是在变动之中求得居中与当位,只有通权变,才能行时中,这又与《易》即"变易"义相一致,故惠栋之"时中"说与卦象中的阴阳、消息、刚柔、升降、飞伏、正反等密切联系,互相为用。不仅如此,惠栋还将其说推广开来,如他认为《诗》尚中和、礼乐尚中和、君道尚中和、建国尚中和、《春秋》尚中和等。④ 他还论虞周为"既济"之世,正是"用中"之结果。

---

① 惠栋:《易汉学》卷7《荀慈明易·易尚时中说》,《周易述(附易汉学、易例)》,第624~626页。
② 惠栋:《周易述》卷19《文言传》疏,《周易述(附易汉学、易例)》,第349页。
③ 惠栋:《易例》"易"卷上"当位不当位"条,《周易述(附易汉学、易例)》,第673页。
④ 惠栋之说,见其《易例》卷上"《诗》尚中和""礼乐尚中和""君道尚中和""建国尚中和""《春秋》尚中和""中和""君道中和"诸条。又《周易述》卷11《象传》上疏云:"子路问强,夫子反诘之曰抑而强与? 而,女也。因告之曰:君子和而不流,强哉矫! 中立而不倚,强哉矫! 是强有中和之义。"

所谓"大舜执其两端，用其中于民，周公设官分职以为民极。极，中也。虞周皆既济之世，赞化育之功同也"。① 在惠氏看来，"时中"之说不仅为《易》学甚或儒学之最高准则，亦为经世济民之最重法宝。

正因为如此，惠栋创造性地将《礼记》之《中庸》《礼运》两篇称为《易大义》并为之注（《礼运》注未成）。惠氏以为"子游《礼运》、子思《中庸》，纯是《易》理"。② 其在《中庸注》篇题"中庸"二字下即注云："此仲尼之微言大义，子思传其家学者为此书，非明《易》不能通此书也。"惠氏将《易》之性质依汉儒之说定为赞化育之书，又借《中庸》《礼运》解释其义，这为他将《易》按儒家"中庸"思想做进一步发挥奠定了基础。

六 惠栋《周易述》系列之结构与其"微言大义"

惠栋一生著述繁富，今所存者多达 30 余种，而尤加致力者则为《周易述》系列 40 卷，包括《周易述》21 卷、《易微言》2 卷、《易大义》3 卷、《易例》2 卷、《易法》1 卷（缺）、《易正讹》1 卷（缺）、《明堂大道录》8 卷与《禘说》2 卷。

按惠栋此系列著述，其中《周易述》为全书的核心，彻底抛开王弼、韩康伯之注，以汉儒荀爽、虞翻之说为主，兼采汉魏诸家之说，自为注而自疏之。《易微言》汇辑先秦两汉诸家论说与《易》相契者，逐条列举，以区别于宋儒之义理，"大抵上卷言天道，下卷言人道，所谓义理存乎故训，故训当本汉儒，而周秦诸子可以为之旁证也"。③《易大义》实即《中庸注》2 卷与《礼运注》1 卷，因为"子游《礼运》、子思《中庸》，纯是《易》理"。④《易例》明《易》之由始，考汉儒传《易》渊流与解释汉儒《易》学原理。大抵上卷明《易》之由来及性质、内容，下卷明汉儒解《易》诸例。《易法》，缺，当为明汉儒释《易》之本例法则。《易正讹》，

① 惠栋：《易微言》卷下"中"条，《周易述（附易汉学、易例）》，第 474 页。
② 惠栋：《上制军尹元长先生书》，《松崖文钞》卷 1，《清代诗文集汇编》第 284 册，第 55 页。
③ 钱穆：《中国近三百年学术史》，中华书局，1986，第 325 页。
④ 惠栋：《上制军尹元长先生书》，《松崖文钞》卷 1，《清代诗文集汇编》第 284 册，第 55 页。

缺，当为校勘是正文字之作。惠栋认为上古明堂为大教之宫，而禘祀之礼行于其中，其制详载于《周礼·冬官》，《冬官》亡而明堂之法失，然尚寓于《说卦》及汉儒解《易》书中，故著《明堂大道录》《禘说》二书以考明之。书名"大道录"是因为"大道者，取诸《礼运》，盖其道本乎《易》而制寓于明堂，故以署其篇云"。① 又"因学《易》而得明堂之法，因明堂而知禘之说，于是刺六经为《禘说》，使后之学者知所考焉"。②

由以上考辨可知，惠栋诸书绝非率尔之作，而是他久虑在心的系列著述：《周易述》以汉儒之说为主另立新疏，《易微言》《易大义》明《易》之"微言大义"，《易例》《易法》明圣人作《易》之源及汉儒解《易》之本例法则，《易正讹》校历代相沿之讹文误字以复古本之旧，《明堂大道录》与《禘说》钩稽明堂之法与禘礼之制，以证《易》为军国大政之用。诸书相互发明，交相为用，融贯一体，不可或缺，为惠栋精心结撰之系列著述。

因惠栋早逝，诸书或缺或杂，刊行于世也先后不一，又少序跋之文以明其旨，故当时人便对惠氏之意不甚了了，妄加论断。如《四库全书总目》谓《易微言》"皆杂录旧说以备参考，他时藏书，则此为当弃之糟粕，非欲别勒一篇附诸注疏之末。故其文皆未诠次，栋没之后，其门人过尊师说，并未定残稿而刻之，实非栋本意也"。又论《易例》乃"随手题识，笔之于册，以储作论之材"。③ 这种臆断之词适与惠栋之意相反。即惠氏弟子江藩虽刻其太夫子之书，然对惠栋本意也并不明了，故误读误传，以至于今也。

七　惠栋校刊本《周易集解》与自撰《周易述》之改字

惠栋为卢见曾校刻雅雨堂本《周易集解》及自撰《周易述》，改字颇多。惠氏谓"《释文》所载古文，皆薛虞、傅氏之说，必有依据。郑康成

---

① 惠栋：《明堂大道录》卷1《明堂总论》，《续修四库全书》第108册，上海古籍出版社，2002年影印本，第546页。
② 惠栋：《禘说》卷上《叙首》，《续修四库全书》第108册，第529页。
③ 《四库全书总目》卷6经部易类六《周易述》《易例》条，上册，第44页。

传费氏《易》，多得古字，《说文》云：其称《易》孟氏，皆古文。虞仲翔五世传孟氏《易》，所采三家说为多，诸家异同，动盈数百，然此七十余字皆卓然无疑当改正者。"① 其所改易，如《小畜》九三"舆说辐"之"辐"为"腹"，《泰》六四"翩翩"为"偏偏"，《同人》九四"乘其墉"之"墉"为"庸"，《咸》初六"咸其拇"之"拇"为"母"，《明夷》六五"箕子之明夷"之"箕子"为"其子"，《暌》上九"后说之弧"之"弧"为"壶"，《井》"嬴其瓶"之"嬴"为"累"等，实不止七十余字。后来学者臧庸曾驳惠氏"好用古字，顿改前人面目，以致疑惑来者，亦非小失，伊所校刻李鼎祚《易集解》，其经与开成石刻、孔氏《正义》往往互异，初以为有本，后乃疑之，何其与古多合。近在吴门，得一明刻板勘对，始知《雅雨堂丛书》不足据。李《易》与今本不殊，其异者皆惠所私改，向为所欺，至今斯觉，意当世必有同受病者，不敢不为一告也"。② 又陈澧亦曾论曰："江氏（声）好改经字，乃惠定宇之派。虽云好古，而适足以为病也。"③

按惠栋所改之字，多为改今文从古文，或改俗字从古字，究实而论，多不必改。然惠氏坚称"卓然无疑当改正者"，乃改宋从汉，改《易》从《礼》，改周公而从文王，改卜筮之术为理政之策，若徒以字之正误评骘其改字之由，是读惠氏之书而未悟其深意耳。

八 "伏羲""箕子"之诂解及用意

惠栋释"伏羲"之义云："庖牺，孟、京作伏戏，许慎以《易》孟氏为古文，故知古文作伏戏。伏读为服，戏读为化，古训音与义并举，故云伏，服也；戏，化也。伏戏为太昊有天下之号，伏戏画八卦以治天下，始于幽赞，终于赞化育，故天下伏而化之。"④

又关于爻辞，孔颖达《周易正义》据马融、陆绩之说，以为周公所

---

① 惠栋：《九经古义》卷2《周易古义》下，《丛书集成初编》第254册，第20页。
② 臧庸：《拜经日记》卷8"私改周易集解"条，《续修四库全书》第1158册，第123页。
③ 陈澧：《东塾读书记》卷5《尚书》，生活·读书·新知三联书店，1998，第94页。
④ 惠栋：《周易述》卷17《系辞下传》，《周易述（附易汉学、易例）》，第304~305页。

作。证据为《明夷·六五》"箕子"、《升·六四》"王用亨于岐山"等语皆指文王以后事。惠栋从郑玄说，以为爻辞为文王作。其云："蜀才从古文作其子，今从之。其，古音亥，故读为亥，亦作其。刘向曰：今《易》其子作荄兹。荀爽据以为说。盖读其子为荄兹，古文作其子，其与亥，子与兹，字异而音义同。……马融俗儒，不识七十子传《易》之大义，以《象传》有箕子之文，遂以箕子当五。寻五为天子位，箕子，臣也，而当君位，乖于《易》例，逆孰大焉。谬种流传，兆于西汉！"[1] 惠栋又引用《淮南子》《三统历》等书为证，并驳马融说不合《易》例。

按惠栋释词，貌似因音求义，实则拘形索义，望文生训。考伏戏，或作伏羲、宓羲、庖牺、包牺等。戏、羲、牺古属歌部，伏、庖，并母字，包，帮母字，皆读重唇，故字异而音同，然绝无"伏而化之"之义。又郑玄读"箕子"为"荄兹"，王应麟就批评"其说近乎凿"，讥刺"喜新厌常，其不为'荄兹'者几稀"。[2] 惠栋对王氏之说并非不知，但还是遵信郑义。嘉庆时学者张澍亦驳惠氏"此说大谬"。王引之《经义述闻·尚书上》中批评惠栋等曰："古字通用，存乎声音，今之学者不求诸声而但求诸形，固宜其说之多谬也。"

就清代小学之发展而论，惠栋之时，虽前有顾炎武等人离析古韵，但大规模的更革尚要待江永、戴震、钱大昕、段玉裁等人来开辟，因此惠氏以小学治经，水平与成就不及戴、钱诸家，然其以"伏羲"为"伏而化之"，是为其进一步解释《周易》乃"赞化育"之书服务；而释"箕子"为"其子"为"荄兹"，则为将爻辞之创作权归之于文王服务。其训释之选择，皆具别意，不如此则不能通贯其说，所谓以小学训诂之法而借寓其解《易》之理耳。

九 惠栋《易》学中之大同世界：复原明堂制度与禘祭礼式之目的

惠栋《明堂总论》曰："明堂为天子大庙，禘祭、宗祀、朝觐、耕籍、

---

① 惠栋：《周易述》卷5《明夷》，《周易述（附易汉学、易例）》，第102页。
② 王应麟：《郑氏周易注》序，《丛书集成初编》第383册，第1页。

养老、奠贤、飨射、献俘、治历、望气、告朔、行政，皆行于其中，故为大教之宫。"① 又其《说卦传》"帝出乎震……成言乎艮"句注曰："王者行大享之礼于明堂，谓之禘、祖、宗。其郊则行之于南郊。禘、郊、祖、宗四大祭，而总谓之禘者，禘其祖之所自出故也。一帝配天，功臣从祀。……圣人居天子之位，以一德贯三才，行配天之祭，推人道以接天，天神降，地示出，人鬼格。夫然而阴阳和，风雨时，五谷熟，草木茂，民无鄙恶，物无疵疠，群生咸遂，各尽其气，威厉不试，刑措不用，风俗纯美，四夷宾服，诸福之物，可致之详，无不毕至，所谓《既济》定也。庖牺画八卦以赞化育，其道如此。"②

按惠栋撰《明堂大道录》与《禘说》，本为治《礼》著作，然他归入《周易述》系列，即因为他认为明堂与禘祭关系朝章国典甚大，明堂几乎是国家最高权力机关的议事中心和办公大厅，与国家兴衰和百姓福祉有着密不可分的关系，其中寓有其理想之社会，惠栋描绘了一幅天人合一、万物咸熙的人间太平盛世景象，令人心驰而神往！毫无疑问，"雅不欲仅以经师自命"的他力图恢复上古明堂之制与禘祀之礼，③ 有着浓厚的复古致用思想，其研究汉《易》的学术目的后面，隐藏着同样浓厚的治世致用思想与经世济民之策。

十　屁股总会偏向板凳的一头：象数与义理之虚实与矛盾

惠栋治《易》，在自《易传》以来的象数与义理之争中毫无保留地选择了象数，原因除了东汉学者治象数外，他还认为象数实而义理虚。继惠栋之后精研虞翻《易》的张惠言亦云："夫理者无迹，而象者有依。舍象而言理，虽姬孔靡所据以辩言证词，而况多（岐）〔歧〕之说哉！设使汉之师儒，比事合象，推爻附卦，明示后之学者，有所依逐，至于今，曲学之响，千喙一沸，或不至此。虽然，夫《易》，广矣，大矣。象无所不具，而事著于一端，

---

① 惠栋：《明堂大道录》卷 1《明堂总论》，《续修四库全书》第 108 册，第 545 页。
② 惠栋：《周易述》卷 20《说卦传》，《周易述（附易汉学、易例）》，第 372~373 页。
③ 陈黄中：《惠征君墓志铭》，钱仪吉纂《碑传集》卷 133，第 11 册，靳斯标点，中华书局，2008，第 3983 页。

则吾未见汉儒之言之略也。"① 既然"象无所不具，而事著于一端"，则依象释义就是理所当然的了。例如荀九家逸象五十一种，见于《经典释文》，而虞翻八卦取象又十倍于九家，即乾象一门，如乾为王、为神、为人、为圣人等等，多达三百二十余类，惠栋皆深信不疑，并引据以解《易》。如其释井卦卦象曰："泰初之五，与噬嗑旁通，坎为水，巽木为桔槔，离为瓶，兑为泉口。桔槔引瓶下入泉口，汲水而出，井之象。"② 此注殆同天语，皆本虞翻、郑玄之说。今试释之：所谓泰初之五，是说泰（☷）初爻升至五位，五爻降至初位则成井（☵），此言卦象之所从来。井与噬嗑（☲）爻象相反，为旁通卦。井外卦为坎（☵），坎为水之象；内卦为巽（☴），巽为木之象，爻象后重前轻为桔槔状。又井之二三四爻组成兑（☱），三四五爻组成离（☲），离兑合成睽（☲），为井之互体卦。离之爻象外坚中虚为瓶，兑之爻象上虚下实为暗泽泉口。井之卦象自内向外为桔槔引瓶下入泉口，汲水而出之样态，故此卦名为井卦。如此释卦，貌似援象释卦，实有据依，但实际上同宋儒以理释卦没有什么大的区别，同归虚妄而已。

惠栋为清中叶考据学之先导大师，其学影响后来甚大。汉学炽盛，宋学衰微，考据学成为显学，一时如长江大河，莫之能御。近现代以来，如梁启超、胡适、杜维运、金观涛等学者，受西学浸染与胁持，将清代考据学与西方学术做比较，认为考据学家有历史眼光、科学方法、注重证据并做归纳与推理相结合的研究，因此证其确有科学精神，甚或以为与 19 世纪德国史学家兰克及其学派相近。但美国学者艾尔曼认为，清代考据学家对自然界和数学充满了好奇，但是支配了他们学术的语言学偏见，并没有独立支持其对自然界按部就班地加以量化的研究和实验。余英时以为儒家智识主义逐渐流为文献主义的过程中，只有戴震和章学诚的思想蕴藏着明显的义理脉络。从"学思兼致"的角度说，清儒更像是"寓思于学"。③

---

① 张惠言：《〈虞氏易事〉序》，《茗柯文二编》卷上，《清代诗文集汇编》第 466 册，第 483 页。
② 惠栋：《周易述》卷 5《井卦》，《周易述（附易汉学、易例）》，第 136 页。
③ 诸家所论，详参胡适《戴东原的哲学》；梁启超《清代学术概论》；杜维运《清代史学与史家》；丘为君《戴震学的形成：知识论述在近代中国的诞生》；本杰明·艾尔曼著，原祖杰等译《科学在中国（1550—1900）》；余英时《论戴震与章学诚：清代中期学术思想史研究》诸书相关论述。又参杨念群《清代考据学的科学解释与现代想象》一文，《史学史研究》2019 年第 2 期。

按清代考据学家标榜汉学，反对宋学，提倡学统，卑视道统，抛开宋明，直承两汉；又蔑弃释道，视如异端。即惠栋治《易》，遵从汉学，于象数、义理二者，择象数而弃义理；而象数之中，又以象释卦而不言数。即此可知，考据学家之治学，已是偏中又偏，充满门户之见，与其倡导的"实事求是"与"不设门阈"之旨相悬万里。故梁启超等所论"纯任客观"，已是打上了大大的问号。就考据学家成就最大的文字、音韵、训诂之学，也是在带有底色基础上的"客观"选择，而非真正的实事求是。任何时代之任何学者，其屁股皆不可能坐在板凳之正中间，随其好恶终会偏向一头，惠栋诸人，也概莫能免。

就惠栋的《易》学研究而论，他坚执汉《易》，既有对宋代经学的反感，又有强烈的现实针对性。他将《周易》理解为"赞化育"之书，并纳入儒家《礼》学系统以释《易》，用"中庸"思想、明堂之制与禘祀之礼来表达自己的治国理政观念，既"学思兼致"，更"寓治国理政之策于经典训诂之中"，是其学术成就与《易》学思想的高度体现，在清代学术史与思想史上，应有其重要的地位。后人不读惠栋之书，不能察其心志，仅凭梁启超评价其"凡汉皆好""凡古皆真"，认为其汲汲乎辑佚考据，甚无义理思想可言，实为极大之不公！

［本文发表在《人文论丛》2023 年第 2 辑，武汉大学出版社，2023］

惠栋易学的宋学渊源及其与戴震之不同

谷继明

同济大学人文学院

惠栋的诸多《易》学著述，或订正宋易，或钩稽故训，或发挥汉易师法，以往的学术史概括为崇汉抑宋。钱穆对此尤为看重，以之区分吴皖，谓："今考惠学渊源与戴学不同者，戴学从尊宋述朱起脚，而惠学则自反宋复古而来。"① 钱氏之证据，尤在李集所载惠栋评《毛诗注疏》之语曰"栋则以为宋儒之祸，甚于秦灰"。② 但此语是否惠栋亲言姑且不论，即或有此语，亦为偶尔感激之言，不可视为常语，更不可视为惠氏学问之起点。惠士奇即以"六经尊服郑，百行法程朱"为楹帖，③ 惠氏汉学之确立，亦非一蹴而成。宋明易学，特别是朱子学一系的易学对惠栋有很大的影响。今详论之。

一 惠栋早期犹遵理学家言

自朱子注《易》，其后学又张大发皇之，乃是元代以来易学的基础。惠栋少年学《易》，首先接触的便是《周易本义》（以下或简称《本义》）、《易学启蒙》等书，亦必习闻宋明诸家性理著作。他最初比较尊敬宋明诸儒，且受其性理讨论的影响，如苏州博物馆藏手稿本《周易古义》（以下或简称《古义》）第一条谓：

《北史》梁武帝问李业兴云："《易》有太极，极是有是无？"业兴

---

① 钱穆：《中国近三百年学术史》，商务印书馆，1997，第353页。

② 李集：《鹤征录》卷3，《四库未收书辑刊》第23册，北京出版社，2000年影印本，第596页。

③ 江藩：《国朝宋学渊源记》卷上，《国朝汉学师承记（附国朝经师经义目录、国朝宋学渊源记）》，钟哲整理，中华书局，1983，第154页。

对曰："所传太极是有。"案《系辞》云："易有太极，是生两仪。"刘
瓛注云："自无出有曰生。"然则太极不可言有，太极本无极也。是以
《周书·命训》云："通道通天以正人，正人莫如有极，道天莫如无极。"
有极者，箕子所以衍畴；无极者，伏羲所以设卦。（《列子·汤问篇》
曰："含天地也，故无极。"又云："无极之外，复无无极。"）①

其中所谓"太极不可言有，太极本无极也"，即本之周敦颐《太极图说》。
但此条后来删去。与此相对的，即另一条："天地有盈虚，乾坤有毁息，
自然之理，此可与周子'无极而太极，太极本无极'之说相发明。"② 末句
被墨笔删去，张素卿据此对比，指出："惠栋早期观点并不排斥周敦颐
'无极而太极'的观念，还有意发明'太极本无极'之说；然而，遵循汉
《易》，确立主见之后，乃转而强调儒家经典未尝以'无'言道。"③ 所说
甚是。

　　我们还可以举一例证与此相发明。惠栋注《太上感应篇》（以下或简
称《感应篇》）"刚强不仁"，引李昌龄《传》："孔子以刚为近仁，太上
以刚为不仁。圣人之言岂相戾哉。圣人所取之刚，刚于理者也。太上所戒
之刚，刚于气者也。"④ 惠栋评价道："天锡此注，即周子刚有善恶之说。"⑤

　　据惠栋序文，《太上感应篇注》（以下或简称《感应篇注》）作于雍
正初（1723），因其母抱病，发愿而作。乾隆十四年（1749）此书刻板。⑥
或许刻本有修订，但此书主体显示出早年的特色。比如"遏恶扬善"句，
注曰"说本王弼"；⑦ "与人不追悔"句，亦用王弼注。⑧ 再如"作为无益"

---

① 惠栋：《周易古义》，苏州博物馆藏手稿本，第 1 页。
② 惠栋：《周易古义》，第 21 页。
③ 张素卿：《惠栋〈周易古义〉稿本及其学术信息》，第六届中国古典文献学国际学术研讨会会议
　论文。
④ 按今《正统道藏》本《太上感应篇》卷七载李昌龄原注作："孔子所取之刚乃刚毅之刚，确然不夺乎
　内，君子之刚也。有杀身以成仁，故曰近仁。又曰枨也欲焉得刚。《太上》所戒之刚，乃刚强之刚。忿
　然常见乎外，小人之刚也。凌人暴物，焉得仁哉？故以不仁。又曰强梁者不得其死，又曰坚强者死之
　徒。"盖惠栋以意节引。
⑤ 惠栋：《太上感应篇注》卷上，《粤雅堂丛书》本，第 20 页。
⑥ 惠栋：《太上感应篇注》，序言。
⑦ 惠栋：《太上感应篇注》卷上，第 13 页。
⑧ 惠栋：《太上感应篇注》卷上，第 14 页。

句引《书》曰"不作无益，害有益"，乃伪古文《旅獒》语，[①] 在辨伪古文之前。[②]

《感应篇注》提及"周子刚有善恶之说"，即《通书》第七：

> 曰："性者，刚柔善恶，中而已矣。"不达。曰："刚善，为义，为直，为断，为严毅，为干固；恶，为猛，为隘，为强梁。柔善，为慈，为顺，为巽；恶，为懦弱，为无断，为邪佞。惟中也者，和也，中节也，天下之达道也。"[③]

又一例，可证《感应篇注》在《周易本义辩证》（以下或简称《辩证》）作之前。惠栋不仅间取王弼，亦时从朱注。即"妄逐朋党"句谓：

> 《周易》泰之九二曰："朋亡，得尚于中行。"涣之六四曰："涣其群，元吉。"孔子作《小象》，皆以光大言之。……有党必有仇，丧朋终获庆。[④]

泰卦"朋亡"，坤卦"丧朋"，皆是解散朋党之义，惠氏后来亦无异议。只是涣六四"涣其群"，《辩证》谓：

> 《吕氏春秋》曰："涣者，贤也。群者，众也。元者，吉之始也。'涣其群元吉'者，其佐多贤也。"《程传》曰："天下涣散而能使之群聚，可谓大善之吉也。"其说与古训合。《本义》谓"散其朋党"，君子群而不党，群不可训为党也。散群之说，盖本老泉，未为得也。[⑤]

《周易本义》本于苏洵之说（见《嘉祐集》卷十四《仲兄字文甫说》），以为"丧其朋党"，惠栋注《感应篇》犹用其义。至《辩证》则专门申

---

① 惠栋：《太上感应篇注》卷下，第 22 页。
② 然"弃法受赂"句引"古文《尚书·吕刑》曰'五过之疵，维货维求'"（《太上感应篇注》卷上，第 24 页），而伪孔古文"求"作"来"，是此处惠栋不以孔氏古文为真也。或此处后来修订乎？
③ 周敦颐：《周敦颐集》卷 2，中华书局，1990，第 20 页。
④ 惠栋：《太上感应篇注》卷下，第 12 页。
⑤ 惠栋：《周易本义辩证》卷 4，省吾堂刻本，第 20 页。

《本义》之非，转从《周易程氏传》（以下简称《程传》），实则据《吕览》为说。

惠栋后来所不同于周敦颐者，一为无极之说，一为"几善恶"之说。

二 惠栋易学自宋元易学转出

自北宋后期开始恢复"古易"之风。此风由晁说之、吕祖谦、朱熹、程迥等倡导，朱子后学又竭力赓续。尽管朱子所欲恢复的"古"与惠栋"求古"之"古"在方法论上有很大差别。但惠栋最初的学术仍与之有关联。今略举数项如下。

（一）朱熹、吕祖谦等人恢复"古易"的努力

朱熹《周易本义》特别注重王弼之前《周易》的文本结构及其文字，且以其博学多识做了最大限度的恢复。就文本结构而言，朱子将上下经与十翼分离；就文字而言，亦多据旧说加以订正。可惜的是，朱子所恢复的《古周易》又与《程传》相混，顾炎武谓：

> 洪武初，颁五经天下儒学，而《易》兼用程朱二氏，亦各自为书。永乐中修《大全》，乃取朱子卷次割裂，附之《程传》之后，而朱子所定之古文仍复淆乱。后来士子厌《程传》之多，弃去不读，专用《本义》，而《大全》之本乃朝廷所颁，不敢辄改，遂即监版《传义》之本刊去《程传》，而以程之次序为朱之次序，相传且二百年矣。[①]

惠栋有鉴于此，在《周易本义辩证·凡例》中指出："今《本义》经文，乃程易，非朱易也。程子从王弼本，朱子一依古易。"[②] 惠栋认为朱子尚未完全恢复古易面貌，但自《本义》以来经传相分的体例，惠栋后来一直坚持，其作《周易述》亦是如此。

二是吕祖谦为恢复古易，作《古易音训》，汇集了《周易释文》即晁

---

① 顾炎武著，陈垣校注《日知录校注》，安徽大学出版社，2007，第3页。
② 惠栋：《周易本义辩证·凡例》，《续修四库全书》第21册，上海古籍出版社，2002年影印本，第289页。

说之《古周易》之说。尽管此书多有疏漏，① 但自汉以来诸家的异文、音释尽列其中，成为惠栋《周易古义》《周易本义辩证》的直接来源。《周易本义辩证·凡例》谓："《音训》一篇，汉魏以后诸儒传《易》之本，异同略备。今刻《本义》，颇以《音训》附于上，其未备者则取《说文》《玉篇》《广韵》诸书以补之。"② 考察《辩证》《古义》，所谓的"诸书"，还包括《五经文字》《九经字样》《汗简》等。然不可否认吕祖谦《古易音训》是其治学的基本参考。

（二）宋元易学家对汉易的探求乃是惠栋研究的跳板

宋易对于汉易并非完全否定。即以朱熹而言，其卦变说讨论基于北宋李之才，而李之才实源自汉儒。特别是对于宋代要整合历代易学的学者而言，汉易仍具有重要地位。许多宋元易学家皆曾致力于汉易研究，今姑举惠栋著述取材甚多的三位学者及其易著：朱震《汉上易传》、王应麟相关易学著作、胡一桂《周易本义启蒙翼传》。

《汉上易传》解释《周易》的体例时说："变动之别，其传有五：曰动爻，曰卦变，曰互体，曰五行，曰纳甲。"③ 五种体例皆来自汉易。朱震号称二程之后学，缘何与《周易程氏传》立异，欲专门囊括汉代象数之学呢？朱震谓：

> 一行所集房之《易传》，论卦气、纳甲、五行之类，两人之言同出于《周易·系辞》《说卦》，而费直亦以夫子十翼解说上下经。故前代号《系辞》《说卦》为《周易大传》。尔后马、郑、荀、虞各自名家，说虽不同，要之去象数之源犹未远也。独魏王弼与钟会同学，尽去旧说，杂之以庄老之言。于是儒者专尚文辞，不复推原《大传》。天人之道自是分裂而不合者七百余年矣。④

---

① 吕祖谦不能亲见汉魏旧书，所列异文主要是通过《周易释文》《周易集解》等等所做的归纳，其中有些与《周易释文》有出入的，可能是误读了《周易释文》。而其所载晁说之的说法，也偶有疏漏。
② 惠栋：《周易本义辩证·凡例》，《续修四库全书》第 21 册，第 289 页。
③ 朱震：《汉上易传·序》，刘景章点校，上海古籍出版社，2020，第 3 页。
④ 朱震：《汉上易传·序》，第 7 页。

此处朱震展示出一种类似于二程的"道统"意识。不同的是，二程以孟子死后的一千多年为道的湮没世；朱震则以王弼之后的七百年为易学的天人分裂世。"天人之道自是分裂"受到李鼎祚的影响。李氏《周易集解·序》说："郑则多参天象，王乃全释人事。且《易》之为道，岂偏滞于天人者哉。"① 在朱震看来，汉易为天人贯通、象数义理兼备，王弼则独释人事、偏重文辞。然则这种追述与他继承的宋代易学又有何关系呢？这恰恰是朱震欲引出的意思，在他看来，周敦颐、刘牧、邵雍恰恰是天道—象数的恢复者。朱震要做集大成者："以《易传》为宗，和会雍、载之论，上采汉魏吴晋元魏，下逮有唐及今，包括异同，补苴罅漏。庶几道离而复合。"② 须知《易传》（《程传》）是以辞为中心的，以辞明道；而朱震虽曰以《易传》为宗，实际上却又对"辞"的传统做了批评，并有数条不点名地反驳程颐。因此其书实际上是和会汉宋象数之作。其《汉上易传·卦图》有以下数种：

> 《河图》《洛书》：主刘牧说。
>
> 《伏羲八卦图》（先天六十四卦图）、《文王八卦图》：主邵雍说。
>
> 《太极图》：主周敦颐说。

按以上三类，即《进周易表》所追溯的、自陈抟而开出的三个易学分支。再往下则是：

> 《变卦反对图》《六十四卦相生图》：主李挺之说，实亦发轫自汉易。
>
> 《卦气图》：主李溉说，实亦本于孟喜、京房。
>
> 《律吕起于冬至之气图》《十二律相生图》：本于京房、《律历志》。
>
> 《乾坤六位图》：京房纳干支之说。
>
> 《十二消息卦图》：汉易通法。

---

① 李鼎祚：《周易集解·序》，王丰先点校，中华书局，2016，第 7 页。
② 朱震：《汉上易传·序》，第 8 页。

《纳甲图》：本京房。

此上虽不免有杂凑而非真正的综合，但涉及了汉易的主要门类，实为元明时代人们了解汉易的一部重要著作。惠栋认真研读过《汉上易传》，推求不合，又加以驳正。

另一对惠栋影响较大的宋学学者是王应麟。王氏曾辑《周易郑康成注》，其序曰：

> 郑康成学费氏易，为注九卷，多论互体。以互体求《易》，《左氏》以来有之……王弼尚名理，讥互体。然注暌六二曰"始虽受困，终获刚助"，暌自初至五成困，此用互体也……隋兴，学者慕弼之学，遂为中原之师。此景迂晁氏所慨叹也。《易》有圣人之道四焉，理义之学以其辞耳，变、象、占其可阙乎？李鼎祚云"郑多参天象，王全释人事，易道岂偏滞于天人哉"。今郑注不传，其说间见于鼎祚《集解》及《释文》，《诗》《三礼》《春秋》义疏，《后汉书》《文选》注，因缀而录之。先儒象数之学，于此犹有考云。①

王应麟追溯了汉唐间易学流变，指出王弼易的问题，故欲掇拾汉易之绪，此一做法，实于清儒有启发。"理义之学以其辞耳，变、象、占其可阙乎？"可见王应麟与朱震的立场是一致的。然王氏在辑佚之初，其搜罗犹不备，故惠栋更为增补，卢见曾为其刻入《雅雨堂丛书》中。其序言虽署名卢见曾，实惠栋代作，可视为惠栋的意见：

> 郑氏之学，立于学官，自汉魏六朝数百年来，无异议者。唐贞观中，孔颖达撰《五经正义》，《易》用王辅嗣，《书》用孔安国，而二经之郑义遂亡。今传者，惟《三礼》、毛《诗》而已。然北宋时，郑《易》犹存《文言》《说卦》《序卦》《杂卦》四篇，载于《崇文总目》。故朱汉上震、晁嵩山说之，俱引其说。至南宋而四篇亦佚。于是浚仪王厚斋应麟，始衰群籍，为《郑氏易》一卷。前明胡孝辕震亨

---

① 陆心源编《皕宋楼藏书志》卷1，许静波点校，浙江古籍出版社，2016，第1~2页。

刊其书，附《李氏易传》之后。……汉儒说《易》并有家法，其不苟作如此。第厚斋所集，尚有遗漏。吾友元和惠子定宇，世通古义，重加增辑，并益以汉上、嵩山之说，厘为三卷。今依孝辕之例，仍附于《李传》之后，用广其传于世。……此书之传，虽不及《三礼》、毛《诗》之完具，然汉学《易》义无多，存此以备一家。好古之士，或有考于斯。①

惠栋补充王应麟的，乃"益以汉上、嵩山之说"，即取《汉上易传》和晁说之《古周易》，然《古周易》亦亡，主要保存在吕祖谦《古易音训》中。是其辑佚主要据宋人之书。

在《困学纪闻》和《玉海》中，王应麟还探讨过其他汉易问题，包括互体、纳甲、卦气等，其中引及《京氏易》"积算法"，以及"二至四为互体，三至五为约象"之说，皆为惠栋所采用。

不唯如此，惠栋还曾模仿王应麟辑《周易郑注》之法，辑《尚书郑注》。王鸣盛谓"古学已亡，后人从群书中所引，采集成编。此法始于宋王应麟《周易郑康成注》及《诗考》。昔吾友惠征士栋仿而行之，采郑氏尚书注，嫁名于王以为重。予为补缀，并补马融、王肃二家，入之《后案》，并取一切杂书益之"。②陈鸿森曾举丁杰跋文、王鸣盛《蛾术编》条、卢文弨《王伯厚辑古文春秋左传序》指出："应麟《尚书郑注》、《左传贾服义》及《论语郑注》辑本，当时学者疑为惠氏依托，似非无据。"③

如果说王应麟是朱子门户的别传，那么作为朱子易学正统继承者的胡一桂，其《周易本义启蒙易传》亦多载汉易之学，是书《外编》载《易纬》《焦氏易林》《京氏易传》《太玄经》《参同契》《洞林》诸家，实为汉易之大端，引据了不少后来亡佚的文献。其论京房世应、起月、飞伏皆甚有条理，惠氏父子亦采其说。只是胡一桂引据诸书的目的除了为象数张目，更主要的是证成朱子："若夫《易纬》、焦、京、《玄》、《虚》以至

①　郑玄注，惠栋辑《郑氏周易》卷首，乾隆《雅雨堂丛书》刻本，第1页。
②　王鸣盛：《蛾术编》卷2，顾美华标校，上海书店出版社，第41页。
③　陈鸿森：《余萧客编年事辑》，彭林主编《中国经学》第10辑，广西师范大学出版社，2012，第77页。

《经世皇极内篇》等作，自邵子专用先天卦外，余皆《易》之支流余裔，苟知其概，则其列诸《外篇》固宜，而朱子之《易》卓然不可及者，又可见矣。"[1] 惠栋《周易本义辩证》多引胡一桂之说；《易汉学》京氏易部分，如世卦起月例等，全载胡一桂之说。

（三）朱子学内部发展出来的反心性倾向

上面已可见惠栋早岁仍受朱子学影响。其实黄震、王应麟皆朱子学中重视博物读书的一脉，批评空谈心性。惠栋自可借王应麟等人之学而更进之。钱穆尝论谓：

> 朱子之学，大率可分两途。一曰性理之学，一曰经史之学。……朱子言性理，推尊其传自程子。而其经史之学，则跨越二程，直溯北宋诸儒以上接汉唐。固不得谓孔门无此文章一脉也。亦不得谓此文章一脉，乃绝无当于性道也。…东发（黄震）、深宁（王应麟）二人，乃于朱学流衍中，能兼得博文、约礼之二者。惟东发似稍偏于性道，深宁似稍偏于经史。…亭林（顾炎武）、桴亭（陆世仪）之学，于此性理、经史，约礼、博文之二者，各能知一以贯之之意，此则可以上承东发、深宁而无愧，亦不失为朱学之嫡传。……清儒之专治汉学，则始于元和惠氏。惠半农手书楹帖曰："六经尊服郑，百行法程朱。"……以汉学、宋学显分为二，即不啻以性理、约礼之学与经史、博文显分为二矣。[2]

余英时承钱说之余绪，变换名词，称之为朱学内部"智识主义"的兴起，并将之作为乾嘉汉学兴起的"内在理路"。尽管"内在理路"的说法引起了不少质疑，[3] 但钱穆、余英时确实指出了朱子学本身"博学于文"的内在倾向，只是此一脉络主要与后来的考据学有莫大的关系，而惠栋的经学方法、立场与考据学十分不同，故我们只能说，惠栋在早年学习上与理学

---

① 胡一桂：《周易本义启蒙翼传·序》，谷继明点校，中华书局，2019，第224页。
② 钱穆：《中国学术思想史论丛》（六），台北：联经出版事业股份有限公司，1998，第55～59页。
③ 其中最犀利的批判，莫过于张汝伦。参见氏著《以今度古的诠释——余英时清代思想史研究献疑》，《现代中国思想研究》，上海人民出版社，2014。

有关联，其价值倾向亦与程朱不异，但后来在方法裁断上有了根本差别，此点正是下一节所要分析清楚的。

三　惠栋对宋易的修正：以卦变说为例

上文列举了惠栋易学的宋学渊源，指出宋元易学对汉易的关注，实为惠栋研究的基础；朱子学脉本身的致知博学一脉，也对惠栋的学风有影响。但以惠栋为代表的汉学确与宋学不同，惠栋是反宋学的，[①] 其中必然有某种根本的分歧。我们以惠栋对朱熹卦变说的反对为例，来看看惠栋与宋学的分歧到底在哪里。

朱熹的卦变说分两个部分，一是《卦变图》，二是《本义》注文对卦变的说明。惠栋对《卦变图》的批评谓：

> 注云："《彖传》或以卦变为说，今作此图以明之。"九图皆出自李挺之，而此图独云"作"者。案挺之说载见朱汉上震《易图》，其卦不重出，以一生二、二生三，至于三而极。朱子谓："汉上卦变止于三爻，某更推尽去方通。"于是泰卦重者十，否卦重者十，复出大壮、观之例三十卦，夬、剥之例十卦。六十四卦为再重矣。是则李图所无，故云"作此图"也。第《本义》所载卦变，率以二爻相比者而相易，亦不尽如图所云也。[②]

朱熹《卦变图》，在《汉上易传》所载李之才《六十四卦相生图》的基础上做了改动，纯粹以数理逻辑、爻象规律来推卦变。由此泰卦可以逐渐递变为否，否也可以逐渐递变为泰，故而有重复出现者。这是惠栋批评此图的第一点。第二点，惠栋认为"《本义》所载卦变，率以二爻相比者而相易，亦不尽如图所云"，也就是说，《本义》注文所载卦变与《卦变图》不符。

关于此点，惠栋之前也多有学者指出。如胡一桂、王懋竑等，甚至据

---

①　漆永祥：《乾嘉考据学研究》，北京大学出版社，2020，第18~19页。

②　惠栋：《周易本义辩证》卷1，《续修四库全书》第21册，第291页。

此否定《卦变图》为朱子作。但其实这是对朱熹易学的误读，如张克宾指出的："《卦变图》乃是一个纵横互通的系统。虽然它以十二消息卦为根本，以十二消息卦分组统摄诸卦，又以先天卦序从下至上、从左至右而序定诸卦之次，但这只是《卦变图》的建构原则而不是它的施用原则，在具体施用时则诸卦不分前后左右皆周流可通。"① 王风更是点破《卦变图》的多维属性，指出："卦变关系是多维的，用二维图表来表达，显得比较困难，于是不得不把原本是相邻关系的两列卦拆散开来。如果改用网图，则能够表达出所有的相邻关系。"② 并认为黄宗羲、胡渭、毛奇龄、王懋竑、白寿彝存在三项误读：第一项误读是混淆《卦变图》与《变占图》，第二项误读是不知《卦变图》用二维图表达多维关系，第三项误读是不知《卦变图》接续相生之义。③ 张克宾、王风对白寿彝等人的批评，也可适用于惠栋。

不过惠栋的另一批评确实也暴露了朱子卦变说的问题，即根据《卦变图》所讲的二爻相换的卦变，无法与《彖传》的义理一致。其《周易本义辩证·凡例》谓：

> 至于《彖传》卦变，《本义》每以二爻相比者相易，往往与传义多违。今并广以汉儒之说。④

惠栋认为《本义》的卦变注文与《彖传》意思相违背，可以举一个例子。贲卦《彖传》"柔来而文刚，分刚上而文柔"，《本义》谓："卦自损来者，柔自三来而文二，刚自二上而文三。自既济而来者，柔自上来而文五，刚自五上而文上。"亦即认为损卦二、三爻交换，或者既济卦五、上爻交换。涣卦《彖传》"刚来而不穷，柔得位乎外而上同"，《本义》谓："其变则本自渐卦，九来居二而得中，六往居三，得九之位，而上同于四。"⑤ 朱子

---

① 张克宾：《朱熹易学思想研究》，人民出版社，2015，第209页。
② 王风：《论〈本义〉注文与卷首〈卦变图〉之相合》，《周易研究》2004年第2期。
③ 王风：《论〈本义〉注文与卷首〈卦变图〉之相合》，《周易研究》2004年第2期。
④ 惠栋：《周易本义辩证·凡例》，《续修四库全书》第21册，第290页。
⑤ 朱熹：《周易本义》，朱杰人、严佐之、刘永翔主编《朱子全书》第1册，上海古籍出版社、安徽教育出版社，2010，第50、83页。

的解释可能存在问题，惠栋引余苞舒说：

> 《本义》说卦变，专取两爻相比而相易，故多失正意。贲与涣，
> 其最著，要当随地而观耳。①

这里涉及对于上下、内外的理解。一般认为，上、外指的是外卦，下、内指的是内卦。《本义》把损卦六三往二称作"柔来"，把九二往三称作"刚上"，如果说在方向上还符合上、下的话；那么把既济六二往三位称作"得位乎外"则明显有误了。一是六二进到三位不宜称"外"，二是六三并不当位。《象传》以六四为"得位乎外（外卦）"，上同于九五，甚为明显。朱子则不得不变通解释成"得九之位，而上同于四"。

余苞舒又说："至于损益，亦是卦变。以其不可用相比相易之例，遂止曰卦体。疑皆未然也。"② 此处指的是《本义》注释损、益二卦的《象传》"其道上行""自上下下"时说"以卦体、卦象释卦辞"。如果依照《卦变图》，益自噬嗑、涣来，损自节、贲来，与《象传》不符合，故《本义》认为此是以卦体释卦辞。朱子所谓卦体，即上下两体。其实《本义》又谓："损上卦初画之阳，益下卦初画之阴。"③ 这与汉儒讲卦变，否四之三成益，泰三之四成损，在外观上是一样的。缘何朱子不将之称为卦变呢？因在朱熹看来，卦变乃是"换了一爻"，并且要遵循递变的规律。

由此可见，问题的实质在于，朱熹的《卦变图》乃是严格遵循逐爻递变规律来组织六十四卦的产物。如同"加一倍法"一样，它只需要考虑卦象逻辑的问题，而不必考虑《周易》经文。但《象传》在分析卦象、解释卦爻辞的时候，未必遵循朱子《卦变图》这种一贯的、纯粹的卦象逻辑。胡炳文已发现其问题："《本义》以二爻相比者为变，故朱子虽有是疑而不及改正也。"④ 朱子既然把《卦变图》这种严格符合递变逻辑的相邻两卦之关系称作卦变，则明显无法用《卦变图》对《象传》进行解释，故只能称

---

① 惠栋：《周易本义辩证》卷3，《续修四库全书》第21册，第327页。
② 惠栋：《周易本义辩证》卷3，《续修四库全书》第21册，第327页。
③ 朱熹：《周易本义》卷2，《朱子全书》第1册，第68页。
④ 胡炳文：《周易本义通释》卷2，清《通志堂经解》本，第16页。

作卦体。其实朱子此说有一定的矛盾，因为卦体本指上下两体，所谓："卦体，如内健外顺，内阴外阳之类。卦德，如乾健坤顺之类。"①也就是说"卦体"指上下/内外两体而言。它是一个静止的概念。但这种静止的概念如何解释《彖传》"损下益上，其道上行"这类运动性的描述呢？

而在汉儒那里，只要是某卦（多为消息卦，或经卦）通过爻的交换形成另一卦，皆称作卦变。由此，朱子卦变说，与汉儒（惠栋）之间的矛盾，即以纯粹卦象数理为本位，与以卦象指示的具体内容（如卦爻辞、天道变化等）为本位的矛盾。

正是出于对朱子卦变说的不满，《周易本义辩证》才要"广以汉儒之说"。今举数例如下，并以"今按"说明惠栋之用意。

（1）（随卦）随，刚来而下柔。

仲翔曰："否乾上来之坤初，刚来而下柔。动震，悦兑也。"《程传》言卦变，亦谓自否来。

今按：《本义》以随自困、噬嗑、未济来。故惠栋引虞翻与《程传》以折之。

（2）（蛊卦）刚上而柔下。

仲翔曰："泰初之上，故刚上；坤上之初，故柔下。"《程传》言卦变，亦云自泰来。

今按：《本义》以蛊自贲、井、既济来。

（3）（噬嗑卦）仲翔曰："否五之坤初。坤初之五。"愚谓《彖辞》"刚柔分"，谓否也；"动而明"，乃卦变矣。节自泰来，"刚柔分"，谓泰也；"刚得中"，乃卦变矣。

今按：《本义》以噬嗑自益来。

（4）（贲卦）柔来而文刚，故亨。分刚上而文柔。

京君明曰："贲泰取象，上六柔来文刚，九二刚上文柔，成贲之体。"荀慈明、虞仲翔皆同京说。何氏楷曰："分刚上，分刚画居上。"

今按：《本义》以贲自损、既济来。

---

① 黎靖德编《朱子语类》卷67，《朱子全书》第16册，第2233页。

（5）（咸卦）柔上而刚下。

仲翔、蜀才皆云"咸自否来，六三升上，上九降三"，故云柔上而刚下，又云男下女。

今按：此驳《本义》以咸自旅来。

（6）（恒卦）刚上而柔下。

仲翔、蜀才皆云："恒自泰来，六四降初，初九升四，故云刚上而柔下。"

今按：《本义》以恒自丰来。

（7）（睽卦）柔进而上行。

仲翔曰："无妄二之五，故上行。"

今按：《本义》以睽自离、中孚、家人来。

（8）（涣卦）刚来而不穷，柔得位乎外而上同。卦辞注云：其变则本自渐卦，九来居二而得中，六往居三得九之位而上同于四。

六往居三，仍在内卦，《象》云外，何也？六居三为失位，谓之得位，可乎？先儒虞氏、卢氏等皆云涣自否来，乾来居坤，成坎体，坎为通，往来不穷谓之通，故云刚来而不穷。坤居乾四，上承九五，故云柔得位乎外而上同。《象》义如此，而注不云者，胡氏炳文曰："《本义》以二爻相比者为变，故朱子虽有是疑而不及改正也。"

今按：《本义》以涣自渐来。

不过《周易本义辩证》撰写时，惠栋对于虞翻卦变说还没有深入精确的了解，故在反驳朱子、援引虞翻时，还表现了一些疑惑。比如：

（"渐女归吉"条）此经卦变未详。仲翔谓否三之四，冯氏、朱氏、胡氏皆从其说。兰氏廷瑞曰："六三往外，渐进一位，不躐等，以渐而进者，惟女归为得其义。"义或然也。[1]

《本义》认为渐卦自涣、履来，惠栋引用虞翻说认为是否三之四。云"未详"，一方面不用朱子卦变，另一方面对虞翻说也表示疑惑。因为虞注

---

① 惠栋：《周易本义辩证》卷 4，《续修四库全书》第 21 册，第 337 页。

"三进四得位"固然可以解释《象传》"进得位",但后面"进以正,其位刚得中"则无法以此解释。虞翻另以"爻变之正"说释之。此时惠栋一方面没有完全熟悉虞翻的体例,另一方面从文气上也觉得应该做一贯的解释,故存疑。又一条如:

> ("卦自小过而来"条)胡氏一桂曰:"蹇本升卦。坤上巽下,坤乃西南,平易之方。自升九二上往得坤体之中,是为'利西南而往得中'。升九二既往五,则下体成艮二,正东北方卦,所谓'不利东北,其道穷也'。《本义》谓蹇自小过来,而《象传》分明自升来,或自既济来,则皆有往西南之象耳。"愚案以卦例求之,蹇不当自升来。仲翔谓观上之三,又与《象辞》"往得中"不合。慈明谓乾动之坤五,不言自何卦来,未详孰是。[1]

《本义》谓蹇自小过来,从《卦变图》。胡一桂不同意,根据《象传》"西南"的意思,认为当自升来。惠栋对二说都怀疑,其依据是"以卦例求之"。所谓的卦例,即杂卦要从消息卦变来;朱子、胡一桂或从小过,或从升,皆非消息卦。此"卦例",是惠栋从汉儒义例那里归纳来的,体现了其对汉易的认可。但问题是,若根据"卦例"蹇应当自观卦来,而虞翻所谓的"观上之三",与《象传》"往得中"不合。虞翻的解释是:"五在坤中。坎为月,月生西南,故'利西南,往得中',谓西南得朋也。"[2] 惠栋既然有疑问,可见对汉易卦变例还未形成定见。

惠栋理解的进一步加深,体现在系统地作《卦变说》一文。其文谓:

> 卦变之说,本于《象传》。荀慈明、虞仲翔、姚元直及蜀才、范长生、卢氏、侯果等之注详矣。而仲翔之说尤备。……其后李挺之作《六十四卦相生图》,以一生二,二生三,至于三而极。朱子又推广为《卦变图》,复出大壮、观、夬、剥两条,视李图而加倍。然其作本义,则又拘于二爻相比者而相易,并不与卦例相符。故论者犹欲折中

---

[1]　惠栋:《周易本义辩证》卷3,《续修四库全书》第21册,第325页。
[2]　李鼎祚:《周易集解》卷8,第239页。

于汉儒焉。①

此篇载于《文渊阁四库全书》本《易汉学》卷末的文本，区分了"卦例"和"不从卦例"，及其作《易例》和《周易述》，又重新改订了此段文字，认识更加深入。

结　语

在钱穆看来，戴震之反宋学，亦是闻惠氏之风而起。② 然而学界考察宋学到清学的转变，不管是看重其连续性，还是侧重其革命性，多是从义理之学到考据之学的转变为着眼点。梁启超的反动说，余英时的"智识主义"兴起说，言若相反，实则皆不脱此窠臼。这就把汉学与考据相混淆了。其实惠栋之学与考据之学虽有交叉，实为二途，它们对宋学各自有继承和革新。戴震等考据学家于宋学而言，继承其"理性"和"自得"的精神而反对其价值内容，故在哲理上实颠覆了宋明理学，与"左派王学"接近，可谓之启蒙。正如笔者在比较船山与戴震时曾经指出的：

> 李贽的学说是强调人人可以作圣，有现成的良知和现成的圣人；而清儒则恰恰强调人之不完满性，强调不能躐等。它们又何以成为一致的呢？其实看似相反的言论背后，分享了一种与汉唐儒学乃至程朱理学完全不同的态度，即平等的诉求。阳明后学强调"满街都是圣人"，意味着将下层抬高到与圣人一个层面上；而戴震反对宰制之理，则是把圣贤降低到与庶人一个层面上。……阳明后学与戴震哲学，一左一右，在消解古典等差结构的问题上达到了吊诡的统一。③

与戴震等考据学家不同，惠栋的学术则是古典式的。在关注政教文明重建的问题意识上，惠栋实同于宋儒，只是方法论与宋儒有别，此即所谓师

---

① 谷继明校注《易汉学新校注·易例》，中国社会科学出版社，2020，第 220 页。
② 钱穆谓："吴学后起，转不以诋宋儒过甚为然矣。盖乾嘉以往诋宋之风，自东原起而愈甚，而东原论学之尊汉抑宋，则实有闻于苏州惠氏之风而起也。"（《中国近三百年学术史》，第 355 页）
③ 谷继明：《清代思想的异调：王船山政治哲学再探》，《孔学堂》2016 年第 4 期。

法。惠栋《与沈果堂》谓：

> 鄙制乾坤二卦经文，已尘清鉴。近又就二卦《彖》《象》。此书若
> 成，可以明道，其理与宋儒不异，惟训诂章句绝不同耳。然都是六经
> 中来，兼用汉法耳。①

沈彤与惠栋最为相知，同以昌明汉学自任，此信所谓"其理与宋儒不异"，
绝非为了考虑对方的宋学立场所作的托词，而是惠栋本人真实的想法。其
《周易晰义序略》谓：

> 然则程、朱不如荀、虞乎？曰非程、朱不如荀、虞也，经师亡之
> 故也。夫自孔子殁后，至东汉末，共八百年，此八百年中，经师授受
> 咸有家法，至魏、晋而亡，于是王、韩之辈始以异说汨经。惜也程、
> 朱不生于东汉之末也。设程、朱生于东汉之末，用师法以说《易》，
> 则析理更精，而使圣人为易之意焕如星日，其功当在荀、虞之上。
> 《易》道大明，王、韩、老氏之说岂足以夺之哉？②

由此可见，惠栋与宋代理学家的异同点在于：价值立场和哲学内容上，惠
栋与宋明理学一致；只是他反对宋学独师心得的思考路径，强调师法之重
要。戴震恰恰与此相对，他"求是"的独立自得精神与宋儒一致，但其价
值立场和哲学内容恰恰否定宋学而下，接近现代启蒙思想。我们重申一下
本文之观点：汉学与考据学不同，考据学本质上是解构经学的，而接引入
现代的中文、历史诸学科。这也是惠栋与戴震分派之关键所在。

---

① 王欣夫辑《松崖文钞续编》，复旦大学图书馆藏稿本。下画线为笔者所加。
② 谷继明校注《易汉学新校注》卷3，第119页。下画线为笔者所加。

戴震科举仕宦问题考察与思考

潘定武

黄山学院文学院

徽学研究中心黄山学院分中心

在学者云集的乾嘉时期，戴震（1724-01-19~1777-07-01）因其在文字、音韵、训诂、考据、经学以及天文历算、地理、数学等方面取得的杰出成就，而被视为学坛领袖，又以《孟子字义疏证》（以下或简称《疏证》）、《原善》、《绪言》等著作而成为清代乃至中国古代杰出的思想家。

瑞士著名心理学家荣格认为："人的心理是一切科学和艺术赖以产生的母体。"[1] 综观戴震的一生，贫寒小商人的家庭出身使其意志在早年即得到磨炼，并熟知民间疾苦；徽州理学盛行的大环境中，相对自由的家庭环境，培养了戴震不羁以至不合世俗的思想；家境的艰难，使戴震虽早年即有志于闻道，求学路径与科举之途渐行渐远，而仍始终希冀于科举以改变自身及家庭的困境。从治学经历看，戴震自十七岁即有志闻道，在早期颇受朱子理学思想和治学理路的影响，随着眼界的扩展与思想的深入发展，对理学流弊认识渐深且予以激烈批判，尤为值得注意的是，戴震借疏证孟子字义批判理学，其着眼点实在现世，在"今之治人者"。戴震试图通过"以字通词，以词通道"的路径，在拨正旧理学的基础上建立体情遂欲、通达民情的新理学。深入了解戴震的科举仕宦等人生困境及其在困境中形成的复杂心理，对于认识戴震的为人、为学与思想无疑都十分必要。

一 坎坷的科举仕宦之路

宋元明清以来，徽州文风馥郁，明中叶以后，巨贾遍地，戴震却生于

---

① 荣格：《心理学与文学》，冯川、苏克译，生活·读书·新知三联书店，1987，第124页。

休宁隆阜一个贫寒的小布商家庭。因无力聘请私塾教师，戴震十岁时方入村塾读书，十八岁时，又不得不随父经商，赴赣、闽一带。二十岁回乡后，有幸得到同邑前辈程恂的赏识，在程恂的引荐下，又得以结识并师从徽州婺源大儒江永，后又与方矩、郑牧、程瑶田等同师江永于歙县西溪汪梧凤之不疏园。乾隆十九年（1754），已过而立之年的戴震因祖坟纠纷得罪乡里豪横，只身远赴京师。因很快结交新科进士钱大昕、纪昀等人，戴震不久即以其渊博学识获誉于京师，跻身京师乃至全国学术名流，但当时身份仅为一介秀才。钱大昕《戴先生震传》载："年三十余，策蹇至京师，困于逆旅，饘粥几不继，人皆目为狂生。一日，携其所著书过予斋，谈论竟日，既去，予目送之，叹曰：'天下奇才也！'"①段玉裁《戴东原先生年谱》更曰："（先生）乃脱身挟策入都，行李衣服无有也。寄旅于歙县会馆，饘粥或不继，而歌声出金石。是时纪太史昀、王太史鸣盛、钱太史大昕、王中翰昶、朱太史筠，俱甲戌进士，以学闻名一时，耳先生名，往访之。叩其学，听其言，观其书，莫不击节叹赏。于是声重京师，名公卿争相交焉。"②

戴震虽因其学识而令京师学者叹赏，但贫困的处境，低微的出身，使其始终与钱大昕、纪昀等有着巨大的落差，心理处于巨大的压力之中，其狂傲的表现毋宁说是对物质和精神双重重压的反弹。虽有秦蕙田延其与纂《五礼通考》，纪昀、王安国先后请为家教，解决一时衣食，但大多数情况下仍属居无定所，更无稳定的经济来源。缺少进士的光环，一夜成名的戴震没有也绝无可能获得与纪昀、王昶等人同等尊贵的社会地位。随后约二十年中，戴震往来奔波于燕、晋、鲁、吴、赣、越等地，在为衣食所驱而奔走劳顿的同时，竟没有放弃一次会试的机会，前后参加会试达六次之多，而其高足段玉裁仅两次会试落第后即彻底告别科场。了解到戴震长期所受的巨大的身心压力，也就能够明白乾隆三十八年当纪昀等人推荐其入四库全书馆时，戴震内心对此所寄予的期望。戴震在馆，虽以超人的勤奋

---

① 钱大昕：《潜研堂集》，吕友仁标校，上海古籍出版社，2009，第711页。
② 段玉裁：《戴东原先生年谱》，《戴震文集》附录，赵玉新点校，中华书局，1980，第221页。

整理校订文献，却仍然不能改变其拮据的困境，不但居无定所，而且收入极为微薄。因除戴震等寥寥数人属征召入馆外，其余四库馆臣均来自翰林院等朝廷机构，虽官衔不一，但皆享有俸禄，入馆后俸禄不变。而戴震入馆前并无一官半职，故而无法享受与其他四库馆臣相同的待遇。

关于戴震主校的官校本《水经注》的争论，二百余年来可谓尘埃屡起，竟酿成一桩学术重案。贬戴者如魏源、王国维、孟森等纷纷指责其伪托《永乐大典》，窃据赵一清《水经注释》成果而成之；现代以来，胡适等人反复论证戴震并无抄袭赵一清之动机与事实，但仍无法完全释疑；近来又有学者分析认为，官校本《水经注》早为乾隆定调，故戴震只能被谕旨"痛苦地牵着鼻子走"，[①] 可谓切中要害。但仔细分析，戴震在被动之中又并不排除主动的成分。戴震于乾隆三十八年仲秋入馆，三十九年二月方正式接手整理《水经注》，本年十月即将四十卷《水经注》校毕，整理之勤勉、高效可见一斑。然据于敏中《于文襄公手札》之三十四札云："耳山（按：陆锡熊字健男，号耳山）年兄上报曾有字否，记匆冗时一阅，欲留俟下报再复，今日遍检不得，不知所言云何，下报寄知，并复。接读手教，得悉种种，《意林》一事容俟从容再复。顷接李少司空（按：李友棠，时任《四库全书》副总裁）札，以《水经注》尚有可商者，不可不酌求其是。愚学殖浅薄，不敢轻议，且相隔甚远，尤难彼此折中，此事知东园（按：东原）深费苦心，且向曾探讨及此。自当有所依据，其中或尚有应行酌定者，不妨再为复核。大农处亦有札致李公原书并希于便中检阅。"[②] 且庞鸿书《读水经注小识·叙略》记载："闻之戴氏之入四库馆，于馆中诸公为后进。戴性又傲，不肯下人，诸公颇齮龁之，其所校勘不尽从也。纪文达虽与戴善，而议论亦时有异同（原注：见之《文达集》中）。故《水经注》武英殿本卷首题要虽题东原之名，而校录时实杂出诸公之手，已非戴氏之旧。以书经乙览，自后遂无敢异词。"庞氏又言："此说先祖得

---

① 杨应芹：《御用之作与独立研究的终极成果——戴震两种不同版本的〈水经注〉》，《文史哲》2014 年第 2 期。
② 于敏中：《于文襄公手札》，《中华再造善本》手稿影印本，国家图书馆出版社，2012。

之歙程春海先生。程于戴为同郡后进，其语固可信矣。"① 由庞氏所记可见戴震在馆及校勘《水经注》并不顺利，甚至的确身处痛苦之中。总之，当时关于《水经注》校勘，四库馆中意见分歧较大，且一度引发矛盾，致使总裁于敏中不得不出面调停。更主要的是，一方面戴震在受召入馆之后，的确甚为勤勉主动，特别是因之前长期关注、研究《水经注》，其主动承揽确在情理之中。而另一方面，戴震虽为主纂人，却非但不能左右意见，而且承受颇大的压力，② 几乎完全身不由己，而又不得不勉力为之。在如此的压力之下，戴震仍高效地主持完成了《水经注》纂修，主因当是摆脱其身份和经济上的巨大困境。

据《清高宗实录》，乾隆三十八年七月十一日戊辰，"又谕：前据办理四库全书总裁奏，请将进士邵晋涵、周永年、余集，举人戴震、杨昌霖调取来京，同司校勘，业经降旨允行。但念伊等尚无职任，自当予以登进之途，以示鼓励。着该总裁等留心试看年余，如果行走勤勉，实于办书有益，其进士出身者，准其与壬辰科庶吉士一体散馆；举人则准其与下科进士一体殿试，候朕酌量降旨录用"。③ 可见戴震入馆之初，实属试用察看，其能否留馆乃至能否晋身，全看自身表现是否勤勉与合格。戴震虽学识渊博，但出身低微，长期困顿，多年出入科场，年入不惑方始中举，其后十数年间，六次会试而落第，身心无疑备受压抑与煎熬。知命之年获召进京入馆，这对戴震来说既是蒙幸，更是难得的晋身良机，何况编纂《四库全书》本是空前的文化盛举，故戴震绝对小心珍重并表现异常勤勉，以期获得乾隆首肯而得以留用并晋升。同时，戴震也努力赢得四库馆总裁等人的好感。乾隆三十八年，总裁裘曰修不幸病逝，戴震代总裁于敏中为裘曰修撰作《墓志铭》；乾隆四十一年，于敏中因平定两金川之乱有功，乾隆特予恩赐，戴震则作《于公敏中颂》，极力称颂于氏其德其能，文辞典重而华美。

---

① 庞鸿书：《读水经注小识》卷首《叙略》，光绪三十年石印本。
② 这种压力首先是四库馆臣全体遭受于皇帝而又传导给戴震，当也有戴震自身被特召入馆、处境艰难，不得不勉力自保而引起的。
③ 《清高宗实录》卷938，《清实录》第20册，中华书局，1986年影印本，第654页上栏。

乾隆四十年戴震第六次会试再遭落第后，正是由于入馆后表现优异，得以奉命与乙未科贡士一体殿试，终获赐同进士出身，并授翰林院庶吉士。而因心怀感激，乾隆四十一年春，两金川平定捷报传至四库馆之时，戴震撰作《平定两金川大功告成颂》，① 弘扬圣德，亦属欣然命笔，诚如其颂中所言："职当歌咏，敢作颂声，以播休美。"

二 对戴震科举仕宦问题的思考

戴震作为乾嘉学术的代表，亦是卓绝一世的思想家，虽出生于文化底蕴深厚的徽州，而所受的却是非常规式教育。布衣小贩的家庭，相对自由的学习氛围，造就了戴震独立思考、敢于怀疑的能力，然亦养成其"介特，多与物忤，落落不自得"② 的个性。但戴震绝非盲目自大、恃才傲物之流，弱冠的戴震获知于程恂，得其嘉许和勉励，又因程恂而拜识大儒江永。年轻的戴震一面积极准备应试，一面与江永、程瑶田、金榜等师友密切交游，砥砺琢磨，相得甚欢。在江永诸弟子中，戴震无疑最得真传，故皖派朴学，江永导路，而戴震擎旗。戴震早期身处以歙县汪梧凤不疏园为中心而形成的学术圈，无疑为进入下一个更大、层次更高的学术圈打下坚实基础。入京之后，因其精博的学识与"孤介"的性格，戴震一方面赢得了众多京师学人的青睐，另一方面也与部分学者产生了摩擦甚至较深的矛盾。无论如何，戴震积极融入并立足京师高级学术圈的愿望是不言而喻的。但是，既无正规出身（戴震年近而立方才补县学生，入京时尚未中举），又无家族势力的一介贫儒，想要立足京师谈何容易。故戴震虽赢得了颇高的学术声誉，但仍不得不为衣食等奔波。如果说戴震入京之前未必真正关注科举仕进，入京后的经历无疑向他传达了科举的重要性。无正规出身难以立足京师，更无法进入权力政治圈中，因此，对戴震来说，学术圈的扩大、文化空间的开放，一方面是一次重要的自我提升，另一方面也给他带来空前的内外压力。

---

① 戴震等：《平定两金川大功告成颂并纪》，吉林省图书馆藏奏折本。
② 钱大昕：《潜研堂集》，第711页。

中国传统学者文人，只要不是真正遗世独立的极少数，几乎没有不愿意与权力和政治发生关系的。屈原于流放时痛呼："岂余身之惮殃兮，恐皇舆之败绩！"（《离骚》）杜甫在困顿无比之中，仍"许身一何愚，窃比稷与契"，并称自己心向朝廷是"葵藿倾太阳，物性固莫夺"（《自京赴奉先县咏怀五百字》）。李白一生狂傲，而一旦得到玄宗召唤，即刻大喜过望："仰天大笑出门去，我辈岂是蓬蒿人！"（《南陵别儿童入京》）在中国传统文化环境中，文化学术与权力政治之间并非只有矛盾而无一致，也许正是这种文化与权力之间的张力，更加吸引了无数传统的学者文人苦苦寻找晋身阶梯，乃至不惜沉浮于宦海恶浪之中。经过近廿年游走的戴震终于名正言顺地被召入京之时，其积极把握时机并企图获得晋身的努力可谓显而易见，其精心结撰、欣然进奏《平定两金川大功告成颂》和热烈颂美总裁于敏中也就完全可以理解。然而，戴震尽管似乎获得了恩遇，被授翰林院庶吉士并继续从事《四库全书》编校工作，但微薄的收入使他仍然摆脱不了困苦的折磨，家庭重担无法承受之下，不得不依赖早时弟子汪灼（按：汪梧凤次子）的接济。艰难的处境迅速消耗了戴震的身体，入馆不足四年，一代大儒竟溘然病卒于京师。

综观戴震一生，弱冠之后即应县考，年近而立方补县学生；后经历多次北闱、江南乡试，不惑之年终成举人；而后六次会试，竟赖乾隆特赐方成进士，其科场之困顿可想而知。戴震自十七岁即有志闻道，故其执着科考当非因热衷功名，但现实的残酷，处境的无奈，使他深知其中三昧。王国维作《聚珍本戴校〈水经注〉跋》，谓"东原学问才力，固自横绝一世，然自视过高，骛名亦甚"，① 未必属实。孟森谓戴震之所以窃据赵一清《水经注释》，乃因其睹乾隆下谕而动心，急欲办一大著作而获得乾隆赏识。② 考察戴震彼时处境，此种分析确有一定合理成分。

然而，矢志追求"其得于学，不以人蔽己，不以己自蔽；不为一时之名，亦不期后世之名"（戴震《答郑丈用牧书》）的戴震，定然不会因为

---

① 王国维：《观堂集林》，河北教育出版社，2001，第366~367页。
② 孟森：《畿辅安澜志与赵戴两书公案》，《读书季刊》第12期，1936年。

屡踬科场而随波逐流，迎合时俗。胡虔《柿叶轩笔记》记载："戴东原（震）数应礼部试，分校者争欲致之门下，每于三场五策中物色之，不可得。既乃知其对策甚空，诸公以戴淹雅精卓，殆无伦比，而策则如无学者，大是异事。钱辛楣詹事（按：钱大昕）曰：'此东原之所以为东原也。'戴中壬午江南乡试，年四十矣，出青田韩锡胙房。其文诘诎，几不可句读。后以征修四库书得庶吉士。"① 此则笔记正从侧面揭示了戴震的为人，也揭示了戴震科场不顺的重要原因。

稍前于戴震的吴敬梓，科场失意后以辛辣而又悲凉之笔写尽当时科举之弊，戴震则经过深刻的思考，将批判之矛直指制度背后的文化思想。尽管戴震具有如此深刻的批评精神，自身却深陷科举功名的困境，其身后横生巨大的争议亦与此不无关系。我们虽然理解并同情戴震的境遇，并深知戴震与追名逐利之辈有着天壤之别，但无法一扫笼罩于戴震生前身后的种种疑云。

三 戴震"热衷科举功名"等问题辨析

祝总斌先生曾撰文批评戴震"终生热衷科举功名"，并称戴震为此不惜"吹捧清帝为关心民瘼的'圣天子'"。② 乔治忠先生著文，则称戴震乾隆十九年所谓为避难而赴京纯属敷衍其师江永之词，实质是戴震早有赴京追求功名之念；因戴震"丢掉初心，曲学阿世"，江永与之断绝师生关系云云。③ 对于以上两位先生的论断，似乎有必要略做分析。

如前所述，戴震赴京之后，身心始终承受着巨大的压力，因此，对科举几乎始终没有放弃追求。他数次参加乡试，尤其是六次参加会试，确是明证。但戴震是否"终生热衷科举功名"，仍值得商讨。

首先，早年的戴震矢志求学，尤其是在汪梧凤不疏园中与江永等师友论学时期，几乎淡忘于科举，确如洪榜《戴先生行状》所称："先生学日

① 胡虔：《柿叶轩笔记》，《续修四库全书》第 1158 册，上海古籍出版社，2002 年影印本，第 38 页上栏。
② 祝总斌：《试论戴震理欲说与其人品的关系》，北京大学历史系编《北大史学》第 15 辑，北京大学出版社，2010，第 182 页。
③ 乔治忠：《戴震"背师"问题析论》，《史学月刊》2022 年第 12 期，第 120 页。

进而遇日益穷，年近三十乃补县学生，用是绝志举子业，覃思著述，家屡空而励志愈专。"[1] 至于戴震于乾隆十九年赴京，则确因避难，段玉裁《戴东原先生年谱》所述暂且勿论，卢文弨《与程致堂以道进士书》最可证明，卢氏书曰："贵乡戴东原兄，仆重其学问，与之定交。今闻其因祖坟事与贤从兄弟将生嫌隙，此固戴氏不肖子孙为之，然其群子姓中，苟少有人心者，自不容其先世百余年藏魄之所，一旦受侵削震惊之患，亦漠然袖手缄口，不一校计。此在常情尚不出此，况于贤者。在贵族初买之时，必不知为戴氏祖坟之地，今则已知之矣，卜地以葬，求其安吾亲也……是在我方欲求福，乃反以之招怨而犯怒，讦讼由之而起，衅仇由之而深，恐亦非贵族之利也。年兄天属相关，诚宜及早调处，如其昭然远见，举地相让，以安两家之先灵，此其于仁智孝慈之道，兼备无憾。戴氏子孙，宜何如感戴也！"[2] 乾隆二十三年，戴震欲自扬州返乡，好友卢文弨致信休宁进士程以道。据卢氏所述可知，当初，戴氏族人私自出售祖坟与程氏，戴震获知，力争之，反被诬告，势单力薄的戴震无奈之下被迫远走京师。戴震为避祸而背井离乡之事实甚明，因此，乔先生称所谓"避难赴京"乃是戴震为追求功名而敷衍其师，似属失考；而称江永因此与戴震断绝师生关系，似更未达一间。江永晚年有《答戴生东原书》曰："暮年得两知己，天资敏妙，志识不凡，可与剧谈天地古今，甚慰平生夙愿。聚首两三日，未罄鄙怀，相距非遥，所欲言者，笔札可代。"[3] 江永始终以得到戴震这样的弟子为欣慰，恐并未与其断绝师生关系。而江永甫一逝世，戴震即撰《江慎修先生事略状》数千字长文，并精心整理江永遗著以俟传诸后世，于此亦可反观江、戴之师生关系。

其次，戴震后期虽始终不放弃科考，但与热衷追求功名之徒并非同流。如前所论，戴震始终不愿为科考而改变自己的学术志趣，甚至不愿为迎合时俗而暂时勉强自己。戴震乾隆二十七年参加江南乡试的三篇制义即

① 洪榜：《初堂遗稿》卷1，《清代诗文集汇编》第410册，上海古籍出版社，2010年影印本，第95页下栏。

② 卢文弨：《抱经堂文集》卷18，《续修四库全书》第1432册，第701页下栏~702页上栏。

③ 江永：《善余堂文集》，《清代诗文集汇编》第248册，第419页上栏。

颇能说明问题，此三篇制义并不刻意遵循程式，而议论高古，其房师韩锡胙感叹："直写胸中所见，竟似汉人经疏，若论制艺体裁，原应如此。惜难为帖括者道也。"① 至于祝先生所谓戴震文字中称乾隆为"圣天子"，尽人皆知，封建时代对当朝帝王最为普遍的称呼即"圣天子"或"明天子"，即便再有微词，也得口诵"圣主明君"，此与是否巴结逢迎其实无涉。反之，戴震所著《原善》《孟子字义疏证》等，屡屡批判"今之治人者"罔顾民生疾苦，虽非完全指向当时帝王，但无疑是隐含着当时帝王的。而我们看同时代著名学者章学诚，于其《丙辰札记》中大倡其言："自唐虞三代以还，得天下之正者，未有如我大清。魏晋唐宋之禅让固无论矣，即汉与元，皆是征诛而得天下。然汉自灭秦，而元自灭宋，虽未尝不正，而鼎革相接，则新朝史官之视胜国，犹不能无仇敌之嫌。惟我朝以讨贼入关，继绝兴废，褒忠录义，天与人归。而于故明但有存恤之德，毫无鼎革之嫌。"② 章氏为颂扬当朝，几乎罔顾事实，至欲令故明感戴清朝。章学诚与戴震均困顿一生，而为学总体实事求是，如此颂美清廷，颇令人费解。

最后，戴震于乾隆三十八年被特召入四库全书馆，确曾有荣幸和蒙恩之感。其入馆之后，也甚为勤勉，至乾隆四十一年春两金川之乱平定，戴震欣然撰作《平定两金川大功告成颂》，均能见出戴震对仕进的期盼。但入馆后俸禄的稀薄，尤其是老父离京返乡，使戴震在乾隆三十九年冬即已萌生辞去馆事、离京南下以赡养双亲之念。翌年，戴震罹患足疾，南下之念愈来愈烈。③ 祝总斌先生谓："以他强烈的功名利禄心推测，戴震原本当以为还有很长寿命可活，因而力图通过再一次会试取得功名，由学术向政治上发展。"④ 如按祝先生所言，戴震断不会有远离京师政治中心，尤其是远离帝王左右之念。祝先生治史严谨，然于此点未免失之主观。

祝总斌先生又说，戴震晚年著《孟子字义疏证》，乃是"希望配合乾

---

① 参见潘定武《戴震乡试制艺三篇述略》，《黄山学院学报》2019 年第 2 期。戴震制艺文见《乾隆壬午科江南乡试诗四房同门录》，温州市图书馆藏清刻本。

② 章学诚：《乙卯札记 丙辰札记 知非日札》，冯惠民点校，中华书局，1986，第 67 页。

③ 段玉裁辑《戴东原先生札册》，杨应芹、诸伟奇主编《戴震全书》（修订本）第 6 册，黄山书社，2010，第 525~534 页。

④ 祝总斌：《试论戴震理欲说与其人品的关系》，《北大史学》第 15 辑，第 198~199 页。

隆政治上指斥，从思想文化方面对程朱落井下石，以邀'圣'眷"。并据《疏证》"其（按：程朱）所谓欲，乃帝王之所尽心于民"之语，断定戴震著《疏证》纯为邀功邀宠于乾隆。① 我们且不论乾隆对程朱理学虽有所不满，但绝不代表其完全否定乃至打倒程朱，② 也不论《疏证》之中屡次批判"今之治人者"是否会触怒当朝，更不论《疏证》一出，即遭到彭绍升、朱筠、章学诚乃至戴震至交纪昀等的反对（彭、朱、章、纪等人均为清廷维护者，纪昀更是忠心于乾隆之人），但就祝先生所引《疏证》之前后，即可看出端倪。《疏证》卷下曰："古之言理也，就人之情欲求之，使之无疵之为理；今之言理也，离人之情欲求之，使之忍而不顾之为理。此理欲之辨，适以穷天下之人尽转移为欺伪之人，为祸何可胜言也哉！其所谓欲，乃帝王之所尽心于民；其所谓理，非古圣贤之所谓理。"③ 众所周知，戴震之所以视《孟子字义疏证》为其生平著述之最大且不得不作之书，乃因为"此正人心之要。今人无论正邪，尽以意见误名之曰理，而祸斯民，故《疏证》不得不作"。④ 显而易见，《疏证》撰作的真正目的，是批判"当今""今人"，尤其是"今之治人者"，而非数百年前的程朱；其所谓"正人心"，更显然为正"今人"之心，而非数百年前古人之心。《疏证》之中，处处将"今"与"古"（古圣贤）对照，其批判锋向昭然若揭。正因如此，《疏证》一出，彭绍升辈竭力批驳。祝先生仅就"其所谓欲，乃帝王之所尽心于民"一语，即判定戴震旨在邀宠于乾隆，似乎忽视了此语乃与"其所谓理，非古圣贤之所谓理"对举。审视《疏证》，此"帝王"似可指当时帝王，实则为圣贤古帝，是"古贤圣体民之情，遂民之欲"的古代帝王。戴震著《孟子字义疏证》，借疏证《孟子》字义批判理学之流弊，借推崇古贤圣而批判"今之治人者"，其着眼点实在现世，在"今人"。只是在当时的政治与文化环境中，戴震不得不通过"以字通

---

① 祝总斌：《试论戴震理欲说与其人品的关系》，《北大史学》第 15 辑，第 197~198 页。
② "乾隆皇帝在重视经学发展的同时，并没有放弃对理学的重视。他立异于朱子的举动，只是在个别的词意句意的理解上，而并没有下意识地去推翻理学的价值体系。就封建社会的社会性质来说，这也是不可能的。"参见刘桂林《乾隆皇帝与理学》，硕士学位论文，曲阜师范大学，2010，第 31 页。
③ 戴震：《孟子字义疏证》，何文光整理，中华书局，1961，第 59 页。
④ 《致段懋堂第十札》，《戴震全书》（修订本）第 6 册，第 533 页。

词，以词通道"的路径，为"今之治人者"，也为当时学人究明合乎人情之"天理"，或可称为戴震建立的体情遂欲、通达民情的新理学。对此，笔者将另有专文述论。

乔治忠先生说："当今的学术研究和学术史书写，必须不打折扣地贯彻实事求是的准则，客观、认真地剖析每一研究对象，坚决避免用非学术化因素扭曲学术的价值观。"[1] 诚哉斯言！我们今天之所以仍要阐扬乾嘉学术的价值、意义，重要原因也正在此。要真正做到实事求是，确实需要对研究对象持以客观、认真的态度，还要具有孟子倡言的"知人论世"，亦即陈寅恪先生所说的对历史的"了解之同情"。如何避免非学术化？愚以为首先需要避免主观片面，要努力深入地了解历史，全面地掌握事实材料，并使结论建立在事实材料和对材料客观、细致分析的基础之上。综观戴震一生，贫寒的出身既丰富了他的阅历，磨炼了他的意志，也增加了他人生历程的坎坷，加之他的狂狷性格和求道精神，更平添了他科举仕宦的颠簸困顿。对于戴震，学识的增长与学术境遇的改善，客观上未能给其自身及家庭境遇带来真正的改观，更多的是增加了他努力改变自身及家庭境遇的压力。这种情况的确使他难以放弃科举仕宦，但戴震毕竟非名利之徒，亦不肯苟合时俗，所以其科举表现与当时主流要求往往难以合辙，也与其自身的仕进愿望时时相违。戴震科举仕宦的困境无疑给他带来更多更深入的人生与社会思考，尤其是关于理欲等的思考，并且推己及人，发出"体民之情、遂民之欲"的热切呼声。所谓"身无半亩，心忧天下"，戴震之前，诗祖屈原太息掩涕以哀多艰民生，诗圣杜甫由自身的饥寒困苦而忧及天下寒士，范仲淹身贬邓州而不忘"先天下之忧而忧"；戴震之后，林则徐远谪边疆而仍心忧家国、无避祸福，中国历史上从来就不缺乏立心天地的志士仁人。

[本文发表在《人文论丛》2023 年第 2 辑，武汉大学出版社，2023]

---

[1]　乔治忠：《戴震"背师"问题析论》，《史学月刊》2022 年第 12 期，第 122 页。

论阮元与清初扬州诗学史的书写：
兼论阮元与《钦定国史文苑传》的纂修*

戚学民

清华大学人文学院

　　阮元是清代九省疆臣和学林领袖，学界对其学术成就研究百年，成果丰硕。阮氏对清代文史学术思想史的总结和书写之功对后世影响深远。他对以《儒林传》和《文苑传》为代表的清廷官方学术史论述的创设是一个典型。阮元从浙江巡抚任上革职进京，旋再入翰林，清嘉庆十五年（1810）十月，自愿出任国史馆总纂，负责纂辑《儒林传》《文苑传》《循吏传》。他在任职国史馆总纂的十六个月内，纂成了《儒林传稿》44 篇正传。在升任漕运总督之际，呈缴《儒林传稿》，这是清廷官方学术思想史的开端。①

　　阮元是一代文宗，其《文笔说》《文言说》《北碑南帖论》等对后世文学研究和创作有重要影响，也极受学界重视。② 但是阮氏对《文苑传》第一次稿即《钦定国史文苑传》的纂述之功，则长期未得到关注。他承命纂辑清史《文苑传》第一次稿，如果能像《儒林传稿》一样写成《文苑传稿》，对清廷官方诗文史的成形将有大的贡献。但是其《文苑传稿》毕竟未能写成。笔者曾有简单的考证，肯定阮氏对清史《文苑传》第一次稿有纂述之功，③ 可是纂修具体贡献为何，仍有待明确。实则相关文献有相当多信息提示阮元与《文苑传》第一次稿的关系。本文认为，《钦定国史

＊　本文为国家社科基金后期项目"清史《文苑传》与清代文史书写"（编号：21FZSB069）的阶段性成果。
①　戚学民：《阮元〈儒林传稿〉研究》，生活·读书·新知三联书店，2011。
②　李贵生：《传统的终结：清代扬州学派文论研究》，复旦大学出版社，2009；邱培超：《自"文以载道"至"沉思瀚藻"——学术史视域下阮元学圈的文统观及其意义》，台北：大安出版社，2012。
③　戚学民：《〈钦定国史文苑传〉钞本考》，《文学遗产》2017 年第 6 期。

文苑传》中扬州学人传记是阮元工作的成果，是阮元对扬州文化史的重要贡献，由此可见阮元《文苑传》纂辑工作之一斑。有鉴于此，本文依据清史档案，对此问题再做考察。

一

阮元在《文苑传》第一次稿中的工作情况如何？尽管没有直接的证据，但有多个说法；尽管未能统一，但多条证据指向阮元对《文苑传》有纂修之功。

一方面说法以阮元和其弟子为主，否认曾纂成《文苑传》。阮元曾说："元在史馆欲纂《儒林》《文苑》《循吏》三传。《儒林》甫脱稿，俄奉使出都，《文苑》《循吏》未之纂也。"① 曾在国史馆任职的阮元弟子陈寿祺（陈氏最早承命纂辑《儒林传》《文苑传》但未成）说，阮元"坐失察学政刘凤诰代办监临舞弊事，夺官。命以编修在文颖馆行走。十五年，迁侍讲兼国史馆总纂，创立《儒林传》。得百四十六人，但述学行而不区分门径。又拟创《文苑传》，未就"。② 这是来自当事人的现身说法，似乎较为确切。

但是另一方面，有多条证据说明阮元对于《钦定国史文苑传》的成稿有确实的贡献。其一是有传说阮元曾撰《国史文苑传稿》。这一说法有文献依据，台北"中研院"史语所藏有题名为阮元等撰《国史文苑传稿》抄本，③ 其内容即《钦定国史文苑传》（也有《儒林传》的部分内容）。这个抄本反映了阮元曾负责纂辑《文苑传》的说法并非向壁虚构。

其二，参与清国史馆纂修工作的人提供了阮元曾纂辑《文苑传》的证词。钱仪吉说，在阮元的主持下的《文苑传》已纂成一批单传。钱氏《甘泉乡人稿》记："嘉庆甲戌（1814），族子恬斋由翰林出守澂江，过家上冢，泰吉抄得《儒林传稿》，主其事者仪征阮公，恬斋亦与分纂也。《文

---

① 阮元：《福建布政使良吏李君传》，《揅经室集》上册，邓经元点校，中华书局，1993，第464页。
② 李元度编《阮文达公事略》，《国朝先正事略》卷21，周骏富辑《清代传记丛刊》第192册，台北：明文书局，1985年影印本，第757页。
③ 阮元等：《国史文苑传稿》二卷，周骏富辑《清代传记丛刊》第13册。

苑》则尚未汇稿。后数年，于汪小米处见之。……目录前后失次，似随撰随写者，进呈之本当不如是。《儒林传》进呈时定本不得见，此传不注书名，则非初撰之稿。……"① 阮元的《文苑传》当有一批传记，也未汇稿。

其三，今日可见的《钦定国史文苑传》中，本来就有阮元的作品。如从《儒林传》改入《文苑传》的《毛奇龄传》是阮元的手笔。陈用光也证实阮元曾做过《文苑传》辑纂工作，他说："用光于《汪尧峰传》舍芸臺先生录《四库提要》之虚语，而录陈午亭相国记载之实事。"② 这里提到《汪琬传》的编纂工作，芸臺先生即阮元，说阮元已经纂成《汪琬传》，其中有取材于《四库提要》语料之处。采用《四库提要》是阮元纂辑《儒林传》的常用手法。而陈用光自称放弃了阮元采用《四库提要》评价的较"虚"的做法，改采用陈廷敬为汪琬作墓志铭所记载的实事。③ 这意思是说，阮元纂辑的《汪琬传》是陈用光的工作底本。而《揅经室集》中的《蒋士铨传》，是国史馆明确淘汰不用的整篇传记（国史馆后来由陈用光重新纂辑《蒋士铨传》），这是阮元在国史馆中的工作成果之一，只是被国史馆剔除后收入作者本人自著文集。我们可以确定阮元已纂辑的文苑列传有《朱彝尊传》、《汪琬传》和《蒋士铨传》。不算本来列入《儒林传》的《毛奇龄传》，阮元至少为《文苑传》纂辑了三篇正传。

其四，晚清国史馆对清史《文苑传》旧稿的清点，明显承认阮元的功绩。清史《文苑传》第四次稿于光绪七年（1881）奏定启动修纂。《清德宗实录》载光绪七年闰七月："己酉。国史馆奏，纂办《儒林》《文苑》《循吏》《孝友》列传，请饬各省确查举报。从之。"④ 在潘祖荫领衔的国史馆奏稿中，我们看到了对旧传的梳理。国家图书馆现藏《国史馆移札》载此奏稿：

① 钱仪吉：《文苑传跋》，《甘泉乡人稿》卷5，《近代中国史料丛刊》第951册，台北：文海出版社，1966年影印本，第242~243页。
② 陈用光：《再与国史馆总裁书》，《太乙舟文集》卷5，《续修四库全书》第1493册，上海古籍出版社，2002年影印本，第242页。
③ 陈廷敬：《翰林编修汪钝翁墓志铭》，《午亭文编》卷44，《景印文渊阁四库全书》第1316册，台北：台湾商务印书馆，1986，第630~633页。
④ 《德宗景皇帝实录》卷133，光绪七年闰七月条，《清实录》第53册，中华书局，1986年影印本，第924页。

奏为纂办《儒林》《文苑》《循吏》《孝友》列传请饬各省确查举报以资表彰恭折，仰祈圣鉴事。窃查已故大臣，文职副都御史巡抚、武职副都统总兵以上，例由臣馆向各衙门咨取事迹，查照历届谕旨奏牍，编入列传。《忠义》则无论官阶大小，行查各省咨报纂办。其《儒林》《文苑》《循吏》《孝友》四传，自嘉庆十三年御史徐国楠奏请办理，奉旨允准在案。惟时故大学士阮元方以编修充国史馆总纂官，网罗故实，成《儒林》《文苑》《循吏》列传共十四卷，正传一百六人，附传八十六人。迄今事阅四朝，相距七十余年。续行编入者，仅《循吏》龚其裕等十余人，而《孝友》一传则国初至今阙如也。①

奏稿里的"《儒林》《文苑》《循吏》《孝友》四传，自嘉庆十三年御史徐国楠奏请办理，奉旨允准在案。惟时故大学士阮元方以编修充国史馆总纂官，网罗故实，成《儒林》《文苑》《循吏》列传共十四卷，正传一百六人，附传八十六人"等情况，是国史馆对嘉道咸同年间清史《儒林传》《文苑传》《循吏传》第一阶段集中纂修情况的盘点，重点是对阮元功绩的肯定。潘祖荫代表清国史馆，正式确认了阮元在纂修《儒林传》《文苑传》《循吏传》第一次稿中的贡献。尽管这里表述有些笼统含糊，并没有明确阮元究竟做了哪些贡献。实际上，这里的数字与《钦定国史儒林传》八卷36人，《钦定国史文苑传》两卷44人和《钦定国史循吏传》四卷26人的三传正传人数相符。总之，这是清廷再次肯定阮元对于清史《儒林传》《文苑传》《循吏传》的纂述之功。

那么我们如何理解前面这两种看似矛盾的说法？根据研究，我们可知如果从纂辑成书的角度来说，阮元并没有完成《文苑传》《循吏传》等类传的纂修。现在所知的清史《文苑传》第一次稿——《钦定国史文苑传》是曹振镛领导的纂修团队完成的。从阮元嘉庆十七年离开国史馆，直到嘉庆二十三年十一月，国史馆总裁、大学士托津上奏，嘉庆十八年至嘉庆二

① 《国史馆移札》，文献编号：6047，国家图书馆藏，清刻本。

十三年五年间，史馆共进呈《儒林传》36本，而《文苑传》则尚未进呈。直到嘉庆末年，清国史馆才在曹振镛领导下继续纂办《文苑传》，至道光六年大致完成清史《文苑传》第一次稿，国史馆正总裁曹振镛领导由陈用光、潘锡恩担任总纂，陈沆任协修的纂修团队，共立正传44篇。经国史馆总裁奏呈，成《钦定国史文苑传》。① 阮元前述未纂的自陈，应该理解为未能完成《文苑传》的整体纂辑，即没有形成《儒林传稿》那样的成品。

但是具体到清史《文苑传》第一次稿的纂修，阮元应有贡献。他应该纂成了相当数量的传记，只是尚未汇稿。那么阮元究竟纂辑了多少篇文苑人物传记呢？在台北故宫博物院清国史馆全宗中，我们可以找到题写纂修官阮元名字的《儒林传稿》中的《李颙传》《张惠言传》《孔广森传》档册，直接证明他的纂修工作。② 但是在清史《文苑传》第一次稿中的档册中，我们尚未找到这样直接的证据。看起来似乎文献不足征，研究只能止步于此。

但其实不然，阮元在《文苑传》第一次稿中的纂辑作品不止上述几篇，我们可以从其他方面获得佐证。

我们可以从清国史馆留存的《钦定国史文苑传》获知阮元工作成果的大致数量。《钦定国史文苑传》成稿44篇正传，名单如下：

谷应泰、宋琬、施闰章、李来泰、王士禄、秦松龄、汪琬、梅清、计东、申涵光、柴绍炳、陆荽、乔莱、叶燮、赵执信、陈维崧、汪楫、毛奇龄、朱彝尊、潘耒、尤侗、庞垲、孙枝蔚、吴雯、顾景星、黄虞稷、冯景、邵长蘅、吴嘉纪、史申义、姜宸英、查慎行、陈仪、黄之隽、张鹏翀、陈兆仑、赵青藜、沈廷芳、刘大櫆、厉鹗、李锴、朱仕琇、蒋士铨、姚鼐。

上述正传中，目前只有近一半（20篇正传）可以确认是纂修官陈用光、潘锡恩、陈沆纂辑的，并非阮元的作品。根据编号701005225～

① 戚学民：《〈钦定国史文苑传〉钞本考》，《文学遗产》2017年第6期。
② 相对照的是，阮元担任总纂，辑纂《儒林传》，在台北故宫博物院中有直接证据。在国史馆传包传稿档案中没有《儒林传稿》完整的原始稿本，但有《李颙传》、《张惠言传》和《孔广森传》等几个零散档册，上述三册单传档册首页均有国史馆总裁的审阅签名，都写着"前总纂官阮元辑纂"的字样。可是在现存的《文苑传》档册中，没有这样的物证。

701005245 的零散档册（清史《文苑传》第一次稿工作本之一），可知，潘锡恩纂辑共 14 篇：顾景星、陈兆仑、赵青藜、宋琬、谷应泰、张鹏翀、计东、黄虞稷、李来泰、柴绍炳、邵长蘅、吴嘉纪、冯景、王士禄。陈用光纂辑共 5 篇：蒋士铨、姚鼐、陈仪、刘大櫆、朱仕琇。覆辑 2 篇：朱彝尊、汪琬。此外，协修陈沆纂辑 1 篇：庞垲。①

除上述陈用光、潘锡恩和陈沆纂辑的 20 篇正传之外的 24 篇正传无纂辑人信息：施闰章（安徽宣城）、秦松龄（江苏无锡）、汪琬（江苏苏州）、梅清（宣城）、申涵光、陆葇（浙江）、乔莱（江苏宝应）、叶燮（江苏苏州）、赵执信（山东）、陈维崧（江苏宜兴）、汪楫（江苏）、毛奇龄（浙江）、朱彝尊（浙江）、潘耒（江苏）、尤侗（江苏）、孙枝蔚（江苏）、吴雯（山西）、史申义（江苏江都）、姜宸英（浙江）、查慎行（浙江）、黄之隽（江苏华亭）、沈廷芳（浙江仁和）、厉鹗（浙江）、李锴（奉天铁岭）。

这些传记说明了阮元在《文苑传》中纂辑工作成果的大致范围，即国史馆在前述陈用光、潘锡恩和陈沆纂辑之外留存的 24 篇人物正传，应该有阮元的工作成果。且已经确定是阮元编纂的《朱彝尊传》和《汪琬传》即在其中。这纂辑者不明的 24 篇正传，明显是在曹振镛、陈用光之前已经有的成果。曹振镛在嘉庆二十一年请翁方纲对《儒林传目》提意见。而翁方纲在讨论中，已经说到了《文苑传》。翁氏指出朱彝尊和毛奇龄，应相提并论。当时毛氏在儒林，而朱彝尊进文苑。正是听了翁方纲的意见，曹振镛将毛奇龄从《儒林传》改入《文苑传》。这说明《朱彝尊传》等是国史馆中阮元留下的旧稿。

陈用光、潘锡恩等不掠美。在史馆旧稿基础上，曹振镛指示潘锡恩在道光二年至三年（1822～1823）新辑此 20 篇新传（含陈用光在嘉庆末纂辑 5 篇正传），这样才可能在道光六年，形成 44 篇《钦定国史文苑传》（清史《文苑传》第一次稿）。而 1826 年以后的纂修中，蔡宗茂、方浚等人的覆辑，是在完整的 44 篇正传基础上调整文字内容，人物记载的范围没有变

---

① 参阅戚学民《〈钦定国史文苑传〉钞本考》，《文学遗产》2017 年第 6 期。

动，更只有一篇重辑。这说明《钦定国史文苑传》的稿本只能是在 1826 年前成形，而其中陈用光、潘锡恩等人在道光六年前纂辑的 20 篇之外的 24 篇，是此前纂修官的工作成果。

我们猜想，这另外一半是以阮元为首的纂修官团队留下的工作本。这个猜想是有根据的。根据上述各方的说法，包括国史馆的盘点，当时人的观察和回忆，以及档案的佐证，都指向一个结论，阮元对清史《文苑传》第一次稿有确实的贡献，纂成了一批相当数量的传稿。我们更判断，《钦定国史文苑传》44 篇正传中，20 篇正传明确是陈用光和潘锡恩等纂辑的。另外的 24 篇传记（不包括被放弃者）应该是阮元所撰。

二

我们更进一步，从文字记载来考察《钦定国史文苑传》，有助于厘清阮元的纂辑之功。尽管前述 24 篇正传无纂辑者信息，但是我们在档案之外，也有其他途径，比如聚焦于文本，寻找线索。因为清史《文苑传》的传记文本是按照阮元所定的截句之法纂成，即基于既有文本的二次创作。我们可以寻找上述传记的文本源头，在不同文本关系之中寻找答案。

遵循这样的路径，我们发现《钦定国史文苑传》无纂辑者信息的多篇传记与阮元亲著或编辑的著作中相关文字有明显的亲缘关系，或者和阮元对清代学术和文坛的观察视角和欣赏趣味相符。

最明显的例证是《钦定国史文苑传》中的扬州文人正传 5 篇，即乔莱、汪楫、史申义、孙枝蔚、吴嘉纪，另有附传吴绮、汪懋麟、陶季等人。这组人物传记中除吴嘉纪外的四正传不在陈用光、潘锡恩的纂辑传稿之列。他们是清初扬州文化的重要代表，构成了《钦定国史文苑传》的一个重要记载板块，具有多方面的重要意义。比如，《钦定国史文苑传》成书时的 44 篇正传中，扬州府籍人数占比是最多的。尽管清初扬州诗人和诗学已经有学者予以研究，[①] 但是该书中的这组人物列传尚未得到学界关注。

---

① 杨泽琴：《孙枝蔚与清初扬州诗群研究》，中国社会科学出版社，2015；《清初扬州诗学思想略论》，《兰州文理学院学报》（社会科学版）2014 年第 2 期。

就本文所论主题而言，《钦定国史文苑传》中扬州人物传记有重要意义。这组扬州诗学人物传记的文字隐含了纂辑过程的若干关键信息。它们多借鉴了阮元的同主题著作，主要是《淮海英灵集》和《广陵诗事》的同类记载。

阮元《淮海英灵集》和《广陵诗事》的记载之所以在前述扬州诗人传记中发挥重要作用，是因为该书记载有不可替代的作用。阮元在嘉庆元年至三年先后任山东学政和浙江学政。这期间他对清代扬州诗坛文坛做了系统整理和记载，主编成《淮海英灵集》十二卷，系统搜集了清代扬州府属（包括今天的南通、泰州）的诗人 866 家，诗作 2462 篇。《淮海英灵集》和其他诗歌总集一样，记载了每位诗人的信息，并为很多诗人编写小传。该书中扬州府很多诗人小传是创编，是首次撰写和呈现，因此该书保存了清中期以前扬州府重要作者的大量史料。因为这些诗人传记是首次编纂，故成为后来的《江苏诗征》、嘉庆《重修扬州府志》、道光《重修仪征县志》所录人物传记的史料来源。

在编《淮海英灵集》之余，阮元还以笔记形式记载了扬州府内的诗坛往事，于嘉庆四年撰成《广陵诗事》十卷，嘉庆六年刊刻。"余辑《淮海英灵集》既成，得以读广陵耆旧之诗，且得知广陵耆旧之事，随笔疏记，动成卷帙。博览别集，所获日多，遂名之曰《广陵诗事》。"根据学界对《广陵诗事》的研究，[①] 该书实为诗话性质，有 554 条记载。《广陵诗事》与《淮海英灵集》相表里，不仅是编《淮海英灵集》的副产品，更是独立的作品，反映了阮元希望传布和表彰家乡文人特定事迹的意向，揭示了阮氏的欣赏趣味。

《钦定国史文苑传》之中乔莱、汪楫、史申义、孙枝蔚四位扬州诗人正传文字明显受阮元《淮海英灵集》《广陵诗事》的影响。

上述四位扬州诗人都活跃在康熙时期，而且他们的共同点是曾参加康熙十八年己未博学鸿词恩科，且获得功名。

---

① 倪晋波：《桑梓意识与国家政教的诗学表达——阮元〈广陵诗事〉蠡论》，《长江大学学报》（社科版）2016 年第 1 期。

《钦定国史文苑传·乔莱传》记载的主要内容有三：其一，行谊，科考和仕宦经历；其二，行谊的重点，传主谏止邵伯高邮置闸泄水事；其三，学问诗文成就，以《易俟》为代表的学术研究成果。文曰：

> 乔莱，江南宝应人。父可聘，明末御史，以伉直著声。莱，康熙六年进士，除内阁中书。十一年，充顺天乡试同考官。十八年，由礼部主事赵随举应博学鸿词科，试列一等，授编修，与修明史。二十年，滇黔平。以明年二月补行乡试，命莱为广西正考官，还充实录馆纂修官。二十四年，御试词臣，莱列一等第四，间日覆试列第五。上褒其学问优长，文章古雅，充日讲起居注官，寻擢中允纂修三朝典训。升侍讲，转侍读。会御史奏浚海口泻积水，而河道总督靳辅上言，浚海口不便，请于邵伯高邮间置闸泄水，复筑长堤抵海口，以束所泄之水，使水势高于海口，则趋海自迅。下廷臣议，多是河臣言。适莱入直，召问。莱疏陈四不可行。略言河臣议开大河筑长堤，堤在内地者高丈六尺，河宽百五十丈。近海者堤高一丈，河宽百八十丈，势必坏陇亩，毁村落，不可行一。河臣议先筑围埝，用车踏去埝内之水，取土筑堤。淮扬地卑，原无干土，况积潦已久。一旦取土积水中，投诸深渊，工安得成，不可行二。河臣欲以丈六之堤束水一丈，是堤高于民间庐舍多矣。伏秋风雨骤至，势必溃，即当未溃之时，潴水屋庐之上，岂能安枕，不可行三。至于七州县之田向没于水，今束河使高，田中之水，岂能倒流入河，不能入河，即不能入海。淹没之田何日复出，不可行四。上是之。河臣议乃寝。二十六年罢归。三十三年，奉旨入京，旋卒。所著《易俟》二十卷，杂采宋元诸家易说，推求人事，参以古今治乱得失，盖《诚斋易传》之支流。诗文有《应制集》《直庐集》《使粤集》《归田集》。孙亿工诗，近体在王孟钱刘间，五言古体直追汉魏，著有《小独秀斋窥园吟稿》《晋游草》《夕秀轩遗草》《惜余存稿》《剑溪说诗二编》《诗朦记》《艺林杂录》。①

---

① 《钦定国史文苑传》，文献编号：701008094，第51~54页。

《钦定国史文苑传·乔莱传》与姚文田和江藩编纂的嘉庆《重修扬州府志》中的《乔莱》传在记载谏止筑堤一事方面相同，但与后者文字相差很大，且后者只记关于治河事宜，其他内容阙如。略引一段，以见其异：

> 乔莱，字石林，宝应人。可聘子，康熙六年进士，授中书。举博学宏词，改编修，与修明史。累迁侍读。我朝漕运沿明旧制。自淮入河，以达会通。黄河既失故道，从安东入海，清口日淤。淮泗泛滥，由洪泽以南诸河下注。治河使者又开减水坝泄之。淮扬州县穑事俱废。台臣奏，浚海口以泻积水。仁庙遣使者相视还报。特命于成龙董其役。总督河务都御史靳文襄公辅上言，海口局于梯云关五尺，疏海口则引潮内侵，大不便，因请筑堤束水使高。于邵伯高邮间置闸泄水，复筑长堤抵海口，以束所泄之水，使水势高于海口，则趋海自迅。下廷臣议，多是河臣言。①

这个方面，阮元主编的《淮海英灵集》中的乔莱小传②比嘉庆《重修扬州府志》更早，而文字更加详细。《淮海英灵集》引了朱彝尊为乔莱所作《墓表》，嘉庆《重修扬州府志》的同名传主记载是截取了《淮海英灵集》的部分记载。《钦定国史文苑传·乔莱传》的结构和文字都与《淮海英灵集》的乔莱小传相近。比如两者都是：名号+科甲+仕宦+事功+学术。

有趣的一点是，阮元特别将乔莱的治河谏言和学术研究成果《易俟》两者郑重记入《广陵诗事》。该书卷一有"乔石林独陈浚河"。③该条记载乔莱的事迹，于具体言论较为简略，重点表彰其行为整体。比如对于乔莱的四不可谏言，只说："明日入直起居注，上以海口事问某学士，学士仍右河臣。上顾问莱，莱剀切言之，上大悦。莱复至会议所，具论得失，声情激烈，闻者感动，河臣语塞。……先是，石林闻河臣议，大骇。言于司空，司空曰：事必行矣，言之何益？石林乃建四不可之议，且矢曰：今日

---

① 嘉庆《重修扬州府志》第2册，《中国地方志集成·江苏府县志辑》，江苏古籍出版社、上海书店、巴蜀书社，1991年影印本，第91~92页。
② 阮元纂《淮海英灵集》（上），万仕国、卢娴点校，广陵书社，2021，第379页。
③ 阮元：《广陵诗事》，王明发点校，广陵书社，2021，第12~13页。

之事，当以死争之！功名不足顾，身家不足惜矣。河臣议果以是寝。河流顺轨至今，皆圣祖之恩也。"《易俟》则见"乔石林归田撰《易俟》"条。① 这显示阮元对乔莱的表彰重点在此事功与学术两事。这是《淮海英灵集》的记载重点，而《钦定国史文苑传·乔莱传》的记载重点是相同的。②

汪楫也在己未词科中列一等，且以出使的事功为人所知。他在《钦定国史文苑传》中被立为正传，传文曰：

> 汪楫，安徽休宁人。其曾祖迁江苏江都县，遂隶籍焉。楫以岁贡生，署赣榆训导。巡抚慕天颜荐试博学鸿词科，赋细细数千言，诗独用险韵，列一等，授翰林院检讨，与修明史。言于总裁官，先仿宋李焘《长编》，凡诏谕奏议邸报之属，汇辑之。由是史材皆备。二十一年春，充册封琉球国正使，条奏七事，其一谓国朝文教诞敷，颁赐御书于封疆大吏宜并及海外属国。上允其请，命赍宸翰以往。比至，宣布威德。王及臣民皆大悦服。濒行，例有馈赠。楫概却不受。国人建却金亭志之。归，撰《使琉球录》，详载礼仪暨山川景物。又因谕祭故王，入其庙，默识所立主，兼得琉球世绩图。参之明代事寔，诠次为《中山沿革志》。上以楫奉使尽职，敕部优叙。久之出知河南府，治绩为中州最。尝置学田于嵩阳书院，聘詹事耿介主讲席。士习丕振。寻擢福建按察使，转布政使。莅官五载，民戴其惠。召入京，将用为卿寺。途次得疾，还卒于家。楫性伉直，意气伟然，嗜古力学。处广陵南北辐辏鱼盐之地，日索奇片巨制汇集读之。四方客至，非著声寔而擅文章者则闭户不出。少与三原孙枝蔚、泰州吴嘉纪齐负诗名。所作以古为宗，以清冷峭蒨为致，务去陈言，又不堕涩体。著有《悔斋正续集》《观海集》。③

该传的基本内容一是记载汪楫的行谊，包括出使册封琉球的壮举，为官兴

---

① 阮元：《广陵诗事》，第 68 页。
② 阮元：《广陵诗事》，第 78 页。
③ 《钦定国史文苑传》，文献编号：701008094，第 5 页。

学的治绩；二是揭载其学术渊源和诗文成就。这篇传记所载的事实和论述结构和《淮海英灵集》的同名作者小传相同，唯文字有些差异。后者的文字是：

> 汪楫，号悔斋，祖籍休宁。居于江都。官赣榆训导。康熙己未，召试博学宏词，取一等第十五名，授翰林院检讨，纂修《明史》。癸亥，奉命册封琉球，充正史。遇神飙，三日而至。宣示礼成，且为其国撰《孔子庙碑》，文章华国，焜耀海疆，有馈赠，却不受，国人建却金亭志之。四十年后，复有使琉球者，其国礼仪，犹遵悔斋所改订。有诗僧宗实，年七十余，尚诵悔斋诗不辍。其所以孚远者，可知矣。既归，寻以才略，出授河南府知府。在任，置学田于嵩阳书院，聘耿詹事介主其事。擢福建按察使，晋布政使，治绩尤著。内升京卿，没于途次。从祀乡贤祠。悔斋性简介，不妄交。意所不可，虽尊贵，未尝以言徇。……新城王文简公称其诗：以古为宗，以清泠峭蒨为致。尤为周栎园亮工称服。三十后，历游西山、白岳，诗境幽深。孙豹人枝蔚谓其变利为钝，不可测识。入词馆后，典重高华，易幽峭为台阁，则汪尧峰琬所称"蓄富养深，无施不可"者也。①

另嘉庆《重修扬州府志》有辑录自雍正《扬州府志》的《汪楫传》，主要记传主出使事迹，另讲在河南府知府置学田于嵩阳书院，聘耿介主其事，以及任职福建，卒于家等宦迹行谊，但未及其诗文成就。②《淮海英灵集》中的汪楫小传继承了雍正《扬州府志》的同名传记，加以修改和补充，为该诗人最早的成形传记。

《钦定国史文苑传·汪楫传》显示了阮元的影响，该传结构和文字与《淮海英灵集》作者小传略同，更与阮元《广陵诗事》意图表彰汪楫之处相合。按《广陵诗事》中多次记载有汪楫事迹，重点也是汪楫的出使琉球。该书"汪楫出使琉球留诗篇"载："汪检讨（楫），字舟次，有《送

---

① 阮元纂《淮海英灵集》（上），第120页。
② 嘉庆《重修扬州府志》第2册，《中国地方志集成·江苏府县志辑》，第94页。

弟归里》诗句云：客梦无多时上冢，君恩未报敢思乡。真见忠孝之忱。舟次于康熙癸未，奉命充册封琉球正使，乘传过扬州，渡闽海遇神飙，三日而至，宣示威德，改订典礼。其《观海诗集》有天风海涛之势，较早年诗境大异。彼国长史郑洪良以王命请画舟次像留国中，舟次以诗答之云：'岂是中朝第一流，偶持龙节拂麟洲。大名那得齐诸葛，遗像何劳比益州。稍喜文章堪报国，谁凭骨相取封侯。灵台一片真难状，多谢传神顾虎头。'真得使臣之体矣。归作《乘风破浪图》，一时诗人皆题咏焉。"① 《广陵诗事》又记载了他的学问基础，借施闰章之口指出扬州有利于为学为文的环境。"汪检讨从施愚山观察为豫章之游，有《山闻集》。愚山序云：'往岁丁未与汪子舟次、高子阮怀同游西山。汪子又独游匡庐，纪其所见，穷幽极渺，不过人不已。其家广陵，南北辐辏，鱼盐之地。日大索古文奇编麇聚而读之，四方客至，非著声实而近文章，则闭户不出。'"② 这是《钦定国史文苑传》记载汪楫学术渊源文字所本。阮元又注意到汪楫的壮游，"汪舟次楫《山闻集》，因丁未游西江，历匡庐、青原、西山诸胜。药地老人题曰：山闻谓清泉白石，实闻此言也"。③ 这几件阮元关注并记载的事，都被写入《钦定国史文苑传·汪楫传》。

另一位立为正传的是史申义。《钦定国史文苑传·史申义传》云：

> 史申义，江苏江都人。康熙二十七年进士，改庶吉士，散馆授编修。年十五补诸生，即以《琼花》《霜钟》诸赋声噪一时。与同里顾图河用诗学相切劘，时称维扬二妙。新城王士禛方以风雅倡率海内，尝称申义及汤右曾足传衣钵，时又称王门二弟子。圣祖尝以后进诗人询大学士陈廷敬，廷敬以申义及周起渭对，翰苑又有两诗人之目。康熙三十八年典云南乡试，其所著诗，官翰林时有《芜城集》，典试时有《使滇集》，改官给事中时有《过江集》。抽思深宦，结体清高，不失风骚之旨。④

---

① 阮元：《广陵诗事》，第5页。
② 阮元：《广陵诗事》，第78~79页。
③ 阮元：《广陵诗事》，第64页。
④ 《钦定国史文苑传》，文献编号：701008093，第41~43页。

该传和《淮海英灵集》同名诗人小传，文字不同，但是事实基本相近：

> 字蕉饮，江都人。童子时，廉使金长真观风七郡，拔第一。吉水
> 李上述视学江南，试《霜钟》《社珠光》二赋，选贡入成均。举康熙
> 戊辰进士，选庶吉士，授编修。圣祖遣使至直庐，问翰林中谁能诗
> 者，陈相国廷敬以申义对。上尝赐御书绫幅，以示嘉奖。己卯，典试
> 云南，孤清高寄，颇为世重。历官礼科掌印给事中，以疾告归。生平
> 以王文简为师，以姜西溟、梁药亭、吴天章、查夏重、何义门为友。
> 里中论诗，与殷彦来、顾图书最密。晚年好竺乾家言，诗旨益臻冲
> 淡。所著有《芜城集》三卷、《过江集》四卷、《过江二集》四卷。[1]

关键在于史申义也是《广陵诗事》有多处记载的人物，如"史蕉饮、顾书
宣称维扬二妙"："史蕉饮申义，少时与顾书宣图河齐名，称维扬二妙。泽
州相国在直庐日，圣祖尝传问今之诗人为谁？相国以蕉饮及周桐塈起渭
对。一时翰苑有两诗人之目，洵嘉话也。"[2] 这有助于我们理解《钦定国史
文苑传·史申义传》记载的两个要点，即与顾图河并称"维扬二妙"，以
及被陈廷敬向康熙推许为并世两位诗人。这是史申义被立正传，且周起渭
作为附传[3]的理由。阮元特别注意到"史蕉饮典试滇南"对其诗歌创作的
作用。[4] 这些有助于理解简短的传记中特别写出史申义典云南乡试和其诗
歌创作的关系。

　　另外一位被立正传的孙枝蔚是客居扬州的陕西人，在己未词科，因年
老而特授中书。《钦定国史文苑传·孙枝蔚传》突出其人品质。传文曰：

> 孙枝蔚，陕西三原人。以布衣举博学鸿词科，年老不能应试，特

---

[1] 阮元纂《淮海英灵集》（上），第 252 页。
[2] 阮元：《广陵诗事》，第 4 页。
[3] 《钦定国史文苑传》周起渭传文："周起渭，贵州贵阳人。康熙三十三年进士，入翰林院。四十四年以
检讨典浙江乡试，官至詹事府詹事。时辇下若姜宸英、汤右曾、顾图河诸人，方以沈诗任笔树帜文坛，
怀铅吮墨之士率望而却步。独起渭以隽才相与角逐，尝作万佛寺大钟歌。一时推为瑰玮特出之制。其
为诗，上自建安，下逮竟陵，无不研究，而尤肆力于苏轼、元好问、高启诸家云。"《钦定国史文苑
传》，文献编号：701008093，第 43 页。
[4] 阮元：《广陵诗事》，第 59 页。

旨偕邱钟仁等七人授内阁中书。枝蔚始遭闯贼乱，尝结里中少年，奋
戈逐贼，失足堕土坎中，幸不死，乃走江都。从贾人游，累致千金，
辄散之。既而折节读书，肆力诗古文，僦居董相祠，高不见之节。王
士祯时官扬州，特访之，先之以诗，称为奇人。遂定莫逆交。播迁之
余，乡关念切，颜其所居曰溉堂，以寓西归之思。时左春坊左赞善徐
乾学方激扬士类，一时才俊争趋之。枝蔚弗屑也。制科之举，力辞弗
获，诣阙授官，卒以衰老乞放还山。所为诗词气近粗然，有真意，称
其人品之高。著《溉堂集》九卷、《续集》六卷、《后集》六卷、《诗
余》二卷。①

这一记载也略同于《淮海英灵集》的孙枝蔚小传：“字豹人，陕西三原人，
居江都。布衣，举博学鸿辞，以年老，授司经局正字。著《溉堂集》。正
字卓荦负奇气，少遭流寇，与乡少年奋戈逐贼，落深堑，得不死。《居易
录》云：‘豹人侨居扬州，高不见之节。予访之，先以诗云：“焦穫奇人孙
豹人，新诗雅健出风尘。王弘不见陶潜节，端木乌知原宪贫。”遂为莫
逆交。’”②

《广陵诗事》也多次记载孙豹人（孙枝蔚）的事迹，重点也在其气节，
如“孙豹人举词科”。③且记载其“溉堂”的来历：“本三原人，甲申闯贼
乱时，曾率里中少年杀贼，失足堕土坟中，幸不死。后至广陵学贾，三致
千金。顿自悔曰：丈夫处世，不能舞马稍、取金印如斗大，则当读数十万
卷书耳，何龌龊学富家儿？乃僦居董相祠旁，名其居曰溉堂。家日乏，著
述日富，有《溉堂前集》九卷、《续集》六卷、《后集》六卷、《诗余》
二卷。”④

综上所述，乔莱、汪楫、史申义、孙枝蔚之传，与阮元的《淮海英灵
集》和《广陵诗事》的记载重点与表彰意向是相符的，且文字也有相近
之处。

---

① 《钦定国史文苑传》，文献编号：701008094，第29~31页。
② 阮元纂《淮海英灵集》（下），第1003页。
③ 阮元：《广陵诗事》，第85页。
④ 阮元：《广陵诗事》，第74页。

上述几人为何被选出作为扬州文坛的代表？他们都是康熙己未科获功名者，因而名满文坛。但这里也显出阮元对扬州诗史的认识和选择取向。阮元《广陵诗事》中正有对康熙时期扬州诗坛判断："扬州当康熙时诗人最盛。"① 除了时代和他们在己未词科中的功名，上述几人还有诗歌艺术方面的共性。阮元认为，他们的宦游或者游历促进了诗歌创作水平的提升。《广陵诗事》"史蕉饮等得江山之助"如此记载这几个人的共性和特点："古诗人每得江山之助。吾郡史蕉饮申义之使滇南，乔石林莱之莅闽，陶季澄之遍历五岳，汪舟次楫之出使海外，说者谓如康乐之于永嘉，柳州之于柳州也。"②

除了前面四位正传人物，《钦定国史文苑传》还有几位扬州诗人吴绮、汪懋麟、陶季列为附传。他们的传文也一样与阮元《淮海英灵集》《广陵诗事》的记载相符。

吴绮在《钦定国史文苑传》中附于陈维崧传，是作为清代骈俪文的代表而入传。传曰：

> 国初以骈俪文擅长者推维崧及江都吴绮。绮才地稍弱，维崧导源庾信，泛滥于初唐四杰，故气脉雄厚。绮则追步李商隐，以秀逸胜。五岁能诗，长益淹贯。由拔贡生荐授秘书院中书舍人。奉诏谱《杨继盛乐府》。迁兵部主事，历郎中，出知浙江湖州府，多惠政。不畏强御，湖州人称为三风太守，谓多风力、尚风节、饶风雅也。未几罢归，贫，无田宅，购废圃以居。有求诗文者，以花木为赠，因名其圃曰种字林。日读书坐卧其中，箪瓢屡空，泊如也。性坦易，喜宾客。在吴兴时，四方名流过从，赋诗游宴无虚日。其去官，亦卒缘词。所作诗词与骈体汇编为《林蕙堂集》二十六卷。诗才华富艳、辟香晚唐，词最有名。儿童妇女皆能习之，有"把酒祝东风，种出双红豆"之句，号曰红豆词人。又尝著《岭南风物记》，叙述简雅。辑《宋金元诗永》，能刊除宋人生硬之病与元人缛媚之失。《选声集》，标举平

---

① 阮元：《广陵诗事》，第66页。
② 阮元：《广陵诗事》，第72页。

仄，足为倚声家程式云。

该传记载的事迹多次见于阮元《广陵诗事》。如"顺治九年以拔贡生授中书舍人。奉诏谱《杨继盛传奇》，称旨，即以杨继盛之官官之，时以为荣"。① 又如："选刻宋金元诗，其板为书贾所攘。转运使崔莲生为之索还，作长歌以谢。"② 吴绮"守湖州，四方名士过从无虚日"。③

另外扬州汪懋麟也被记载入《钦定国史文苑传》，附于汪楫传。其文曰：

> 江苏汪懋麟，与楫同有诗名。成康熙六年进士，授内阁中书。寻荐举词科，值居忧，不与试。及服缺，需次部主事。左都御史徐乾学复以懋麟荐，遂以刑部主事入史馆，充纂修官，讨论严密，所撰述最多。懋麟学持正而才通敏。其为中书时，楚人朱方旦挟邪说倾动公卿。懋麟独作《辨道论》诋之。学士熊赐履见其文，与之定交。及居刑曹，听断矜慎，虽强御不顾也。城南武某以一车一马贩米于南花园，宿董之贵家。之贵利其资，杀之。以车载尸鞭马曳之他去。武父得尸于道，得车马于刘氏之门，讼诸官，谓刘杀其子。懋麟曰：杀人而置其车马于门，非理也。乃微行，纵其马，马至之贵门，骇跃悲鸣，冲户以入。懋麟即令收之贵，讯鞠得寔，置于法。其发奸摘伏率此类。旋罢归，键关谢宾客。昼治经，夜读史。日有程课，锐意成一家言。甫三年，遽以疾卒。著有《百尺梧桐阁集》二十六卷。

汪懋麟在扬州非常有名，本传记载最富有传奇色彩的是纵马破案事件，而这一记载也恰好体现在《广陵诗事》中。④ 陶季附于吴嘉纪传，而其事迹亦见《广陵诗事》。⑤

总之，《钦定国史文苑传》中扬州文坛四人立为正传，数人立为附传。

---

① 阮元：《广陵诗事》，第 4 页。
② 阮元：《广陵诗事》，第 192 页。
③ 阮元：《广陵诗事》，第 171 页。吴绮事迹又见该书第 21 页、72 页和 151 页。
④ 阮元：《广陵诗事》，第 11 页。其他几件事迹见该书第 58 页、67 页和 76 页。
⑤ 阮元：《广陵诗事》，第 168 页。

这些人传记与阮元《淮海英灵集》《广陵诗事》的记载相符合，体现了阮元的记载趣味。

三

本文讨论阮元与清史《文苑传》第一次稿的纂辑工作，认为阮氏纂辑成了一批文苑人物传稿。但是《钦定国史文苑传》中具体哪些传记是阮元所辑，有待讨论。《钦定国史文苑传》中的 4 篇扬州诗人正传及 4 篇附传，根据本文的考察，与阮元的记载有很大的关系。这八位正附传记人物，均是康熙十八年己未博学鸿词科的参加者。他们的传记均与阮元的既有工作成果相关，特别是阮氏的《淮海英灵集》和《广陵诗事》。对于这些人物，《淮海英灵集》和《扬州诗事》中有详尽的记载，其中前者的诗人小传属于创编，即首次面世。《钦定国史文苑传》的同名传主传记明显继承了阮元的既有成果，尽管目前没有原始档册稿本的证据。

上述扬州诗人正附人物记载与阮元《淮海英灵集》和《广陵诗事》的相近，说明了什么？考虑到阮元同时是清史《儒林传》《文苑传》第一次稿的纂修官，曾纂成一批《文苑传》单传。这批扬州人传记，采用了阮元《淮海英灵集》《广陵诗事》中之记载，应该是阮元或者他领导的纂修团队所纂辑。纂辑者即便不是阮元本人，也必然是对阮元的《淮海英灵集》《广陵诗事》等诗歌总集或者笔记以及其中的扬州诗史非常熟悉的人，而且这样的记载离不开阮元的权威认定。如果没有对扬州格外熟悉，格外有感情，清史《文苑传》第一次稿中有多达 4 篇扬州人物正传，是难以想象的。

阮元早在嘉庆初就编辑了扬州府区域的清代诗歌总集《淮海英灵集》，集中记载了多位家乡诗人传记，选编了其诗作。这组扬州人物传记，只有对扬州非常熟悉的人才能选出。阮元本人富有诗才，学问渊雅，编撰有《淮海英灵集》和《广陵诗事》，熟悉乡邦文献，娴于掌故。他又受命纂辑清史《文苑传》第一次稿，这组扬州诗人传记当出于阮元之手。如果本文所述能成立，阮元以扬州人而记扬州诗文，把清初扬州诗人的重要性写进了清史《文苑传》。一代文宗阮元对扬州文化史的贡献需要得到进一步的重视和研究。

从扬州学者的传记,本文推论在《钦定国史文苑传》没有纂辑者信息的 24 篇传记文字(含覆辑者,如《朱彝尊传》是阮元纂辑,后由陈用光覆辑)应为阮元所纂辑。除扬州诗人传记之外的其他传记,笔者将进一步考察其和阮元的关系。如果本文所述能成立,阮元以扬州人而记扬州诗文,一代文宗阮元对清廷国史《文苑传》论述成形的贡献需要得到进一步的重视和研究。

[本文发表在赵昌智主编《扬州文化研究论丛》第 30 辑,广陵书社,2024]

"皖学"入黔：程恩泽对郑珍的学术影响

徐道彬

安徽大学徽学研究中心

　　贵州简称黔，地处中国西南腹地，山川秀丽，人文荟萃，自古文风昌盛，与地处皖南的徽州，在地理环境与民俗人文方面都有很多相似之处。但自南宋以后，徽州因毗邻都城杭州，颇受近距离的政治经济的辐射，在商品流通和文化教育等方面能够走在时代的前列，从而在社会经济和文明进程上，较之于西南地区表现出明显的繁荣昌盛和进步。特别是徽州人善于通过经商、科举、出仕、游学、移居等诸多途径，与外面的世界建立广泛的联系，而有"商成帮，学成派""无徽不成镇"等诸多俗谚。明清时期徽商的富裕与徽人科举的鼎盛，不仅带动了周边地区经济文化的发展，也使徽州成为那个时代经济文化的交汇点与辐射中心，在学术思想和文化风俗方面引领时代风气之先。从南宋朱熹和程大昌、明代朱升和程敏政，到清代江永和戴震，乃至近代的胡适和陶行知，可以清晰地梳理出徽州地域儒家文化发展的一脉相承，这既反映了地域学术风气的时代演变，也显露出近世中国儒家思想脉络"在地化"的实在镜像。而在这个时间段里，西南黔地在社会文明和思想启蒙方面就明显不及皖南徽州先进，而较多地保持着粗犷的生活方式。直到王守仁被贬龙场而悟道，以黔中阳明心学为代表的地域学派才逐渐崛起，复苏了此一区域早期先贤舍人、盛览、尹珍等奠定的儒家文化生活景象，打破了自汉代以后的思想沉寂局面。直至清代，嘉道时期郑珍（1806～1864，字子尹，号柴翁）的出现，标志着贵州自近世以来的儒家经学脉络在西南一隅的复兴和崛起。

　　道光三年，徽州歙县人程恩泽（1785～1837，字云芬，号春海）以翰林院编修出任贵州学政，遇见参加科考的士子郑珍，视其才华出众而又勤奋好学，故而招至幕下，随时教诲，以其乡贤尹珍之学相期许，赐字"子尹"，并于其学成归乡之时，抚其背而叹曰"吾道南矣"。郑珍不负师恩，心无旁骛，潜心问学，"穷昕夕，殚心志"，"故学成而蔚然为西南巨儒焉"，在小学、经学、诗歌诸领域成就非凡，卓越当世。后与当地莫友芝、黎庶昌等一众学者研经论史，贯通古今，以通经而致用，极力弘扬乾嘉实学精神，将"皖派"朴学引入西南，开创了晚清"黔学"的一代新风，[①] 展示了此一时期"皖学"入黔的学术传承与思想脉络。

一 程恩泽对"皖学"的传承

程恩泽出身的皖南徽州，风景秀丽、儒风独茂，山峭水险的生存环境与家俭里让的朴素民风，两者极不谐调的内容却自然和谐地统一于此，让后人不得不追究其内在的生成原因。汉晋以后，这里因历代避乱而会集和衍生的人口急剧增加，至明清时代，人口和土地的矛盾则演绎成了极其严重的生存问题。为了生活和家族的发展，四处经商与科举仕途，成为摆脱人口压力、追求富贵生活的两个重要手段，由此也将贮存于此的传统儒学理念和士人的生活方式传播出去，显示出徽州人特有的儒家风范：吃苦耐劳的坚毅性格和奋发进取的拼搏精神。故戴震云："吾郡少平原旷野，依山为居，商贾东西行营于外，以就口食。然生民得山之气质，重矜气节，虽为贾者，咸近士风。"[②] 因此，这里即便仅有"十家村落，亦有讽诵之声"，"学而优则仕"成为山民普遍的生活理念。历经数百年耕读文化的积淀，清代的徽州业已名人辈出，学术昌盛，"理学经儒，在野不乏"，[③] 如江永、戴震、程瑶田、胡培翚、俞正燮、程恩泽等前后相继，为世人所尊崇。对此，时人已有所揭示："皖省科甲门第逊于江浙，然于学问渊源，

---

① "黔学"作为"贵州之学"，是以黔地经学、小学及其条贯与文史哲并艺术之精神，合以民俗风物之学，是"从古至今与黔地、黔人相关"的学术思想与精神文化的总称（参见《儒学的返本与开新：张新民文选》，贵州人民出版社，2019）。而"皖学"之名的出现，则在光绪年间徐定文所纂《皖学编》一书，该书所载上起先秦闵子骞、宋代朱熹，下及清代皖籍诸儒。民国梁启超、金天翮、钱穆等人共推"皖派学术"，加强对"皖学经术之盛"的鼓与呼。故本文所言"皖学"，就遵循梁、钱所指议题而展开。

② 《戴节妇家传》，杨应芹、诸伟奇主编《戴震全书》（修订本）第6册，黄山书社，2015，第440页。

③ 马步蟾：《重修徽州府志序》，道光《徽州府志》，道光七年刻本。

则较为早。江慎修、戴东原两先生在雍乾时代，颇开风气之先。咸同之际，文化渐于南服。郑子尹之流学问精湛，足以媲美前修。子尹曾受业于程春海侍郎。侍郎，歙县人也。徽州一府经学辈出，举世宗仰，真如泰山北斗矣。"① 程恩泽虽然学术上不及江、戴，但其仕途与学问兼长，仕宦途中留心天下读书种子，拔擢朴学之士，推进实学风气，与仪征阮元共同主持风会，领袖学坛，祭酒儒林，堪为嘉道时期提倡朴学之显达。《清史稿》即称"时乾嘉宿儒多徂谢，惟大学士（阮）元为士林尊仰，（程）恩泽名位亚于元，为足继之"。② 程氏弟子著名者有郑珍、何绍基、莫友芝等，钱林、狄子奇、陈庆镛、龚自珍、俞正燮等也多受其沾溉。

程恩泽自幼聪颖异常，读书好古，过目成诵，深得乡贤曹文埴、金榜、凌廷堪的赏识和器重，"咸目为伟器"，以为"将来所成者大也"。嘉庆九年中举，十八年成进士，官翰林院编修，而后历迁贵州学政、湖南学政、户部侍郎等，所著《程侍郎遗集》十卷、《国策地名考》二十卷为清代学林著述之瑰宝。其同道好友阮元赞之曰："少农幼颖异，经传皆成诵，后与凌仲子先生游，及其阃奥，天文、算法、训诂、金石皆精究之。家多藏书，宋元以来子史杂录，博览强记，尤喜为地理之学。"③ 阮、程二人皆为乾嘉汉学之护法，彼此呼应，各尽其能，共同推进了清代学术发展的历史进程。

通过追溯程恩泽的学术背景，我们可以深切地感受到"皖派"朴学的浸润印迹：其父程昌期为乾隆四十五年探花，学问才华显著一时，尤其着力于经史实学。时常教育其子要传承乡贤江、戴之衣钵，留心典章制度，故令其师从同乡凌廷堪，切实走上汉学考据之路。而凌氏又私淑江、戴，邃于声音训诂、九章八线，尤擅于礼经之学，这些都为程恩泽所全面接受和传承，《程侍郎遗集》中就有探讨宗族丧服与夫妇礼仪的文章，显然是承袭于程瑶田《仪礼丧服文足征记》、金榜《礼笺》和凌廷堪《礼经释

① 刘体智：《异辞录》卷一"皖省学问渊源"，刘笃龄点校，中华书局，1988，第 1 页。
② 《清史稿》，中华书局，1977，第 11577 页。
③ 阮元：《国策地名考序》，程恩泽：《国策地名考》，《续修四库全书》第 422 册，上海古籍出版社，2002 年影印本，第 599 页。

例》之意而化用之。如《论承重孙妇姑在当何服答祁淳甫》论述了承重孙妇与其姑，在丧事中应当承何丧服的问题。"承重孙"因本身及父皆为嫡长子，若父先亡，于祖父祖母去世时，则由孙负责主持丧礼及宗庙祭祀。程恩泽称此于古为"经与律俱无明文"，而今"承重孙妇服当从夫，并不计姑在与否也。《唐律》云：妇为舅斩衰三年，其夫为祖后，妻亦从服；妇为姑齐衰三年，其夫为祖后者，妻亦从服祖姑。《政和礼》《书仪》《家礼》皆尊之。至《明会典》改妇服姑同与舅，今通礼尊之，是承重孙妇服当从夫，著于律已久"。针对承重孙妇服丧适用的具体情况，程恩泽在依循程瑶田和凌廷堪说法的基础上，又遵从"礼时为大"的原则，指出承重孙在分封时代确"荷爵土之重，父殁固承父"，但"今封建废已久，惟世袭者尚可言宗法，言承重。若大夫士庶家，一遇大故，其长子不幸死，辄引长孙加于诸父之上，曰吾行古礼。此宋以后拘儒不达世变之所为也"。[1]程恩泽先条别前人之说，综合分析，结合现实社会生活实际，认为随着时代的发展和宗法制度的变化，承重孙若无"荷爵土之重"，则其妻在服丧时也就无须太多的礼制束缚，以缘情饰礼为人性之选和社会宗尚，既然"承重已失礼意，其妇之服，当在不议不论之例（除世袭言），若宛转从俗，则唐律以下所著甚明，可覆案也"。[2]程恩泽所持这种观点的学理依据和生活来源，正源自作为典型宗法制社会的徽州，人习诗书，家崇礼让，生活于其中的士子，皆精通于古代礼制，熟稔于乡村礼俗，故其所论既承儒家礼学典籍之文，又循乡贤口述之说，因势利导，为施礼过程中的烦扰和纠纷，排忧解难，厘清了"承重孙妇姑在服何丧"之类的诸多疑难问题，使诸如祁寯藻（字淳甫）等人多年的蓄疑冰释。故此，程氏之论也颇为此后如俞正燮、汪宗沂、吴承仕等徽州礼学家、经学家所认同和采用。

程恩泽自称："吾里学派，自江、戴昌之，金、程承之，其绪蓄变，

---

① 程恩泽：《论承重孙妇姑在当何服答祁淳甫》，《程侍郎遗集》卷 7，《续修四库全书》第 1511 册，第 278 页。

② 程恩泽：《论承重孙妇姑在当何服答祁淳甫》，《程侍郎遗集》卷 7，《续修四库全书》第 1511 册，第 279 页。

率以治经为宗。"① 故其学宗仰乡贤，传承汉学，在学术理念与治学方法上遵循皖派"由字以通其词，由词以通其道"之法，认为"读书必先识字"，今人欲通晓古文，必依赖训诂，故谐声诂字必求旧音，援传释经必寻古义。他批评"宋人弃训诂，谈义理。自谓得古人心，不知义理自训诂出，训诂舛则义理亦舛"，② 因而推崇顾炎武"读九经自考文始，考文自知音始"及戴震"以词通道"之法。基于这样的学术理念，程恩泽在撰述《国策地名考》时，即由小学而入经学，由经学而入史学，所涉文字校勘、词语训诂、史料辑佚和句意诠释等，都体现了乾嘉考据学时代的基本学术特征，而该书在内容和形式上明显承袭了江永《春秋地理考实》一书的见解和观点，即对同名而异地，或一地而殊名者，古今称谓不同，隶属沿革不一，有文字语音之讹，有传闻解说之误，俱一一核实无差。故春秋地名之难，经江氏、程氏的摧陷廓清，踵事增华，有功于后世历史地理之学甚多。梁启超在总结清儒地理考证学的贡献时曾言：关于考证古水道或古郡国者，其成书最有价值者，如江慎修之《春秋地理考实》，程春海之《国策地名考》等，二书皆博洽翔实，集众家之长，有功于后世地域治理之功良多。③

《国策地名考》的体例，是首列战国舆地总图，再以国别罗列为序，而后附地名；地名下缀以《战国策》原文及高诱、鲍彪、姚宏、吴师道注文，最后加以按语，原原本本，条分件系，其中尤对江永《春秋地理考实》多有参考、沿用和驳正。如《春秋地理考实》"僖公二十一年，鹿上"条："《经》宋人、齐人、楚人盟于鹿上。杜注：宋地，汝阴有原鹿县。《汇纂》：今凤阳府颍州太和县西有原鹿城。今按：太和县今属江南颍州府。按《水经注》叙淮水径原鹿县，云即《春秋》之鹿上。叙濮水径鹿城南。又引《后汉·郡国志》济阴乘氏县有鹿城乡为鹿上。二说并存以传。考之宋人为鹿上之盟，以求诸侯于楚，原鹿在宋之西南，于楚差近，而齐为远。乘氏在宋之东北，于齐差近，而楚为远。宋人既求诸侯于楚，

① 程恩泽：《癸巳类稿序》，《程侍郎遗集》卷7，《续修四库全书》第1511册，第280页。
② 程恩泽：《金石题咏汇编序》，《程侍郎遗集》卷7，《续修四库全书》第1511册，第281页。
③ 梁启超：《中国近三百年学术史》，中华书局，2020，第522页。

必就其近楚之地，岂至乘氏，以就齐乎？当以原鹿为是。"① 江永据经史文献多方考证加之合事实情理的推断，确定"鹿上"当为原鹿乡，程恩泽《国策地名考》即袭用此说，并承袭此法作为撰述范式。又如卷三"曲沃"，程氏考其地有三；卷二十"葵邱"，则考证有四，诸如此类，皆与江氏之书有相合相近之处。如《春秋地理考实》"庄公八年，葵邱"条，江氏以地系水，以水辨地，博征文献，驳正《钦定春秋传说汇纂》之误，定葵邱为两地。《国策地名考》则在采纳江永之说的基础上，继续扩大考证范围，推导出"葵邱"之地有四，曰："案葵邱有四。一在今卫辉府考城县东，《郡国志》外黄有葵邱聚，齐桓公会此城中，即旧注所本也。一在今青州府临淄县西三十里，《左传》齐侯使连称、管至父戍葵邱。京相璠曰葵邱在临淄西五十里，是也。一在今蒲州府万泉县东十五里介山之北，胡广曰：汾阴有葵邱。《水经注》汾水西径郊邱北，故汉氏之方泽也。贾逵曰：汉法，三年祭地，汾阴方泽，即葵邱也。《说文》郊，从邑癸声，河东临汾地名，是也。一在今彰德府临漳县，《水经注》春秋古地名云葵邱，地名，今邺西三台，是也。"② 程恩泽的考证文字中，其前两地所引文献与论述，与江永之说基本相同；后两处为其广搜博考后的"后出转精"，所考"葵邱"的其他两处，也为时人狄子奇、祁寯藻以及当代地理学家遵从与采信。

程恩泽在学习和继承江永学术思想的基础上，对江永的失误和错误也予以纠正，体现了"皖派"学者"不以人蔽己，不以己自蔽"③ 的实事求是精神。如《春秋地理考实》"桓公三年，嬴"条："《经》公会齐侯于嬴。杜注：齐邑，今泰山嬴县。《汇纂》今故城在泰安州东南五十里。今按：泰安州今为府，附郭设泰安县，一云嬴县故城在莱芜县西北四十里，盖各据其县之地望言之，实一地也。"④ 江永认为"嬴"只为一地，而程恩泽考证"嬴"字条曰："《元和志》后魏移古嬴县于莱芜县，唐贞观初省

① 江永：《春秋地理考实》卷 1，《景印文渊阁四库全书》第 181 册，台北：台湾商务印书馆，1986，第 271 页。
② 程恩泽：《国策地名考》卷 20，《续修四库全书》第 423 册，第 142 页。
③ 《答郑丈用牧书》，《戴震全书》（修订本）第 6 册，第 373 页。
④ 江永：《春秋地理考实》卷 1，《景印文渊阁四库全书》第 181 册，第 258 页。

入博城；长安四年，以废嬴县置莱芜县。《后汉书注》嬴故城在博城县东北，今在泰安府莱芜县西北四十里，或云在泰安县东南五十里。江永曰：各据其县之地望言之，实一地。此说非也。《左传》公会吴子伐齐，五月克博，壬申至于嬴。博即博城县，在今泰安县东南三十里，吴、鲁伐齐，自南而北。若嬴又在博南二十里，断无先至博而后至嬴之理。惟嬴在博北，故既克博，复深入，折而东，乃至于嬴，当以魏王泰、章怀太子贤说为是。"① 程恩泽在纠正江永之说的基础上，再加思考探索，又据《左传》吴、鲁伐齐事件，通过地望分野和行军路线的分析，揆情度理，确定博县在嬴县之南，纠正了江永之说，可谓前修未密，后来居上。《国策地名考》一书博观约取，前后互见，间以考察实地而自出新意。同时，在文字表述上如聚米画沙，了然尺幅；观点上能对本朝名家所言参伍考订，加以折中，并以当时府、厅、州、县实况相载录，体现出对历史地理概念时代性的把握。该书较之《春秋地理考实》，有所推进；对于郑珍《遵义府志》，则启发良多。

作为"皖派"学术的传承者，程恩泽虽因沉浮宦海，消耗了一生的主要时间与精力，一定程度上遮蔽或弱化了他在学术上的重要影响。但其倾心向学，网罗俊彦，因材施教，积极推进朴学的发展，并以其"博洽翔实"的《国策地名考》在清代考据学史上留下不朽之作，已深刻地影响了如郑珍之辈的学问人生。正如何绍基所言："京师才士之数，究朴学能文章者辐凑鳞比，至于网罗六艺，贯串百家，又巍然有声名位业，使天下士归之，如星戴斗，如水赴海，在今日惟（阮）仪征及（程）司农两公而已。"② 程恩泽虽然个人无暇专注于学问，却能在行政督学之时，倡导以经术文章立身，优恤寒畯，汲引后进，"使天下士归之"，在某种意义上远比他一人独居陋室、青灯黄卷的影响力、辐射度要大得多，广得多，也有效得多。

---

① 程恩泽：《国策地名考》卷5，《续修四库全书》第422册，第656页。
② 何绍基评述语，转引自徐世昌等编纂《清儒学案》第6册，沈芝盈、梁运华点校，中华书局，2008，第5705页。

二 "皖学"对郑珍的影响

程恩泽督学贵州期间，罗致才俊于幕下，加以悉心指导，以江、戴朴学相激励。郑珍居中尤为突出，擢为贡生。程氏赞其博闻强记与文章才华，惜其弱于小学经史，故建议郑珍治学应从小学入手，"以字读经，以经读字"，走乾嘉朴学之路，即戴震所谓"经之至者道也，所以明道者其词也，所以成词者字也。由字以通其词，由词以通其道，必有渐"。① 《清史列传·儒林传》载其事曰："珍初受知于歙县程侍郎恩泽，诏之曰：为学不先识字，何以读三代秦汉之书？乃益进求诸声音文字之原，与古宫室冠服之制。方是时，海内之士，崇尚考据。珍师承其说，实事求是，不立异，不苟同，洞知诸儒者之得失。"② 在程恩泽的悉心指点下，郑珍一面备考科举，一面用力于文字训诂和经典诠释，孜孜矻矻，学力倍增。两年后，程恩泽移驾湖南视学，仍携郑氏入幕府，继续研读经史典章及苍雅故训之学。多年的朝夕相处，持经叩问，郑珍尽得"皖派"朴学之精髓，返乡后即沉潜于研读著述与坐馆授徒，并将学自程恩泽的治学方法和朴学精神，潜移默化地输入黔地，成为"皖学"入黔最重要的传播者。我们从其一系列的学术成果，即可看到"皖学"特色之光。如《巢经巢经说》《仪礼私笺》《凫氏为钟图说》《轮舆私笺》《亲属记》《郑学录》《说文逸字》《说文新附考》《汗简笺正》等，显然与戴震、程瑶田、段玉裁、凌廷堪的治学范围和学术风格如出一辙，桴鼓相应。如此卓越的成就，对于清代"黔学"的复兴、"皖学"的继承和发展、乾嘉汉学的守成与开拓，都做出了巨大贡献。其中沉重地包含着程恩泽对郑珍一路成长的经济资助、学业指导和人生引领之功，正可谓"桃李不言，下自成蹊"，《清儒学案》之赞语，可谓尽得其实，曰："嘉道间，公卿之以经术名者必称春海。学于凌仲子氏，又出仪征之门，其资秉之异，识鉴之真，精神意量之包涵宏远，亦有仪征规范，论者谓儒林祭酒，足以继之……约礼博文，持以教士，辄

① 《与是仲明论学书》，《戴震全书》（修订本）第 6 册，第 370 页。
② 《清史列传》，王锺翰点校，中华书局，1987，第 5647 页。

轩所至，朴学振兴，硕彦魁儒，聆听向和，固隐系一时风气焉。"①

众所周知，清代徽州学者最重礼学，这从郑珍所存著述来看也是如此。如《巢经巢经说》大多是讨论"三礼"文献的纠纷和经文阐释问题；《仪礼私笺》针对历代积疑下来的，涉及《士昏礼》《公食大夫礼》《丧服》《士丧礼》等礼制礼仪的疑难问题，剖析了百余条，提出诸多新见解，所论多取程瑶田《仪礼丧服文足征记》、凌廷堪《礼经释例》、段玉裁《仪礼汉读考》等中观点；而《轮舆私笺》《凫氏为钟图说》二书，则针对礼学史上最难释读的《考工记》，模仿戴震《考工记图》的撰述体例，博采前人如江永《礼书纲目》、程瑶田《通艺录》、金榜《礼笺》、凌廷堪《礼经释例》中的考证文献和思想观点，辨析折中，择优而取，间以己意，故能言之成理，持之有故，颇为近代礼学家所认同和推崇。如《仪礼私笺》"为人后者于兄弟降一等报，于所为后之兄弟之子，若子"条中，根源经典，博辑众说，而以金榜、戴震之说为正，曰："金氏榜《礼笺》始据《通典》载贺循'为后服议'引《丧服》作'于所为后之子兄弟若子'以正石经、贾疏之误，此经乃还原本。"又"唯戴氏震订正李如圭《集释》云，所为后之子，女子子也，所为后之兄弟，其族亲也。此义得之，特其说未畅，故阮氏元以'女子子'未确，而不知其极确也"。② 对于众说纷纭之论，郑氏折中前说，断以己意，因而总结道："非贺氏所引，无以见古经原文；非戴氏创解，亦无由推记文本意。纷纷诸说，皆臆揣也。"③ 同时也指出程瑶田《仪礼丧服文足征记》的错误之处，云："程氏瑶田据作定本，更立设言真子之说。（程云所为后之子，设言所后者之真子也。真子之兄弟，小功以下之亲也，为之服如真子一般，上子字即下若子，子字皆不属为人后者言。）尤不成文理。"④ 清代徽州学者多以礼学研究著称，郑珍的礼学研究始于程恩泽的引领，故其论说多据之，或赞同以助之，或纠谬以正之，其基本特征和总体风格已与"皖派"实事求是精神息息相通，

---

① 徐世昌等编纂《清儒学案》，第 5695 页。
② 《仪礼私笺》，《郑珍全集》第 1 册，黄万机等点校，上海古籍出版社，2012，第 186 页。
③ 《仪礼私笺》，《郑珍全集》第 1 册，第 187 页。
④ 《仪礼私笺》，《郑珍全集》第 1 册，第 186 页。

融为一体。又如《轮舆私笺》对《考工记》中的轮人、舆人、辀人所作笺注，也多引用江永、戴震、程瑶田、段玉裁之说以为证。故自序云："余所见言车制者，自唐贾氏、孔氏及宋林膚斋、元戴仲达，以迄国朝惠天牧（奇士）〔士奇〕、江慎修永、方灵皋苞、戴东原震、段懋堂玉裁、金辅之榜、姚姬传鼐、程易畴瑶田、阮芸台元，凡十余家。他著者未及见，然已愈说愈详矣。"① 程恩泽曾以尹珍、郑玄来期望郑珍，故郑氏时刻不忘教诲，"坚守康成，往复寻绎"，博采众家，剔除讹误，其折中群言、断以己意之论，颇为近代以后学者所采信。如该书"以其隧之半，为之较崇"条，着重于考证车箱形制及其利用，此中"轼""轸"字的训释正误，牵涉文意理解的是非正误颇多。郑珍先之以梳理郑玄以后之说，次者剔除糟粕，汲取精华，而引江永《周礼疑义举要》之说为定论，即"式木不止横在车前，有曲而在两旁。左，人可凭左手；右，人可凭右手者，皆通谓之式。人立车前，三分隧之一，皆式之地也"。② 又论"轸"是方径二寸七分半，自轴心上至轸面，总高七寸；轴半径二寸二分，加轑方径三寸六分，其高五寸八分；"后轸在舆下者约一寸五分半，辀踵为缺，曲以承之"。③ 江永对"轼""轸"二物剖析精微，持之有故，言之成理，郑珍极为推崇江永这种以数理之学解释经典疑难的功力与方法，称汉宋学人"背经违注，贻误千年，至江氏永纠正之，乃复见古制"，"自来说者，惟此算极周密"，尤其是对江永考释古代典章制度的举重若轻、郢人斫垩之功心悦诚服，心仪至极，云："江慎修先生谓前高后低如纱帽形，其说破千载之积谬，足令古制复还，更无疑议。"④ 而今日高校教材对《曹刿论战》中"下视其辙，登轼而望之"的诠释也多采用江永之说，即为明证。

由上述文字可见，典章制度之学是郑珍术业专攻的主体，这与"皖派"学者注重礼学研究的特色相一致，原因在于"恐千古礼宗，淹晦于饰伪乱真之手"。礼学是实学，皖派学者勇于攻坚克难，以礼制礼仪的历史

---

① 《轮舆私笺》，《郑珍全集》第 1 册，第 212 页。
② 《轮舆私笺》，《郑珍全集》第 1 册，第 253 页。
③ 《轮舆私笺》，《郑珍全集》第 1 册，第 287 页。
④ 《轮舆私笺》，《郑珍全集》第 1 册，第 288 页。

演变及当代躬行为研究对象，向号称繁杂琐碎、最称难治的礼学问题发起强攻。江永、程瑶田、凌廷堪等创辟榛莽，发凡起例，或分节，或绘图，或释例，使纷乱纠绕之书顿然条分缕析、一目了然。今人得其之法，通经不难矣。故钱穆称"徽州学派咸精于礼学""东原出而徽学遂大，一时学者多以治礼见称"；① 唐文治亦云："近凌次仲《礼经释例》亦极贯串，得此三法，《仪礼》亦不难读矣。"② 郑珍为凌廷堪的再传弟子，一经程恩泽的指点，即行"以词通道"之路，以"皖派"朴学为法，推尊郑玄，甚或近于墨守，云："余之墨守康成，往往一言一事，或思之数日不识所谓者，始亦讶其不合，迨熟玩得之，觉涣然冰释，切合经旨，都无瑕衅。然后知世之据以诋斥康成者，皆偏驳曲见。"③ 郑珍之子郑知同曾总结其父一生所学，认为皆在"皖派"汉学一途，潜研礼制，穷源导窾，称"先君子学礼数十年，嗜郑弥笃，老益深醇，五十以还，始操笔发摅，所以极思礼注，兼以救世儒之失者，爰著于编"，④ 即《仪礼私笺》也。又如其广为世人传诵的《亲属记》一书，就是结合《尔雅·释亲》、《白虎通义》和朱熹《仪礼经传通解》，溯源亲族之名称、记述伦常之纲纪，"意在考礼征俗，合古今名称网罗而肴列之，上自古经，旁及子史稗说、诗文别集，横行斜上，无不贯串，使读者一见而知名称所由来，洵宏览博物之薮也"。⑤ 事实上，郑珍的多种礼学著作，都践履着戴震"治经先考字义，次通文理，志存闻道"之法，遵循着凌廷堪"圣人之道，一礼而已""礼之外，别无所谓学"之理念，并在西南黔地将其发扬光大，薪火延绵。

贵州为阳明悟道之地，心学影响自然不免，但郑珍对之一直保持谨慎态度。其中，除了程恩泽的切实指点之外，还在于郑珍在故乡生活期间所接触到的人物也多是"道问学"之家。其舅父黎恂（1785～1863，字雪楼）为当地乡绅名宦，曾以俸禄购书，筑有"锄经堂"，郑珍记其事曰："先生年甫强仕，念两亲俱逝，无与为荣，澹然有守墓终焉之志，遂引疾

① 钱穆：《国学概论》，九州出版社，2011，第 275 页
② 唐文治：《十三经提纲》卷 5《仪礼》，朝华出版社，2019 年影印本，第 72 页。
③ 郑知同：《仪礼私笺后序》转引郑珍之语，《仪礼私笺》，《郑珍全集》第 1 册，第 207 页。
④ 郑知同：《仪礼私笺后序》，《仪礼私笺》，《郑珍全集》第 1 册，第 207 页。
⑤ 陈田：《亲属记序》，参见《郑珍全集》第 1 册，第 329 页。

家居，尽发所藏书数十箧，环列仅通人，口吟手披，朱墨并下。经则以宋五子为准，参以汉魏诸儒；史则一折衷于《纲目》；论诗宗少陵、眉山，而至屈、宋，至朱、王，无不含咀也；于文尚韩、欧阳，而自庄、荀至方、姚，无不度权也。"① 可见黎氏无意仕途，专意学问，并广泛影响周边人。他常与好友莫与俦谈学论道，为忘年之交，并培育了其子黎兆勋、外甥郑珍、年家子莫友芝，一时间此地儒家经史实学风气得以渐兴。加之道光三年程恩泽督学贵州，莘莘学子更是步武乾嘉，着意于文字训诂和典章制度，力肩汉儒之传，深得"皖学"影响，学风渐移，逐渐融合于全国。郑珍曾向程恩泽述及居乡之事云："别五六年，穷处万山之中，不与宦游者相接，以故先生出处行事都无自闻……念昔从游于南，以师弟之爱，朝夕之亲，窥先生盘盘郁郁，胸罗众有，其言论类非宋明凭臆拟度者伦；其笔为文章，则如闻先秦两汉人声息。当时虽不识何以至，然心固已知某所为者，特剽窃涉猎焉尔，非古人学也……于是，意寻一求古人之路，先读《说文》为本，佐以汉魏人小学及（顾）希冯、（陆）元朗以下等书，别声音，辨文字，效古之十岁童子所为。乃即以字读经，又即以经读字。觉其路平实直捷，履之甚安，遂斤斤恪守尺寸，不肯以宋后歧出泛滥纷其趋。年来积染成习，渐不自量，思考十五篇沿讹脱羼暨向来说不安者，以自效于许氏。"② 由此可见，以郑珍为代表的道咸时期的遵义学者，深受程恩泽及"皖派"学者的影响，故能尊汉学，倡考据，祛游谈，重实学，而以许慎《说文解字》、顾野王《玉篇》、陆德明《经典释文》为入学门径，而其"以字读经，以经读字"正是对戴震"以字考经，以经考字"的切实践履。段玉裁弟子陈焕曰："焕闻诸（段）先生曰：'昔（戴）东原师之言，仆之学不外以字考经，以经考字。余之注《说文解字》也，盖窃取此二语而已。经与字未有不相合者，经与字有不相谋者，则转注、假借为之枢也。'"③ 程恩泽、郑珍传江、戴之学，沉潜往复，笃守弥坚，为学施教，一以贯之。郑珍有诗云："世儒谈六经，孔子手删正。安知口所读，

① 《诰授奉政大夫云南东川府巧家厅同知舅氏雪楼黎先生行状》，《郑珍全集》第 6 册，第 575 页。
② 《上程春海先生书》，《郑珍全集》第 6 册，第 440~441 页。
③ 陈奂：《说文解字跋》，段玉裁注《说文解字注》，浙江古籍出版社，1998 年影印本，第 789 页。

皆属康成定。念昔诸大师，鞠躬守残剩。微公集厥成，吾道何由径？众流汇北海，乃洗秦灰净。师法千年来，儒者各涵泳。未闻道学名，自见忠孝竞。程朱应运生，力能剖其孕。格致岂冥悟，祖周实郊郑。俗士不读书，取便谈性命。开卷不识字，何缘见孔孟？"① 郑氏梳理了传统儒学发展的脉络，领悟"读书必先识字"的先贤警语，坚守"皖派"治学"先考字义，次通文理，而志在闻道"的路径，故有此后之卓越成就。

"皖学"虽然长于文字声训、典章制度及天文历算，但也不废性命义理之学，既知"格致岂冥悟，祖周实郊郑"，亦晓"程朱应运生，力能剖其孕"，故能先之以古训，折之以群言，统宗会元，而归于自得，彰显了"不以人蔽己，不以己自蔽"思想特色。一如梁启超所言：戴派之清学，惟于训诂名物制度注全力焉，所言训诂名物，虽常博引汉人之说，然并不墨守之。② 程恩泽作为"皖派"后学，深知"凡学，无门径则杂，杂则经学淆汉宋，天文学淆推步占验；执一则隘，隘则暖暖姝姝，悦一先生之言，墨守训故，甚且持古疾以病今"，③ 故能教育诸生汉宋兼采，"由训诂而求义理""穷源知变而归于理道"；郑珍自能笃守师命，沉潜文字，由"道问学"而至"尊德性"。云："专德性而不道问学，此元、明以来陆、王末学高谈性理，坐入空疏之弊。明于形下之器，而不明而上之道，此近世学者矜名考据，规规物事，陷溺滞重之弊，其失一也。程、朱未始不精许、郑之学，许、郑亦未始不明程、朱之理，奈何歧视为殊途！偏执之害，后学所当深戒！"④ 由此可见，郑珍其学其行都切实地体现了戴震的治学主张："有义理之学，有文章之学，有考核之学。义理者，文章、考核之源也。熟乎义理，而后能考核，能文章。"⑤ 在理清了"道"与"器"、"义理"与"考核"学问哲理关系的基础上，郑珍不惟精通于"道"，且能运之于"艺"，好学深思，绩学敦行，故能成就大家，腾踔士林。故于研经考史之外，郑珍也深研怡情养性的诗文之艺，在文学创作方面，"以

---

① 《招张子佩》，《郑珍全集》第6册，第76页。
② 梁启超：《清代学术概论》，上海古籍出版社，1998，第43页。
③ 程恩泽：《癸巳类稿序》，《程侍郎遗集》卷7，《续修四库全书》第1511册，第280页。
④ 郑知同：《敕授文林郎征君显考子尹府君行述》，《郑珍全集》第1册，第19页。
⑤ 段玉裁：《戴东原集序》，《经韵楼集》，钟敬华校点，上海古籍出版社，2008，第370页。

学入诗，学人为诗人"，传承了翁方纲、程恩泽的衣钵，与何绍基、祁寯藻、莫友芝等一起成为道咸时期"宋诗派的大家"。他们推崇杜甫、韩愈、苏轼，力倡"尚学宗宋"，主张诗必言学，学必为实，追求质朴厚重、服务现实的诗学理念，前后呼应，蔚然而成诗坛主流，郑珍自是中流砥柱。郑氏之诗，多贯通经史，以考据入诗，刊落陈言，洁雅宏逸，践行着程恩泽重学问、抒性情的诗学精神，即"《诗》无学问则《雅》《颂》缺，《骚》无学问则《大招》废。世有俊才洒洒，倾倒一时，一遇鸿章巨制，则蓉然无所措。无它，学问浅也。学问浅，则性情焉得厚？"① 郑珍于程氏之诗赞誉备至，云："我读先生古体诗，蟠虬咆熊生蛟螭。我读先生古文词，商敦夏卣周尊彝。其中涵纳非涔蹄，若涉大水无津涯。捣烂经子作醢醯，一串贯自轩与羲。下迄宋元靡参差，当厥兴酣落笔时。"② 论定程诗为"黄钟一振立起痿，伟哉夫子文章医。当今山斗非公谁？种我门墙藩以篱"，同时也感念恩师"以乡先哲尹公期，无双叔重公是推。道真北学南变夷，此岂脆质能攀追"的谆谆教诲与殷切期望。在程恩泽的悉心指导下，郑珍之诗熔学问、性情、识力于一炉，既寝馈苏、黄、韩、杜，又能兼收博取，"考古之隙，遇事触发，则寄兴为诗。其于诗，溯骚赋、汉唐而下诸名大家，靡集不窥，择其尤脍炙者汇钞成册，含咀有年，而风骨则力追盛唐"，③ 由宋诗之精细理趣而趋向唐诗之风韵深情，进而上探汉魏风骨、诗骚典重，形成自己的独特风格，一时风靡天下，成为清代宋诗派的核心人物与清末"同光体"的宗主。

无论是沉潜经史之学，还是吟咏性情之作，程恩泽对郑珍的影响都是极为深刻的，而郑氏对此一段师弟之情也极为看重，吐于言辞、形于诗文者所在多有。如道光八年所作《留别程春海先生》所流露出的钦服之意和感激之情；《郴之虫次程春海恩泽先生韵》则步武程氏之韵，以表达经世致用、吊民问疾的儒家仁爱思想，显示出极高的才力和学识；道光十四年所撰《上程春海先生书》，忆及从学细节，历历在目，感念师恩如山，竭

---

① 程恩泽：《金石题咏汇编序》，《程侍郎遗集》卷7，《续修四库全书》第1511册，第281页。
② 《留别程春海先生》，《郑珍全集》第6册，第50~51页。
③ 郑知同：《敕授文林郎征君显考子尹府君行述》，《郑珍全集》第1册，第15页。

力前行。云："草创俱无体段，或一旦悔悟而焚弃之，或终不悟而竟成之，皆不可知。其他狂惑跳叫，中无自主，大氐是类某所谓不自知其为病与否，必待先生之切而药之，意正为此。前数渎书，道里悠远，未知果达。唯日北望，庶几一示以为学之方，使此身不恨虚厕于大贤之门。怒焉六载，绝无消息。居尝自念我边方人，谅终无大就。教不时辱或以此。则又念先生爱我厚，当不若是。展转于中，不能自宁，而反顾貌躬，益瞿然愧厉矣。"① 同年又作《再上程春海先生书》，恳请程氏为其外祖父黎安理撰写墓志铭；道光十七年所作《追和程春海先生〈橡茧十咏〉原韵》，赞誉其师留心民生利弊、风序良俗之情怀，推崇程氏吟咏风物、描摹景致之技艺；尤其感人肺腑的是作于咸丰五年之《王个峰言某友家有〈说文〉宋刻本，亟借至，则明刻李仁甫〈韵谱〉也，书凡二函，皆锦䌷金签，极精善，细审函册分楷标题，并先师程春海侍郎手迹，知是生前架上物也，凄然感赋，识之册端》，诗云："我为许君学，实自程夫子。忆食石鱼山，笑余不识字。从此问铉锴，稍稍究滂喜。相见越七年，刮目视大弟。为点《新附考》，诩过非石氏。公时教惠王，归沐辄奉儿。每叹伯申丧，无一可共语。留我卒汉业，令馆王学士。区区苦思归，告别前衔邸。月中行且言，送我至骡市。焉知即永诀，师弟终一世。逾年与秋荐，先月公已死。犹幸棺未返，及哭龙泉寺。于今十八年，念至止出涕。令子殁广州，文孙知何地？在日所撰著，十不存一二。插架三万编，散归他人庋。此帙何自来？旧检辨题识。叹落衔姜口，徒令诩装褫。无钱可买得，我怆焉得已！"② 程恩泽去世十八年后，郑珍细致深切地怀念恩师的谆谆教诲，回溯从师治学的珍贵记忆和心路历程，"我为许君学，实自程夫子"；青山伴绿树，师生情谊长。虽然此时郑珍也已年近半百，但"问铉锴""究滂喜"乃至于"为点《新附考》，诩过非石氏"的栩栩往事，仍如昨日，历久弥新。尽管世事无常，人生多变，但程恩泽"学问至上，诗学合一"的为学宗旨，以及"皖派"汉学"以词通道，实事求是"的学问精神，对于郑珍

---

① 《上程春海先生书》，《郑珍全集》第 6 册，第 441 页。
② 参见《郑珍全集》第 6 册，第 258~259 页。

而言，可谓终生矢志不渝，砥砺前行，郑珍遂成为近代"皖学"影响"黔学"的主要人物和学问通道。

三　从"皖学"到"黔学"

与"皖学"的成因和得名不同，"黔学"的形成渊源悠长：汉武帝时有犍为舍人撰《尔雅注》，为儒家经典《尔雅》的最早注释本；后有牂牁盛览（长通）师从司马相如问学，显名当时；东汉毋敛人尹珍，受教于经学大师许慎，博通五经，归教南域，开化风气。三人转益多师，传播学术，成为西南文化的拓荒者，使"南域始有学焉"，这便是儒学在贵州乃至西南地区流衍传播的大致概况。随着地方文明的日益进步，精英人物的逐渐崛起，近代"黔学"的概念也悄然进入人们的视野。尤其在当下文化自信时代，经过贵州学者的不断努力，黔学研究逐步深入，黔学的学术思想与精神文化风貌日渐凸显。同时，作为朱子学的主要载体和传播地的皖南徽州，"经术之盛"颇为世所公认。明清以降，随着徽商的兴盛和地方经济的发展，徽州士人通过学优而仕、坐馆授徒、交游入幕、典籍刊刻等文化方式所形成的地域学派影响力也随之增强。程恩泽便是集徽商、仕宦、学者、文化传播于一体的杰出人物，不仅有具体指点郑珍治学之例，而且在督学贵州期间，有以行政手段将乾嘉汉学整体输入黔域之面。民国《贵州通志》载："贵州设乡闱已三百余年，又以道远，会试中式易于他省，岁有预馆选者，以故科甲之盛不减于内地。士子进取心锐，除讲义、程文、帖括外，虽有经史，教者多不以之教，学者以为妨进取，亦不读。书肆所鬻五经，率皆删节无全本，至于古注疏则全无，士流有不知经史名目者。（程）恩泽至，力救其弊。"[①]　其下车伊始即修葺学舍，整顿秩序，修订学规，刊刻书籍，资助寒士。并极力购求宋岳珂所校《五经》内府善本，"重刻于贵州，贮板贵山书院，使士子知《五经》真本。又多拔取通经能文之士，皆贯通经史，善作诗文，卒为名士"；教导诸生读书应从经史考据入手，为实事求是之学，做经世致用之事；并以自己"由小学入经

---

① 民国《贵州通志》，《中国地方志集成・贵州编》第9册，巴蜀书社，2006年影印本，第237页。

史"的治学方法撰述《国策地名考》，利用乡贤江永《春秋地理考实》、戴震《汾州府志》的成功范例，深深影响了郑珍的地理学研究，推动郑珍写出《牂牁考》《白锦堡考》《鳖县问答》《牂牁十六县问答》等文章，尤其是影响了此后《遵义府志》的纂修工作。可以说，《遵义府志》就是一部典型的考据派方志佳作，深受戴震《汾州府志》与程恩泽《国策地名考》的启发和引导，同时也体现出郑珍秉承戴学宗旨"首重地理沿革"修志思想的躬行践履。譬如《国策地名考》在卷首绘制了各诸侯国地图十二幅，而以附图显示其撰述内容，条分缕析，一目了然；戴震《汾州府志》卷首列图十二幅，形象地展示了汾州的地理形势与政区沿革，称"地图及沿革表，志中开卷第一事也"，"山川图为地志大节目，作图无法，则失其实，检图考地适足滋惑"。① 郑珍的《遵义府志》也首重地理沿革，卷一即为《图说》，称"图学之于地理，自古盖尤要矣，故方志昔皆称《图经》"；② 并于《图说》之后布列地图八幅，分别为《遵义府境图》《遵义县境图》《正定州境图》《桐梓县境图》《绥阳县境图》《仁怀县境图》《遵义府城图》，附以明万历年间孙敏政所修《遵义军民府志》中之旧图。其作图之法与戴震《汾州府志》大略相同，"以一方为半度，当一百二十五里。今准此平度之线，府境画每二十里一方，五州县境画每十里一方"，③ 在修志思想上也与戴氏"切民生，重政事"，实事求是、经世致用的修志理念若合符契。《汾阳府志例言》云："政之大体，民之利病所系，胥役豪右，其滋弊不可穷诘也。知民之所苦及旱潦之不常，以达其情，尤亲民之吏，宜务图者矣。"④《遵义府志》借鉴前人修志思想，结合遵义地区的风俗习惯、农业特色和生产技术，所设"农桑""物产""木政""坑冶"四目，尤为"切民生，重政事"，体国经野，心系民生。

与戴震《汾州府志》注重经国济世、化民成俗的思想一样，《遵义府志》在品评和选录地方杰出人物时，唯以有功于百姓为前提，而不以官阶

---

① 《汾阳县志例言》，《戴震全书》（修订本）第6册，第580~585页。
② 《遵义府志》卷一"图说"，《郑珍全集》第3册，第41页。
③ 《遵义府志》卷一"图说"，《郑珍全集》第3册，第42页。
④ 《汾阳县志例言》，《戴震全书》（修订本）第6册，第587页。

高低为标准，谨以戴震所言为宗旨，即"人物必大节卓然，义行必为善足风。志之人物，以人品学问德业，而忠孝固德之大端也；有德有文者，于人物见之。专以文著者，于科目仕实中散见之，无庸复列。至于名教所弃，犹巧饰诬欺，虽曾祀乡贤，邀声誉，今削而不录"。① 戴氏以"名宦必德泽及民，操持可法"为标准，这也成为郑珍修志时拣选人物的主要准绳，意在辟榛莽于康庄，发聪明于聩盲。譬如《遵义府志》在《宦绩》部分择取了从山东引进山蚕的知府陈玉璂、教民种桑养蚕的徐阶平、创办湘川书院的刘诏陛等予以褒扬，"表前哲以树新风"，而将前朝方志和康熙《贵州通志》中极受赞誉的杨氏土司，以及地方豪绅之品行不端者径行删除。郑珍的秉笔直书和勇猛果敢，也遭受豪绅后裔子孙的忌恨、辱骂与恫吓，甚至有市井无赖大打出手。莫友芝载其事曰："遵乘非议，始事时即意其难免，特不意其出于此耳。或曰地方有蛮夷，最为大辱，书之者为故鄙视。或曰某传或遗其子孙，某传至详其姻娅，轩轾非允。或者遂咎郡乘之役，不自韬晦，欲籍为利者。今此嚣嚣，不值一噱。"② 对此郑珍丝毫不惧，以一介书生的木讷刚毅之勇，面对世俗人情的刀剑风霜，自信"丹铅销削布，文献付山川""海澄何日见，世议皱眉听"，③ 秉持史家直笔，抵抗乡愿劣绅非议，如戴震所言"事事不苟，犹未能寡耻辱；念念求无憾，犹未能免怨尤""不以人蔽己，不以己自蔽"，表现出坚守真理、实事求是的"皖派"朴学精神。

在"皖学"传播至黔地的过程中，除了郑珍接受程恩泽的耳提面命而终成西南大儒外，还有洪亮吉、莫与俦等学者活动于此地，他们共同推进了乾嘉汉学的普及和发展。洪亮吉（1746~1809，字稚存，号北江）祖籍歙县洪源，入籍阳湖，曾入安徽学政朱筠幕下。乾隆五十七年督学贵州，为士子指点迷津，唤起读书研究之风。虽未培养出郑珍式的学问大儒，但在一定程度上推动了科举偏重经史、崇尚朴学的学风趋向。民国《贵州通志》载："岁、科试轮出五经题，贵州士子以《礼记》卷帙繁多，不读全

---

① 《汾州府志例言》，《戴震全书》第 6 册（修订本），第 582 页。
② 《答万锦之全心书》，《莫友芝诗文集》，张剑等编辑校点，人民文学出版社，2009，第 618 页。
③ 《有感二首》，《郑珍全集》第 6 册（修订本），第 136~137 页。

文，惟记其可出题者。（洪）亮吉以陈澔所著《礼记集说》多未备，欲改用郑注"，乃上疏论，虽格部议未得行，然亦可见其施教取向。又，洪氏精于小学与舆地之学，在黔期间"巡历诸郡，知其山川，乃集古证今，作《贵州水道考》六十卷"，[①] 颇为后人如梁启超、余嘉锡等学者所推崇，被称为"研究郡国沿革用力最勤"。洪氏有功于乾嘉汉学在地方层面的落实与形成，使僻居一隅的黔地一时弱化了阳明心学的成分，加强了通经致用、笃实严谨的实学风气。道光二年，贵州本土学者、阮元弟子莫与俦（1763~1841，字犹人，独山人）选为遵义府学教授。他一生留心经史，崇尚朴学，居黔数十年，在对本土士子的启发引领上，厥功至伟。《清史稿》称其"旦暮进诸生而诏之：学以尽其下焉者而已，上焉者听其自至可也。程、朱之论，穷神达化，不越洒扫应对日用之常。至六艺故训，则国朝专经大师，实迈近古。其称江、阎、惠、陈、段、王父子，未尝隔三宿不言，听者如旱苗之得膏雨。其后门人郑珍及子友芝遂通许、郑之学，为西南大师"。[②] 莫氏因科举关系拜入阮元门下，且与当时学者如朱珪、洪亮吉、张惠言、郝懿行、姚文田、王引之等论学交流，将"皖派"之"推明古训，实事求是"之法铭记于心，并带入长期施教的桑梓之地，使原本趋鹜于帖括之学者，也逐渐从宋学转而为"讲六书，明汉学"一路，加之程恩泽的督学指导，因而出现了"黔中三贤"之才，以郑珍、莫友芝、黎庶昌为代表的"沙滩文化"群体，点亮了西南实学的一片新天地。莫友芝（1811~1871，字子偲，号郘亭）承传家学，于苍雅故训、名物制度无所不精，又旁及金石目录，究极奥颐，疏导源流，洵为西南儒宗。黎庶昌（1837~1896，字莼斋，遵义人）早年从学于郑珍，后入曾国藩幕，在出使日本期间，购买和影印了大量流失海外的中国古籍，并对中日学术文化的深入交流贡献甚巨。

综上所述，可见学术发展，薪尽火传，"皖学"自清代方以智、梅文鼎、江永、戴震诸人开创以后，通过徽商的经济浸润与携带，传至毗邻的

---

① 民国《贵州通志》，《中国地方志集成·贵州编》第9册，第237页。
② 《清史稿》，第13409~13410页。

江浙地区；因编纂《四库全书》而渗透到京师学术圈；其他更是"无远弗届"，影响及于南疆西陲之域。本文所述以程恩泽、洪亮吉为代表的"皖派"学术，不仅能以学政布施的形式加以推行，且凭郑珍、莫与俦诸儒的长期影响和教化而落实于西南一偏之地。他们上承乾嘉皖派学术余绪，下开民国沙滩文化之涂辙，可以说，"皖学"的传入西南，一定程度上弥补了"黔学"自汉代以后的空疏，深化了地域文化的内涵和人文精神，一如程恩泽所言："吾里江、戴之绪，且未有艾也。"同时，作为清代嘉、道时期的"西南巨儒"，郑珍可谓全面地承袭了"皖学"遗风，承前启后，砥砺前行，并与莫与俦、郑知同、莫友芝、黎庶昌等一众学者前后呼应，积极推进了西南学术与思想文明发展的进程，开创了晚清"黔学"兴盛的新局面，而"皖学"遗风也得以在全国各地具体落实和发扬光大。①

---

① 关于"皖学"在江永、戴震之后的学脉传承，除了此篇《"皖学"入黔：程恩泽对郑珍的学术影响》，笔者尚有《论"皖派"学者与〈四库全书〉》[《安徽大学学报》（哲学社会科学版）2016 年第 6 期]、《皖派：乾嘉汉学的主力》（《文史知识》2017 年第 7 期）、《清代旅外徽商的文化情结与学术贡献》[《安徽大学学报》（哲学社会科学版）2018 年第 2 期]、《"皖学"入浙：基于黄以周〈礼书通故〉的考察》（《浙江社会科学》2020 年第 11 期）、《乾嘉时期宫廷里的徽州人》（《白城师范学院学报》2021 年第 6 期）、《"皖学"入蜀："文翁化蜀"思想探微》（《地域文化研究》2022 年第 4 期）等文章已经刊出，以及《皖派学术与传承》（黄山书社，2012）一书，逐渐形成"皖学"研究的拓展系列，意在坚守本土江、戴之学的研究基础上，呈现地域学术之间的交流互动，展示"皖学"生生不息的精神风貌。

朱一新经学批评中的阐释思想[*]

吴仰湘

湖南师范大学历史文化学院

引　言

朱一新（1846～1894）字鼎甫，号蓉生，浙江义乌人。他是光绪丙子（1876）恩科进士，历任翰林院编修、湖北乡试副考官、都察院陕西道监察御史，因抗疏直谏被降为候补主事，遂以母疾为由辞归故里。后经两广总督张之洞延聘，朱一新相继担任广东端溪书院主讲和广雅书院山长，造就众多人才，成为一代名师。

朱一新晚年致书友人，自述"少嗜濂洛关闽之书，六七百年来巨儒纂著，亦略能言其得失"，并透露纂辑《无邪堂答问》"未尝无微指之所在"。[①]《无邪堂答问自叙》则明言："若辨章学术，以端诸生之趋向，则不佞与有责焉。"[②] 在晚清古今中西之学并立纷争的时局下，朱一新始终以整合学术、纠挽学风为己任，倡导"返经求道"，因此在著述与教学生涯中，用心探察历代学术流变，特别是对汉儒、宋儒、清儒经学阐释的得失优劣屡做辨析，并以程朱理学为范型，拟制完美的经学阐释路径，创设了"汉宋一体"的理想经学模型。

然而，朱一新病逝后，各界一致称誉他"学兼汉宋"并致力于"正学辟邪"，尤其表彰他批驳常州公羊学派"蔑古荒经"，[③]对他严厉批评背后

---

* 本文为国家社科基金重大项目"皮锡瑞《经学通论》注释与研究"（15ZDB010）的阶段性成果。

① 朱一新：《答濮止潜同年书》，《佩弦斋文存》卷下，光绪二十二年顺德龙氏葆真堂藏版，第1页。

② 朱一新：《无邪堂答问自叙》，《佩弦斋文存》卷上，第5页。

③ 朱一新病逝后的代表性评价，参见其子朱萃祥《蓉生府君行述》、继任广雅书院山长廖廷相《奉政大夫陕西道监察御史朱君行状》、其友尹恭保《陕西道监察御史朱公一新传》和各种祭挽诗文、广东学政恽彦彬《奏请宣付史馆立传片》及《国史儒林传稿》等。

创建理想经学的旨趣与作为，竟漠然置之。迄今为止，学界多从晚清"汉宋调和"思潮来评析朱一新的学术思想，或是探讨他对康有为今文经学的先见性批评，[①] 完全忽略了他生前断断辨论学术、极力革新经学的深心妙思。因此，朱一新对清代中后期经学的激烈批评和对汉、宋学术的持平处理，在晚清学术演进和中国经学思想嬗变中究竟有何特别意义，亟待重新发现。

近年来，张江先生根据中国古代经典阐释的丰富实践，总结出两条差异深刻的阐释路线，一条是重训诂之"诠"，以东汉古文经学、清代吴派汉学为代表，一条是重意旨之"阐"，以西汉今文经学、魏晋玄学、宋明理学、清代皖派汉学为代表，并概括"阐""诠"两条路线的理论特征，指出："'阐'尚意，'诠'据实，尚意与据实互为表里。'阐'必据实而大开，不违本真；'诠'须应时而释，不拘旧义。'阐'必据词而立意，由小学而阐大体；'诠'须不落于碎片，立大体而训小学。"[②] 张先生有关"诠""阐"内涵及其关系的界定，以及中国经学史主要流派的归类，对于全面检视、深入理解中国古代经学阐释传统，既有诸多启迪，也能引发新思考。本文即从"诠""阐"入手，抉发朱一新经学批评中丰富的阐释思想，借以重新审视他在晚清锐意创建理想经学的美妙设计，彰显中国经学阐释传统的深厚底蕴。

一 "诠""阐"失当：朱一新对清代汉学家与公羊学者的批评

对于清代二百多年持续演进的儒学，朱一新从整体上划成"国初"、"乾嘉"和"道咸以来"三大时段，做出每况愈下的评价，尤其把乾嘉诸

---

① 研究朱一新学术思想的重要成果有：延举《朱一新汉宋兼采之议论》（《时代青年》第 2 卷第 1 期，1934 年）、钱穆《中国近三百年学术史》（商务印书馆，1937）、何佑森《朱一新对清代学术人物的批评》（《台静农先生八十寿庆论文集》，台北：联经出版事业公司，1981）、胡楚生《经生与烈士：试论陈兰甫与朱鼎甫之为学路向》（《书目季刊》第 16 卷第 1 期，1982 年）、朱维铮《康有为和朱一新》（刘梦溪主编《中国文化》第 5 期，生活·读书·新知三联书店，1991）、陈居渊《致力于恢复经学传统的陈澧与朱一新》[《复旦学报》（社会科学版）1993 年第 5 期]、乐爱国《论朱一新对程朱理学的推崇》（《浙东学术与中国实学研讨会论文集》，2005 年 10 月）、曹美秀《论朱一新与晚清学术》（台北：大安出版社，2007）、於梅舫《浙粤学人与汉宋兼采——朱一新〈无邪堂答问〉论学旨趣解析》（《近代史研究》2010 年第 4 期）等。

② 张江：《"阐""诠"辨——阐释的公共性讨论之一》，《哲学研究》2017 年第 12 期。

老指为"经学之蠹",将晚清公羊学盛行斥为"经学之厄",并从学风、方法等层面,揭批汉学家"支离穿凿以蠹经",指斥公羊家"凭臆妄造以诬圣人",① 对清代不同学派的经学阐释存在的严重失误做了检讨与反思。以下分三点略做评析。

其一,批评乾嘉考据学者有"诠"无"阐"。

在考据学空前繁盛的乾嘉时代,很多学者以小学、训诂及各种专门考据之业相矜夸,自视为绝学,力鄙性理之学,如张惠言所说:"学者以小辨相高,不务守大义,或求之章句、文字之末,人人自以为许、郑,不可胜数也。"② 朱一新也提及:"国朝乾嘉而后,汉学盛行,三礼、六书、九数之书汗牛充栋,其于六艺可谓勤矣。士有读朱子《小学》者,鄙为村陋。"③ 对这种"以义理为下,训诂为上"的论调,④ 朱一新很不谓然,指出:"考据之学,若天算,若地理,若训诂,若音韵,若名物、制度,若国朝掌故,若历代职官、氏族、礼乐、刑政,随举一门,即终身搜讨不尽。古今能兼此者,曾有几人?彼沾沾自喜,动辄矜张,适足形其浅陋耳。"⑤ 他为此一再批评清代汉学家太过张皇,昧于治学的本末、先后。他说:"古之君子,岂其有意于为哉?谓吾既名为学者,则学中之本末、先后,吾必亲历之,而后可渐造于微,而如词章、考订之学之纷纷者,特吾学中之始事,而古人则且视为末节者也。……古之儒者通经所以致用,今之儒者穷经乃以自蔽,岂非大可哀之事?然其所谓形声、训诂、校勘、名物、天算、舆地之学,古人亦曷尝不从事于斯?俛焉孳孳,博观约取,汉、宋巨儒,盖无不如此,而近时学者流弊独多,则以其张皇过甚之故也。"⑥ 又说:"近时汉学家所言,多小学之事,非大学之事。六书、九数、名物、训诂,学者分宜通晓,初无事乎张皇。"⑦ 朱一新通过古今对照,强

---

① 朱一新:《复王子裳同年》,《佩弦斋杂存》卷下,光绪二十二年顺德龙氏葆真堂藏版,第26页;《无邪堂答问》,吕鸿儒、张长法点校,中华书局,2000,第21、150页。
② 张惠言:《安甫遗学序》,《茗柯文三编》,光绪七年刻本,第22页。
③ 朱一新:《答某生》,《佩弦斋杂存》卷上,第47页。
④ 方东树:《汉学商兑》,虞思征校点,上海古籍出版社,2018,第90页。
⑤ 朱一新:《复傅敏生妹婿》,《佩弦斋杂存》卷上,第27页。
⑥ 朱一新:《答濮止潜同年书》,《佩弦斋文存》卷下,第2页。
⑦ 朱一新:《答门人孙慕韩书》,《佩弦斋文存》卷下,第3页。

调学术有本末、先后之分，认为治学应始于末节而渐进于精微，即阐释经书要由"诠"到"阐"："小学、训诂，治经之始事，而经义非仅止于斯；训诂既明，乃可进求微言、大义之所在耳。"① 他主张以小学、训诂讲明经书要义，进而阐发圣贤意旨，修治身心，实现由博返约、通经致用。他特别指出："夫学之精者，在乎天人之际、性命之微；其大者，则在修、齐、治、平之实。"② 把汉儒探寻天人之故、宋儒推阐性命之微，作为经学阐释的终极目标和最高境界。相形之下，"乾嘉诸老逐末忘本，曼衍支离"，③ 在经学阐释的进程中半途而止，导致"穷经自蔽"。

当然，乾嘉时期也有不少汉学家标举"训诂、声音明而小学明，小学明而经学明"，④ 知道治经应由训诂、考据通往义理高明之境。然而，这些学者毕生从事训诂、考订、校勘、辑佚等具体工作，饾饤为学，浅尝辄止，没有深入经典的核心，于经书义蕴、圣贤宗旨无所发明。如精研《说文解字》的段玉裁，晚年慨叹"喜言训诂、考核，寻其枝叶，略其本根，老大无成，追悔已晚"，⑤ 后悔大半生忙于训诂、考据，未将追求义理、明道淑世作为治经之要。朱一新评议说："汉学家之言曰：训诂、名物，治经之涂径，未有入室而不由径者。其言良有功于经学，第终身徘徊门径之间，而不一进窥宫墙之美富，揆诸古人小学、大学之教，夫岂其然？"⑥ 他认为清代汉学家寻到了门径，却未登堂入室，矻矻穷经而碎义逃难，鲜有心得，没有揭明圣人作经垂教的本旨，不足以成德达才，"专求诸器数之末，琐屑穿凿，率天下而为无用"，仅及古人"小学"之功，未得古人"大学"之道。因此他提出："小学之终事，即大学之始事。格、致者，大学之始，而固非五射、五驭、六书、九数之所能该也。其事，则天下家国

---

① 朱一新：《无邪堂答问》，第 143 页。
② 朱一新：《答濮止潜同年书》，《佩弦斋文存》卷下，第 2~3 页。
③ 朱一新：《复王子裳同年》，《佩弦斋杂存》卷下，第 26 页。
④ 王念孙：《说文解字注序》，段玉裁注《说文解字注》，上海古籍出版社，1981 年影印本，第 1 页。
⑤ 段玉裁：《博陵尹师所赐朱子小学恭跋》，《经韵楼集》卷 8，光绪十年秋树根斋重刻本，第 47 页。
⑥ 朱一新：《无邪堂答问》，第 4 页。按，倡论"圣人之道，譬若宫墙，文字、训诂，其门径也"的阮元，早就警惕汉学中人"或者但求名物，不论圣道，又若终年寝馈于门庑之间，无复知有堂室"（《拟国史儒林传序》，《揅经室集》，邓经元点校，中华书局，1993，第 37~38 页）。极力批驳汉学的方东树更讥笑说："近人之讲文字、训诂者，可谓门径不误矣，而升堂入室者谁乎？"（《汉学商兑》，第 99 页）

之事；其理，则修齐治平之理。"① 可见，朱一新指摘清代汉学家止步于训诂、考据，未进而讲求义理、心性，实即有"诠"而无"阐"，无法实现完整的经学阐释。

其二，批评乾嘉新义理派不能以"阐"规"诠"。

在清代汉学运动中，相继涌现出戴震、段玉裁、焦循、阮元等大师名儒，他们回归孔、孟经典，窥探圣贤心志，透过文字、训诂、名物、制度等，对"心""性""情""理""欲""命""仁""道"等儒学基本概念和重要思想，做出全新的阐释，其学被后世称为"乾嘉新义理学"。其中戴震的经学成就最高，不仅撰出《孟子字义疏证》《原善》等名著，还凝成"由字以通其词，由词以通其道"的经学阐释理论。② 朱一新充分肯定戴震"精于经"，推之为乾嘉学界两巨擘之一，却对他以"情欲"说攻击程朱理学"存天理，灭人欲"大加批判："东原误以人欲为天理，宗旨一差，全书皆谬。"③ 他进一步指出，戴震为与宋儒争胜，巧借训诂以倡新说："'欲'本兼善、恶言，宋儒曷尝谓欲有恶而无善？特'理''欲'对言，则'理'为善而'欲'为恶。故《乐记》言'天理''人欲'，《易》言'惩忿窒欲'，《论语》言'克伐怨欲'。经典中此类甚多，东原概置之，而但援'欲立''欲达'以为说。不知《说文》'欲'训为'贪欲'，'贪'之为义，恶多而善少。东原精研训诂，岂独不明乎此？第欲伸私说以攻宋儒，遂于本明者而转昧之。"④ 这是揭露戴震故意违背训诂，曲解经典以诋毁程、朱。深受戴震学术影响的阮元，撰有《〈论语〉论仁论》《〈孟子〉论仁论》《性命古训》等名篇，企图超越程、朱，直返孔、孟。如他依据《中庸》郑玄注"人也，读如相人偶之人"，发明"相人偶为仁"的新说，影响极大。朱一新却发现阮元完全误读郑注，并指出："言仁必以孔、孟为归。《论语》：'其心三月不违仁。'《孟子》：'仁，人心也。'君子以仁存心，皆言心不言事，初未尝以相人偶为仁也。……必待

---

① 朱一新：《无邪堂答问》，第149页。
② 戴震：《与是仲明论学书》，《戴震文集》，赵玉新点校，中华书局，1980，第140页。
③ 朱一新：《无邪堂答问》，第3页。
④ 朱一新：《无邪堂答问》，第122页。

人偶而后仁，将独居之时仁理灭绝乎？谓仁因人偶而见则可，谓非人偶无以见仁则不可。心中无仁，何以能发见？心既有仁，安可不存养？"他分析阮元论"仁"偏离孔、孟原典，乃至堕入外道，由此指责清代汉学家"但知与宋儒立异，不恤与圣言相悖"，可谓自丰其蔀。[1] 朱一新还就段玉裁《说文解字注》解"明"字，"援《尔雅》'明明、斤斤，察也'之训，广引诸书，证成曲说"，再次诘责："近儒借训诂以伸私说，不顾上下文义，动欲以此律彼，乃治经之大患也。"[2]

戴震、阮元等人跳出训诂、考据的苑囿，进而阐发心性、义理，揭明孔、孟精蕴，从经学阐释来看，有"诠"有"阐"，并且从"诠"到"阐"，无疑是对清代专门汉学的突破。朱一新对此很不认同，固然是因双方所持义理有异，也与戴震一派治经旨趣与方法存在偏颇有关。朱一新即由此入手，指斥戴震等人务与程、朱立异，故意以小学、训诂穿凿解经，对"诠""阐"关系处理不当。他说："吾辈幸生汉、宋诸儒而后，六经大义已明，儒先之宗旨，即可取以为我之宗旨，由是而进窥圣贤之门径，庶几不误歧趋。近人以训诂为门径，此特文字之门径耳。圣贤道寓于文，不通训诂，不可以治经，即不可以明道。然因文以求道，则训诂皆博文之资；畔道以言文，则训诂乃误人之具。故必博考宋、元、明、国初儒者之说，证以汉儒所传之微言大义而无不合，始可望见圣贤之门庭。"[3] 一方面，他认同义理出于训诂，主张"因文以求道"，即经学阐释应遵循"训诂—经文—圣人之道"的路径；另一方面，他反对"畔道以言文"，强调训诂应受制于义理，要求用圣贤之道来指导、规约训诂，此即后世所谓"阐释循环"。[4] 换言之，朱一新认为戴震等人治经虽"以训诂为门径"，却未遵奉"儒先之宗旨"，结果误入歧趋，原本作为门径的训诂，反成"误

---

① 朱一新：《无邪堂答问》，第31~33页。
② 朱一新：《无邪堂答问》，第147~148页。
③ 朱一新：《无邪堂答问》，第14页。
④ 钱锺书针对乾嘉学者以小学、训诂通经明道的缺失，提出"阐释循环"说："乾嘉'朴学'教人，必知字之诂，而后识句之意，识句之意，而后通全篇之义，进而窥全书之指。虽然，是特一边耳，亦只初桄耳。复须解全篇之义乃至全书之指（'志'），庶得以定某句之意（'词'），解全句之意，庶得以定某字之诂（'文'）；推末以至本，而又探本以穷末；交互往复，庶几乎义解圆足而免于偏枯，所谓'阐释之循环'者是矣。"（《管锥编》第1册，中华书局，1979，第171页）

人之具"，最终没能踏进"圣贤之门庭"。他又指出："治经先明训诂，乃一定不易之次序，初无待乎张皇。古言古义，至乾嘉以来而益大明，亦后学者之至幸，然以小学疏通经训则可，以小学穿凿经训则不可。支离蔓衍，沉溺其中而不知返，非惟虚耗日力，抑亦大害经义。"① 朱一新主张"治经先明训诂"，认同"以小学疏通经训"，又坚持训诂、考据必须折中于圣贤义旨，② 反对"以小学穿凿经训"，正可见"诠""阐"不可或缺，相互依存，既要由"诠"到"阐"，还要以"阐"规"诠"，实现"阐释循环"。因此，他批评戴震一派"借训诂以伸私说"，搅乱圣贤义理，实即不能以"阐"规"诠"，对经学阐释造成致命伤害。

其三，批评晚清公羊学者重"阐"轻"诠"。

嘉道以后，常州公羊学派异军突起，明言："今日复古之要，由诂训、声音以进于东京典章、制度，此齐一变至鲁也；由典章、制度以进于西汉微言、大义，贯经术、政事、文章于一，此鲁一变至道也。"③ 他们试图以训诂、考据为手段，以《公羊》之说解群经，将何休发明的"通三统""张三世""黜周王鲁"等"非常异义可怪之论"大做推阐，借以讥切时政，宣扬变法。延至光绪年间，康有为推出"新学伪经""孔子改制""大同三世"诸说，引起轩然大波。朱一新指出："道咸以来，江浙人士多喜言西汉公羊之学。六经惟《易》与《春秋》为专言性道之书，能进训诂、名物而言性道，岂不甚善？顾其名是，而实则非也。"④ 他认为常州公羊学承续乾嘉考据学而来，有意纠挽其弊，超越训诂、名物而阐发义理、心性，由"诠"到"阐"，预示着清代经学阐释即将走向成熟，然而晚清公羊学家矫枉过正，走上穿凿、附会的歧途，对世道、人心造成更大的危害。朱一新对此大加责斥："公羊家多非常可怪之论。西汉大师自有所受，

① 朱一新：《无邪堂答问》，第143页。
② 方东树引朱子之言"解经一在以其左证之异同而证之，一在以其义理之是非而衷之，二者相须不可缺，庶几得之"，批评清代汉学家"全舍义理而求之左验，以专门训诂为尽得圣道之传，所以蔽也"（《汉学商兑》，第88页），朱一新所说与此相近。
③ 《两汉经师今古文家法考叙》，魏源全集编辑委员会编《魏源全集》第12册，岳麓书社，2004，第137页。
④ 朱一新：《答门人孙慕韩书》，《佩弦斋文存》卷下，第3~4页。

要非心知其意，鲜不以为悖理伤教。故为此学者，稍不谨慎，流弊滋多。近儒惟陈卓人深明家法，亦不过为穿凿。若刘申受、宋于庭、龚定庵、戴子高之徒，蔓衍支离，不可究诘。凡群经略与《公羊》相类者，无不旁通而曲畅之；即绝不相类者，亦无不锻炼而傅合之。舍康庄大道而盘旋于蚁封之上，凭臆妄造以诬圣人，二千年来经学之厄，盖未有甚于此者也。"①他将晚清公羊学的盛行视为中国经学遭遇的一大厄运，可谓深恶痛绝。

朱一新辩驳"张三世""通三统""素王改制"等学说的谬误时，还着力批判晚清公羊家恣肆、虚妄的学风，使其经学阐释中重"阐"轻"诠"的缺失暴露无遗。他刚读到康有为《新学伪经考》书稿，就非常警觉地提出："六经各有大义，亦各有微言，故十四博士各有家法。通三统者，《春秋》之旨，非所论于《诗》《书》《易》《礼》《论语》《孝经》也。孔子作《春秋》，变周文，从殷质，为百王大法。素王改制，言各有当，七十子口耳相传，不敢著于竹帛。圣贤之慎盖如此！《诗》《书》《礼》《乐》，先王遗典，使皆以一家私说羼于其中，则孔子亦一刘歆耳，岂独失'为下不倍'之义，抑亦违敏求好古之心。必若所言，圣人但作一经足矣，曷为而有六欤？"他以"通三统""素王改制"为例，斥责晚清公羊学者用"一家私说"阐释各种经传，学风大有问题，并责问"曾是说经，而可穿凿附会乎"。②当广雅院生问及董仲舒"王鲁"说，朱一新竟答以洋洋万言，对公羊学详加评析，指出公羊家自有一套"文与而实不与"的说经法，但不能将其随意扩大，痛批常州今文学派以《公羊》之义通贯群经："近儒乃推此意以说群经，遂至典章、制度、舆地、人物之灼然可据者，亦视为庄、列寓言，恣意颠倒，殆同戏剧，从古无此治经之法。""《春秋》即为圣人制作之书，度亦不过一二微文以见意，岂有昌言于众以自取大戾者？且亦惟《公羊》为然，于二《传》何与？于《诗》《书》《礼》《易》《论语》又何与？乃欲割裂经文以就己意，举六经微言大义，尽以归诸《公羊》，然则圣门传经独一公羊耳，安用商瞿、子夏诸贤之纷

---

① 朱一新：《无邪堂答问》，第 20~21 页。
② 朱一新：《答康长孺书》，《佩弦斋文存》卷上，第 14 页。

纷也哉!"① 从"恣意颠倒""割裂经文以就己意",足见晚清公羊家治经风气之狂肆与方法之诬妄。他还依据常州公羊学兴起的历程,指责凌曙"言礼制已颇穿凿",刘逢禄、宋翔凤、戴望"牵合"《公羊》《论语》《大学》,"但逞私意,不顾上下文义",龚自珍"专以张三世穿凿群经",并沉痛地总结说:"道咸以来,说经专重微言,而大义置之不讲。其所谓微言者,又多强六经以就我,流弊无穷。"② 朱一新痛责晚清公羊家"强六经以就我",为抉发孔圣微言奥旨,悍然舍弃各经大义,通过寻章摘句、牵引比附来肆意曲解经典,甚至鄙弃小学、训诂,抹杀史事、制度,完全背离"由东京之训诂,以求西汉之微言"③ 的初衷,从经学阐释来看,是典型的重"阐"而轻"诠"。

朱一新在致康有为信中概括说:"汉学家治训诂而忘义理,常患其太浅;近儒知训诂不足尽义理矣,而或任智以凿经,则又患其太深。"④ 在他看来,"蔓衍支离"的汉学家治经过浅,显属阐释不足,而"恣肆无忌"的乾嘉"新义理"派和晚清公羊学派"任智以凿经",则属阐释过度。朱一新对清代乾嘉以下各派经学家的激烈批评,看似掺杂着门户意气,其实是从经学阐释的深层做出的学理评析,多能切中要害,非常值得后人重视。

二 "诠""阐"递进:朱一新对经学传统的弘扬及其经学理想

朱一新晚年曾慨叹:"乌虖!自羲、轩以逮今兹,自东海放乎西海,理之本诸大同者,无弗同也,而其间道术分歧,蜂午旁出,人自以为许、郑,家自以为程、朱。许、郑、程、朱之在圣门,诚未知其能相说以解否也,而世之为许、郑、程、朱之学者,支别派分,壹若终古不可沟合,则未知许、郑、程、朱之学之果歧欤,抑未知为其学者自歧之欤?而况东海、西海之遥,又安知无歧之又歧者欤?圣哲不作,孰从取正?后生小

---

① 朱一新:《无邪堂答问》,第20、27页。
② 朱一新:《无邪堂答问》,第21页。
③ 孙文光、王世芸编《龚自珍研究资料集》,黄山书社,1984,第97页。
④ 朱一新:《答康长孺书》,《佩弦斋文存》卷上,第14页。

子，奚所适从？"① 可见，在晚清古今中西各种学术并峙互争之际，朱一新对儒学内部的长期分裂极为忧虑，不仅痛惜当时汉、宋学者各守畛域、门户相争的"自歧"，② 而且一直谋划"许、郑、程、朱之在圣门"能够"相说以解"的方案，提出"吾闻古之君子蕲至于道者无他焉，反经而已矣"，主张"返经求道"，又说"若汉学，若宋学，皆求道之资"，希望从学术本源上实现汉学、宋学的"沟合"。③ 与此同时，他在致友人信中更坦言："学术与治术之分久矣，学与行盖亦未尝不分。逮至近世，则汉与宋分，文与学分，艺与道分，一若终古不能合并者然。然窃考董、郑、程、朱之所以为学，进而求诸圣门之所以教人，则但有本末、先后之分，而初无文、行与学术、治术之分也。鄙人于此，盖不敢不勉勉焉。"④ 为让儒学发展回到正轨，朱一新溯源圣门教人之旨，从分别学术的本末、先后入手来重建理想经学，并发愿以此自任。因此，他在批评清代汉学家和公羊家时，一再回顾经学历史，弘宣圣门教人宗旨，阐扬汉、宋学术传统，以程朱理学为范型，拟出"诠""阐"递进的阐释路径，建立"汉宋一体"的理想经学模型。以下根据朱一新的逻辑理路，分三点加以评述。

首先，重倡圣门"学""思"并重之教，强调"诠""阐"合一。

因陆王一派高谈心性，"欲以六经注我"，清代汉学家矫枉过正，禁人言心言性，"去思以言学"，⑤ 名为治经而实未明道，导致学与行分。对此，朱一新特意倡导圣门之教，多次指出："圣门教人，学、问与思、辨并重，故无罔、殆之弊。"⑥ 他采取以古鉴今之法，批评说："夫古之学者，舍学、问、思、辨、行，无所为学也。学、问则读书之事，思、辨则穷理之事，笃行则返躬、实践之事。苟有学、问而无思、辨，任耳目而不任心，读书

---

① 朱一新：《无邪堂答问自叙》，《佩弦斋文存》卷上，第 6 页。
② 朱一新在《沈廉仲先生七帙寿序》中说："道之难明也久矣。学士大夫矜言复古，其说愈精而愈琐。至宋儒辨析心性之旨，乃以其涉户户也而疑之。然则论学必屏程、朱，说经必宗许、郑，非门户欤？夫非许、郑、程、朱之果歧，人自歧之也。"（《佩弦斋文存》卷下，第 10 页）他认为汉学、宋学的存在本身并不必然等于门户歧互，咎在学者以门户之见对待汉学、宋学。
③ 朱一新：《无邪堂答问自叙》，《佩弦斋文存》卷上，第 6 页。
④ 朱一新：《答濮止潜同年书》，《佩弦斋文存》卷下，第 1 页。
⑤ 朱一新：《无邪堂答问》，第 125 页。
⑥ 朱一新：《无邪堂答问》，第 125 页。

何为？学者不严辨乎义利、公私，不从事于躬行、实践，而徒喋喋言心言性，斯可厌鄙耳，顾安得因噎废食欤？"① 他反对闭口不谈心性，也反对侈口高谈心性，主张将博学、审问、慎思、明辨、笃行贯通为一，从读书到穷理再到践履，使学、行相合，正好体现了经学阐释中"诠""阐"合一的完整过程。他又说："凡吾所俛焉日有孳孳而不自已者，欲以明事物之理，修诸身而措诸事，非以示博也。穷理之功，必兼学、问、思、辨。学以聚之，问以辨之，思之思之，鬼神通之。思则灵，不思则罔。近儒或囿于浅近，或伤于支离，盖皆学而不思者也。"② 朱一新指出研经治学非为炫博，而是讲求修齐治平之理，并坚持穷理的过程"必兼学、问、思、辨"，批评清代汉学家"学而不思"，仍是强调"诠""阐"必须密切结合。他还针对清代汉学家攻击宋儒堕入空虚，昧于虚实之辨，提出"凡物皆有虚有实，非实无体，非虚无用"，并以"读书穷理、实事求是以致诸用"为例，分析说："读书，实也；穷理，虚也。实事，实也；求是，虚也。虚与实相资为用，犹阴与阳相资以生。作文然，为学何莫不然？近人惟读书而不穷理，实事而不求是，故歧之又歧。程、朱之学所以可贵者，以其本末兼尽也。"③ 他力纠清代汉学家重实恶虚的偏颇，论虚、实恰可相资为用，表彰程、朱将读书与穷理、实事与求是联为一体，有本有末，正是"诠""阐"兼具而相得益彰。④

朱一新还多次榷论"学""识"与"考证""议论"的异同高下，进一步说明"诠""阐"二者不可或缺的密切关系。他称赞清初诸儒学兼汉、宋，实事求是，不忘经世，"学博而识精"，惋惜乾嘉以来学者专事训诂、考据，"精深过之，而正大不逮矣"，⑤ 实指乾嘉学者有学而乏识。他说：

---

① 朱一新：《无邪堂答问》，第120页。按，朱一新在论述血性、才气与学养的关系时，表达了同样的意见："古人所谓学问者如此。故博学、审问之后，必继以慎思、明辨，而卒归于笃行，学所以为行之地也。今以记诵、考据为学问，习焉不察，学与行遂分为二矣。"（《无邪堂答问》，第136页）

② 朱一新：《答门人孙慕韩书》，《佩弦斋文存》卷下，第4页。

③ 朱一新：《无邪堂答问》，第83页。

④ 焦循针对明末王学之徒和乾嘉考据末流的弊病，指出"前之弊患乎不学，后之弊患乎不思。证之以实而运之以虚，庶几学经之道也"（《与刘端临教谕书》，《焦循诗文集》，刘建臻点校，广陵书社，2009，第248页），强调治经应学、思结合，在扎实考证（实）的基础上阐发义理（虚），才能深造有得。朱一新所说，与焦循如出一辙。

⑤ 朱一新：《复傅敏生妹婿》，《佩弦斋杂存》卷上，第26页。

"夫学得其正，则识日以明；不正，则识日以蔽。持之有故，言之成理，而其为蔽也弥甚。乾嘉后经学愈盛，人才愈衰。"① 这更是责备乾嘉诸老学问精深而"识日以蔽"，结果穷经适以自蔽。朱一新曾在广雅书院拟一考题"读《汉书·艺文志》"，② 明言"此考证兼议论题，欲以觇诸生之学、识"，旨在训练院生兼具"学""识"之长。他解释说："考证须字字有来历，议论不必如此，而仍须有根据。所谓根据者，平日博考经史，覃思义理，训诂、名物、典章、制度无不讲求，倾群言之沥液以出之，而其文亦皆琅然可诵，并非凿空武断以为议论也。此其功视考证之难倍蓰，而学者必不可无此学、识。"他又加小注补充说："考证须学，议论须识，合之乃善。识生于天而成于人，是以君子贵学。学以愈愚，学而无识，则愈学愈愚，虽考据精深，专门名家，仍无益也。识何以长？在乎平心静气以读书。一卷之书，终身紬绎不尽，返之于身，验之于事，而学、识由此精焉。"③ 据此，博览群书、考据精博属"学"，慎思明辨、寻绎义理属"识"，发为议论、见诸实行即可称为"学博而识精"。朱一新强调考证（学）与议论（识）"合之乃善"，正是主张经学阐释应该"诠""阐"一体而并进。

其次，阐扬汉儒、宋儒治经传统，彰显"诠""阐"递进。

清代汉学家往往以继承汉儒之学相标榜，甚或"谬托汉儒之义以抵宋儒，而实失汉儒之真"，④ 影响所及，汉学被概括成训诂、考据之学，宋学被界定为义理、心性之学，使彼此分立乃至对峙。如戴震就一度认为："圣人之道在六经，汉儒得其制数，失其义理；宋儒得其义理，失其制数。"⑤ 针对这一流传甚广的观念，朱一新辨析说："（古名儒）初无分于

---

① 朱一新：《答濮止潜同年书》，《佩弦斋文存》卷下，第 2 页。
② 据廖廷相编《广雅书院诸生课题》（广雅书局，1902 年刻本），此为光绪庚寅（1890）八月斋课题，出自山长朱一新之手。
③ 朱一新：《无邪堂答问》，第 47 页。
④ 朱一新：《答龚菊田刺史书》，《佩弦斋文存》卷下，第 8 页。
⑤ 戴震：《与方希原书》，《戴震文集》，第 144 页。按，戴震学术走向成熟后，转而批评这种流行观念："言者辄曰：'有汉儒经学，有宋儒经学，一主于故训，一主于理义。'此诚震之大不解者也。夫所谓理义，苟可以舍经而空凭胸臆，将人人凿空得之，奚有于经学之云乎哉！"（《题惠定宇先生授经图》，《戴震文集》，第 168 页）

汉、宋。汉、宋者，近人自分之，而实未得汉、宋诸儒之真际，非但与宋儒凿枘，即汉儒真学术亦何尝窥见，徒取其穿凿琐碎者以哗众取名，岂汉巨儒之学仅如斯而已乎？六经所以垂教，宋儒书为六经之阶梯。六经语简，宋儒语繁，博学详说，由繁乃可以得简。汉儒之言训诂亦然，其归宿必要诸义理。董、刘、郑、何诸大儒之遗书具在，非以训诂、名物示博也。宋儒以汉、唐训诂已详，而义理犹或未备，故详此而略彼，亦非谓训诂可以不讲也。朱子生平尤于此致意焉，《文集》《语录》及他所著书班班可考。汉学家以汉儒专言训诂，此浅陋之说，不足信也；以宋儒为不讲训诂，此矫诬之说，尤不足信也。"①他纠正清代汉学家的片面认识与错误说法，指出汉儒并非以训诂、名物示博，真汉学必归诸义理，宋儒也绝未薄视训诂，而是承汉儒讲明训诂之后，因利乘便，把重心放在义理上。因此，汉儒、宋儒治经如出一辙，既讲训诂、考据，也重义理、心性，换言之，他们的经学阐释都有"诠""阐"两个环节，并非举一废一。

面对"圣哲不作，道术分裂"，朱一新还从时代变迁进行考察，分析汉、宋诸儒经学阐释的同异，反对"沟汉界宋"的无谓之举。他说："夫所谓训诂、名物、制度者，汉儒承秦灭学，左右采获，六经之乱昧者乃明，其为力甚艰，为功甚巨，而于义理之精邃者，或遗之而未言，或言之而未尽。非不为也，盖不遑也。且夫经为圣心，圣不虚作，大义易见，微言难知。汉儒于其易见者，以训诂、考证通之；于其难知者，不徒于训诂、考证求之。三家之治《诗》，伏生之治《书》，董生之治《春秋》，皆是物也。去圣久远，大义日晦，人心日漓。于是有宋诸子者出，通之性命以浚其源，约之诚敬以端其本，返之躬行实践以祛其妄，验之辞受取予以观其微，而其旨归一准于即物以穷其理。斯张皇高远之说，既无所托以乱真，而所谓训诂、名物、制度者，皆吾博文约礼之资，而无破碎大道之失。是故汉儒之学，其大者在通天人之故，至通天人之故，而训诂、名物且为粗

① 朱一新：《评某生论科举》，《佩弦斋杂存》卷下，第39~40页。按，方东树称"愚谓天下自有公是公非，宋儒义理实不能不用训诂、考证，而汉学训诂、考证实不足尽得圣人之义理"，又说"窃以训诂、名物、制度，实为学者所不可阙之学，然宋儒实未尝废之，但义理、考证必两边用功始得"（《汉学商兑》，第169、184页），朱一新所说与之相同，两人都是批评清代汉学家的偏颇，但朱一新较为平心静气。

迹矣；宋儒之学，其大者在穷性命之微，至穷性命之微，而训诂、名物特其始基矣。凡皆以求圣人之微言也。"[1] 他指出，汉儒既通过小学、考证来讲明"易见"之大义，更超越小学、考证来推阐"难知"之微言，究明"天人之故"，宋儒继之而起，精研性理，明体达用，穷尽"性命之微"，由博文实现约礼。可见，为寻求圣人微言、大义，用以经世淑身，汉、宋儒者都由训诂、考据通往义理、心性，对经典的阐释都是从粗迹转为精微，由始基进入高深，实即"诠""阐"递进。

最后，尊崇宋儒心性之学，创设"汉宋一体"的理想经学模型。

朱一新既看到汉儒、宋儒治经有相同的阐释目标、阐释环节，也深知双方在经学阐释的重心、过程与结果等方面存在差异。在上引文中，朱一新提及汉儒讲明训诂、名物、制度之功，却没能阐发"义理之精邃者"，宋儒则详绎义理而略事训诂，可知汉儒、宋儒身处不同时代，经学阐释的任务和重心有所不同。在评广雅院生课艺时，他多次指出汉、唐学者论"心"、解"性"尚欠精微，"至宋儒乃缕析条分，研究秒忽，故性理之学必以宋儒为归"，坚持认为"性命、道德之说，至宋时始精"，因此反复强调："汉、宋诸儒大旨固无不合，其节目不同处亦多。学者知其所以合，又当知其所以分，使事事求合，窒碍必多，斯穿凿附会之说起矣。"[2] 朱一新很不认同当时盛行的"汉宋调和"说，特意分析汉、宋经学阐释的分合："宋学以阐发义理为主，不在引证之繁。义理者，从考证中透进一层，而考证之粗迹，悉融其精义以入之。斯其文初无恓饤之习，莫非经籍之光。宋五子尚已，若汉之董江都、刘中垒、匡稚圭、扬子云诸人，皆有此意。西汉之学术所以高出东汉也。西汉大儒最重微言，宋儒则多明大义，然精微要眇之说，宋儒固亦甚多。其言心、言性，乃大义之所从出，微言之所由寓。"[3] 他既称义理是"从考证中透进一层"的成果，视考证为粗迹，义理为精华，又谓宋儒心性之学"乃大义之所从出，微言之所由寓"，

---

① 朱一新：《沈廉仲先生七帙寿序》，《佩弦斋文存》卷下，第9~10页。
② 朱一新：《无邪堂答问》，第32、115页。按，朱一新《答康长孺书》也说："汉、宋诸儒大端固无不合，其节目不同者亦多，必若汉学家界画鸿沟，是狭僻迷谬之见也，然苟于诸儒所毕力讲明者，无端而屏杂焉以晦之，谅非足下任道之心所宜出也。"（《佩弦斋文存》卷上，第13~14页）
③ 朱一新：《无邪堂答问》，第115~116页。

西汉大儒之学已被囊括在内，则西汉今文学高出东汉古文学，宋儒心性之学又高出西汉今文之学。这显然是针对清代汉学家一味崇汉卑宋而发。朱一新还要求以宋儒大义规范汉儒微言，提出"有大义，而后有微言"，并针对晚清公羊学者"必欲求微言于大义之外，则人皆将凭臆妄造，而托之六经奥旨，以诬圣人"，力主"先明大义"，而"治经所最重"的微言反成不急之务。① 他答复康有为时，更是宣称："凡学以济时为要，六经皆切当世之用，夫子不以空言说经也。后世学术纷歧，功利卑鄙，故必折衷六艺以正之，明大义尤亟于绍微言者以此，宋儒之所为优于汉儒者亦以此。"② 从"义理超出考证"到"宋学高出汉学"，从"大义先于微言"到"宋儒优于汉儒"，在朱一新心目中，程朱理学无疑最为高深、至于精微。

朱一新向友人倾诉《无邪堂答问》编纂旨趣时说："窃观两汉、两宋诸大儒，莫不学贯天人，门径虽殊，成功则一。王学及汉学家之甚嚣尘上，固不足以知之，即近儒欲沟通汉、宋者，亦徒据一二端之近似，而未能尽观其深也。新之谫陋，固有志焉，而未之逮。"③ 他认为，明代王学之徒和清代汉学家完全昧于汉、宋关系，晚清提倡"汉宋调和"的学者也是停留在表层，"未能尽观其深"。朱一新早就有志于"沟通汉、宋"，长期探察历代学术流变，实已"尽观其深"。他通过剖析汉儒、宋儒经学阐释的异同优劣，发现汉学、宋学有合有分：合者，汉学、宋学都兼具"诠""阐"并自成一体；分者，汉学"诠"多而"阐"少，宋学"诠"少而"阐"多。朱一新曾根据圣门"博文约礼"之教，指出"为学第当知有归宿耳，始基固不可不博也"，④ 强调始基要博，归宿要正。因此他认为，汉学需要取资宋学之义理、心性，以正其归宿；宋学则依赖汉学之训诂、考据，以固其始基。至此，朱一新既能对汉学、宋学的完善找到切实有效的改进方案，也可为实现"返经求道"、重建理想经学拟制尽善尽美的阐释路径。

---

① 朱一新：《无邪堂答问》，第 143 页。
② 朱一新：《答康长孺书》，《佩弦斋文存》卷上，第 14 页。
③ 朱一新：《答濮止潜同年书》，《佩弦斋文存》卷下，第 1 页。
④ 朱一新：《无邪堂答问》，第 157 页。

朱一新在论述治经必须循序渐进才能寻获六经宗旨时，就明确提出："夫训诂者，文字之门径；家法者，专经之门径；宗旨者，求道之门径。学者苟有志于斯，阙一不可，而其轻重浅深，则固有别也。"[①] 即先以训诂解说文字，次由汉儒"家法"（或称"微言"）通晓各经义蕴，终由宋儒"宗旨"（或称"大义"）探明圣贤大道，三者皆不可缺，步步深入，依次递升，实现对经典的完整阐释。针对"汉学家溺于训诂以害义理""讲学家空衍性天以汩义理"，他又强调：先"由训诂进求义理"，再"由义理探源性道"。[②] 换言之，先诠正文字，进而讲明经义，最终推阐性命、道德，实现经明行修，也就是"诠""阐"合一，循序而进，层累而上。朱一新这种美妙的创设，实际上是以程朱理学作为范型，主张治经要以汉儒擅长的训诂、名物、制度作为始基，以宋儒专精的义理、心性作为归宿，将训诂、考证、大义、微言、性道融合为一，"诠""阐"相续而一体并进，形成最完整的阐释过程，取得最理想的阐释效果。因此，当戚友问及"为学本末、词章门径"，朱一新就研习义理、考据、经济、词章诸学详做答复，其中说："义理尤切于日用，故汉学必以宋学为归宿，斯无乾嘉诸儒支离琐碎之患；宋学必以汉学为始基，斯无明末诸儒放诞空疏之弊。"[③] 他主张"汉学必以宋学为归宿""宋学必以汉学为始基"，既要求汉学、宋学各有始基与归宿，又建议汉学、宋学互为始基与归宿，这样汉学、宋学不再是两种分立、互争的学术形态，而是融为一个有机的整体，汉学、宋学消弭于无形，建成焕然一新的理想经学。可见，朱一新遵循"诠""阐"递进的阐释路径，创设"汉宋一体"的理想经学模型，不仅在理论上超越了"汉宋调和"说，也有望在程朱理学之后，催生出一个更成熟、更完备的儒学新形态。

结 语

朱一新曾向友人自吐心曲："平生经学甚浅，谬窃时名，岂敢自信？

---

① 朱一新：《无邪堂答问》，第 14 页。
② 朱一新：《答龚菊田刺史书》，《佩弦斋文存》卷下，第 8 页。
③ 朱一新：《复傅敏生妹婿》，《佩弦斋杂存》卷上，第 26 页。

若史学，则亦不敢自诬。"[1] 他生前以史学自负，没有留下经学的专门著作，自难跻身晚清经学家的行列。然而，为使长期分裂的儒学走出歧途，他奋起振衰救弊，探察历代经学流变、利病，寻求经学革新之路，在中国经学思想史上实有特别的意义。

鉴于晚明学风空疏，清初诸儒无论隶属宋学或汉学，大多认同圣人之道存于六经，欲求其道，必先通经，而通经之法在审音识字，逐渐达成"即经以求道"的共识，既以训诂、考据求其是，又以义理、心性明其道，预示着"诠""阐"一体、交相并进的经学阐释进入新的境地。但是，在具体运用和把握中，清代的汉学家和宋学家各有所异，尤其乾嘉考据学者和常州公羊学派严重偏离这一正轨，导致"诠""阐"失当，儒学发展陷入新的困境。晚清学人为此纷纷主张"汉宋调和""汉宋兼采"，或提出读书治学宗主汉儒、修身践行服膺宋儒，意在消除汉、宋门户，却无法从根本上泯灭汉、宋畛域。朱一新则以"辨章学术"的深心巨眼，通观古今，辨析毫厘，从经学阐释的深层加以省思，发现汉学、宋学绝非截然对立，相反以程、朱为代表的宋儒，已对汉儒的训诂、考证和天人之学加以继承、完善，从而以程朱理学为范型，循着"诠""阐"递进的阐释路径，提出汉学要以宋学为归宿、宋学要以汉学为始基，期望将汉、宋之学融为一体，建立理想的新经学。尽管"汉宋一体"说仅为美妙设想，却是朱一新在儒学遭遇千古变局时积极应对、奋力求索的宝贵收获，也是朱一新在晚清学术波澜壮阔的进程中真正卓绝群伦之处。[2]

总之，朱一新大力倡导"返经求道"，积极谋划"沟通汉宋"，以及激烈批判清代汉学与公羊学，既不是简单地主张恢复经学传统，"企图由朱学来改造汉学"，也不是要将晚清学术"由考据引向义理、由汉学导向宋

---

[1] 朱一新：《答龚菊田刺史书》，《佩弦斋文存》卷下，第 9 页。

[2] 针对晚清以来以"汉宋调和""汉宋兼采"评说朱一新，并将其与陈澧相提并论的流行做法，曹美秀最先在博士学位论文《论朱一新与晚清学术》中，指出朱一新有心与陈澧立异，委婉批评了"汉宋调和"说；于梅舫接着在《浙粤学人与汉宋兼采——朱一新〈无邪堂答问〉论学旨趣解析》（《近代史研究》2010 年第 4 期）中，分别晚清不同地区的"汉宋兼采"论者，指出"朱氏治学路向以回复不分汉宋为高明"。

学"，① 其思想内蕴需要大做发掘。事实上，朱一新正当古今中西碰撞、儒学近代转型之际，在评析汉儒、宋儒和清儒治经得失中表露的阐释思想，最能反映中国经学阐释传统的深厚底蕴，也能见出中国经学阐释理论日趋成熟的发展态势，值得后人加倍珍视。

[本文发表在《中国文化》2023 年春季号]

---

① 陈居渊：《致力于恢复经学传统的陈澧与朱一新》，《复旦学报》（社会科学版）1993 年第 5 期，第 67 页；曹美秀：《论朱一新与晚清学术》，第 581 页。

"实事求是"与"莫作调人"：黄以周礼学的内在张力

任慧峰

武汉大学国学院

嘉道以降，汉宋学分立相争，各有流弊，时人对此多有议论。黄以周生处此时，不能不有所回应。其弟子唐文治云："自乾嘉以来，士大夫钩稽训诂，标宗树帜，名曰汉学。其末流之失，不免破碎支离，甚且分别门户，掊击宋儒义理之学以为空疏，意气嚣然，渐滋暴慢。先生独谓三代下之经学，汉郑君、宋朱子为最，而汉学宋学之流弊均多乖离圣经，尚不合于郑朱，何论孔孟？"① 可以说，在解决汉宋之争的问题上，黄以周是晚清最重要的人物之一。

但解决此一学术上的大纷争并不容易，稍有不慎，便难免调和之讥。王兆芳曾记黄氏座右有十六字："多闻阙疑，不敢强解；实事求是，莫作调人。"② 这是黄以周自述之治学宗旨，也是他对待汉宋之争的方法，在当时影响颇大。尤其是后八字，最为学者所称道。民国时，胡适在从吴稚晖处得知此语后，印象极为深刻，1923 年在东南大学的演讲中特别加以表彰说："可知古时候学者的精神，惟在刻苦研究与自由思索了。其意以学问有成，在乎自修，不在乎外界压迫。"③ 胡适从现代学术的独立研究精神出发，对前贤之语重加发挥，自然是属于对传统的创造性转化。④ 但要特别

---

① 唐文治：《黄元同先生学案》，《茹经堂文集》第 1 编卷 2，《民国丛书》第 5 编，上海书店，1989 年影印本，第 11 页。

② 《儆季季粹语》，尤秋中、尤晨光点校，詹亚园、韩伟表主编《黄以周全集》第 9 册，上海古籍出版社，2014，第 602 页。

③ 胡适：《书院制史略》，卞孝萱、徐雁平编《书院与文化传承》，中华书局，2009，第 4 页。

④ 1971 年，林毓生先生在《殷海光先生一生奋斗的永恒意义》一文的注释中提出了文化传统"创造转化"的目标。对此概念，他解释说："究竟什么是文化传统的'创造的转化'呢？那是把一些中国文化传统中的符号与价值系统加以改造，使经过改造的符号与价值系统变成有利于变迁的种子，同时在变迁的过程中继续保持文化的认同。"见林毓生《在转型的时代中一个知识分子的沉思与建议》，《中国传统的创造性转化》（增订本），生活·读书·新知三联书店，2011，第 363 页。

注意，如果以这种转化后的符号去重新书写关于黄氏的学术史，极易导致历史的误置。①

回到晚清学术史的脉络中，"实事求是，莫作调人"是在汉宋之争的经学背景下出现的，因此在黄以周"实事求是"的治学过程中，仍然难以超出经学的传统，而常常出现以考证建构经义、以说经抒发议论的情况。这样，在他的治学宗旨与礼学论述间就产生了内在的张力。

基于此，本文将从三个方面对这一问题进行分析，首先考察黄氏"莫作调人"之说出现的清代学术语境并辨析相关的学术史叙述；其次回到定海黄氏学术本身，厘清其解决汉宋之争的方法；最后举例说明在黄以周著作中所存在的以礼学考证建构经义的现象。

一 调和抑或兼采：黄以周"莫作调人"考

光绪三十一年（1905），邓实（1877～1951）在《国学今论》一文中对晚清所谓"调和汉宋"之学风提出了尖锐的批评：

> 学者苟舍短取长，阙疑信古，则古人之学皆可为用。孰与姝姝守一先生之说，而门户自小。又孰与专务调停古人之遗说，而仆仆为人，毫无自得哉。晚近定海黄式三、番禺陈澧皆调和汉宋者，然揣合细微比类附会，其学至无足观。夫古人之学，各有所至，岂能强同。今必欲比而同之，则失古人之真。故争汉、宋者非，而调和汉、宋者亦非也。②

邓实说黄氏之学"至无足观"，实为前所未有之见。考虑到其人本不以经学见长，此论当来自国学保存会同人刘师培。后者曾分辨汉宋学之异同，其中云：

---

① 对此问题，晚清学者已有认识，朱一新就曾区别汉儒之实事求是与近人之实事求是云："汉儒所谓实事求是者，盖亦于微言大义求之，非如近人之所谓实事求是也。"朱一新：《评明儒学案质疑》，《无邪堂答问》卷1，吕鸿儒、张长法点校，中华书局，2000，第14页。
② 邓实：《国学今论》，《国粹学报》乙巳第4、5号，1905，转引自桑兵等编《近代中国学术思想》，中华书局，2008，第73页。

而治宋学者复推崇宋儒，以为接正传于孔、孟。即有调停汉宋者，亦不过牵合汉宋，比附补苴，以证郑、朱学派之同。如陈兰甫、黄式三之流是也。崇郑学而并崇朱学，惟不能察其异同之所在。惟取其语句之相同者为定，未必尽然也。[①]

刘、邓批评陈澧本不足为奇，之前朱一新、王闿运、廖平、章太炎都曾对东塾之学大加挞伐，[②] 但皆未涉及黄式三。将定海黄氏纳入调停汉宋者而论其“摭合细微比类附会，其学至无足观”，在学术史上颇值得注意，需加以辨析。[③]

不论是王闿运、廖平师弟称陈澧为“汉奸”，还是章太炎、刘师培二叔论东塾学术于汉宋学术“弃其大体绝异者，独取小小翕盍，以为比类”，都主要针对的是陈氏的《汉儒通义》而言。该一书作于咸丰四年（1854），刊刻于咸丰八年，乃陈氏得意之作。不过从该书体例及形式来看，确有将汉宋学术比附之嫌。[④]

但对于定海黄氏，其学术特征则绝不可用“汉宋调和”一词来概括。1925年，支伟成（1899~1929）成《清代朴学大师列传》，将黄氏父子列为“浙粤派汉宋兼采经学家”，其叙目云：“浙中承万氏绪，言《礼》多兼杂汉宋，嗣竟成为一派。德清戴望由治今文而出入宋五子，且表章习斋学说，范围愈广。于是番禺陈澧、南海朱次琦辈闻风兴起，终为晚清学术

① 刘师培：《汉宋学术异同论·总序》，《仪征刘申叔遗书》第4册，万仕国点校，广陵书社，2014，第1586页。原文载《国粹学报》1905年第6~8期，似在邓文之后，但考虑到两人的学术水平，可能是刘氏先有议论，邓氏据之为文。

② 朱一新对陈澧的批评可能影响到了黄以周，参见於梅舫《浙粤学人与汉宋兼采——朱一新〈无邪堂答问〉论学旨趣解析》，《近代史研究》2010年第4期。廖平在广雅书院时曾驳朱一新合汉宋学之语云：“自陈兰甫澧主讲广雅，调和汉宋，王湘潭谓之‘汉奸’。朱蓉生即其一派。盖略看数书以资谈助，调和汉宋以取俗誉，又多藏汉碑数十种以饰博雅。京师之烂派，大抵如此；其实中无所主，不中作人奴仆！”参见钱基博《现代中国文学史》，商务印书馆，2017，第80页。章太炎在《清儒》一文中批评陈澧的调和汉宋时说：“晚有番禺陈澧，当惠、戴学衰，今文家又守章句，不调洽于他书，始匄合汉、宋为诸《通义》及《读书记》，以郑玄、朱熹遗说最多，故弃其大体绝异者，独取小小翕盍，以为比类。此犹揃豪于千马，必有其分刌色理同者。澧既善傅会，诸显贵务名者多张之。弟子稍尚记诵，以言谈剿说取人。”参见章炳麟著，徐复注《訄书详注》，上海古籍出版社，2000，第163页。

③ 桑兵引邓实之说而又将黄式三换为黄以周，更是重贻纰缪，见桑兵《近代中国学术的地缘与流派》，《历史研究》1999年第3期。

④ 关于陈澧撰写《汉儒通义》之始末及其学术特征，可参看曹美秀《陈澧〈汉儒通义〉析论》，《中国文哲研究集刊》总第30辑，2007年。

之枢纽焉。"① 此书曾经章太炎过目，章氏于"浙粤派汉宋兼采经学家"所列学者中，去戴望而增徐养原，但对黄氏父子未加更改，结合其《清儒》中对以周"浙江上下诸学说，亦至是完集云"的评价，可知在其心中黄氏学术乃浙学兼采汉宋之代表。今之学者，受章说影响甚大。然而，就黄氏父子本身的学术、言论来看，其对"调和""调人"可谓深致不满。此处仅举一例，黄以周辨析前儒论雩帝之说云：

> 郑玄云："雩帝，为坛南郊之旁，雩五精之帝，配以先帝。百辟卿士，古者上公，若句芒、后稷之类。天子雩上帝，诸侯雩上公。"许慎云："雩，夏祭乐于赤帝，以祈甘雨也。"以周案：大雩之帝，许以为赤帝，郑以为兼及五精，后人多从郑。雩在南郊，故鲁以南门为雩门。唐《贞观礼》雩祀五天帝、五人帝、五官于南郊，正合古制（郑玄之说，非古制也）。《显庆礼》改郊雩并祀昊天上帝于圜丘。开元中，王仲丘奏言"雩祀五帝既久，五帝为五行之精，以生九谷，宜于郊雩祭昊天，兼祭五帝"。考天帝之辨，始郑、王肃。王谓岁二祭天郊及圜丘，则大雩祀亦主五帝，与郑同也。雩祀昊天，乃许敬宗一人之臆创。王仲丘不直言改正，而请兼祭昊天五帝，好为调人，殊失礼意。②

关于郑玄对五精帝的建构及在经学史上的影响，此不赘述。③ 黄以周认为从先秦典籍记载来看，雩在南郊，唐代《贞观礼》在雩祭方位上符合古制。后来许敬宗创雩祀昊天之礼，而王仲丘从之并为之说，这在黄氏看来是"好为调人，殊失礼意"，贬斥之意极为明显，故绝不可以"调和汉宋"一语形容黄氏学术。

这里有一事需特别加以辨明，那句令吴稚晖、胡适之两先生终生难忘的"实事求是，莫作调人"，④ 其中"莫作调人"四字究竟从何而来，又为

---

① 支伟成：《清代朴学大师列传》，上海人民出版社，2014，第271页。
② 黄以周：《礼书通故·衣服通故三》，王文锦点校，中华书局，2007，第638~639页。
③ 可参看牛敬飞《经学与礼制的互动：论五精帝在魏晋南朝郊祀、明堂之发展》，《文史》2017年第4期。
④ 胡适：《追念吴稚晖先生——实事求是，莫作调人》，见赵统《胡适与南菁书院》，吴飞主编《南菁书院与近世学术》，生活·读书·新知三联书店，2019，第19~22页。

谁而发。调人本为《周礼·地官》之一，其职责主要是"掌司万民之难而谐和之"，也就是调解民间之纠纷与仇恨。从设官分职之意来说，调人极为重要，但在清代学术史上，"调人"之意却有褒有贬。作为贬词，其意为不求经书本义，只顾调和不同学说间之矛盾，如汪喜孙评王懋竑；① 作为褒词，其意则是能调解诸种聚讼之经说，而得先圣制作之意，如朱珪之序《礼笺》。② 这样看来，所谓"莫作调人"似乎指的是王懋竑，但考虑到朱珪与《礼笺》的学术地位和影响力，夷考黄氏言论与著作，其针对的当是金榜。

首先，黄以周对王懋竑的学术风格是十分推崇的，其弟子唐文治曾向他请教"汉宋兼采之儒当以何者为最"，得到的回答是"王白田先生是已"。唐氏由此专门撰文表彰王懋竑与朱泽沄之学问：

> 爰取《白田草堂存稿》及所订《朱子年谱》读之，知其学术纯粹博通，《年谱》附录尤为精密，不厌百回读。……白田先生尤为精详，一字之定，万义纷陈，且旁及史事各家，栉文梳义，往往以单辞引证，解后人聚讼之纷，其有功朱子，盖不下于勉斋、北溪诸贤矣。……然则二先生各有心得，务在实事求是，无丝毫成见于其间，岂容畸轻而畸重哉。且二先生于全体大用，更无不贯彻者也。③

较之于汪喜孙，其于白田学问认识更加确切公允，尤其从黄氏学术的角度来说，"务在实事求是""于全体大用，更无不贯彻"已是最高的评价。因

---

① 嘉庆十七年（1812），汪喜孙为江藩《国朝汉学师承记》作《跋》云："若夫矫诬之学，震惊耳目，举世沿习，罔识其非。如汪钝翁私造典故，其他古文词支离牴牾，体例破坏；方灵皋以时文为古文，三礼之学，等之自郐以下；毛西河肆意讥弹，譬如秦楚之无道；王白田根据汉宋，比诸春秋之调人。恶莠乱苗，似是而非，自非大儒，孰有能辨之者！"参见江藩纂，漆永祥笺释《汉学师承记笺释》，上海古籍出版社，2006，第873页。今按：朱维铮先生在《汉学与反汉学》一文中说，清儒汪喜孙在为同乡江藩的《汉学师承记》作跋尾时，曾批评王懋竑为"自命为汉宋调人"。此实为误解，"比诸春秋之调人"之语乃是汪喜孙本人对王懋竑的评价，与前文之"等之自郐以下""譬如秦楚之无道"相类，而非白田自语。

② 乾隆五十九年（1794），朱珪在为金榜《礼笺》作序时云："大而天文、地域、田赋、学校、郊庙明堂以及车旗服器之细，罔弗贯串群言，折衷一是。……余读之，叹其词精而义核，不必训诂全经，而以之宣绎圣典，不失三代制作明备之所在，岂独以礼家聚讼，姑以是为调人也哉。"参见金榜《礼笺》，《清经解》第3册，上海书店，1988年影印本，第820页。

③ 唐文治回忆说："文治于乙酉岁，受业于定海黄玄（元）同先生之门，敬问汉宋兼采之儒，当以何者为最？师曰：'王白田先生是已。'"唐文治：《朱止泉王白田先生学派论》，《国专月刊》第2卷第5期，1936年，第1页。按：此文不见于新出《唐文治文集》。

此唐文治才称赞其师"体郑君、朱子之训，上追孔门之经学，博文约礼，实事求是，其所得于心而诏后学者，务在质诸鬼神而无疑，百世以俟圣人而不惑，盖江慎修、王白田先生以后一人而已矣"。① 故汪喜孙的评价在黄以周那里绝不可能得到认同。

其次，对于金榜之《礼笺》，黄以周的批评在《礼书通故》《礼说》等著作中多有所见，此处仅举一例。先秦军赋是朱珪所谓"礼家聚讼"之问题，金榜对此曾撰《周官军赋》一文，在篇首他特别说："岁丁亥（1767），与戴东原同居京师。东原以《司马法》赋出车徒二法难通，余举《小司徒》正卒羡卒释之，东原曰'此有益于为《周官》之学者'，遂著录焉。"② 可以说，此篇是金氏的得意之作，但在黄以周看来，却问题颇多。他从四个方面驳斥了金氏的论证，用了诸如"金氏之言终不可依据""金氏牵以为说""任意分说，无可证明"等语，可见其对金榜作为礼家"调人"之不满。当然，在其他著作中，黄以周也曾对"调人"有过讥讽，如在探讨"中"的含义时，他就评论子莫"无权之中非时中，是执中也，犹杨墨之执一也"云："今之啧啧称中者，含胡苟且，为两家之调人，皆子莫之徒也。"③ 此"啧啧称中者"不知为谁，但肯定也是在治学上不求真是之辈。

最后，黄氏友朋及后学也会使用"调人"一词来对学界之乱象进行批评。如朱一新就曾对《明儒学案质疑》明儒讲学所立宗旨皆善之论批评说："乾嘉以来，学者多持此论，实非也。天下无有两是之理，正当别黑白而定一尊。苟徒假圣贤一二言以佐其说，则何者不可附会？析理未精，姑为此调人之言，乃乡愿学问耳。"④ 又如章太炎批评时人附会中西学术之风云："中西学术，本无通途，适有会合，亦庄周所谓'射者非前期而中'也。今徒远引泰西，以征经说，有异宋人以禅学说经耶？夫验实则西长而中短，冥极理要，释迦是孔父非矣。九流诸子，自名其家，无妨随义抑扬，以

意取舍。乃者以笘簭笺注六艺，局在规夒，而强相皮傅，以为调人，则只形其穿凿耳。"① 朱、章二氏使用"调人"以论学，当是受黄氏影响。

综上，清末邓实、刘师培等人将定海黄氏学术描述为"调和汉宋"是不准确的，直接与黄氏父子的自我定位相违背。黄以周在学术上最反对做"调人"，对于朱珪所称赞的金榜礼学，他多有批评；而对汪喜孙贬斥的王白田，却极为推崇，从中可见他对汉宋学的认识，绝不能用简单的"兼采"或"调和"来概括。

二　超越兼采与实事求是：黄以周对汉宋之争的认知

说不能简单地用"兼采"来概括定海黄氏学术，不仅由于黄以周对"兼采"的认识与时人有所不同，更因为"实事求是"才是其最高的学术追求。当然，如果从"互攻所短，不如互用其长"的角度，说黄氏是汉宋兼采也未为不可，起码在其好友施补华（1835～1890）的眼中就是如此。施氏的《塞外怀浙中故人》最后一首乃怀黄以周，其诗云："耕读各异业，君两营其生。汉宋各异学，君一持其平。浏览贵自获，不买当世名。暗然甘布粟，老卧翁洲城。"② 但在黄以周的心中，不论是汉学还是宋学，最根本的是要求得经文的真义，这在其著作中随处可见。

最明显的是在讨论南菁书院立主问题时，黄以周对"驳之者"的回答。南菁书院建立后，首任院长张文虎等人决定立郑玄、朱子两木主，但仍有人反对，其议有四种：甲，"立明经之主而以能文之士配之"；乙，仿诂经精舍，以训诂明则义理明为准，立许慎、郑玄之主；丙，汉儒解经近古，立郑玄；丁，孔子之后，集大成者，唯有朱子。面对这种种异议，黄以周的回应是从"尚论古人之道"出发的，他指出不论是汉儒还是宋儒，都是既明训诂，亦申义理，只不过汉宋解经之例不同：汉儒，如郑玄是"释训诂，详考据，而义理之精引而不发，望学者寻绎而自得之，此汉师

---

① 《与人论朴学报书》，《太炎文录初编》卷2，《章太炎全集》第8册，上海人民出版社，2014，第156页。原题《某君与某论朴学报书》，初刊于1906年12月《国粹学报》丙午年11号，收入《太炎文录初编》时改为现名。
② 施补华：《泽雅堂诗二集》卷8，光绪十六年刻本，第5页b。

注例然也";宋儒,如朱子则是"先叙训诂考据,而后敷画经意,惟恐义蕴之有遗,此宋后注经之例也"。两者在阐释经意上虽有详略之别,但都是论经学的正道,故云"经以载道,经学即是理学,经学外之理学为禅学,读《日知录》可会之"。但仍有人以此为"调停之见",对此黄以周说了很重要的一段话:

> 今之调停汉宋者有二术:一曰两通之,一曰两分之。夫郑、朱之说自有大相径庭者,欲执此而通彼,瞽儒不学之说也。郑注之义理时有长于朱子,朱子之训诂亦有胜于郑君,必谓训诂宗汉,理义宗宋,分为两戒,亦俗儒一孔之见也。兹奉郑君、朱子二主为圭臬,令学者各取其所长,互补其所短,以求合于圣经贤传,此古所谓实事求是之学,调停正相反,以此为驳,失察熟甚?①

他认为郑玄在义理上有长于朱子之处,反之,朱子在训诂上也有胜于郑玄者,学者"分为两戒",乃是"俗儒一孔之见";如果"执此而通彼",乃是"瞽儒不学之说"。因此,只有"各取其所长,互补其所短",才能"合于圣经贤传,此古所谓实事求是之学"。也就是说,不论是尊郑还是尊朱,目的都是符合经传之意,这是实事求是之学,与调停之学正好相反。更重要的是,在此之后,他还补充说:"虽然犹有说,南方之学自吴季札、言子游二人而开,江阴旧有书院曰礼延,奉吴季子主。今欲持汉宋之平,似宜中奉言子主,而以郑君、朱子配享,则南菁与礼延两书院遥相峙,于命名之义亦更有合焉。"黄氏希望奉言偃之主,而以郑玄和朱子配享,正是他解经主张"求合于圣经贤传"的表现。

明了这一点,才能准确地理解定海黄氏"兼采"的特征,② 黄以周曾

---

① 《儆季杂著·文钞六》,闵泽平点校,《黄以周全集》第 10 册,第 661~662 页。

② 谷继明对黄式三易学兼采汉宋的特征概说说:"黄氏之'兼采',有两个主要的特点,一是站在经学的高度来统合汉学与宋学。……正因为汉学、宋学皆是经学之一端,故各有可取,亦各有偏激。学者所做的不仅仅是兼采,而且要有反省和批评,更要在以前的汉宋之上有所推进,这是其兼采之学的第二个特点。……由此可见,黄氏不做调人,不是毫无区分的补缀汉宋为一,而是对汉《易》、宋《易》、清《易》皆有其批评。"其说可取。参见谷继明《黄式三与晚清易学》,《云南大学学报》(社会科学版)2016 年第 6 期。

评价其父之学云："又言汉、宋学之分，互攻所短，不如互用其长，而又不可为调人。如王西庄、金辅之能申汉学，王氏《三江说》不如从金，金氏《禘说》不如从王。陆稼书、王予中能申宋学，朱子晚年言主敬，陆不如王之详；求放心即求仁心，王不如陆之精，兼取以明经，作《汉宋学辨》。"① 所谓"互用其长"，在黄氏这里，乃是分别在训诂和义理上寻找对经文的最优解之意，其最终的目的还是"明经"。② 同治六年（1867），他在给俞樾的信中自陈其学云："周质钝学浅，一无所底，奉承庭训，粗知汉宋门户。年二十余，好读《易》，病先儒注说于画象爻下，自骋私说，揆诸圣传，往往不合，于是有《十翼后录》之作。嗣后喜观宋儒书，又病其离经谈道，多无当于圣学；甚且自知己说之不合于经，遂敢隐陋孔圣，显斥孟子，心窃鄙之，于是有《经义通诂》之作。"可见他对前人之说的不满主要在于"揆诸圣传，往往不合""离经谈道，多无当于圣学""隐陋孔圣，显斥孟子"，因此其著作之意皆在于明圣贤经传。

正因为黄以周坚守"明经"的立场，他才会在南菁书院的日常生活中不时将此意表露出来，其弟子王兆芳曾辑《儆季子粹语》，中多此论，今不避烦琐，条列数语，并稍加申说。其言曰：

> 孔子百代之师也，九两所谓"以贤得民"者也，孟子百世之儒也，九两所谓"以道得民"者也。学者能志孔、孟之志，学孔、孟之学，宜以师儒责己，以贤道率人，斯不失学士之职。吾闻乡贤公曰：士以治经为天职。③

乡贤公盖指其父，黄式三《汉宋学辨》开篇即云："儒者无职，以治经为

---

① 《先考明经公言行略》，《黄以周全集》第9册，第572~573页。类似的评价还有不少，如"又言圣学不外于经学，经非易明，学者不可坚自信。自经说有拘滞之论、幽眇之谈，驳之者遂訾经。作《叶氏经学辨》"，"又言圣经之道，难以一二言尽之。离经而谈宗旨，其高者自谓发先圣所未发，固不足信。即标圣人所已言者，分圣言而拘执之，则偏。作《宋元明学案辨》"，其尊经远超过守汉宋之学由此可见一斑。

② 在这点上，黄氏父子与安徽绩溪胡氏之学最为接近，胡承珙《四书管窥序》之"吾则谓治经无训诂、义理之分，惟求其是者而已；为学亦无汉、宋之分，惟取其是之多者而已"，可说是黄、胡二氏学术的共同追求。关于皖南、浙东学术交通之迹，可参看徐道彬《"皖学"入浙：基于黄以周〈礼书通故〉的考察》，《浙江社会科学》2020年第11期。

③ 《儆季子粹语》，《黄以周全集》第9册，第595页。

天职，荀子所云不求而得之谓天职也。"① 此条被置于篇首，说士职为"志孔、孟之志，学孔、孟之学，宜以师儒责己，以贤道率人"，宗圣尊经之意至为明显。

又曰：

> 圣贤之经，儒说之权衡也。儒说之是非，以经质之。经义难明，以经之故训核之。经、故不可偏据，以诸经之相类者融贯之。经以类纂，如丝之纶，则同异别，是非明，所谓叛惭疑枝邪遁穷之情形毕著矣。②

此条乃黄以周治经之法：儒说，不论汉学还是宋学，需以经为准；经义需以故训明之；经、故不可偏重一方，需通过融贯群经中相类之说以证明之。

又曰：

> 学者读古经注，宜知家法之异同，而定以经旨。不考今古文之有异，家法之有别，必执一说以相憻，宜其纷挐而莫定焉。然不定以经旨，亦恶乎定也?③

此条主张分辨今古文，但最后仍需以经旨来定家法之异同，故黄氏又言"众言淆杂折诸经"。④

又曰：

> 今去古远矣，学者欲求孔圣之微言大义，必先通经。经义难明，必求诸训诂声音，而后古人之语言文字，乃憭然于心目。不博文能治经乎? 既治经矣，当约之以礼。⑤

---

① 《儆居集一·经说三》，闵泽平、叶永锡点校，程继红、张涅主编《黄式三全集》第 5 册，上海古籍出版社，2014，第 73 页。
② 《儆居集一·经说三》，《黄式三全集》第 5 册，第 598~599 页。
③ 《儆居集一·经说三》，《黄式三全集》第 5 册，第 600 页。
④ 《儆居集一·经说三》，《黄式三全集》第 5 册，第 585 页。
⑤ 《儆居集一·经说三》，《黄式三全集》第 5 册，第 585 页。

此条乃申乾嘉诸儒由文字训诂以通义理之说，治经需博文，既治当约之以礼，博文为手段，明经为目的，但明经之后尚有一段实践工夫，是为约之以礼，所以黄氏又曰："学必先之以博文，犹木有枝叶也；继之以约礼，犹木有英华也。今学者以《诗》《书》为糟粕，是欲求英华而先蔚其枝叶，英华终不可得也。或又孜孜于辞章故训，不复进窥大道，是误以枝叶当英华，又不知枝叶之未可恃也。"① 其意在纠当时考据、辞章之偏，认为学者终当以"窥大道"为目的，不可以工具为目的，舍本逐末。

又云：

> 凡解经之书，自古分二例，一宗故训，一论大义。宗故训者，其说必精，而拘者为之，则疑滞章句，破碎大道。论大义者，其趣必博，而荡者为之，则离经空谈，违失本真。博其趣如《孝经》，精其说如《尔雅》，解经乃无流弊。《汉志》合二书编之，所以示后世读经之法。惜今之讲汉学、讲宋学者，分道扬镳，皆未喻斯意。②

此条论解经之例与读经之法，认为不论是宗故训还是论大义都有其弊，需以《孝经》《尔雅》为标准，"解经乃无流弊"，可见其超越汉宋之学以圣贤经传为依归之意。

综上，黄以周对汉宋兼采与汉宋调和有着非常自觉的认识，这在他概括其父黄式三的学术、评议南菁书院立主与教导弟子等方面都有明确的体现。总的说来，定海黄氏之学的根本特征还是由"实事求是"的态度以明经，在此前提之下，不论是汉宋学还是今古文，都需加以甄别吸收，而非固执一端。因此，虽然黄以周在答唐文治"汉宋兼采之儒当以何者为最"时说"王白田先生是已"，但其心中最好的治经榜样仍是其父黄式三与先贤顾炎武。③

---

① 《儆居集一·经说三》，《黄式三全集》第 5 册，第 586 页。
② 《儆季子粹语》，《黄以周全集》第 9 册，第 598 页。
③ 黄以周在答顾泽轩（鸿闿）问俞荫甫（樾）之学时说："荫甫先生可谓浩博矣！与我之家学有异。"（《黄以周全集》第 9 册，第 587 页）这里黄氏区分了其家学与俞樾之学，而评后者为浩博，可见在其心中，"浩博"并非其家学的首要特征，明圣贤经传之意才是。

三 "经学即理学"：超越汉宋的具体表现

唐文治尝论黄以周与顾亭林之间的学脉传承云："亭林先生尝谓经学即理学，经学之外理学为禅学，故经学理学宜合于一，不宜歧之为二。乃体郑君、朱子之训，上追孔门之经学，博文约礼，实事求是。"① 唐氏此论可谓确当，但黄氏之学术如何将经学、理学合而为一，如何斥经学外之理学为禅学，尚未见有探讨。在黄以周《儆季杂著》中有《德性问学说》《道德说》《辨虚灵》《辨无》数文，集中体现了其"经学即理学"的观点，本节即以此为本，略做申论。

如果将儒学分为尊德性与道问学，则宋明理学无疑是偏向前者的，② 到清代考据学兴起，后者在学界得到的认同越来越广，但在两者之间也出现了很明显的矛盾。嘉道以降，如何处理问学与德性间的割裂，使考据免于饾饤琐碎之讥，是当时学术界要解决的一大问题。对此，黄以周认为在孔孟那里，德性与问学是相融而非割裂的：

> 仁、义、礼、智、信曰五德，亦曰五性，合而言之曰德性，此天之所与我者，故尊之。问也者，问此者也，学也者，学此者也。问之、学之而德性愈明，故道之德、性之诚必以问学而大，问学之明实由德性而融，尊德性、道问学非截然两事也。

以问学来培育、滋养德性，而非贬斥，这是儒学的老传统，也是明代后期由心学内部申发出的新精神。一方面，黄氏以此为标准，批评荀子"诋德性为恶"是"问学取诸外而德性无诸内矣"，也驳陆象山"此心虚灵不昧，万理毕具，而不待外求"，认为是"德性求诸内而问学又遗诸外矣"。另一方面，他也为知识找到了德性的依据，故云："君子知万物备我，身体力行，而又必孜孜于问学以扩充之。择善固执，反身而诚，德莫崇焉，性莫尽焉，问学莫大焉。不然，尊德性不道问学，不特问学未深，其德性亦浅

---

① 唐文治：《黄元同先生学案》，《茹经堂文集》第 1 编卷 2，《民国丛书》第 5 编，第 11 页。
② 这当然是极粗略的分别，如朱子、王应麟、黄震等，在两者间就未有过分的偏废。

矣。"① 而此与德性相融贯的问学的最好体现即礼，所以他说："今去古已远矣，学者欲求孔圣之微言大义，必先通经。经义难明，必求诸训诂声音，而后古人之语言文字乃能了然于心目。不先博文，能治经乎？既治经矣，又当约之以礼。"②

黄以周在德性与问学上主融贯而不割裂，倡博文约礼，自然也会在道德问题上重视"庸道庸德"，因为圣人之道德是统小大而不偏于一端的。因此他批评之前理学流弊云：

> 自学者好高深，见其为庸道庸德也而小之，意欲进取其大者，求之不能得，遁而入于空虚之乡、无有之域，指焉莫能名，喻焉莫可道，拾庄周之绪，逞惠施之辩，浩浩乎若河汉而无极，若江海而无际，岂非谬托于高深乎？而一时魁奇高明之士，读其书，聆其言，初莫寻其意义之所归，终焉迷惑其说，遂沉没于其中而不能自出。甚且知其乖于圣、异于经，则曰发前圣之未发，补古经之未备。吁！是所谓道其道、德其德者也。

他认为那些"遁而入于空虚之乡、无有之域，指焉莫能名，喻焉莫可道"的学者完全偏离了经义，他们所宣称的高深之说不过是"道其道、德其德"，而绝非儒家之道德。而后者主要表现在五伦之中，如果抛开不讲，则是佛老之言："夫圣经之垂教人者，道不越乎君臣、父子、夫妇、昆弟、朋友之交，而德曰知、仁、勇。达道有五，而行之以三。达德语其大，诚大矣；语其小，亦无小之非大也。不然，鄙其小，昧其大，舍圣经而别求高深，必杂乎老、佛家之言。"③

出于维护儒学重诚明的立场，黄以周对"虚灵"十分反感，认为其是对圣贤之学的违背。其言曰：

> 圣贤之学重诚明。诚者，实也。惟其实，故能明；惟其明，故

① 《儆季杂著五·文钞一·德性问学说》，《黄以周全集》第 10 册，第 503 页。
② 《儆季杂著五·文钞六·南菁讲舍论学记》，《黄以周全集》第 10 册，第 653 页。
③ 《儆季杂著五·文钞一·道德说》，《黄以周全集》第 10 册，第 504 页。

能实。《中庸》曰："诚则明矣，明则诚矣。""不明乎善，不诚乎身矣。"此千古相传之正旨，确乎不可易者也。后之学者，乃立虚灵之说以反之。其说曰：不虚不灵，不虚灵不洞澈。兀然静坐，屏绝思虑，必使心无一事无一物。谓其虚，信乎虚矣；谓其灵，乌乎灵哉？①

在他看来，诚明与虚灵是完全相反的，前者实，后者虚。通过对先秦典籍的考证，他指出《周易》之所以抑阴柔就是因为阴有虚意，而《荀子》中的"不以已藏害所将受，谓之虚"，也是虚心受物，而非绝物而空之。最后他说"虚灵之说未知出自何书，传自何人。学圣贤之学者，津津道之。虚灵之说炽，诚明之学微矣"，实际也是对宋明理学中受佛学影响之内容的排斥。

因为反对佛老对传统儒学的渗入，他对虚、无之说非常警惕。在《辨无》一文中，他对《易传》的"无思""无为"，《诗经》的"无声无臭"，《论语》的"无为而治"，《礼记·孔子闲居》的"无声之乐""无体之礼"都做了细致的辨析，指出其中的"无"皆非言心之本体，更不是离事物而言心之本体。最后他总结说：

以虚无之说解经，而经学晦矣；以虚无之说言本心，而正心之道尤晦矣。无心无情之说，老、佛家尝言之。经传中曰"天心"，曰"人心"，曰"尽心""存心"，未闻言"无心"者；曰"天地之情"，曰"万物之情"，曰"圣人之情"，未闻言"无情"者。学者得教外别传，又往往援之以释经，甚且窃取道家"无极有极"之说、释家"非有非无"之论，而略变之曰"动而无动""静而无静"，又曰"无知无不知""智之体无善无不善""心之体性之体"，此孔子所谓"枝辞""游辞"，孟子所谓"诐辞""遁辞"也。自学者乐其诞而自小也，豪杰之士犹能知圣人之自有真至。取其诞语，诬托圣经以张大

之，而高明之士遂沈溺于此而莫知返焉，是尤可悯也已。①

针对"以虚无之说解经，而经学晦矣；以虚无之说言本心，而正心之道尤晦矣"的情形，黄以周回归原典，通过考察经文中"无"的含义，对儒家的核心概念与佛老之间的差别做了严格的区分。

需要指出的是，黄氏对"道问学"和"实"的重视，与所谓的"智识主义"还有一定的距离，他对知识的追求是以尊德性为前提的，② 因此他对西方科技的接纳也是有限的，王兆芳曾记黄氏对门弟子之语曰：

> 学者读圣贤书，当务其大者、远者。以经传植其基，以子、史充其识。读汉儒书，事事求合于典籍，而约之以礼，勿逐乎文字训诂之末，破碎大道。读宋儒书，时时体验乎身心，而返之于己，勿袭其空寂幽眇之说，辜负实学。测量为古六艺之一法，我尚有之；兵矿为今军国之大计，我尚游之；农桑则农家习之，营造则工家习之。颛门名家，别有其人，我尚不欲，光、热、化、电，多能鄙事，我皇多有之。③

他对知识的肯认还是建立于圣贤大道上的，因此对西方学术之价值，他根据与儒家六艺制学的亲疏关系，认为测量和兵况尚可讲求，但农桑和营造则为农家与工家之学，他不愿从事。至于完全属于西学范围的光、热、化、电，则是本国学术中不宜有的内容。④

综上，黄以周"以经学为理学"的一系列文章，其实目的在于维护儒家经典意涵的纯粹，在此旨趣下，他提出了尊德性与道问学的融通，重视"庸道庸德"而排斥空虚之说，并对先秦典籍中"虚"和"无"的意义做了澄清。在此意义上，他回归儒家经典，承朱子与亭林之余绪，对南宋以

---

① 《儆季杂著五·文钞一·辨无》，《黄以周全集》第 10 册，第 507 页。
② 参见余英时《清代思想史的一个新解释》，《论戴震与章学诚：清代中期学术思想史研究》，生活·读书·新知三联书店，2005，第 353~356 页。
③ 《儆季子粹语》，《黄以周全集》第 9 册，第 589~590 页。
④ "我尚有之"、"我尚不欲"和"我皇多有之"出自《尚书·秦誓》，黄氏这里借用，以表达对农桑、营造、光、热、化、电等专门之学的态度。

来尊德性与道问学分途的弊病与清中期所形成的汉宋之争提出了可行的解决方案，这不能不说是对儒学的一大贡献。①

四 "实事求是"的异化：黄以周礼学考证中的经义建构

由于经书的成书年代、地域有别，加之受时代、政治及学派风格的影响，经学家在进行经学考证和阐释时，常常会有建构经义的现象，这本不足为奇。从诠释学的角度甚至可以说，如果没有了经义的建构，经学也就失去了生命而无法称为"学"。但在黄以周这位清末礼学大家身上，在其集大成的《礼书通故》和《礼说》中，此现象尤为明显，以至于在许多礼学问题上，他的经义建构已经脱出了应有的限度。② 这就与其实事求是的治学宗旨以及章太炎"精研故训而不支，博考事实而不乱，文理密察，发前修所未见，每下一义，泰山不移"的褒扬形成了鲜明的对比③。

《礼说》成书于《礼书通故》之后，黄氏弟子胡玉缙（1859～1940）评之曰"通观全书，竟无一可议""礼学至斯为盛"，④ 可谓推崇至极。不过，从今日的角度来看，书中有不少篇都是以考证的方式来建构经义或历史，多有"可议"之处。这里略举两例，以见一斑。

"市法"条通过考证《周礼·司市》经文之意，提出在市场管理中如何杜绝定价作伪的方法。黄以周对其中"市之群吏平肆展成奠贾"一语解释云："谓辨其物类，各陈诸肆，所谓以陈肆辨物而平市是也。展成定价，谓展视所成之物以定其价，所谓以量度成贾而征价是也。"他将"展"依《聘礼》"展币"训为校录之意，比郑注"展之言整也。成，平也，会平成市物者也"多了一层展视、校录物品的环节。这是对经义的发明，所以

---

① 当然他的解决方式不是给知识以独立的地位，但通过明经和约礼的"庇护"，知识在黄以周那里，即便是"枝叶""小德"，起码也获得了相对独立的价值，正如他在回答其兄黄以恭之问"若考据之中有理义存焉"时说："小德川流，大德敦化，其谓大德既厚，小德自通与？抑谓小德如川之流，脉络分明，而后大德之化愈出不穷与？礼者理也，考礼即穷理也，优优大哉，赞道之无小非大也。"所谓"道之无小非大"，正是在明经的前提下承认相关知识的价值。参见黄以周《经训比义》卷下，《四库未收书辑刊》第7辑，第754页。
② 这点在《宫室通故》中最为明显，其次是《衣服通故》。
③ 《说林》，傅杰编校《章太炎学术史论集》，中国社会科学出版社，1997，第323页。
④ 胡玉缙：《礼说跋》，王欣夫辑《许庼学林》卷17，中华书局，1958，第425页。

黄氏才在篇首强调市中无伪的前提是辨物："若能校录所成以定其贾，则'名相近者相远，实相近者相迩'，亦何至相率而为伪！"① 黄氏此说在训诂上有依据，从文法上也能讲通，可谓善说经义。但接下来他对"上旌于思次以令市"的解释就十分牵强了：

> "上旌于思次"，旌读如旌善人之旌，谓表其所奠之贾而楬橥司次之上，所以防诳豫也。……（郑注）又云"上旌者，以为众望也，见旌则知当市"。夫市有定所，日三市有定候，何待见旌而后知，其说亦曲也。……如因"令市"之文，谓旌必是旗，《周官》言令者多矣，岂一以旌旗乎哉？夫旌之训表，本属通诂。贾之有表，亦属通义。顾欲表市贾，必先辨物。……自古未有不辨其物而可齐贾者，故表次先奠贾，奠贾先展成。既展成矣，又奠其贾，民乃不伪。既奠贾矣，又表于次，民乃不欺。欺伪既祛，治乃近古。后汉第五伦以京兆掾领长安市，平铨衡，正斗斛，市无阿枉，百姓悦服，其得此意乎？②

黄以周不同意郑玄、郑众将旌训为旗，认为当训为表，"上旌于思次以令市"意为将所定物品的价格在市亭中公开展示以防贾人欺诈。这种说法从解经的角度来看是说不通的。按郑注之意，"上旌"是动宾短语，"上旌于思次以令市"文辞通顺，毫无矛盾。如将旌训为表，又释表为"表其所奠之贾"，则表为动词，如此"上旌"显为不辞。因此，如果要依黄氏之说，则在训诂上不仅需辗转相训，且需在"表"后增加"其所奠之贾"，是为增字解经。释一语而犯两弊，其说在经学上不能成立一望可知。但黄氏不仅坚持此说，还构造出一整套的"市法"：先辨别物之美恶，再定价；定价后再公示，这样就能做到民不欺伪。可以说，这种建构对现实来说有其合理性，但从解经角度来讲，则远超出了应有的限度，只能成为一种美好的想象。

又如"昏礼迎俟"条，黄以周通过对《诗经》中经文的阐释建构出了

---

① 《礼说》卷4，赵统点校，《黄以周全集》第10册，第87页。
② 《礼说》卷4，《黄以周全集》第10册，第88页。

等级完备的"俟礼"。其论证过程为：

首先，他根据《仪礼·昏礼》将"婿奠雁，再拜稽首，降，出。妇从"和"婿乘其车，先俟于门外"之文，在昏礼中分出了迎礼和俟礼。这种划分是牵强的，昏礼中有六礼而无所谓迎礼、俟礼，"俟于门外"不过是婿亲迎的一个环节。

其次，他将《郑风·丰》和《齐风·著》中凡是有"俟"的地方都解释为了俟礼。其言曰：

> 《郑风》之"俟巷""俟堂"，《齐风》之"俟著""俟庭"，皆俟礼也。俟为亲迎之末节，而后世好简略者往往不行亲迎，而以俟礼当之。《郑风·丰·序》以为"男行而女不随"而作，云"男行"是亲迎也。而《诗》中止及俟礼，明宜速驾也。"俟巷""俟堂"谓夫家之巷、堂，非指女家。"俟我乎巷"与《礼》"俟于门外"文合，"俟我乎堂"与《齐诗》"俟我于堂乎而"文同。"堂"字非误。女亦知其夫之俟我迟久，故曰"悔予不送""不将"，以责父母家之送己不速。又曰"叔伯驾予与行"，以劝夫家之迎己者宜速归。诗人不直刺女子之不随而归其咎于从者之不速，忠厚之意也。《齐风·著·序》以为刺不亲迎，曰"俟我于著乎而"，怪始见也。"乎而"，怪词。曰"充耳以素乎而"云云，讽其充耳甚美，宜不闻有亲迎礼也。著、庭、堂，亦指夫家言。至夫家著、庭、堂才见其人，其不亲迎也可知。时亲迎礼废而俟礼犹存，诗人详叙其俟礼，而不亲迎于言外见之，风人之旨也。

黄氏的新解与《诗序》、郑笺皆相反，认为两首诗中的"俟"都是在夫家，并由此引申出了新的诗意，即"诗人不直刺女子之不随而归其咎于从者之不速，忠厚之意也"，"时亲迎礼废而俟礼犹存，诗人详叙其俟礼，而不亲迎于言外见之，风人之旨也"。可是这"忠厚之意"和"风人之旨"从诗文本身的脉络来说很难成立：若"俟巷""俟堂"谓夫家之巷、堂，那么女方是如何知道的？"乎而"若是怪词，为何每章每句皆有？"俟"本为亲迎之一环节，若是亲迎礼已废，单独保存"俟"有何意义？

最后，他还将此新解运用到了对他书的解释上，并用来补充《仪礼》。其言曰：

> 《公羊传》何注引《书传》曰："夏后氏逆于庭，殷人逆于堂，周人逆于户"，此天子俟礼也。《齐风·著》篇传、笺以素琼华为士服，青琼莹为卿大夫服，黄琼英为人君服，则诸侯俟于堂，卿大夫俟于庭，士俟于著矣。《毛传》云："门屏之间曰著。"著远于庭、近于巷，此盖命士之礼，又不同于中下士也。以《诗》义补《礼经》，不犹瘉后仓等推士礼以致天子之说与？①

他将"夏后氏逆于庭，殷人逆于堂，周人逆于户"解释为天子俟礼，可谓前所未有。他又借用毛传素琼华为士服，青琼莹为卿大夫服，黄琼英为人君服之分，建构出了人君、卿大夫、命士三等之俟礼，但在今日看来，这种"以《诗》义补《礼经》"之法只能算是创造性的发明了。②

在《礼书通故》中，类似的建构现象更多，限于篇幅，此处只举一例以明之。裼、袭是先秦礼典中常见的礼仪行为，但由于去古已远，加之对郑注的理解有误，后代经学家异说颇多。③ 黄以周对这些说法都不满意，所以用了很多篇幅和条目来对裼袭加以考证。《仪礼·聘礼》"裼，降级"郑注云："裼者免上衣，见裼衣。凡当盛礼者以充美为敬，非盛礼者以见美为敬，礼尚相变也。……凡祖裼者左。"《礼记·檀弓上》"鹿裘衡、长、袪，袪，裼之可也"郑玄注云："裼表裘也，有袪而裼之，备饰也。"《玉藻》："服之袭也，充美也"郑玄注云："充犹覆也。"由这几处郑注可知，裼就是解开上衣，露出裼衣之左半，意为"见美"，用于"非盛礼"的场合；袭为穿好上衣，掩盖裼衣，意为"充美"，用于"盛礼"的场合。郑

---

① 《礼说》卷5，《黄以周全集》第10册，第133页。标点有改动。
② 《著》毛传之说本与诗义不合，怎么可能在一首风诗中体现出人君、卿大夫、士三等亲迎的规格？这种解释本来就很牵强，陈子展先生云"《箸篇》，诗人为一贵族妇女自述于归，想望其婿亲迎之词"，才是合乎情理的概括。见陈子展《诗经直解》，复旦大学出版社，2015，第191页。
③ 相关经说可参见田访《裼袭礼考论》，《古典与新知——第三届礼学与礼制青年工作坊论文集》，第79~89页。

注很明确，但后世经学家由于误读或理解的问题，又产生了种种不同的意见。黄以周对此也提出了自己的看法：

首先，黄以周由于误读郑注而提出了"裼袭具谓之一袭"的说法。《礼记·玉藻》"君衣狐白裘，锦衣以裼之"，郑注："君衣狐白毛之裘，则以素锦为衣覆之，使可裼也。袒而有衣曰裼。必覆之者，裘亵也。《诗》云：'衣锦䌹衣，裳锦䌹裳。'然则锦衣复有上衣明矣。天子狐白之上衣，皮弁服与？凡裼衣，象裘色也。"郑玄认为裘上有锦衣覆之，此锦衣即为裼衣。在裼衣之外还有上衣，袒开上衣露出裼衣即为裼。但黄氏对此产生了误读：

> 郑之引诗，虽非确证，而言裼必有袭，裘上有锦衣上衣二服，自不可破。……谓之裼者，对袭言之。通言之，皆可谓之弁服、朝服。凡弁服、朝服必有一裼一袭，裼袭具谓之一袭。袭本训重衣，《汉书·东平王传》注云"衣单复具曰一袭"，是也。郑云"锦衣上衣皮弁服"谓袭衣，是裼袭同色同物，不过一见美，一充美，其制有异耳。[1]

他将郑玄注中的锦衣、上衣分别对应裼和袭，认为后者"本训重衣"，还概括衣服之例为"凡弁服、朝服必有一裼一袭，裼袭具谓之一袭"。这与郑注发生了很大的偏差：郑玄从未将袭训为名词，释作与裼相配之服。黄氏所谓"裼袭具谓之一袭""郑注谓裘外有裼袭二衣，是也"，是他的误读与创造。

其次，他通过"融贯"的诠释方法为"袭衣"定下了规制。在黄氏之前，经学家早有"袭衣"之说，[2] 但并未详述其制，黄以周则极大地丰富了"袭衣"的细节：

> 袭衣本象裼衣为之，如狐裘锦衣裼，其袭衣亦用素锦为之；羔裘缁衣裼，其袭衣亦用缁布为之。裼袭同色同物，故曰以帛里布非礼

---

[1] 黄以周：《礼书通故·衣服通故三》，第144页。

[2] 《礼记·曲礼下》"执玉，其有藉者则裼，无藉者则袭"，孔疏云："裼所以异于袭者，凡衣近体有袍襗之属，其外有裘，夏月则衣葛。其上有裼衣，裼衣上有袭衣，袭衣之上则有常着之服，则皮弁之属也。"孔说当承自崔灵恩与皇侃，只不过他认为在裼衣和袭衣之外还有皮弁等第三层服。而后来朱子、许谦等认为袭衣是朝服，则是主裘上有两层衣。见黄以周《礼书通故·衣服通故三》，第144页。

也。其谓之裼袭者，裼直领对衿见裘，袭方领曲袷掩裘，《玉藻》所谓裼见美、袭充美是也。且袭衣以掩裘，袪亦长大，裼衣之袪则短于裘。《檀弓》云："练，练衣黄里纁缘"，"鹿裘横长袪，袪裼之可也"。言鹿裘之袪横长于练衣，其练衣之袪如裼，故曰裼之可也，则裼衣之袪短于裘可知，亦短于袭可知。《玉藻》言深衣之袂可以回肘，长中继掩尺，郑注云："长衣、中衣继袂掩一尺，若今襃，深衣则缘而已。"盖其差也。袭衣如长中，决非深衣。深衣不可加朝祭服，且其襃亦短于裘。孔子襃裘短右袂，亦不过短之使与外衣之袪齐，以便于作事而已。自裼制不明，而诸义皆晦。①

其所引《记》文中根本没有涉及所谓的"袭衣"，但由于已有"凡弁服、朝服必有一裼一袭"的礼例在胸，所以黄氏定"袭衣"之规制为：裼袭同色同物；裼直领对衿见裘，袭方领曲袷掩裘；袭衣以掩裘，袪亦长大。所谓"自裼制不明，而诸义皆晦"其实是由他的误读而造成的错觉。

最后，黄以周还以此"袭衣"来解释经传之文，并驳清儒蔡德晋之说。其言曰：

裼衣在裘之外，故《玉藻》曰"裘之裼也"。袭衣又在裼衣之外，故《玉藻》曰"服之袭也"。二服分别甚明。凡服袭衣者可以裼，为内本有裼衣也。服裼衣者，无上服不可为袭。故子游裼裘而吊，主人既小敛，乃趋而出，袭裘而入，二服之分别亦甚明。如蔡氏说，裼袭止是一服，裼袭之分止在襃之卷与不卷，则子游欲袭裘，一下其襃斯可矣，何必趋而出邪？②

《玉藻》中的"裘之裼也"之"裼"和"服之袭也"之"袭"皆为动词，不能作名词解，更不存在什么"凡服袭衣者可以裼，为内本有裼衣也"的礼例。蔡德晋的说法是有道理的，裼和袭为袒露与覆盖两个动作，皆针对裼衣而言。黄氏认为如果这样，就不能解释《檀弓》中的子游"袭裘带绖

---

① 黄以周：《礼书通故·衣服通故三》，第145页。
② 黄以周：《礼书通故·衣服通故三》，第147页。

而入"，也不能成立：不论是曾子的"袭裘而吊"还是子游的"裼裘而吊"，袭、裼都是动词，指掩饰或袒露裘服；子游由裼裘变为袭裘，需"趋而出"，在门外变服，是正常的礼仪，黄氏"一下其袭斯可矣，何必趋而出邪"的反驳是无力的。[①]

综上，黄以周虽然以"实事求是"为宗旨，但在很多礼学考证之前他已有"经义"存于胸中，因此其考证看起来是客观的，实际上却是根据"经义"的需要，灵活地采用各种文字、训诂、史学的方法来加以建构。这一现象并非黄氏专有，更不是今文经学家和宋学家的专利，在以考据实证为长的古文经学家或汉学家身上也很常见。此时，"考证"更像是一种有目的的议论，只不过在经学家本人并未发觉而已。

余　论

如何勘定有清三百年学术的价值，引发了一个多世纪的争论。不同立场的学者基于不同的预设，提出了各自的看法。从消极的方面来说，熊十力对考据学不本于义理、不关于心性提出了严厉的批评："考据不本于义理，则惟务支离破碎，而绝无安身立命之地，甚者于有价值之问题，不知留心考索，其思想日益鄙陋。词章不本于义理，则性情失其所养，神解无由启发，何足表现人生，只习为雕虫小技而已。故四科之学，义理居宗，而义理又必以《六经》为宗。"[②] 此说是清代宋学攻击汉学的延续，但从黄以周的礼学来说，这一问题已经得到了解决，正如他对弟子反复强调的，"学者读圣贤书，当务其大者、远者。以经传植其基，以子、史充其识。读汉儒书，事事求合于典籍，而约之以礼，勿逐乎文字训诂之末，破碎大道"。在礼学中，既有合于典籍的考证工夫，也能从中见到圣贤经传之大道。

从积极的方面来说，百年前梁启超和胡适都认为清学在中国思想史上

---

① 《仪礼·聘礼》"公侧袭"郑注云："凡袭于隐者，公序坫之间可知也。"贾疏："云'凡袭于隐'者，案《士丧礼》'小敛，主人袒于户内，袭于序东'，丧礼遽于事，尚袭于序东，况吉事乎？明知袭于隐者也。"可知袭于隐处是当时之通礼。

② 《读经示要》卷1，萧萐父主编《熊十力全集》第3卷，湖北教育出版社，2001，第562页。

的意义是"反理学"，这自然有一定的道理，但他们认为考证不过是一种工具却引起了余英时的反驳，后者认为考证与反理学并无必然的联系。[①]余氏更加看重的是清代学术在建立客观知识上所做出的贡献，他探讨儒家"智识主义"（Intellectualism）的兴起，[②] 有其特殊的关怀，即认为"儒学的现代课题主要是如何建立一种客观认知的精神，因为非如此便无法抵得住西方文化的冲击"，"如果知识继续以'第二义'以下的身份维持其存在，则学术将永远成为政治的婢女，而决无独立的价值可言"。[③] 正是出于对儒家内部"反智识主义"和西方学术冲击的担忧，他特别重视从清儒"道问学"的传统中去寻求客观认知精神的挺立。[④]

从此角度而言，黄以周的"实事求是，莫作调人"当然具有可供借鉴的现代学术精神，不过正如本文所指出的，在黄氏的"实事求是"之前，有着非常"厚重"的经学"前提"。此"前提"由于历史的累积，不可避免地会从不同层面对经学家发生影响，因此，现代意义上的"实事求是"，如果没有外力的影响，是很难在经学内部转化出来的，余英时对此有精辟的见解："'经学即理学'却建立在一个过分乐观的假定之上，即以为六经、孔、孟中的道或理只有一种正确的解释，经过客观的考证之后便会层次分明地呈现出来。事实上，问题绝不如此简单。清代经学考证直承宋、明理学的内部争辩而起，经学家本身不免各有他自己独特的理学立场。理学不同终于使经学也不能一致，这在早期尤为明显。一个人究竟选择某一部经典来作为考证的对象往往有意无意之间是受他的理学背景支配的。"[⑤]黄以周的"实事求是，莫作调人"之所以会导致以考证建构（甚至臆说）经义，也是出于同样的原因，在此意义上可以说，其礼学内部所具有的求是与建构之间的张力是无法消弭的。

① 余英时：《从宋明儒学的发展论清代思想史：宋明儒学中智识主义的传统》，《论戴震与章学诚：清代中期学术思想史研究》，第 312 页。
② 余英时先生关于"智识论"的界定，可参看其《中国思想史上的智识论和反智论》一文，收入《人文与理性的中国》，程嫩生、罗群等译，上海古籍出版社，2007，第 132~139 页。
③ 余英时：《论戴震与章学诚：清代中期学术思想史研究·自序》，第 7 页。
④ 余英时：《论戴震与章学诚：清代中期学术思想史研究·自序》，第 9 页。
⑤ 余英时：《清代思想史的一个新解释》，《论戴震与章学诚：清代中期学术思想史研究》，第 346 页。

誓于此生明圣道：曹元弼《复礼堂述学诗》形成史论

许超杰

湖南大学岳麓书院

一　从"王国维之死"谈起

1927年6月2日，王国维自沉于颐和园昆明湖，成为近代史上最为轰动的一桩学人自杀事件。二日后，顾颉刚"览《申报》，本月二号，王静安先生自沉于颐和园池中，闻之悲叹"。[①] 十余日后撰《悼王静安先生》一文，[②] 发首即言："这个消息蓦然给我一个猛烈的刺戟，使我失望而悲叹。""闻之悲叹"自可理解，但何以失望呢？顾颉刚续曰：

> 昨天，在报纸上读到他的遗嘱，里边说："五十之年，只欠一死；经此事变，义无再辱。"始恍然明白他的死是怕国民革命军给他过不去。湖南政府把叶德辉枪毙，浙江政府把章炳麟家产籍没，在我们看来，觉得他们罪有应得，并不诧异，但是这种事情或者深深地刺中了静安先生的心，以为党军既敢用这样的辣手对付学者，他们到了北京也会把他如法炮制，办他一个"复辟派"的罪名的；与其到那时受辱，不如趁党军尚未来时，索性做了清室的忠臣，到清室的花园里死了，倒落一个千载流芳。……他究竟还是一个超然的学者，党军到北京时哪会使他难堪；至多只有在街上遇见，便剪掉他的辫子而已，实在也算不得侮辱。他以前做过北京大学研究所的导师，现在正作清华大学研究院的教授，他拿了中华民国的俸给已有五六年了，他已经不能说是一个"西山采薇蕨"的遗民了！[③]

[①] 《顾颉刚日记》第2册，1927年6月4日条，中华书局，2011，第53页。

[②] 参《顾颉刚日记》第2册，1927年6月13日条。

[③] 顾颉刚：《悼王静安先生》，原载《文学周报》第276期，1928年，今据《宝树园文存》第1册，中华书局，2011，第268页。

顾颉刚对于王国维之死的失望，实是将王氏之死归之于对革命军的恐惧，故亦同时指向殉清说。[①] 但顾颉刚不认为受到侮辱者，在王国维或许并不能够忍受。如文中言道："至多只有在街上遇见，便剪掉他的辫子而已，实在也算不得侮辱。"顾颉刚认为剪掉辫子"实在也算不得侮辱"，王国维却并不一定能够接受。这也就导向了王国维遗书中的"五十之年，义无再辱"之说。叶嘉莹指出：

> 静安先生所畏惧的实在应该乃是由外界迫害所加之于他自己精神人格上的污辱。至于一个人究竟以何等的遭遇视为对自己精神人格上的污辱，则因每个人在理想中所追求之完美的程度标准不同，因此所要求于自己之持守的尺寸分际也各异。一般人之无法了解静安先生遗书中所说的"辱"究竟何指，便正因为一般人不能以静安先生之心为心，所以也就无法认知其所追求所持守的标准和分际何在的缘故。[②]

叶嘉莹对王国维之死，尤其是"义无再辱"之"辱"的分析，实深具慧眼，也体现了文学家独有的细腻心思与笔触。对于顾颉刚来说"实在也算不得侮辱"的事，或许对于王国维而言就是难以忍受的极致。就此而言，顾颉刚虽在悼念王国维，但其实对王国维无深刻之理解、体认。但这种不理解或许并非有意为之，而当是晚清民国极度变化的代际因素所影响者。就此点而言，顾颉刚续论士大夫意识，并予以批判，可谓彰显顾颉刚、王国维作为两个代际学者之代表的歧异：

> 我们应当造成一种风气，把学者们脱离士大夫阶级而归入工人阶级。这并不是学时髦，实在应当如此。以前读书人心目中，以为读书的目的是要做好了文章，修好了道德，豫备出而问世；问世就是做官，目的是要把他的道德文章发挥尽致。因为这样，他们专注目于科

---

① 关于王国维之死的种种说法，尤其是殉清说、对革命军的恐惧说，可参看叶嘉莹《王国维及其文学批评》第二章"一个新旧文化激变中的悲剧人物——王国维死因探讨"，北京大学出版社，2014，第45~97页。

② 叶嘉莹：《王国维及其文学批评》，第78页。

第仕宦，不复肯为纯粹的艺术和科学毕生尽瘁。……做文章只是做文章，研究学问只是研究学问，同政治毫没有关系，同道德也毫没有关系。做文章和研究学问的人，他们的地位跟土木工、雕刻工、农夫、织女的地位是一样的。……他们只是作工，都没有什么神秘。……说到底，这就是"士大夫"一个传统观念在那里作怪！……这个观念，我承认它是害死静安先生的主要之点。……他少年到日本早已剪发，后来反而留起辫子，到现在宁可以身殉辫，这就是他不肯自居于民众，故意立异，装腔作势，以鸣其高傲，以维持其士大夫阶级的尊严的确据。[①]

顾颉刚对王国维之死的不能理解，即在于其将学者置于与土木工、雕刻工、农夫、织女等劳动者一样的地位，将做学问比作做工，仅仅将学术指向了一种职业。但对于王国维以及中国数千年学人而言，治学的目的并不仅仅在于学问，更在于治国平天下。此即顾颉刚所谓士大夫思想。从这一角度说，王国维与顾颉刚不但是两个代际生人，更是两种不同观念的代表。顾颉刚言士大夫观念"是害死静安先生的主要之点"，或有其道理，王国维自是有士大夫意识，并以之自期的。其《沈乙庵先生七十寿序》曰：

> 窃又闻之，国家与学术为存亡。天之未厌中国也，必不亡其学术；天不欲亡中国之学术，则于学术所寄之人，必因而笃之。世变愈亟，则所以笃之者愈至。[②]

此文虽是为寿沈曾植而作，但其对于国家与学术关系之体认，无疑是王国维之心声，亦即顾颉刚所谓"士大夫观念"。但王国维的士大夫观念绝非要自绝于民众，而是以中国之存亡，或者说中国文化之存亡自系。陈寅恪《挽王静安先生》曰："敢将私谊哭斯人，文化神州丧一身。……吾侪所学

---

① 顾颉刚：《悼王静安先生》，《宝树园文存》第 1 册，第 273~274 页。
② 《沈乙庵先生七十寿序》，《观堂集林》卷 19，谢维扬、房鑫亮主编《王国维全集》第 8 册，浙江教育出版社、广东教育出版社，2009，第 620 页。

关天意，并世相知妒道真。"① 即此义也。② 王国维所殉并非仅仅是作为王朝的清，更是作为中国传统文化延续的清。陈寅恪说王国维之死是"文化神州丧一身"，即认为王国维并非仅仅殉清，更是殉中国文化。而"文化神州丧一身""吾侪所学关天意"等语，实亦点出了王国维，同时也是其自身所具的"士大夫意识"。③

在晚清民国这样一个"二千年未有之大变局"下，随着西学与西方观念的不断传入，王国维、陈寅恪所体认的中国文化不复为人所认可，作为以中国文化存亡自命之人，其痛苦可想而知。④ 顾颉刚悼文对王国维士大夫意识的批判，正是这种中国文化被西方观念虽取代之后，已无法理解这些以中国传统文化自命之人的表现。这也从另一个方面体现了晚近中国"文化神州丧一身"的现实。

二　传统礼教与中国文化

那么，王国维所持守的中国文化到底是什么呢？与王国维晚年交往甚笃的吴宓，在日记中对王国维之死多有记载，其中颇涉及王国维所殉之文化为何，不妨抄录于次。《吴宓日记》六月二日记曰：

> 王先生此次舍身，其为殉清室无疑。大节孤忠，与梁公巨川同一旨趣，若谓虑一身安危，惧为党军或学生所辱，犹为未能知王先生者。……今王先生既尽节矣，悠悠之口，讥诋责难，或妄相推测，亦

---

① 陈寅恪：《挽王静安先生》，陈美延编《陈寅恪集·诗集》，生活·读书·新知三联书店，2015，第11页。
② 参见胡文辉《陈寅恪诗笺释》，广州人民出版社，2013，第38~45页。
③ 张广达言："王国维不是不明白两千年的帝制已然无可救药，但是，他的失落情节或精神迷惘日益加深。他自幼所受的熏陶和'惯性行为'，决定了他无从在心理上异化自己的信念。……王国维眼见生民'沦胥以铺'，自己人生观中珍视的一切也已破坏殆尽，四顾萧然，留给他的只剩下了对现实的绝望和对信念的忠诚。他知道自己的孤独的存在犹如一茎蓬草，正像一根稻草压折骆驼的超载的腰，意义危机造成的长期心理重负可以由于任何细故作为契机而促使他踏上绝路。以放弃自我而完成自我，这是社会失序、道德沦丧下的具有末代士大夫意识的一种价值追求的抉择。"（《王国维的西学和国学》，《史家、史学与现代学术》，广西师范大学出版社，2008，第24~25页）张广达对王国维士大夫心理的剖析无疑具有"同情之理解"。
④ 刘梦溪言："当一种文化值衰弱之时，其中的一些'文化所化之人'，或曰'文化精神所凝聚之人'，一句话，就是'文化所托命之人'，必因之而感到苦痛，是再自然不过的事情。"（《王国维与陈寅恪》，北京时代华文书局，2020，第127页）

只可任之而已。若夫我辈素主维持中国礼教，对于王先生之弃世，只有敬服哀悼已耳。①

六月三日续曰：

王先生忠事清室，宓之身世境遇不同。然宓固愿以维持中国文化道德礼教之精神为己任者，今敢誓于王先生之灵，他年苟不能实行所志，而淟忍以没；或为中国文化礼教之敌所逼迫，义无苟全者，则必当效王先生之行事，从容就死。②

六月四日记曰：

下午四时，黄晦闻先生（节）来。宓迎入述王先生事。黄先生大悲泣，泪涔涔下。谓以彼意度之，则王先生之死，必为不忍见中国从古传来之文化礼教道德精神，今将日全行澌灭，故而自戕其生。宓又详述遗嘱种种。黄先生谓，如是则王先生志在殉清，与彼之志稍异。然宓谓二先生所主张虽不同，而礼教道德之精神，固与忠节之行事，表里相维，结为一体，不可区分者也。特因个人之身世境遇及性情见解不同，故有轻此重彼者耳。善为采择而发扬之，是吾侪之责也。③

黄节认为王国维之死是殉中国文化，而吴宓认为王国维是殉清。但吴宓指出，王国维之殉清亦不是仅仅是殉作为统治王朝的有清一朝，王氏之殉是将对清王朝的忠与中国礼教文化的核心结合起来的。是以，黄节认为其与王国维之志稍有不同，但吴宓认为，"中国从古传来之文化礼教道德精神"并不是空悬的，"礼教道德之精神，固与忠节之行事，表里相维，结为一体，不可区分者也"。是以，吴宓认为王国维之死，是以殉清为表而以殉中国礼教为里。盖中国传统礼教不复存在，那么，中国也就不是文化意义上的传统中国了。就此点而言，陈寅恪《王观堂先生挽词序》颇有切当

① 《吴宓日记》第 1 册，吴学昭整理注释，生活·读书·新知三联书店，1998，第 345 页。
② 《吴宓日记》第 1 册，第 345 页。
③ 《吴宓日记》第 1 册，第 347 页。

之论：

> 近人有东西文化之说，其区域分划之当否，固不必论，即所谓异同优劣，亦姑不具言；然而可得一假定之义焉。……吾中国文化之定义，具于《白虎通》三纲六纪之说，其意义为抽象理想最高之境，犹希腊柏拉图所谓 Eîdos 者。[①]

陈寅恪将中国文化归极于"三纲六纪"，即将中国文化之核心指向礼教，而礼教之核心则归之于三纲六纪。并且将三纲六纪之说提高到"抽象理想最高之境"，而与"希腊柏拉图所谓 Eîdos"相比类。由是，在陈寅恪笔下，中国文化亦成为可与西方文化分庭抗礼的文化之一种，故自有其传统，亦有其价值。陈寅恪之所以发为此论，固是因于王国维之死，亦是就是时社会现状而发。其续言曰：

> 夫纲纪本理想抽象之物，然不能不有所依托，以为具体表现之用；其所依托以表现者，实为有形之社会制度，而经济制度尤其最要者。故所依托者不变易，则依托者亦得以因以保存。吾国古来亦尝有悖三纲六纪无父无君之说，如释迦牟尼外来之教者矣，然佛教流传播衍盛昌于中土，而中土历世遗留纲纪之说，曾不因之以动摇者，其说所依托之社会经济制度未尝根本变迁，故犹能借之以为寄命之地也。近数十年来，自道光之季，迄乎今日，社会经济之制度，以外族之侵迫，致剧疾之变迁；纲纪之说，无所凭依，不待外来学说之掊击，而已销沉沦丧于不知觉之间；虽有人焉，强聒而力持，亦终归于不可救疗之局。盖今日之赤县神州值数千年未有之巨劫奇变；劫尽变穷，则此文化精神所凝聚之人，安得不与之共命而同尽，此观堂先生所以不得不死，遂为天下后世所极哀而深惜者也。[②]

陈寅恪言王国维之死，"其所殉之道，与所成之仁，均为抽象理想之通性，

---

①　陈寅恪：《王观堂先生挽词（并序）》，《陈寅恪集·诗集》，第12页。
②　陈寅恪：《王观堂先生挽词（并序）》，《陈寅恪集·诗集》，第12~13页。

167

而非具体之一人一事"，① 即将王国维之死指向了作为文化意义的中国的沦丧，是以有"文化神州丧一身"之句。而其所谓"文化神州"之丧，即"今日之赤县神州值数千年未有之巨劫奇变"，亦即"社会经济之制度，以外族之侵迫，致剧疾之变迁；纲纪之说，无所凭依"。陈寅恪认为中国礼教文化亦尝受佛教等外来文化之冲击与影响，但因为所依托之经济制度未有变化，故礼教并未受到真正的冲击，相反，外来之文化则需与中国文化相结合方能广泛传播、发扬光大。其于《冯友兰中国哲学史下册审查报告》曰：

> 释迦之教义，无父无君，与吾国传统之学说，存在之制度，无一不相冲突。输入之后，若久不变易，则绝难保持。是以佛教学说，能于吾国思想史上，发生重大久远之影响者，皆经国人吸收改造之过程。其忠实输入不改本来面目者，若玄奘唯识之学，虽震动一时人心，而卒归于消沈歇绝。②

但晚近以来的新变局则是，国人希望将救亡图存的希望寄托在全盘西化上，即不但要改变中国的经济、制度，更要改变中国的传统礼教文化。如民国年间反礼教之巨匠吴虞撰有《家族制度为专制主义之根据论》《儒家主张阶级制度之害》《礼论》《康有为"君臣之伦不可废"驳议》《吃人与礼教》等文章，③ 对以礼教为核心的中国传统文化予以猛烈抨击。在此状况下，陈寅恪借王国维之死提出陈、王等人所共有的文化本位主义，④ 亦借以提出"中国文化之定义"。李旭指出：

> 陈氏所谓"定义"之"定"，乃是相对近代"剧疾之变迁"之"变"而发；易言之，陈氏所谓"中国文化之定义"，并非"界定之义"，而是"恒定之义"，意指中国历史文化中恒常不变的因子。此

---

① 陈寅恪：《王观堂先生挽词（并序）》，《陈寅恪集·诗集》，第 12 页。
② 陈寅恪：《冯友兰中国哲学史下册审查报告》，《金明馆丛稿二编》，生活·读书·新知三联书店，2015，第 283~284 页。
③ 参见赵清编《吴虞集》，四川人民出版社，1985。
④ 参见郑熊《解析陈寅恪文化本位论》，《西北大学学报》（哲学社会科学版）2006 年第 2 期。

"定义"在晚近变局中竟尔"销沉沦丧"，则"中国文化"是否还是"中国文化"，遂成一问题。①

李氏此论可谓卓识，无疑是把握到了陈寅恪"中国文化定义"之内核与本质。李旭续曰："陈氏富于历史感，故综论中国文化，不止于义理系统的衡定，更就历代繁复史事的变迁大势而抉发其恒常因子，此论的史学之维因而凸显。"② 无疑，陈寅恪认定的中国文化的核心是以三纲六纪为内核的传统礼教。如果三纲六纪等礼教而不存，那么，"'中国文化'是否还是'中国文化'，遂成一问题"。易言之，在陈寅恪、王国维等人的思想中，礼教是中国之所以为中国的恒常因素，当这个因素变化乃至受到质疑之后，何谓中国就成了问题，传统中国能否继续存在也就随之成为问题。③
陈寅恪在《冯友兰中国哲学史下册审查报告》中续言：

> 至道教对输入之思想，如佛教、摩尼教等，无不尽量吸收，然仍不忘其本来民族之地位。既融成一家之说以后，则坚持夷夏之论，以排斥外来之教义。此种思想上之态度，自六朝时亦已如此。虽似相反，而实足以相成。从来新儒家即继承此种遗业而能大成者。窃疑中国自今日以后，即使能忠实输入北美或东欧之思想，其结局当亦等于玄奘唯识之学，在吾国思想史上，既不能居最高之地位，且亦终归于歇绝者。其真能于思想上自成系统，有所创获者，必须一方面吸收输入外来之学说，一方面不忘本来民族之地位。此二种相反而适相成之态度，乃道教之真精神，新儒家之旧途径，而二千年吾民族与他民族思想接触史之所昭示者也。④

---

① 李旭：《"中国文化定义"说的渊源、蕴义与践履——近代学术嬗变脉络下的陈寅恪〈王观堂先生挽词序〉》，《清华大学学报》（哲学社会科学版）2021 年第 1 期，第 31 页。
② 李旭：《"中国文化定义"说的渊源、蕴义与践履——近代学术嬗变脉络下的陈寅恪〈王观堂先生挽词序〉》，《清华大学学报》（哲学社会科学版）2021 年第 1 期，第 32 页。
③ 吴宓日记 1927 年 6 月 12 日记载："十时，至前门外高井胡同，谒黄节先生。谈中国现时局势及文化德教覆亡绝灭之可忧。黄先生言次几将泣下，泪已盈眶矣。"（《吴宓日记》第 3 册，第 353 页）可知对于中国文化怀"同情之理解"者，固不满于将中国文化弃若敝屣之说。
④ 陈寅恪：《冯友兰中国哲学史下册审查报告》，《金明馆丛稿二编》，第 284～285 页。

即认为外来文化之于中国文化，只能走融合之路，而不可走全盘外化之途。但陈寅恪所持有的仍然是"中国文化本位主义"，中国之所以为中国，即当有中国文化作为内核。其所谓佛教、道教、新儒家中的外来因素，即以中国传统文化为恒定因素，而外来文化只能为恒定文化的修订因子，不能成为核心因子。凡不能与恒定因子相结合者，终归于销歇；而能与恒定因子相融合者，才能真正在中国文化中传承下来。即两千年历史的中外交流中，中国文化始终是主轴，外来文化只是修订主轴的协从因素。但陈寅恪这里有一个重要的前提假设，就是"中国还是中国"，如果根本不在乎中国是否为文化意义上的"中国"，那么，中国文化为西方文化，即其所谓"北美或东欧之思想"所取代，亦无不可了。事实上，晚近中国确实走在"北美或东欧"化的路上，而化"北美或东欧"为"中国"则有不足。如果说中国历史上的传统礼教文化与外来的佛教、摩尼教思想的关系，始终是以传统礼教文化为核心的话，那么，晚近的中国与西方，则是以西方为核心、为主轴的。套用丸山真男的概念，礼教文化在晚近已经成了"古层""执拗的低音"。[①] 由是而论，王国维、陈寅恪也成了民国文化史上"执拗的低音"。[②]

三 晚近传统学人对经学之持守

如果说以胡适为首的西化派、科学派是要全盘输入西方观念，那么，王国维、陈寅恪、吴宓等人则是要坚守"中国之为中国"的"文化本位"。如果说胡适等西化派、科学派是面向近代以降的未来，那么，王国维、陈寅恪、吴宓等人则是回向传统。按陈寅恪的说法，文化都应当是有相应的制度、经济为依托，那么，传统也当以"故国"为依托。但此"故国"并非政治和时间意义上的"故国"，更多则是文化意义上的"故国"。梁济《敬告世人书》曰：

---

① 参见丸山真男《原型·古层·执拗的低音——关于日本思想史方法论的探索》，加藤周一、木下顺二等《日本文化特征》，唐月梅、吕莉译，吉林人民出版社，1992。
② 参见王汎森《执拗的低音：一些历史思考方式的反思》，生活·读书·新知三联书店，2020。

> 吾今竭诚致敬以告世人曰：梁济之死，系殉清朝而死也。……吾因身值清朝之末，故云殉清，其实非以清朝为本位，而以幼年所学为本位。吾国数千年先圣之诗礼纲常，吾家先祖先父之遗传与教训，幼年所闻以对于世道有责任为主义，此主义深印于吾脑中，即以此主义为本位，故不容不殉。①

故无论是梁济还是王国维，从表面上看是殉清，但究其本质，则是殉文化所依托的故国，亦即殉故国所代表的文化。陈寅恪言"其真能于思想上自成系统，有所创获者，必须一方面吸收输入外来之学说，一方面不忘本来民族之地位"，又言"此二种相反而适相成之态度，乃道教之真精神，新儒家之旧途径，而二千年吾民族与他民族思想接触史之所昭示者也"，则是仍以"吾国数千年先圣之诗礼纲常"为本根，而以北美、东欧之文化必当附此本根以生。就两种文化而言，礼教无疑是故国文化之魂。礼教不存，那么，王朝的灭亡便成了文化上的"亡天下"。陈寅恪言"寅恪平生为不古不今之学，思想囿于咸丰、同治之世，议论近乎湘乡、南皮之间"，② 其关于中西文化之思考，亦可导源于张之洞。张之洞《劝学篇序》言"明保国、保教、保种为一体"，③《劝学篇·同心第一》更申论曰：

> 吾闻欲救今日之世变者，其说有三：一曰保国家，一曰保圣教，一曰保华种。夫三事一贯而已矣。保国、保教、保种，合为一心，是谓同心。保种必先保教，保教必先保国。种何以存？有智则存。智者，教之谓也。教何以行？有力则行。力者，兵之谓也。故国不威，则教不循；国不盛，则种不尊。④

以是而论，就保国、保教、保种而言，其核心在于保种。而保种又是与保教相表里者，即唯有保教才有保种，若教之不存，从文化上讲，中国人也

---

① 梁济著，黄曙辉编校《梁巨川遗书》，华东师范大学出版社，2008，第51页。
② 陈寅恪：《冯友兰中国哲学史下册审查报告》，《金明馆丛稿二编》，第285页。
③ 《劝学篇》，赵德馨主编《张之洞全集》第12册，武汉出版社，2008，第157页。
④ 《劝学篇》，《张之洞全集》第12册，第159页。

就不是中国人了。教之不存，种将焉附，盖其义也。故张氏又特提出保教之核心，即三纲的重要性，其言曰："三纲为作神圣相传之至教，礼政之原本，人禽之大防，以保教也。"① 张之洞将三纲上升到"人禽之辨"的程度，即认为若无三纲，则人将不人。又曰："五伦之要，百行之原，相传数千年更无异义，圣人所以为圣人，中国所以为中国，实在于此。"② 其将保国、保教、保种合为一体，实则是以保教居于文化中国的核心地位。③要之，张之洞更注重的是作为文化意义的"中国"得以存续的问题，而不是作为政治意义的"清朝"。其所以必保国者，是认为非保国不能保教、保种也。由是而论，梁济、王国维之殉，即与张之洞之保国、保教、保种同一义也。王国维、陈寅恪、吴宓等人在民元期间仍持守张之洞等人所提倡之文化政策，但在西风压倒东风的时代，他们无疑成了"执拗的低音"，成了学术史上的"少数派"。

1922 年 10 月，梁启超撰《五十年中国进化概论》，将近五十年思想界变迁分为三期，其言曰：

> 这三期间思想的进步，试把前后期的人物做个尺度来量他一下，便很明白。第一期，如郭嵩焘、张佩纶、张之洞等辈，算是很新很新的怪物；到第二期时，嵩焘、佩纶辈已死去，之洞却还在，之洞在第二期前半依然算是提倡风气的一个人，到了后半，居然成了老朽思想的代表了。在第二期，康有为、梁启超、章炳麟、严复等辈，都是新思想界勇士，立在阵头最前的一排。到了第三期时，许多新青年跑上前线，这些人一躺一躺被挤落后，甚至已经全然退伍了。这种新陈代谢现象，可以证明这五十年间思想界的血液流转得很快，可以证明思

---

① 《劝学篇》，《张之洞全集》第 12 册，第 158 页。
② 《劝学篇》，《张之洞全集》第 12 册，第 163 页。
③ 李旭言："张之洞之所谓'学'，重在经学；所谓'教'，即是名教。'劝学'之意，尤在'保教'。这是张氏在晚近变局中的探本之论。"[《"中国文化定义"说的渊源、蕴义与践履——近代学术嬗变脉络下的陈寅恪〈王观堂先生挽词序〉》，《清华大学学报》（哲学社会科学版）2021 年第 1 期，第 33 页]深得张氏之义。

想界的体气实已渐趋康强。①

梁启超自然是晚清民初重要的思想人物，也是新派之代表，但就梁氏此文自述而论，梁启超亦只能算是思想进化第二期之代表人物，而在第三期已属落后了。若果梁启超已属落后，无怪乎其认为第一期之代表人物张之洞，在第二期后半"居然成了老朽思想的代表了"。在晚近这一剧烈变化的时代，新旧轮转也就随之剧烈了。如果站在"进化"的角度而言，那么，不能继续跟上时代，自然就是"落后"与"老朽"了；但思想、文化的变化，并非纯然符合"进化律"的。陈寅恪即言：

> 纵览史乘，凡士大夫阶级之转移升降，往往与道德标准及社会风习之变迁有关。当其新旧蜕嬗之间际，常呈一纷纭综错之情态，即新道德标准与旧道德标准，新社会风习与旧社会风习并存杂用。各是其是，而互非其非也。斯诚亦事实之无可如何者。虽然，值此道德标准、社会风习纷乱变易之时，此转移升降之士大夫阶级之人，有贤不肖拙巧之分别，而其贤者拙者，常感受苦痛，终于消灭而后已。其不肖者巧者，则多享受欢乐，往往富贵荣显，身泰名遂。其故何也？由于善利用或不善利用此两种以上不同之标准及习俗，以应付此环境而已。②

梁启超从晚清以至民国，一直站在新学之潮头，固然可谓提倡新学之贤者；但王国维、梁济转而回向旧学、旧道德，终至于自殉，亦可谓坚守旧道德之贤者。新旧道德之变易，本无与于贤不肖之别。但从后世观之，正是由于新道德终取代旧道德，守旧道德者终得"老朽"之称。陈寅恪此文虽是论晚唐之世，但似亦为切己之论，盖晚近可谓二千年未有之大变局，亦新旧道德、风习剧变最烈之时代也。陈寅恪言晚近世局，尝言："当日

---

① 《五十年中国进化概论》，汤志钧、汤仁泽编《梁启超全集》第 11 集，中国人民大学出版社，2018，第 405~406 页。

② 陈寅恪：《元白诗笺证稿》，生活·读书·新知三联书店，2015，第 85 页。

英贤谁北斗，南皮太保方迁叟。忠顺勤劳矢素衷，中西体用资循诱。"① 又言："寅恪平生为不古不今之学，思想囿于咸丰、同治之世，议论近乎湘乡、南皮之间。"蒋天枢笺注"中西体用资循诱"句曰："文襄著《劝学篇》，主中学为体，西学为用。"②《劝学篇·循序》曰：

> 今欲强中国、存中学，则不得不讲西学。然不先以中学固其根柢，端其识趣，则强者为乱首，弱者为人奴，其祸更烈于不通西学者矣！……今日学者必先通经，以明我中国先圣先师立教之旨；考史，以识我中国历代之治乱，九州之风土；涉猎子、集，以通我中国之学术文章，然后择西学之可以补吾阙者用之，西政之可以起吾疾者取之，斯有益而无其害。如养生者，先有谷气，而后可饫庶羞；疗病者，先审藏府而后可施药石。西学必先由中学，亦犹是矣。③

张之洞认为，今日之中国若不借助西学，固不能守国；然全盘西化，则中国亦不复存在。盖以礼教为中心的传统四部之学是"中国之为中国"的文化基因，亦可谓"中国之魂"，若全然弃之而从于西学，则"中学"不存，"中国"亦不复存在了。是以，张之洞认为"今欲强中国、存中学，则不得不讲西学"，但讲西学必当"以中学固其根柢，端其识趣"，不然则"强者为乱首，弱者为人奴，其祸更烈于不通西学者矣"。是以，张之洞欲以西学救国，然要人以中学固本。但晚近之世，时局剧变，非能坚守旧训，而当有所更革。《劝学篇·守约》曰：

> 儒术危矣！……夫先博后约，孔孟之教所同。而处今日之世变，则当以孟子守约施博之说通之。……沧海横流，外侮洊至，不讲新学，则势不行，兼讲旧学，则力不给。再历数年，苦其难而不知其益，则儒益为人所贱。圣教儒书，浸微浸灭，虽无嬴秦坑焚之祸，亦必有梁元文武道尽之忧。此可为大惧者矣！尤可患者，今日无志之

---

① 陈寅恪：《王观堂先生挽词（并序）》，《陈寅恪集·诗集》，第 13~14 页。
② 陈寅恪：《王观堂先生挽词（并序）》，《陈寅恪集·诗集》，第 14 页。
③ 《劝学篇》，《张之洞全集》第 12 册，第 168 页。

士，本不悦学，离经畔道者，尤不悦中学，因倡为中学繁难无用之说，设淫辞而助之攻，于是乐其便而和之者益众，殆欲立废中学而后快。是惟设一易简之策以救之，庶可以间执仇中学者之口，而解畏难不学者之惑。今欲存中学，必自守约始。①

面对国势日黜、旧学日微的局面，张之洞虽然持"中学为体"之理念，但也不得不改变原本"先博后约"的旧训，转而要学人以"守约"为入手处。可以说，张之洞晚年编纂《輶轩语》《劝学篇》《书目答问》等书，都意在守约以推广旧学之研习。就中学各门而言，其亦提出研习之序：

> 爰举中学各门求约之法，条列于后，损之又损，义主救世，以致用当务为贵，不以僻见洽闻为贤。十五岁以前诵《孝经》、四书、五经正文，随文解义，并读史略、天文、地理、歌括、图式诸书，及汉、唐、宋人明白晓畅文字有益于今日行文者。②

就经学而言，则又提出通经七端：

> 经学，通大义。切于治身心、治天下者，谓之大义。……欲有要而无劳，约有七端。一明例，谓全书之义例。一要指，谓今日尤切用者，每一经少则数十事，多则百余事。一图表。一会通，谓本经与群经贯通之义。一解纷，谓先儒异义各有依据者，择其较长一说主之，不必再考，免耗日力。一阙疑，谓隐奥难明、碎义不急者置之不考。一流别，谓本经授受之源流，古今经师之家法。以上七事，分类求之，批郤导窾，事半功倍。③

陆胤指出："《劝学篇·守约》的'中学'分科方案颇有广雅、两湖书院分门体制的痕迹，其偏重经学、小学，亦与当时两湖书院经师云集的状况

---

① 《劝学篇》，《张之洞全集》第12册，第168~169页。
② 《劝学篇》，《张之洞全集》第12册，第169页。
③ 《劝学篇》，《张之洞全集》第12册，第169页。

有关。"① 张之洞提出以"守约"治旧学,固有推广此道之义,而书院无疑是晚清推广此道的最佳途径。张之洞掌广雅书院、两湖书院、存古学堂,即此教育思想之实际践行。就张氏所提出的经学七端而言,实已包括经学、经学史的方方面面,同时也可视为古代注疏之学的近代转换。但不得不说,张氏之意甚佳,但学堂能够照此七端讲授经学,却也是难上加难。盖原本讲授注疏之学只需要照本宣科,而照此七端则需要讲授者具有贯通群经,至少是精通一经之学,且能够提要钩玄、释疑解难,是亦谈何容易。张之洞之所以能够提出此论,且亦能实行,盖在于广雅、两湖、存古"经师云集"之故。是以,欲推广此理念,张之洞即起以此七端编纂诸经讲义之念。而承其意以撰次经学讲义者,即时任两湖书院经学分教之曹元弼。曹元弼《周易郑氏注笺释·序》曰:

> 文襄师以世道衰微、人心陷溺,邪说横行、败纲斁伦,作《劝学篇》以拯世。内有《守约》一章,立治经提要钩元之法,约以明例、要旨、图表、会通、解纷、阙疑、流别七目,冀事少而功多,人人有经义数千条在心,则终身可无离经叛道之患。属元弼依类撰集《十四经学》。②

曹元弼作为晚清一大儒,其受命编纂《十四经学》,可谓得人。但据其自述,曹氏研撰十余年,似乎只成《周易》《三礼》《孝经》《论语》《孟子》等学。③ 就今所见,则唯有《周易学》《礼经学》《孝经学》,《毛诗学》唯余其半,《周礼学》唯存数页,终未能克成张之洞所望之伟业。但曹元弼晚年完成《复礼堂述学诗》一书,虽未按张氏七端予以阐释,但对经学及经学史之重要课题与疑难问题做了阐释。如果说张之洞的目的在于守约以广旧学,那么,就经学而言,《复礼堂述学诗》克当其任矣。

---

① 陆胤:《政教存续与文教转型:近代学术史上的张之洞学人圈》,北京大学出版社,2015,第 153 页。
② 曹元弼:《周易郑氏注笺释·序》,复旦大学图书馆古籍部编《复礼堂遗书》第 2 册,中华书局,2019年影印本,第 517~518 页。
③ 曹元弼:《周易郑氏注笺释·序》,《复礼堂遗书》第 2 册,第 518~519 页。

四 曹元弼经学与《复礼堂述学诗》

曹元弼生于同治六年（1867），卒于1953年，历经清同治、光绪、宣统，再经民国，身历军阀混战、抗日战争、解放战争，及至中华人民共和国成立，但数十年的政治动荡、政权鼎革似乎都没有影响曹氏学术，其数十年孜孜矻矻地治经、研经，可谓最后的经师。王欣夫作为曹元弼晚年高弟，在曹氏身后为其撰有一篇颇为详尽的行状，可为我们了解曹元弼提供颇多信息，不妨摘录于次：

> 先生姓曹氏，讳元弼，字谷孙，又字师郑，一字懿斋，号叔彦，晚号复礼老人，又号新罗仙吏。……光绪辛巳，以幼童科试第四名入庠。……乙酉，调取江阴南菁书院肄业，从定海黄先生以周问故。时大江南北才俊士咸集南菁，朝夕切磋，而尤与娄张锡恭、太仓唐文治交笃，质疑问难无虚日。是年，选充拔贡生第一名。……旋中式本省乡试第二十七名举人。明年，应礼部试赴京，于瑞安客座识孙先生诒让，论《礼》甚相得，并与公子绍箕订昆弟交。……甲午，会试中式，以目疾未与廷试。乙未，补行殿试。时殿廷试竞尚书法，习以成风。先生自幼以用精太过，目疾甚，不能作楷。阅卷者既列二等矣，有御史熙麟参奏，奉旨提卷呈览，常熟翁文恭公方入直，面奏曹元弼虽写不成字，实大江以南通经博览之士。卒以字迹模糊，降列三等五十名，以中书用。……时南皮张文襄公方督两江，延为书局总校。……丁酉，文襄移节两湖，电聘主讲两湖书院。先生撰《原道》《述学》《守约》三篇，示诸生治学之方，亦先生所以自道也。在院与番禺梁文忠公同辑《经学文钞》。……未几，文襄命编十四经学，立治经提要钩玄之法，约以明例、要旨、图表、会通、解纷、阙疑、流别七目。先生以兹事体大物博，任重道远，发愤覃思，闭户论撰，寝食俱忘，晷刻必争，冀速捃于成。已刻者《周易学》八卷、《礼经学》九卷、《孝经学》七卷，刻而未竟者《毛诗学》《周礼学》《孟子学》各若干卷，其《论语学》则后改题曰《圣学挽狂录》者也。……丁未，文襄又电招

为湖北存古学堂总教。……戊申，……江苏亦奏设存古学堂，延为经学总教，仍兼鄂学。……宣统辛亥，辞存古总教，旋即致政诏下，先生心摧气绝，饮恨吞声。……自此闭户绝世，殚心著述。……暇则为诸弟子讲授经义，毅然以守先待后为己任。①

王欣夫作为曹元弼晚年高弟，其对曹氏生平经历之梳理，当可信从。通过王欣夫《曹先生行状》，我们可以对曹氏行实有所了解。而就曹元弼之经学而言，其前期受学于南菁书院，师友切磋，颇为有得，故有"大江以南通经博览之士"之誉。正是由于黄以周、张锡恭、唐文治等师友之影响，其学合汇汉宋，尤以郑玄为宗，② 撰《周易郑氏注笺释》《古文尚书郑氏注笺释》《孝经郑氏注笺释》等著作。③ 受学南菁书院，得黄以周、孙诒让等教导，使曹氏在经学研究上达到了精深的程度。如果说曹元弼青少年时期对经学的研习是传统教育模式的结果，那么，自入张之洞幕之后，受张之洞影响，受命撰写《十四经学》，则是希望在经学瓦解时代重拾经学的价值，冀图为经学招魂。

王欣夫言："先生撰《原道》《述学》《守约》三篇，示诸生治学之方，亦先生所以自道也。"曹元弼《复礼堂述学诗序》亦曰："公既为《劝学篇》，又属元弼编《十四经学》。先为《原道》《述学》《守约》三篇，以提其纲。"④ 即以《原道》《述学》《守约》三篇为《十四经学》之

---

① 王大隆：《吴县曹先生行状》，卞孝萱、唐文权编《民国人物碑传集》，团结出版社，1995，第522~524页。关于曹元弼生平，另可参看宫志翀《曹元弼学术年谱》（干春松、陈壁生主编《曹元弼的生平与学术》，中国人民大学出版社，2018）。

② 王欣夫《吴县曹先生行状》曰："先生说经，一以高密郑氏为宗，而兼采程、朱二子，平直通达，与番禺陈氏为近。"（王大隆：《吴县曹先生行状》，《民国人物碑传集》，第526页）宫志翀言："曹元弼一生纂著以全面表彰、恢复郑学为依归，然其所以刊误补遗，疏释群经，与清人分文析字、旁征广引之汉学有别，而终构建一以人伦爱敬为宗旨，以礼为体，六艺同归共贯之经学系统，为经学史之独特景象。"（宫志翀：《曹元弼学术年谱》，《曹元弼的生平与学术》，第4页）

③ 曹元弼著作主要有《周易学》《周易郑氏注笺释》《周易集解补释》《古文尚书郑氏注笺释》《毛诗学》《礼经学》《礼经校释》《礼经大义》《孝经学》《孝经郑氏解》《孝经郑氏注笺释》《孝经校释》《孝经集注》《孝经六艺大道录》《大学通义》《中庸通义》《复礼堂述学诗》《复礼堂文集》《复礼堂文二集》《复礼堂文三集》《复礼堂诗集》等。复旦大学图书馆古籍部编有《复礼堂遗书》40册，曹元弼重要文献多收录于此书。

④ 曹元弼：《复礼堂述学诗序》，《复礼堂述学诗》，1938年刻本。后凡引《复礼堂述学诗》皆为此本，为简洁计，若无特殊情况，只在文中注明《述某学》第几首，不再出注说明。

提纲，更是示诸生以治经之法。① 综观曹元弼经学论著，可以说，《原道》《述学》《守约》三篇不但是《十四经学》之提纲，更是曹元弼经学方法与经学主旨的夫子自道。曹元弼数十年经学研究，其核心即贯穿此三篇之义。不妨以此三篇为例，对曹元弼之经学理念略做剖析。曹元弼于《原道》篇首论圣人所以作经曰：

> 圣人爱敬万世之心无穷，不能豫为万世兴治遏乱，而能为万世豫立有治无乱、拨乱反正之本。天不变道亦不变，经之所以为经也。②

曹元弼对于圣人作经的原因，并不是纯然从形而上的角度予以解读，而是从经学之所用的角度予以解答，提出经就是"为万世豫立有治无乱、拨乱反正之本"。那么，从经本身来说，经的核心又是什么呢？曹元弼认为，就经学之本旨而言，其最核心者为三纲五常，曹元弼曰"三纲五常，王政之始，圣教之本"，③ 即此义也。可以发现，曹元弼对经学的定义是基于现实的王政圣教而论的。故其续论经学，尤其是"三纲五常"，之于清末之世的意义：

> 孔子删述六经于前，以仁万世。六经存则三纲五常存，而人心之爱敬可得而用。人心之爱敬用则愚者可使明，弱者可使强，散者可使聚。今日人为刀俎、我为鱼肉，累卵积薪，未足以喻其危。七年之病，求三年之艾，惟有确明宗旨、激发忠义、万众一心，知人为大清人、学为大清学，毕智竭虑，通达万变，不离其宗。上纾君父之忧，下济苍生之厄，前答先圣爱敬万世之仁，今日学堂之所以为教、所以为学也。合是四者，经明行修，通经致用。夫是之谓经学。④

---

① 宫志翀《曹元弼学术年谱》言："（光绪二十四年）三月末，张之洞撰成《劝学篇》，以辟邪说，正学术，维世道。曹元弼因撰《原道》《述学》《守约》三篇广之，以示诸生治学之方，亦其所自道。"（宫志翀：《曹元弼学术年谱》，《曹元弼的生平与学术》，第40页）《原道》《述学》《守约》三篇收入《复礼堂文集》卷一，复以《十四经学开宗》名义收入《周易学》卷首。
② 曹元弼：《原道》，《复礼堂文集》卷1，1917年刻本，第8页a。
③ 曹元弼：《原道》，《复礼堂文集》卷1，第3页。
④ 曹元弼：《原道》，《复礼堂文集》卷1，第8页b~第9页a。

曹元弼将"三纲五常"作为中国之为中国的底色，正如陈寅恪所言，"吾中国文化之定义，具于《白虎通》三纲六纪之说，其意义为抽象理想最高之境"。经学之所以为经学，正是出于"中国之为中国"的意义而言的。经作为"天不变道亦不变"的道，构成了中国的精神底色与文明基底。"中国之为中国"，其核心就在于经学的"三纲五常"之说。若经学不再为国人所普遍接受，那么，就成了"天变"。在清末这样一个经学与礼教的末世，事实上已即将"天变"。山雨欲来，传统士人的感受必更为强烈。但对于传统士人而言，经是中国之为中国之基础，就器物、技术的层面而言，可以采用西方之技术；但就文明之基底而言，却必当以经学为依归。故曹元弼等传统士人不得不再三呼吁以经学作为教育之精神内核与指导思想，唯有据经以立政，才能以经学统贯西学。故《守约》篇曰：

> 今欲强中国自勤习中西各学始，欲学之专、学之精、学之成，学之为国用而不为敌用，学之为民出死入生而不自陷其身于死、以陷天下，自正人心始。欲正人心，自发明圣经大义始。大义必易简，则守约为至要。[1]

又曰：

> 各本经义施政立教，励相国家，师道立则善人多，人才盛则国势昌。周干商霖，枝蕃流衍。俾全国臣民人识纲常、家敦道义，士农工商兵，凡习声、光、化、电各学者皆有与国为体、忠爱利济之心，天下如一家、中国如一人，皇祚固于亿禩、华种尊于环球。而声教所被，孔孟之道且遍行于五大洲。君子务本，本立而道生。原泉混混，不舍昼夜，盈科而后进，放乎四海，有本者如是。[2]

以是可知，曹元弼并非不知道西学之于中学的优势，但其念兹在兹地以纲常礼教为精神依归，就是要在学习西学技术之先，先明了礼教纲常之于中

---

① 曹元弼：《守约》，《复礼堂文集》卷1，第21页。
② 曹元弼：《守约》，《复礼堂文集》卷1，第24页b。

国的意义。曹氏认为，唯有"全国臣民人识纲常、家敦道义"，即先以中国的传统礼教纲常为立身之本，则士农工商兵及一切"习声、光、化、电"之西学者，才能"与国为体、忠爱利济"，也才能"学之为国用而不为敌用，学之为民出死入生而不自陷其身于死、以陷天下"。易言之，只有坚守中国传统礼教，才能明了自身作为中国人的意义，也才能在学习西学之外，恪守"中国之为中国"的立身之本。由是而论，经学就成了一切学问之先，必须先学经学，才能恪守传统之道，才能不在精神上被"西化"。那么，又当如何学习经学呢？毕竟当时只有经学已经不够了，在学习西学之先学习经学，与传统纯粹的以经学为学，终归是不同了。故曹元弼提出学习经学之方式，亦与传统科举时代的经学学习有所不同。曹氏曰："窃尝考古者治经之法有二，一为略举大要之学，一为究极经义之学。"[1] 历代经师之学多为"究极经义之学"，但就清末之世而言，"略举大要之学"反而更为合适，盖"通经致用，知其大要，观其会通"[2] 可也，其目的在于以经学立本、立心、立身，而非为精研经义。此亦张之洞之所以编纂《劝学篇》之义，亦曹氏所以赓续张之洞者。曹元弼《述学》篇即分经对中国历代经学史做了论述，这本身已经可以说是"守约"了，但这清末这个局势下，即使是这样，仍嫌不够简便，故其于《守约》曰：

> 每经限以最切要之数书，归于永无流弊之一途，不复使人理璞取瑜、探山铸铜。固已举要，不求备矣。然时局之危朝不谋夕，需材之亟刻不容缓，前举各书遍读尽通已非十余年不为功，今日之学如理军市、如救水火、如医急证、如求亡子，风雨漂摇、危急存亡之秋，岂能从容待此？善乎南皮张相国之《劝学篇》设治经简易之法，为守约之说。孟子曰："博学而详说之，将以反说约也。"又曰："守约而施博者善道也。"夫约者圣学之所以成始而成终。[3]

在清末之世，即使是要人"每经限以最切要之数书"也已不可能，只能约

---

①　曹元弼：《守约》，《复礼堂文集》卷 1，第 20 页 b。
②　曹元弼：《守约》，《复礼堂文集》卷 1，第 20 页 b。
③　曹元弼：《守约》，《复礼堂文集》卷 1，第 18 页 b~ 第 19 页 a。

之又约，以讲明经学大要为旨。是以，张之洞编纂《劝学篇》，以总中国传统学问之门径；又命曹元弼撰《十四经学》，即以《劝学篇》之方法施之于每一经，以期使后学明了经学大要、经学大义，或亦期开经学之门径。曹元弼《十四经学略例》曰：

> 一、此书据张文襄师《劝学篇》所列七目橐括古今经师经义之法分类编纂。造端宏大，向所未有，草创经年，体例始定。分别部居，比合义类，一本古人准绳规矩，引而申之。

> 一、明例。例者，经之所以为体，例明则若纲在纲，如袭裘挈领，全经窾要豁然贯通。又如亲见人之面目，伪者不能冒，真者不可诬，疑经非圣之邪说自息矣。先儒释例之书甚多，今整齐而贯穿之。本经通例、经师别例、注例、疏例、各家说经例、学者治经例，一一表明。

> 一、要旨。旨者，经之所以为心，圣人所以继天觉民、幸教万世。学者治身心、治天下之至道精微广大、探索无穷，今放顾氏《日知录》之例，掇举经句，系以先儒成说，并下己意，为有志闻道者举隅。

> 一、图表。取旧图旧表尤要者著之，正其误、补其阙。

> 一、会通。极论一经与群经相通大义，条列事证，略放《汉书·艺文志》、郑君《诗谱》例。

> 一、解纷。举各经尤难明而切要之义，穷原竟委明辩之，俾学者一览而悟。

> 一、阙疑。各经多寡有无不定，备存其目而系以说。

> 一、流别。详叙传经源流，标举各家撰述要略，并列经注疏各本得失，俾学者知所适从。[1]

曹元弼受张之洞命编《十四经学》，每一经学皆恪守张之洞明例、要旨、图表、会通、解纷、阙疑、流别七目编纂，要在便于后学入门。就此七目

---

[1] 曹元弼：《十四经学略例》，《复礼堂遗书》第1册，第51~53页。

而言，实已涵括经学大义、宗旨、疑难及经学史等各门类。可以说，按照张之洞和曹元弼的设计，《十四经学》是要成为后学入门的经学教科书。这一想法虽然是由张之洞发端，但曹元弼《原道》《述学》《守约》三篇，实亦已贯穿此一思想。曹元弼受命编纂《十四经学》，因兹事体大，辞两湖书院事，杜门著书。[①]"圣人之仁天下万世也以学"，[②] 曹元弼与张之洞等传统士大夫欲传扬圣人之道，坚守中国传统文化与伦理，即欲以学为切入点。在西方政治与文化的交相催迫下，中国自古以来的圣人之道受到了前所未有的冲击。无论是《劝学篇》，还是《十四经学》，都以传承圣人之道为依归。但《十四经学》终归体系庞大，曹元弼虽杜门著述，最终只完成、刊刻了《周易学》《礼经学》《孝经学》《毛诗学》数种。或许正是出于"守约"这一不得不然的现实，曹元弼晚年撰写《复礼堂述学诗》一书，可谓"约之又约"。即以七言绝句的形式，阐述各经大义、疑难、经学史源流等。曹元弼虽然没有能够完成《十四经学》，但《复礼堂述学诗》（以下简称《述学诗》）在一定程度上完成了"守约"以接引后学入道的目的。

《述学诗》启思于辛亥后，刊行于戊寅年（1938），是曹元弼晚年撰写的经学史专著。[③]《述学诗》以七言绝句的诗歌体裁研究、阐发中国经学及经学史上的重要课题，是其数十年经学研究的总结，亦可谓曹氏经学研究的"晚年定论"。曹元弼《述学诗序》曰：

> 《述学诗》者，元弼自宣统辛亥后，悲天悯人，独居深念，惧文武道尽、乾坤或息，忧患学《易》、覃精研思，默察天人消息，冀剥之反复、否之反泰。日月以几，寒暑迭嬗，至丁巳之夏，普天希长夜复旦之光，率土属倒悬解缧之望，而民今方殆，多难未已。九重城阙骤生烟尘，海滨微臣心胆摧裂。悲愤填膺，自恨读圣贤书，受国家厚恩，曾不能奋身著尺寸效。心痗首疾，神志失度者累月。

---

① 参见曹元弼《经学文钞序》，《复礼堂文集》卷1，第26~28页。
② 曹元弼：《原道》，《复礼堂文集》卷1，第2页 a。
③ 据李科考证，《复礼堂述学诗》刊刻、修版、付印最终完成时间是在1940年。参见李科《曹元弼致王欣夫书札考释上篇》，沈乃文主编《版本目录学研究》第11辑，国家图书馆出版社，2020，第260页。

曹元弼之撰《述学诗》，是在《劝学篇》《十四经学》的脉络中展开的。如其序所言，作《述学诗》之思起于辛亥清帝退位，而真正写下第一首诗则是在丁巳年张勋复辟失败后，在在显示曹元弼对清廷、清帝之眷恋与关切。从政治上讲，就是清朝灭亡带给曹元弼以巨大的冲击；从文化上讲，西方文化与政治的侵迫、清朝的灭亡、民国的建立，都在更大程度上冲击着传统礼教文化与制度。为了回应这双重冲击，曹元弼开启其《述学诗》的撰写。但就《述学诗》体例而言，却有一定的偶然性。《述学诗序》曰：

> 一日读《说文》，喟然而叹，微吟一诗，有"九千文字归忠孝，不数扬雄拜叔重"之句。先仲兄绮园逸史见而善之，谓盍放此例，每经各为诗若干首，提挈纲维，开示来学，使记诵易而感发深，于经学人心盖非小补。余敬诺，乃勉定心气，综括数十年治经心得，日作数诗。……自九月至岁终，得诗六百数十首。

如其所述，曹氏之所以以诗体阐述历代经学与经学史，具有一定的偶然性。但在这种偶然性之外，诗体叙事体裁在清代的流行，尤其是叶昌炽《藏书纪事诗》的典范作用，或许亦起了潜在的推动作用。[①]《述学诗序》续言："故侍讲叶菊裳前辈《藏书纪事诗》之例为七言绝句，窃取小雅之义，其言有文，其声有哀，俾吟咏之间，抑扬反覆，足以感发人之善心。而韵语易记，治经纲目具在，兴艺乐学，事半功倍。庶几吾党小子识之，凡百君子听之。"是亦《述学诗》体例之先源。而此序亦彰显其欲借韵体文以便后学入门之意。《述学诗》共包括《述易》《述尚书》《述诗》《述周礼》《述礼经》《述礼记》《述大戴礼记》《述礼总义》《述春秋》《述左传》《述国语》《述公羊传》《述穀梁传》《述孝经》《述论语》《述孟子》《述小学》《述群经总义》等十八部分，用六百数十首七言绝句概述中国历代经学及经学发展史。就体例而言，"每经先举大义，正宗旨也；次详源流，明传信也"。"然经义渊深，经师家法远源未分，百家得失参错不齐，每一事以二十八字括之，其

---

① 曹元弼与叶昌炽交游颇久，亦曾读叶氏所撰诗体叙事著作《藏书纪事诗》，可认为此是曹氏之所以采用诗体的一种潜在的推动因素。参见《曹元弼友朋书札》（崔燕南整理，上海人民出版社，2018）之叶昌炽部分。

势非注不明，……出入三年而注成。"总诗、注约三十余万言。

就曹元弼所撰第一首《述学诗》，即"九千文字归忠孝，不数扬雄拜叔重"句，其所谓"忠孝"虽或出于对"清朝"与"宣统辛亥"的感慨，但亦是对以忠孝为中心的传统礼教的悲歌。曹氏在在以遗老遗少自居，时人亦视之若是，然吾人读曹氏书，可见其所顾念者与其说是作为政权拥有者的清廷，毋宁说是作为传统儒家文化表征之清朝与清帝。曹氏于《述学诗·述诗》曰：

> 三代以上，礼明乐备莫如周，汉唐以来宪章稽古莫如我朝。御纂、钦定诸经，兼收百代师儒之说，《易》《书》《诗》皆由宋溯汉，《春秋》以三传为主，《三礼》以郑注为主。而《诗经传说汇纂》于郑、卫诸篇皆表章小序及诸儒申序之说。于是函丈之儒、青衿之俊咸得指南、并式古训，精发毛、郑，旁通三家，微言大义云烂星陈，郁郁彬彬，会归有极，如百川之朝宗于海矣。

由是可见，曹氏所守之清朝，非仅为政权所属之清朝，更是集中华文化、礼乐文明大成之清朝。周公、孔子之大化不行久矣，而曹氏以清为二千年周孔文明大行之时，故《述学诗·述周礼》曰：

> 周公典法旷代不行，惟我朝列圣体尧舜执中、文武缉熙敬胜之德，重熙累洽，致成王、周公礼乐交通、太平雅颂之盛。凡所以经纬天地、裁成万物者，无一不与周官精义相符。恭读《钦定三礼义疏》，可以知先圣后圣之一揆。

故曹氏之清朝，非仅为满族之政权所在，亦乃中国二千年文化之所系。是所谓"先圣后圣，其揆一也"，其"一揆"之者即中华周孔之文化。故就曹氏所坚守者，与其说是政治之清廷，毋宁说是文化之中国。就曹氏而言，辛亥革命非但是革清廷之命，亦是革中国二千年文明之命。"中原陆沉，乱靡有定；人纪沦亡，天常反易。岂惟我朝之厄运，乃天生烝民有物有则、千圣百王以养以教礼道之大厄，而乾坤或几乎息之秋也。微臣涕泪余生，涓埃未报，潜踪北海，仰希夷、叔待清；企想东京，深愧桓荣稽古。"
由是可见，其所谓"中国"，即周孔之故国、文化之故国、文明之故国。

其第一首述学诗之"九千文字归忠孝，不数扬雄拜叔重"句，实即体
现了此点，即以《说文解字》为代表的传统儒家文化归结于忠孝，但忠孝
归根结底则仍要回到扬雄、许慎等前贤。故就曹氏学行及《述学诗》全文
而言，曹氏固然眷恋故朝，但其所深望者则更在传统文化之复兴。清朝之
于曹元弼，与其说是政治上的"国朝"，毋宁说是传统文化之所系。是以，
曹氏续言："盖处人道之穷，郁无可奈何之孤坟，抱万不得已之苦心，求
存绝学于一线，以俟天地之再清，此《述学诗》所为作也。"

如果说张之洞是希望在清朝晚年为其续命，那么，曹元弼在清朝灭亡
三四十年，废除科举、不再读经数十年之后，仍然孜孜不倦地研经、治
经，试图重新推广经学、引导后学，则无疑是冀图"为故国招魂"，更是
为经学招魂、为传统文化招魂。

五　作为文化遗民的曹元弼

曹元弼于 1953 年 9 月去世，顾颉刚称其为"最后一个经学家"，[1] 可谓
得当。曹元弼"平生习于闭户，声闻不彰"，[2] 加之晚近对经学与保守之批
判，无疑使曹元弼不为研讨晚近历史者所注意，论其行其学者寥寥。[3] 曹元

---

[1] 《顾颉刚日记》第 7 册，1953 年 10 月 28 日条，第 462 页。

[2] 《顾颉刚日记》第 7 册，1953 年 10 月 28 日条，第 462 页。

[3] 就当代学术研究而言，关于曹元弼之研究可谓极少。曹氏弟子沈文倬《曹元弼〈古文尚书郑氏注笺
释〉》(《文献》1980 年第 3 期) 一文是目前可见当代学术界首次对曹元弼经学予以研究。此后经三
十余年沉寂，直到 2010 年前后，学界重新注意到曹元弼的经学。2012 年周洪整理出版曹元弼《礼经
学》，这是第一部整理出版的曹元弼著作。在周洪指导下，张敬煜撰写了题为《曹元弼礼学思想研
究——以〈礼经学〉为考察重点》的硕士学位论文 (江西师范大学，2009)；朱一、周洪撰写《曹元
弼〈礼经学〉对张惠言〈仪礼图〉图表引用之概述》[《东华理工大学学报》(社会科学版) 2015 年
第 1 期]、《曹元弼〈礼经学〉对张惠言"丧服表"之校正》(《南昌师范学院学报》2015 年第 1 期)
等论文，对曹元弼《礼经学》做了多方面的探讨。同一时间，南京师范大学毕研哲撰写《曹元弼〈礼经
学·丧服例〉述义与特色辨析》(《文教资料》2015 年第 29 期)、《曹元弼〈丧服例〉疑义辨正》(《唐山
师范学院学报》2016 年第 3 期)，并在此基础上撰写硕士学位论文《曹元弼〈礼经学〉研究》(南京师范
大学，2016)，对《礼经学》做了较为全面的考察。蒋鹏翔《论曹元弼校勘〈仪礼〉的成绩及其意义》
(虞万里主编《经学文献研究集刊》第 16 辑，上海书店出版社，2016) 则从校勘的角度对曹元弼《仪
礼》学予以讨论。聂涛《曹元弼〈礼经校释〉的成书背景与体例探析》(《长春师范大学学报》2020 年
第 7 期)、《论曹元弼〈礼经校释〉对〈礼经学〉的影响》(《金陵科技学院学报》2021 年 (转下页注)

弼过世不久，顾颉刚于 1954 年 3 月 21 日日记载："叔彦先生，予十余岁时即敬之，以其为经师也。而其人过于笃信，必欲通经致用，疑古如

_____

（接上页注③）第 2 期），张文《曹元弼〈礼经校释〉学术价值探微》（彭林主编《中国经学》第 27 辑，广西师范大学出版社，2020），对曹元弼《礼经校释》一书予以研究。而张付东《曹元弼的〈孝经学研究〉》（《湖北工程学院学报》2012 年第 6 期）、陈壁生《追寻六经之本——曹元弼的〈孝经〉学》[《云南大学学报》（社会科学版）2017年第 4 期]，对曹元弼《孝经》学予以研究。尤其是陈壁生文，对曹元弼《孝经》著述及其思想主旨做了深入的分析。邓国光《曹元弼先生〈经学文钞〉礼说初识》[《湖南大学学报》（社会科学版）2016 年第 5 期]、《道济天下——唐文治、曹元弼二先生经学大义比论》（彭林主编《中国经学》第 23 辑，广西师范大学出版社，2018）、《曹元弼先生〈尚书〉学初识》（彭林主编《中国经学》第 24 辑，广西师范大学出版社，2019）、《会通与知类：唐文治与曹元弼"经教"法要初探》（《国际儒学》2021 年第 1期），对曹元弼的多种经学著作与经学思想予以研究。许超杰《再造人伦：曹元弼〈春秋〉学中的守制与建构》[《哲学与文化》（月刊）2021 年第 6 期]，则对曹元弼《春秋》学之主旨予以探讨。宫志翀《古今革命之间的"文王称王"问题——以曹元弼为中心》（《开放时代》2019 年第 2 期），对曹元弼的文王称王论述做了深入的研究。孙利政《曹元弼佚作〈经学通义〉述略》（《文教资料》2016 年第 34 期）一文对曹氏佚文予以辑考。虞万里、许超杰《唐文治致曹元弼书札编年校录》（虞万里主编《经学文献研究集刊》第 13 辑，上海书店出版社，2015），许超杰《曹元弼〈覆段熙仲书〉考释》（《南京师范大学文学院学报》2014 年第 4 期），许超杰、王园园《孙德谦致曹元弼书札七通考释》（《文献》2017 年第 2 期），许超杰《曹元弼〈素王说〉疏释》（邓洪波编《中国四库学》第 2 辑，中华书局，2018），对曹元弼书札及稿抄本文献做了一些考释。李科《曹元弼致王欣夫书札考释》（上下两篇，沈乃文主编《版本目录学研究》第 11、12 辑，国家图书馆出版社，2020），对曹元弼致王欣夫书札做了深入的考证；《曹元弼日记系年考辨》（《中国典籍与文化》2020 年第 1 期），对曹元弼日记做了全面考察。在对曹元弼文献研究的基础上，李科还撰有《乾嘉吴皖二派对曹元弼经学研究之影响》（安平秋主编《中国典籍与文化论丛》第 23 辑，凤凰出版社，2021）、《曹元弼与黄以周学术异同论》[《北方民族大学学报》（哲学社会科学版）2019 年第 4 期] 等文章，对曹元弼之学术予以研究。近年随着干春松、陈壁生主编《经学研究》第 4 辑《曹元弼的生平与学术》（包括宫志翀《曹元弼学术年谱》、李科《顾炎武对曹元弼思想学术之影响略论》、廖娟《晚清经师曹元弼的〈易〉学三书》等），吴飞主编《南菁书院与近世学术》（生活·读书·新知三联书店，2019。包括林鹄《曹叔彦先生论〈春秋〉》、崔燕南《曹元弼与梁鼎芬交游考论》、李科《曹元弼与唐文治交游考论》等），集中刊布一系列曹元弼研究论文，推动了曹元弼研究向前发展。而崔燕南整理《曹元弼友朋书札》，李科整理《曹元弼日记》，宫志翀整理《孝经学》《孝经郑氏注笺释》，刘增光整理《曹元弼孝经学著作四种》的出版，以及《复礼堂遗书》的影印，无疑都为曹元弼研究奠定了资料基础。通过以上梳理不难发现，相较于此前数十年，近十余年曹元弼研究有了极大的发展，学界对曹元弼的学术史意义也有了更为明确的认识。但相较于曹元弼数百万字的著作，目前学界对于曹元弼的研究可以说是远远不足，仍存在着极大的空白。

予，实所畏见，故平生从未一面。"① 据此日记，则顾颉刚对曹元弼固持其敬意。但就经学而言，顾氏实不能赞同曹元弼。顾颉刚《崔东壁遗书序一》曰：

> 辨伪工作，萌芽于战国、秦、汉，而勃发于唐、宋、元、明，到了清代濒近于成熟阶段。……从前战国、秦、汉间人利用"合"的手段，把什么东西都收进来，堆积到孔子的宝座之下，造成了儒家，造成了经学，也几乎造成了孔教。想不到经过一两千年，学风丕变，什么都要"分"了。经了这一分，而后经学解体，孔子不再可能成为教主。……我们应当吸收其精华而淘汰其糟粕，宋学取其批评精神，去其空谈；清代经学取其考证法，去其墨守汉儒说；今文经学取其较早的材料，去其妖妄与迷信，然后在这个基础上建立起新史料学来。②

在顾颉刚看来，经学当去掉宋学的"空谈"、清学的"墨守汉儒"、今文学的"妖妄与迷信"。但这样"吸收其精华而淘汰其糟粕"，经学也不再是经学了。事实上，顾颉刚也没打算将其称为"经学"，而是要建设"新史料学"，即将经学史料化。这并不是顾颉刚一人的观点，而是晚近"先进者"所普遍持有的观点。最有名的自然是胡适阐发的"六经皆史料"说。其论章学诚"六经皆史"曰：

> 先生作《文史通义》之第一篇——《易教》——之第一句即云："六经皆史也。"此语百余年来，虽偶有人崇奉，而实无人深懂其所涵之意义。我们必须先懂得"盈天地间，一切著作，皆史也"这一句总纲，然后可以懂得"六经皆史也"这一条子目。"六经皆史也"一句孤立的话，很不容易懂得；而《周易》一书更不容易看作"史"，故先生的《易教》篇很露出勉强拉拢的痕迹。其实先生的本意只是说"一切著作，都是史料"。如此说法，便不难懂得了。先生的主张以为六经皆先王的政典；因为是政典，故皆有史料的价值。故他《报孙渊

---

① 《顾颉刚日记》第 7 册，1954 年 3 月 21 日条，第 520 页。
② 顾颉刚：《崔东壁遗书序一》，《顾颉刚古史论文集》卷 7，中华书局，2011，第 165~166 页。

如书》说"六经特圣人取此六种之史以垂训者耳"。《史考释例》论六经的流别皆为史部所不得不收；其论《易》，只说"盖史有律宪志，而卦气通于律宪，则《易》之支流通于史矣"。次论子部通于史者什有八九，又次论集部诸书与史家互相出入。说"什有八九"，说"互相出入"，都可见先生并不真说"一切子集皆史也"，只是要说子部集部中有许多史料。以子集两部推之，则先生所说"六经皆史也"，其实只是说经部中有许多史料。①

作为论经史关系提出的"六经皆史说"，在胡适的推阐下，转变为"六经皆史料"。事实上，胡适不仅认为"六经皆史料"，还实则认为"四部皆史料"。正是在胡适、顾颉刚等人的推动下，传统的经史之学让位于现代科学的历史学，经学也就被消解掉了。② 周予同即言："使中国史学完全脱离经学的羁绊而独立的是胡适。……转变期的史学，到了他确是前进了一步。"③ 在胡适等人的推动下，经学已逐步让位于科学史学与史料学。虽然曹元弼经学成就卓著，但传统经学在民国已经成为保守与落后的代名词，而作为经学核心的礼教更是"人人得而诛之"，在这样的环境下，曹元弼的"被遗忘"也就可以理解了。但就民初历史世界而言，似乎不应该忘却这一原有的拼图。罗志田言：

> 对于一些不再积极反击新派而规模又不太大的旧派"世界"，我们过去的注意也相当不够。民初多半生活在上海的所谓"遗老"，其实就自成一"世界"。他们当然也不满意时代的发展，但除少数认真卷入清朝"复辟"活动者外，多数实际上已基本不问政治，而过着一种带有"大隐在朝市"意味的世内桃园生活。这些人的文酒过从之中当然有大量的牢骚不平之语，但其所向往的目标、竞争的成败，以及关怀的事物，其实与这一"世界"外的人颇不相同。……很可能由于

---

① 胡适撰，姚名达订补《章实斋先生年谱》，《胡适文集》第7集，北京大学出版社，2013，第102页。
② 参见陈壁生《经学的瓦解》，华东师范大学出版社，2014。
③ 周予同：《五十年来中国之新史学》，朱维铮编《周予同经学史论著选集》（增订本），上海人民出版社，1996，第542页。

这一"世界"的人越来越少"预流"于其所处时代的主流思想言说，特别是日渐淡出当时的新旧之争，我们过去的史学论述即使在论及旧派时对此社群也几乎是略而不提的。①

罗志田注意到以往学术界对"遗民"群体的忽视，故提醒我们要注意此一群体。虽然民初"遗民"群体并不算很大，但这些遗民作为"旧世界"的重要组成者，包括旧时的官员、士人、乡绅等，其影响力却并不小。尤其是就思想文化而言，并不会因为政治的改朝换代而立刻改弦更张，以遗民为代表的旧文化、旧道德仍然在现实世界中起着重要的作用。要了解清末民初的历史世界与思想世界，如果缺掉了"保守者"这一块，无疑是残缺的。②

就曹元弼而言，其虽未久居沪上，但其与沪上遗民多有交流，可谓这一拼图中的一小块。③ 1914 年 3 月 27 日罗振玉致书王国维，言其见沈曾植、梁鼎芬、曹元弼事：

> 昨午见沈乙老，畅谈二时许。座中并见曹叔彦。今朝梁节老来，略悉近来情状。乙老坚持"非无可挽"四字，节老则痛禽兽之充斥，所闻颇有得之意外者。节老火气退尽，和平诚挚，此又一异事也。④

---

① 罗志田：《新旧之间：近代中国的多个世界及"失语"群体》，《四川大学学报》（哲学社会科学版）1999 年第 6 期，第 80~81 页。

② 林志宏《民国乃敌国也：政治文化转型下的清遗民》对民初遗民做了深入的研究，其于结论部分言曰："或许有人会提出这样的疑问：与现代民主潮流相互背道而驰之下，清遗民在民国不过只是一群充满'反动'思想的'逆流'，是否有必要去美化这样一批违反时潮之人，甚至去了解他们的政治认同和态度？当我们触及如此论调时，往往可能会陷到先入为主的思维中，甚至不禁带有情绪性字眼，以致错失了了解历史深层的意义。……诚如后见之明，'激进'逐渐成为近代中国主要的思想特征和力量，人们大抵只有希冀不同程度的变革，要求变革较少的人往往被划分为'保守'，并戴上有色的眼镜。民国以后，由于政治立场与思想相左，忠清的遗民们也被归类为'保守'的群体，屡遭'污名化'/'妖魔化'的对待，成为社会上'负面'的代表人物。但值得追问的是，这群普遍被深恶痛绝的人们，如果放在传统过渡到现代的角度进行观察，究竟具有何种意义？关于这一问题，可从'转型时代'来看。对研究中国近现代史的学者来说，转型时代象征政治秩序和思想取向发生重大转变；对于如此关键的时刻，若能厘清当中个体/集体的心理倾向，都将有助于进行更深刻地反思。"（林志宏：《民国乃敌国也：政治文化转型下的清遗民》，中华书局，2013，第 331~332 页）此即可谓遗民研究的意义所在。

③ 民国建立之后，曹元弼多次赴沪，1914 年、1924 年皆有赴沪记录，参见宫志翀《曹元弼学术年谱》，《曹元弼的生平与学术》，第 86、100 页。

④ 王庆祥、萧立文校注，罗继祖审订《罗振玉王国维往来书信》，东方出版社，2000，第 12 页。

可见曹元弼与沈曾植、罗振玉等清遗民领袖多有交往。① 但曹元弼与沈、罗、梁等亦有所不同，沈、罗、梁等多直接介入政治之中，如乙老坚持"非无可挽"，即指溥仪复辟之事而言；② 但曹元弼更多则是坚守中国传统文化，以经学介入是时之文化世界。如果说沈、罗、梁等人更多指向政治遗民，那么，曹元弼虽亦心怀胜朝，但究其实则当指向文化遗民。曹元弼的文化遗民感，或者说是对文化没落的自觉，当始于青少年时代。这种文化遗民的自觉，与其说是出于对现实政治的思考，毋宁说是出于对中西文化中中国传统文化日渐式微的担忧。叶昌炽《缘督庐日记》光绪十四年（1888）记曹元弼来访曰："日晡，屺怀、叔彦偕来畅谈。叔彦读凌次仲《校礼堂集·黄钟考》尊崇西学，有'西方有圣人'一语，愤不能平，为之废寝。"③ 曹元弼时年二十二岁，仍在修学阶段。凌廷堪尊崇西学，有"西方有圣人"之语，曹元弼为之愤愤不平。凌廷堪作为清中期著名学者，尤善礼学，与曹元弼可谓兴味相投。但凌氏可以正视西学，而曹氏却坚不欲见"西方有圣人"之义，盖时势然也。凌廷堪所处的清中期正处于清朝鼎盛时期，天朝上国之梦尚未破碎，故其对西学之认同、提出"西方有圣人"之论，并不会影响中国"圣人"的合法性。但曹元弼所处的清末，则大有"西方圣人"取代"东方圣人"之势，故曹氏坚不欲纳此论。对于西风压倒东风而言，民国建立并不是一个起始点，1895 年则可视为一个重要的节点。葛兆光指出：

> 如果回顾历史，可以看到一个深刻的曲折，从明末清初面对西洋新学时士人关于"西学中源"的历史制作，到阮元《畴人传》中所表现的对天文算学的实际重视和对西洋学术的习惯蔑视，以及李锐、李善兰等人试图在算学上超越西洋学问，从冯桂芬《采西学议》的"以中国之伦常名教为原本，辅以诸国富强之术"，到张之洞等人的"中

---

① 亦可参见《曹元弼友朋书札》，曹元弼交游往还者多为清遗民与文化保守者。
② 许全胜《沈曾植年谱长编》曰："此札中公所谓'非无可挽'，与三月十五日《罗振玉致王国维札》'培老之说，恐成熟之期不远'，皆指复辟而言。"（中华书局，2007，第 397 页）
③ 叶昌炽：《缘督庐日记》第 3 册，江苏古籍出版社，2002 年影印本，第 1441 页。

体西用"，在面对西方文明时，中国大体上都是坚持克拉克所说的，
"在传统中变"，可是，1895 年以后，在这种追求富强的心情中，一切
却似乎在向着西方式的"现代"转化，出现了"在传统外变"的取
向。很多人都开始废弃传统旧学而转向追求西洋新知。……研究者都
注意到这种现象，1895 年以后，新的传媒、新式学堂、新的学会和新
的报刊的出现，"西方文化在转型时代有着空前的扩散"，而西方知识
与思想也在这些载体的支持下，以前所未有的速度传播。如果说，
1895 年以前的士人们尤其是大儒，甚至沿海士大夫对西学还有"一种
普遍的漠视"，"一般士大夫思想上的门仍然静静地关闭着"，但是
"在 1895 年以后开始有了极大的转变"，而《万国公报》的言论也表
现着这一倾向，"以甲午战争为分野，《万国公报》的言论发生了显著
变化，那以前大多没有超出通商筑路、改革科举的范围，那以后便转
向'不变法不能救中国'"。①

如果说 1895 年之前士大夫对文化还有其自信，那么，1895 年之后日渐了
解西方文化的士人、学者，亦日益认识到必须转向西方文化，才能救中
国，即"不变法不能救中国"也。是以，"在十九世纪末，特别是 1895 年
以后，中国人在极度震惊之后，突然对自己的传统失去了信心，虽然共同
生活的地域还在，共同使用的语言还在，但是共同的信仰却开始被西洋的
新知动摇，共同的历史记忆似乎也在渐渐消失"。② 1895 年带给中国的震
惊，最重要的是甲午战争对日本的失败，让国人认识到必须从技术到体制
全面学习西方。而就思想界而言，1895 年前后最重要的，就是康有为《新
学伪经考》和《孔子改制考》的出版。③ 康氏意图改造经学体系以接续西
学，使中学与西学接榫。但就传统经学家而言，康氏之论无疑是离经叛道
之举。曹元弼对康有为之论多有批驳，认为康有为等人之论非恪守经学之
本根，实以中就西。1895 年，曹元弼致书梁鼎芬，信中即可见曹元弼对传

---

① 葛兆光：《中国思想史》第 2 卷，复旦大学出版社，2018，第 476~477 页。
② 葛兆光：《中国思想史》第 2 卷，第 480 页。
③ 据《康有为全集》载，《新学伪经考》初刻于光绪十七年（1891），《孔子改制考》"始属稿"于光绪
十二年，系统编纂于 1892 年，光绪二十三年冬首次刊刻。

统经学之坚守与对以中就西之批判：

> 星海先生执事：去夏得手教，意气肫恳，诲以所不逮，诚感诚荷。承赐《东塾集》，谨敬受读。侧闻讲席近在钟山，大江南北得张制军以为帅，得执事以为师，孤独困穷之士、颠越奸宄之民复性遂生在今日矣。弼在京年余，蒿目时艰，言之痛心。小人陵君子、夷狄侵中国，沧海横流至斯而极。贼民康有为贪天之祸，以匹夫荧惑天子，崇饰恶言，助夷猾夏，其意以为羲、农、舜、周、孔皆不足法，而惟夷是从，人头畜鸣，岂不哀哉！夫法久则弊生，设法救弊似也。然必以圣贤至公无私、至正无邪之心处之，博选方正廉洁、有道之人，就所长任以事。审权势之宜，折常变之中，方能救法弊而不至滋弊，岂患得患失之鄙夫所能徼幸而为之乎？虽然，有为其著闻者耳，其贪冒诐邪、包藏祸心而未经暴露者，奚啻千百其人。弼常谓今日天下之患在于无人才，所以无人才者由于无人心，所以无人心者由于无学术。所望大君子闲圣道、息邪说，发挥许、郑之微言，张皇程、朱之精义，俾孔、孟彝训昭昭揭日月而行，为天地苏人心、为国家培元气。弼亦当勉竭驽钝，随执事后焉。与子言孝，与弟言弟，与臣言忠，坚持古训，力申正道，庶几雨雪见睍而消，髦蛮之忧可以少息。呜呼，洪水而后为中国患者莫如夷狄禽兽，然必中国先夷狄而后夷狄入之，民人先禽兽而后禽兽乘之。今天下滔滔，日趋于夷狄，相率为禽兽矣。民我同胞，物我与也，有心人能不赴水蹈火而救之乎？[①]

曹元弼指出是时"小人陵君子、夷狄侵中国，沧海横流至斯而极"，即中国已迎来了从来未有的局面。但曹氏认为，"中国先夷狄而后夷狄入之，民人先禽兽而后禽兽乘之"，即只有中国文化内部变化才能真正破坏中国，使中国夷狄化、禽兽化。而其所谓夷狄化、禽兽化，即是从中西文化对比的角度提出的。但曹氏认为，西方文化不足以真正威胁到中国，而中国文

---

① 虞和平主编《近代史所藏清代名人稿本抄本》第 1 辑第 135 册，大象出版社，2011 年影印本，第 505~510 页。此札原定为残札，蒙吴仰湘老师见告，重新编排，实为完整信札，特此致谢。

化内部的主动夷狄化、禽兽化，即变夏为夷，才是中国文化面临的最大威胁。易言之，西方文化、西化学人只是在中国文化外部对中国提出挑战，而真正从中国内部对中国文化予以冲击的，则是康有为等改变经学体系的做法。康有为借《新学伪经考》《孔子改制考》意图变法，但从经学上讲，二考的刊行导致了对经学与经典的普遍怀疑，最终导向了对经典与圣人的质疑，从而导致经学与圣人都将失去二千年来的"天然合法性"。是以，曹元弼怒斥曰："贼民康有为贪天之祸，以匹夫荧惑天子，崇饰恶言，助夷猾夏，其意以为羲、农、舜、周、孔皆不足法，而惟夷是从，人头畜鸣，岂不哀哉！"后人多看到康有为二考及维新变法对政治、学术走向现代的积极意义，却忽略了对于传统士人而言，康氏之论对传统经学与中国传统文化的破坏性。曹元弼作为文化保守主义者，其对康有为的批判即是建立在中国文化维度之上。稍早于此函，曹元弼致书张锡恭，言："周公、孔子、郑君、朱子之道，当赖吾兄明之。千秋大业，担荷至重也。"① 此固是曹氏所期待于张锡恭者，但亦未尝不是其自我期许所在。

但就 19 世纪末的现实而言，中国传统文化日益为西方文化所冲击、所取代，曹氏所坚守之周公、孔子、郑君、朱子之道日渐为士人所不取，乃至重加批判。张之洞作为当朝大员，能够推崇中学，故曹氏以为"大江南北得张制军以为帅，得执事以为师，孤独困穷之士、颠越奸宄之民复性遂生在今日矣"，即对张之洞极怀期待。后此，曹氏入张之洞幕，任经学总教，编纂《十四经学》，皆是此一脉络的延续。宣统元年八月二十一日张之洞薨，曹元弼于八月二十四日日记记曰：

> 闻南皮相国薨，天祸中国，天祸斯文，一至此邪！弼自是无心于世矣。《十四经学》当依旧编纂，以无坠南皮师遗教。他日此书苟能于世道人心有益，则《劝学篇》之立法为不虚，我师维持名教之功与《六经》无终极，而国士之知差可无负矣。②

---

① 《曹元弼友朋书札》，第 384 页。
② 《曹元弼日记》，李科整理，凤凰出版社，2020，第 68 页。

曹元弼于张之洞之薨言"天祸中国，天祸斯文，一至此邪"，则是将张之洞视为中国文化系命之人。张之洞之薨也使曹元弼"无心于世"，所以然者，盖亦明了世事之不可为也。宣统元年下距清朝灭亡仅有三年，西方文化更显压倒性优势，张之洞的去世也预示着传统文化没落的趋势已无可挽回。晚清西方以坚船利炮打开中国大门，可谓对中国物质文化的第一次冲击，甲午海战、维新变法则是对中国制度文化的又一大冲击，而张之洞去世、清朝灭亡则昭示着中国传统文化的终结。是以，作为文化遗民，曹元弼的"遗民"意识并非始于清亡，而是从晚清西学冲击中学之时即已有危机感，而随着张之洞去世，终感事不可为，事实上已成其为"文化遗民"。但曹元弼心系《十四经学》，冀图以此延续中国文化，以"维持名教"，使"《六经》无终极"，即使以礼教为中心的中国传统文化不至废绝。曹元弼以经学自任，以礼教文化遗民自居，数十年孜孜矻矻治经、研经，即欲延续中国文化之命脉。

余　论

王汎森曾在题为"思想史研究方法经验谈"的讲座中说：

> 思想世界林林总总的现象不总是一个简单的、在"典范"下面解决问题的情形，有许多时候是在一个松散的价值层级下调动各种思想资源。这个价值层级有它的最高级、最优位的思想，也有属于下位、边缘的思想，它微妙地在调动、驱策思想资源的升降与聚散。随着时代的变动，这个价值层级会变。在一个个价值层级下，存在着很多发挥、竞争。价值层级随着时代而变，譬如"五四"以来科学和民主居有主流，人们觉得这个思想好，那么以科学与民主为最高层级的思想框架便到处调动思想界的变化，各种资源向它趋近或轶离，连带的很多旧的东西也跟着变。……思想界的事有很多时候不能用"典范"来解释，而要用一个松散的架构和思想的层级来把握，这个架构与层级使得某些是上位的，某些是下位的。譬如"五四"以后很长一段时间科学的或胡适所代表的东西是上位的，而保守派思想家的东西可能就

是比较下位的。①

在民国以降的思想与历史世界中，中西文化已经不是对等的、可以放在同一平面予以比较的两种文化，早已成了"落后"与"先进"的代名词。②无疑，胡适等西化派和科学代表了先进，而张之洞、曹元弼等保守派和礼教则是落后的表征。在思想史、学术史的研究中，由于"先进"的胜利，我们从后设的"先进"观念出发去观照当日的思想、历史世界，无疑更容易捕捉到"先进"的思想及思想家，而忽略"落后"的思想及其持有者。正如王汎森所说，"科学的或胡适所代表的东西是上位的，而保守派思想家的东西可能就是比较下位的"。将"上位"和"下位"换算到学术世界，就是主流正方向与潜流逆方向。在这种"上位"和"下位"的比照中，胡适等科学派自然是属于"最上位"的；王国维、陈寅恪则由于方法的"上位"与思想的"下位"，处于"上位"与"下位"之间，即分有可为后世推崇与批驳的点；③而曹元弼因为思想与方法的完全"守旧"，从后世学术史研究看来，无疑是处于"最下位"的。这种"下位"就注定了，在"进化论"史学的谱系与脉络中，"落后者"是被无视和淘汰的。

这种"先进"与"落后"的谱系建构，无疑是与近代以来的"线性历史观"相关联的。④当我们从后世回溯清末，我们会将与当下一脉相承的西化派视为"先进"，而将传统派视为"守旧"与"落后"。但"在面

---

① 王汎森：《思想史研究方法经验谈》，许纪霖、刘擎主编《何谓现代，谁之中国？：现代中国的再阐释》，上海人民出版社，2014，第 55~56 页。

② 罗志田言："近代史上的中、西、新、旧，各自都有其独立的意义，不过相互依存的一面似更显著。中西和新旧之间的关系，尤其密切而纠结。在某种程度上，正因中国在对外竞争中的屡屡失利，'中西'的认同已带有太多的感情色彩，承载着强烈的价值判断，才逐渐被更超越的'新旧'所取代。在很长时期里，西与新和中与旧，往往可以相互替代。"（罗志田：《道出于二：过渡时代的新旧之争·自序》，北京师范大学出版社，2014，第 3 页）

③ 罗志田言："陈寅恪到 20 世纪仍自诩其思想在曾国藩和张之洞之间而为'不新不旧之学'，就不仅是近代中国思想时段和社会时段不同步现象的一个典型例子，而且提示了新旧两极之间的过渡地带其实相当宽广。"［《新旧之间：近代中国的多个世界及"失语"群体》，《四川大学学报》（哲学社会科学版）1999 年第 6 期，第 78 页］

④ 参见王汎森《近代中国的线性历史观——以社会进化论为中心的讨论》，《近代中国的史家与史学》（增订本），三联书店（香港）有限公司，2020。

对挖掘过去的思想传统这一问题时，我们应当回到思想的出发点，去关注在思想破壳而出时那里蕴含的不均衡的、可以前往任何方向的可能性，而不是去看思想到达的结果。"① 我们对于清末民初的研究，就是将"思想界"界定在只能导向"先进"，故而忽略乃至抹杀了"先进"之外的各种因素与可能。但如果"回到思想的前点或它还未得到充分发展的阶段，去关注那里包含的各种要素以及能够前往任意方向的可能性"，② 那么，我们也许就会发现，"守旧"乃至"落后"的思想家，未尝不是在应对二千年未有之大变局，试图以自己的探索去破解这一困局。如果说西化派试图通过解构中国传统以现代化，进而与西方接榫，成为"世界"的一分子；那么，"保守派"则希望在解决当前变局与危机的同时，坚守中国传统礼教，并以传统礼教作为"中国"的本根。"自古以来越是沉淀于人们精神深处的东西越是无意识的，持续性也越强。"③ 对于传统中国来说，礼教就是"中国之为中国"最深层的意识与无意识。西化派为了与西方接榫，就要求批判与解构和西方思想、文化格格不入的礼教文化，但传统学者则认为礼教是中国的本根所在，礼教不存则中国非中国矣。贺麟作为辗转游学于美、德两国的重要哲学家，其对于传统与时髦两种文化的分判，或可视为对"落后"与"先进"的更深一层思考：

> 无形中支配我们生活的重大力量有二：一为过去的传统的观念，一为现在的流行的或时髦的观念。一个人要想保持行为的独立与自主，不作传统观念的奴隶，不作流行观念的牺牲品，他必须具有批评的、反省的宗主力，能够对这些传统观念及流行观念，加以新检讨、新估价。同时如要把握住传统观念中的精华，而作为民族文化的负荷者，理解流行观念的真义，而作时代精神的代表，也须能够对传统观念及其流行观念加以重新检讨、重新估价。有许多人表面上好像很新，满口的新名词新口号，时而要推翻这样，打倒那样，试细考其实

① 丸山真男：《关于思想史的思考方法》，《忠诚与反叛：日本转型期的精神史状况》，路平译，上海文艺出版社，2021，第380页。
② 丸山真男：《关于思想史的思考方法》，《忠诚与反叛：日本转型期的精神史状况》，第381页。
③ 《丸山真男讲义录》第6册，唐永亮译，四川教育出版社，2017，第21页。

际行为，有时反作传统观念的奴隶而不自觉。这就是因为他们对于传统的旧观念与流行的新观念未曾加以批评的考察、反省的检讨、重新的估价。结果，只看见他们在那里浮躁叫嚣，打不倒坏的旧观念，亦不能建设起来好的新的观念，既不能保持旧有文化的精华，又不能认识新时代的真精神。①

西化派一意推行西方文化与理念，但他们对于西方文化、思想及其概念的观照，是以西方为参考系的。在这个参考系下，他们往往对西方没有真正的深层的精神体认，而只有表面的形式认同；对于中国传统则更无温情与敬意，一意打倒，故对中国传统也没有真正的理解。是以，在这样的情况下，打倒、批判与建设都是在浮泛的表面予以诠释的。贺麟提出，"民族文化的负荷者"，"要把握住传统观念中的精华"，就要"理解流行观念的真义"，更需"对传统观念及其流行观念加以重新检讨、重新估价"，从而建立"新时代的真精神"。就以中国传统礼教中的五伦观念而言，贺麟即曰：

> 五伦的观念是几千年来支配了我们中国人的道德生活的最有力量的传统观念之一。它是我们礼教的核心，它是维系中华民族的群体的纲纪。我们要从检讨这旧的传统观念里，去发现最新的近代精神。从旧的里面去发现新的，这就叫做推陈出新。必定要旧中之新，有历史有渊源的新，才是真正的新。那种表面上五花八门、欺世骇俗、竞奇斗异的新，只是一时的时髦，并不是真正的新。②

为什么真正的新必然是"要旧中之新，有历史有渊源的新"？盖如果没有传统，那么，所谓的新或是空中楼阁，或是逐人后尘，而不是真正具有根基的新。就中国而言，五伦就是支配数千年中国人道德生活的最为重要的礼教思想之一，如果不以中国数千年传统作为根基，那么，其所谓新，也并非属于中国的新。一味彻底地追随西方，只能是消解自我式的新；而此

---

① 贺麟：《五伦观念的新检讨》，《近代唯心论简释》，商务印书馆，2011，第230页。
② 贺麟：《五伦观念的新检讨》，《近代唯心论简释》，第230~231页。

新就西方而言，只不过是庸常。那么，要真正成就中国的新，该当如何呢？贺麟以五伦为例，言要从作为旧道德的五伦中去发现新的时代精神，从旧中发现新，即将旧道德与新时代相结合，意图从中国传统中开出新时代的新精神，此可谓真正属于中国的新。

就此点而言，曹元弼与贺麟并无本质上的区别，曹元弼亦是意图以接续中国传统来应对西方的新观念、新理念、新生活。但曹元弼的经学研究并非一成不变、完全恪守传统的。尤其是《十四经学》《述学诗》的编纂，从形式上讲，也已经由传统的博转向了近代教科书式的约，是主动的形式转换、范式转换；从内核上讲，曹元弼之经学思想也集中于礼教、纲常之上；从目的上讲，经学只是曹元弼教育理念中的精神学科，而其亦不排斥西学在声、光、电等领域的教学。是以，并不能说曹元弼是完全食古不化之人，其对经学与礼教的坚守，更多是从"中国之为中国"的文化视角切入的。相比于贺麟，曹元弼当然是极大的保守派；但相比于对传统礼教的彻底批判、蔑弃，贺麟又何尝不是保守派呢？

回到思想起点的岔路口，胡适、顾颉刚、贺麟、王国维、陈寅恪、张之洞、曹元弼都代表了不同的思想与文化走向。在这一岔路口，谁也不知道最终哪条路是最佳路线，大家都不过是在这条分岔路上试探，做出自己的选择。百年之后，当我们重新回溯到这一分岔口，我们也需要面对不同的分岔路，重新体认是时的学者在这一分岔路口的迷茫与尝试，或许我们就能更好地理解王国维、陈寅恪、张之洞、曹元弼，而不是认为只有胡适、顾颉刚。让我们重回这一分岔路口，沿着曹元弼所开辟的这一泥泞之路而行，路上虽或布满荆棘、杂草丛生，但不妨看看曹元弼到底要带我们走向何方。

［本文发表在邓秉元主编《新经学》第 11 辑，上海人民出版社，2023］

以经观子

——陈澧《东塾读书记·诸子书》之旨趣及影响[*]

杨青华

安徽大学徽学与中国传统文化研究院

陈澧（1810~1882），字兰甫，世称东塾先生，广东番禺人，晚清著名学者，素以治经学著称，于小学、音律、地理、诗文等亦有精深造诣。其《汉儒通义》、《切韵考》、《声律通考》、《东塾读书记》（以下简称《读书记》）等书蜚声晚清民国学界，至今仍为学术经典之作，所撰《读书记》"详言经学源流正变，并博考周末诸子流派，表章汉晋以后醇儒，尤谆谆以开风气、造人才为先务，粹然为咸同间一大师"。[①]《读书记》为陈澧晚年所作，是其毕生读书治学所得，在晚清民国学界得到广泛关注乃至赞誉。[②] 该书作为补偏救弊之作，其调和汉宋之学的意图非常鲜明，因而学界对其多有关注。[③]《读书记·诸子书》是陈氏论周秦诸子学的札记，但少为学人所关注。考其实，《诸子书》作为是书的一部分，同样体现了陈澧对乾嘉以来诸子学的补偏纠弊的用心，对陈澧《读书记·诸子书》的考

* 本文为中央高校基本科研业务费（青年教师培育专项）"陈澧学术思想研究（19wkpy110）"的阶段性成果。

① 徐世昌辑《晚晴簃诗汇》卷137，《续修四库全书》第1632册，上海古籍出版社，2002年影印本，第204页。《清史列传·儒林传》言："晚年寻求大义及经学源流正变得失所在而论赞之，外及九流诸子、两汉以后学术，为《东塾读书记》。"《清史列传》卷69《儒林传下二》，第18册，王锺翰点校，中华书局，1987，第5637页。

② 陈澧弟子文廷式曾言："光绪甲午朝考，诸贡士卷中有明引《东塾读书记》者，阅卷大臣拟签出，翁叔平师云：'上案头方置此书，日加披览，可无签也。'师殁十余年而书邀御览，亦可谓稽古之至荣矣。"又曰："师终身读书，必端坐，藏书五万卷，丹黄几遍，晚年复读二十四史，加朱点勘，至《元史》未卒业而卒。"文廷式：《纯常子枝语》卷2，《续修四库全书》第1165册，第25页。

③ 李绪柏：《陈澧与汉宋调和》，《南开学报》2005年第6期；张循：《道术将为天下裂——清中叶"汉宋之争"的一个思想史研究》，广西师范大学出版社，2017，第167~207页。

察，不仅是全面认识陈澧学术思想的题中之义，更重要的是，其子学思想是乾嘉至民国以来诸子学史上重要的一环，对张之洞、章太炎等人的诸子学思想产生重要影响。

一 以经观子：排名法而尊《孟子》

关于《读书记》的创作主旨，陈澧在《学思自记》中言："《学思录》排名法而尊《孟子》者，欲去今世之弊而以儒术治天下也。……著此书非儒生之业也，惩今之弊，且防后人之弊也。"① 可知该书立意在于推尊孔孟儒家学说，以期达到纠正学风、惩前毖后之效。《读书记》初名《学思录》，取孔子"学而不思则罔，思而不学则殆"之义。陈澧在撰《学思录》之前曾有一个提纲，其《东塾遗稿》列《学思录》大旨四十四条，其中第九为"辟老氏流为申、韩、李斯"，第十条为"明法家之弊"。② 由此可知周秦诸子之书在陈澧拟撰《学思录》之时就已经纳入了其视野。他在复刘宝楠之子刘恭冕的信中论及《读书记》曰：

> 中年以前治经，每有疑义，则解之，考之，其后幡然而改，以为解之不可甚解，考之不可甚考，乃寻求微言大义、经学源流、正变得失所在，而后解之，考之，论赞之，著为《学思录》一书，今改名曰《东塾读书记》。此书自经学外，及于九流诸子，两汉以后学术，至宋以后，有宋、元、明学案之书，则皆略之，惟详于朱子之学。③

道光五年（1825），阮元创办学海堂，以经史、词章之学课士，提倡考据，陈澧受此风影响甚深，早年的《声律通考》《切韵考》《说文声表》皆为考据之作。中年以后治经主张汉宋调和，尤以《汉儒通义》《读书记》为代表。观陈澧此言，《读书记》乃是欲融考据与义理于一体的著作。《读书记》作为对乾嘉以来学风的补偏救弊之作，所针对的不惟经学，乾嘉以来

---

① 《东塾读书记》初名《学思录》。黄国声主编《陈澧集》第 2 册，上海古籍出版社，2008，第 758 页。
② 《陈澧集》第 2 册，第 761 页。
③ 《陈澧集》第 2 册，第 167 页。

兴起的诸子学亦包括其中。陈澧曾为友人所刻之《太上感应篇》作了一篇
序文，颇能见陈澧之经子观念，其言曰：

> 《太上感应篇》著录于《宋史·艺文志》，盖古道家之书也。世
> 人写刻分送，以为劝人为善，戒人为恶，可以邀福。……余以为
> 《五经》《四书》劝善戒恶，至矣尽矣，即感应之说，《五经》《四
> 书》亦有之。曾子曰："戒之戒之，出乎尔者，反乎尔者也。"此言
> 应于其身也。孔子曰："积善之家必有余庆，积不善之家必有余
> 殃。"此言应于其后人也。孔、曾之言如此，何借乎道家之说哉！世
> 俗读《四书》者以为时文之题目而已，读《五经》者以为时文之辞
> 采而已，如是则已失《五经》《四书》劝戒之旨矣。于是有好善之
> 人，欲劝人善，戒人恶，而求之《太上感应篇》。夫人苟识字，能
> 读《太上感应篇》则必尝读《五经》《四书》矣。即未尝尽读《五
> 经》《四书》，岂不读《论语》第一篇哉！人人"知学而时习之"，
> 而圣学明矣。人人知为人孝弟，不作乱，而天下平矣。此圣贤之语，
> 以福天下万世者，至深至大也。何借乎道家之说哉。然而求之道家
> 者，非也。其劝戒之意，则可取也。且《太上感应篇》犹为古道家
> 之书，较之世俗所谓阴骘文之类诬妄而不通者，亦有间也。余故不
> 辞而为之序，冀有因读《太上感应篇》进而求之《五经》《四书》
> 者，则真可谓善也矣。①

陈澧认为《太上感应篇》乃道家之书，其劝善思想、感应之说，儒家《四
书》《五经》本已具备。他肯定《太上感应篇》，乃是由于该书劝善思想
与儒家有相通之处，勉为作序，也是希望世人能够通过该书而关注儒家
《四书》《五经》。此篇序文，鲜明地体现了陈澧崇儒的思想立场，可称为
"以经观子"。《读书记》凡二十五卷，《诸子书》为第十二卷。《诸子书》
对其他周秦诸子的批评基本是沿着"以经观子"的思路所展开。《诸子书》

---

① 《陈澧集》第 1 册，第 119~120 页。

以论《荀子》为开篇，曰：

> 韩昌黎《进学解》，称孟、荀二儒"吐辞为经"。谢金圃《荀子·序》，云小戴所传《三年问》，全出《礼论》篇；《乐记》《乡饮酒义》所引，俱出《乐论》篇；《聘义》子贡贵玉贱珉，亦与《德行》篇大同。大戴所传《礼三本》篇；亦出《礼论》篇；《劝学》篇即《荀子》首篇，而以《宥坐》篇末"见大水"一则附之；《哀公问》五义出《哀公》篇之首，则知荀子所著，载在二戴《记》者尚多。澧谓此"吐辞为经"之证也。《文心雕龙·诸子篇》云："其纯粹者入矩，三年问丧，写乎荀子之书，此纯粹之类也。"昌黎《读荀子》则云"时若不醇粹"。刘彦和论《礼记》所取诸篇，昌黎总论之，言各有当也。①

韩愈《进学解》言"昔者孟轲好辩，孔道以明，辙环天下，卒老于行；荀卿守正，大论是弘，逃谗于楚，废死兰陵。是二儒者，吐辞为经，举足为法，绝类离伦，优入圣域，其遇于世何如也？"② 韩氏之意谓孟、荀能够弘扬孔子之道，故其言多与六经相合，因而能从容达到圣人境界，可为后世取法。文中提到的谢墉乃乾嘉时期的考据学者之一，谢与友人卢文弨同校《荀子》，成《荀子杨倞注校附校勘补遗》，为乾嘉时期"以子证经"的风气下的产物。谢在为此作了一篇《序》文，谢氏认为《荀子》一书思想多与《礼记》相为表里。③ 荀子虽为战国末期继孟子之后的大儒，然《荀子》《孟子》二书在宋代以前一直属于子部儒家类，并未列入经部，至宋明儒学兴起之后，孟子性善说成为宋明儒学的一大关键，《孟子》也由子而升经，而《荀子》因"性恶说"而遭到学者排斥，仍归子部。陈澧论学颇为推重孟子，《读书记》有论"孟子"一卷，对孟子之学极为推崇，尤服膺

---

① 《陈澧集》第 2 册，第 238 页。
② 刘真伦、岳珍校注《韩愈文集汇校集注》第 1 册，中华书局，2017，第 148 页。
③ 荀况著，杨倞注，卢文弨、谢墉校《荀子附校勘补遗》，《丛书集成新编》第 18 册，台北：新文丰出版公司，1984 年影印本，第 392 页。

性善说，^① 因而对《荀子·非十二子》非议子思、孟子之言极为不满，其言：

> 《荀子》书开卷即曰："学不可以已。青，取之于蓝而青于蓝；冰，水为之，而寒于水。"然则所谓"学不可以已"者，欲求胜于前人耳。其《非十二子》，实攻子思、孟子。黄东发云："欲排二子而去之，以自继孔子之传也。"^②

又言：

> 据此，则当时儒者，皆深信子思、孟子得孔子之传矣，尚可排而去之乎？后来王子雍之于郑康成，陆子静之于朱晦庵，又从而效之。夫亦可以不必矣。陆子静诋有子、子贡、子夏诸贤，亦似效荀子也。^③

陈澧虽对荀子排斥思孟学派不满，但其引用刘勰"其纯粹者入矩"、韩愈"吐辞为经"之言，无疑亦肯定《荀子》思想与《礼记》等儒家经典互相发明的事实，这很能代表陈澧"以经观子"的思想，即诸子虽不尽同如孔、孟儒家思想，但其嘉言懿行可与孔孟之经相为表里。相比于其他诸子，陈澧对荀子的批评是相对比较温和的，《读书记》未抄录《荀子》，乃是"以其醇粹者多，钞之不胜钞。但当如韩昌黎所云削其不合者，以附于圣人之籍耳"。^④ 又言："陆清献公云：'今之读《战国策》者多，亦曾以孟子之道权衡之乎？余惧其毒之中于人也。故指示其得失，使学者哜其味而不中其毒。'澧谓诸子之书皆有毒，安得如清献者，尽去其毒使不中于人则善矣。"^⑤ 其尊儒观念之深可见一斑。

---

① 陈澧曾在《自述》中言："尤好读《孟子》，以为《孟子》所谓性善者，人性皆有善，荀、杨辈皆未知也。"《陈澧集》第 2 册，第 10 页。陈澧还撰有《别本孟子注》2 卷、《孟子注》2 卷，皆为稿本，今未得见，清末民国藏书家伦明所撰提要载："矢志晚年熟读《孟子》。"又载："晚年之学，直趋《孟子》七篇。"参见《续修四库全书总目提要》，中国科学院图书馆整理，中华书局，1993，第 930~931 页。
② 《陈澧集》第 2 册，第 238 页。
③ 《陈澧集》第 2 册，第 239 页。
④ 《陈澧集》第 2 册，第 254 页。
⑤ 《陈澧集》第 2 册，第 253 页。

又如论《管子》之书曰：

> 管子之书，《史记》采入列传者，曰"仓廪实而知礼节，衣食足而知荣辱，上服度则六亲固，四维不张，国乃灭亡"。此最精醇之语，其余则甚驳杂。其言曰："惠者，民之仇雠也；法者，民之父母也。"……如此类者，法家之语。……《管子》书所用权术，后世多不可用。或其事由于虚造，或当时人心近古，可以欺之。后世人皆狡猾，不复可以此欺之矣。《通典·轻重篇》载其事，而自注云："凡问古人之书，盖欲发明新意，随时制事，其道无穷，而况机权之术千变万化，若一二楷模，则同刻舟胶柱耳。"①

《管子》一书，《汉书·艺文志》入道家类，《隋书·经籍志》入法家类。该书内容较为驳杂，陈澧对此有所认识，认为该书包含了儒家、法家、名家、道家、农家之语（后文有详论）。他认为《管子》多讲权谋之术，能够为世所用，乃在于当时人心近古，君主可以用之驭民，但随着后世百姓智识的提高，其术便难以施行，如果一味遵循，则是刻舟求剑、胶柱鼓瑟。他认为《管子》"仓廪实而知礼节"是该书"最精醇"之语，毫无疑问是因此言与儒家所重视的礼义廉耻等思想相契合，而这些是儒家所提倡的万古不变之恒道。

又论申不害之学云：

> 申不害之书已亡，惟《群书治要》采其《大体篇》有云："名者，天地之纲，圣人之符。张天地之纲，用圣人之符，则万物之情无所逃之矣。故善为主者，倚于愚，立于不盈，设于不敢，藏于无事，窜端匿疏。……"澧案：《群书治要》采此篇，盖取其稍醇正者。然"藏于无事，窜端匿疏"，已见其术矣。……其所谓无为者，本于老子，因而欲使人主自专自秘，臣下莫得窥其旨。赵高说秦二世，所谓"天子称朕，固不闻声"，秦之亡，由此术也。刘向《别录》称其

"尊君卑臣，崇上抑下"，此说则有利有病，观于汉魏以后可见也。①

陈澧认为《群书治要》采择申不害之言是因为其语醇正，与儒家纲常名教等思想相符。但申不害之学过于重视权谋之术，后为商鞅所继承，秦国因用此术而灭亡。其言无疑还是站在儒家的立场来论法家。又论韩非之学曰：

> 韩非之学，出于老子而流为惨刻者，其意以为先用严刑，使天下不敢犯，然后可以清静而治也。至暴秦严刑之后，汉初果以黄老致刑措矣。然秦以严刑而亡，汉以清静而治；严刑者近受其祸，清静者远受其福；韩非未见及此也。彼欲于其一身，先用严刑，后享清静，而不知已杀其身，已亡其国也。且秦虽严刑，而博浪之椎，兰池之盗，陈胜、吴广之揭竿而起，何尝畏严刑哉？况汉初虽云刑措，而游侠犯禁者纷纷而出，严刑不可恃矣，清静亦何可恃乎？《老子》云："民不畏死，奈何以死惧之！"惜乎！韩非之未解此也。②

又言：

> 韩非云："仁者，谓其中心欣然爱人也。义者，君臣上下之争，父子贵贱之差也。……礼者，外节之所以喻内也。……"韩非此说，本以解老子"失德而后仁，失仁而后义，失义而后礼"，而其解仁、义、礼三字之义，则纯乎儒者之言，精邃无匹，是其天资绝高。又其时去圣人未远，所闻仁、义、礼之说尚无差谬，而其文又足以达之，使其为儒者解孔子之言，必有可观者也。③

在陈澧看来，韩非天资绝高，去圣未远，其《解老》《喻老》等篇虽能够深识仁、义、礼之义，但是其学出老子，主张先严刑而后清静，最终流为惨刻。又论商鞅曰：

① 《陈澧集》第 2 册，第 245~246 页。
② 《陈澧集》第 2 册，第 248~249 页。
③ 《陈澧集》第 2 册，第 249~250 页。

呜呼！《礼》、《乐》、《诗》、《书》、仁、义，不必与论矣；若孝悌，则自有人类以来，未有不以为美者，而商鞅以为虱，以为必亡必削。非枭獍而为此言哉？亲亲尊尊之恩绝矣。车裂不足蔽其辜也。庄子云："夫至仁尚矣，孝固不足以言之。"此其言孝意已轻之，犹不至如商鞅之甚也。①

陈澧认为商鞅不言仁义孝道，亲亲尊尊之恩绝，乃是枭獍之人，因车裂而死，乃是罪有应得。此亦是站在儒家立场说话，此言是否公允也颇值得商榷。又言：

自古帝王之法，至商鞅而变。其言曰："苟可以强国，不法其故。苟可以利民，不循其礼。"尸佼著书，非先王之法，不循孔氏之术，商鞅师之也。《尸子》书已佚，观近人辑本，大约近于名家之说。如云："以实核名，百事皆成。"又云："明分则不蔽，正名则不虚"是也。盖其悖谬之语尽佚矣，是则尸佼之幸也！②

《汉书·艺文志》载《尸子》二十篇，相传为战国时人尸佼所著，后来亡佚。陈澧认为尸氏非先王之法，不依孔子之教，其悖谬之语亡佚是其幸运。又论墨子言：

孟子谓墨子"无父"，尝疑其太甚，读墨子书而知其实然也。《墨子》书云："公孟子曰：'三年之丧，学吾之慕父母。'子墨子曰：'夫婴儿子之知，独慕父母而已。父母不可得也，然号而不止，此开故何也？即愚之至也。然则儒者之知，岂有以贤于婴儿子哉？"此之谓"无父"。……澧谓墨翟称孔子不可易，是其是非之心，有几希之存。乃一闻驳诘之语，而遽为强辩，至以鸟鱼之愚比孔子，而自比禹、汤，其狂悖至此而极矣！③

---

① 《陈澧集》第2册，第247页。
② 《陈澧集》第2册，第247页。
③ 《陈澧集》第2册，第240~241页。

凡上种种皆是站在儒家的立场来论周秦诸子思想之得失。陈澧不仅对孔孟与诸子思想异同、源流做了详细的比较疏解，亦仿前人之意，抄撮诸子之书，其言：

> 《汉书·艺文志》云："观九家之言，舍短取长，则可以通万方之略矣。"《文心雕龙·诸子篇》云："洽闻之士，宜撮纲要，览华而食实，弃邪而采正。"柳子厚《辩文子》云："观其往往有可立者，又颇惜之。今刊去谬恶乱杂者，取其近是者。"权载之《进士策问》云："九流百家，论著利病，有可以辅经术而施教化者，皆为别白书之。"《黄氏日钞·读家语》云："千载而下，倘有任道者出，体任微言，阐扬奥旨，与庄周及诸子百家所传述，节而汇录之，其有功于圣门匪浅鲜矣。"澧案：《隋书·经籍志》《唐书·艺文志》，梁庾仲容、沈约皆有《子钞》；《直斋书录解题》有司马温公《徽言》，温公手钞子书也；皆所谓"舍短取长"者也。澧读诸子书亦节而钞之于左。不钞《荀子》者，以其醇粹者多，钞之不胜钞。但当如韩昌黎所云削其不合者，以附于圣人之籍耳。①

从此可见，陈澧诸子学思想受《汉书·艺文志》以来的传统观念影响甚深。据《隋书·经籍志》所载，庾信、沈约分别撰有《子钞》，乃节录诸子之作，今已不存。据《直斋书录解题》所载，司马光曾撰《徽言》三卷，为司马光手抄诸子书。黄震《黄氏日钞》亦节录、品评诸子之言有合经义者，凡四卷。陈澧论学，对黄震颇为推崇，曾言："《孟子》曰：'观水有术，必观其澜。'观书有术，必提其要。读经史必须摘录，用《黄氏日抄》之法。此所谓提要钩玄。""《黄氏日抄》：'余苦多忘，凡读书必略记所见。'余亦如此。"②陈氏节录诸子之说的做法即效仿黄氏。陈澧认为诸子书之可取者曰：

> 《管子》语，《史记》已采入列传，其余尚多可取者。其言曰：

---

① 《陈澧集》第 2 册，第 253~254 页。
② 《陈澧集》第 2 册，第 385 页。

"道之在天者日也，其在人者心也。""日益之而患少者惟忠，日损之而患多者惟欲。""先王之书，心之敬执也，而众人不知也，故有事事也，无事亦事也。""思之思之，又重思之。思之而不通，鬼神将通之。非鬼神之力也，精气之极也。"①

《晏子春秋》可取者，曰："为政患善恶之不分。""羞问之君，不能保其身。""君正臣从谓之顺，君僻臣从谓之逆。"②

《墨子》可取者，曰："是故国有贤良之士众，则国家之治厚；贤良之士寡，则国家之治薄。""自贵且智者为政乎愚且贱者，则治；自愚且贱者为政乎贵且智者，则乱。""凡天下祸篡怨恨，其所以起者，以不爱生也。"③

《老子》可取者，曰："天道无亲，常与善人。""飘风不终朝，骤雨不终日。孰为此者？天地。天地尚不能久而况于人乎？""知人者智，自知者明，胜人者有力，自胜者强。知足者富。强行者有志，不失其所者久。死而不亡者寿。"④

除了以上四家外，他节录的诸子书还有《列子》《庄子》《商鞅书》《韩非子》《尹文子》《尸子》《吕氏春秋》凡十一家，从其所取诸子之言来看，基本上是与孔孟儒家治国、齐家、修身之道有所合者。他在节录《吕氏春秋》后的自注中说："《吕氏春秋》多采古儒家之说，故可取者最多。古之儒家，多伟人名论，其书虽亡，其姓名虽湮没，而其言犹有存者，令人发思古之幽情耳。"⑤ 可见其节录诸子之言亦以儒家思想为旨归。屈原作品，刘歆《七略》归为"诗赋略"，不属于周秦诸子范围。而陈澧曰："战国时儒家之书，存于今者鲜矣。澧以为屈原之文，虽诗赋家，其学则儒家也。《离骚》云：'纷吾既有此内美兮，又重之以修能。'又云：'汩吾若将不及兮，恐年岁之不吾与。'有天资，有学力，

① 《陈澧集》第 2 册，第 254 页。
② 《陈澧集》第 2 册，第 255 页。
③ 《陈澧集》第 2 册，第 256 页。
④ 《陈澧集》第 2 册，第 257 页。
⑤ 《陈澧集》第 2 册，第 263 页。

而又及时自勉也。……杜子美称之曰'风流儒雅亦吾师',真可谓儒雅矣,真可师矣。"① 陈澧生平一以治经为志业,并常以之勉励门生学子,因而认为诸子学只是经学的附庸,如在《复戴子高书》中言:"近著《读书记》,多发明《孟子》,因而考杨、墨如何;欲知杨氏之学,故考索于《老子》《列子》。"② 陈氏此言颇遵循乾嘉以来,由考经进而入子史的为学路径。

除《读书记》节录诸子书外,今广东省立中山图书馆藏有陈澧的《东塾遗稿》。其中有《诸子近年日录》《诸子障川》《管子摘钞》《鬼谷子摘钞》《尸子择录》《尹文子择录》,另外还择录有《鹖子》《邓析子》《慎子》《老子》《晏子》《商子》《子华子》《公孙龙子》《鹖冠子》《抱朴子外篇》,③ 又有《孔门儒家》《法言》《淮南精语》《中说》《商子择录》《商子膏肓》《颜氏家训书钞》《白虎通》④《荀子日录》《墨子日录》《墨子择录》。⑤ 其中《诸子障川》,汪宗衍先生《陈东塾先生著述考略》据其《备忘册》之自著书目,考订该书初题《诸子障川》,又言"《诸子障川》名目非是,障者遏而绝之,当改为《诸子附籍》",⑥ 陈澧引韩昌黎云:"削其不合者以附于圣人之籍,此诸子附籍之所由名也。"⑦ 今中山大学图书馆藏陈澧批校《昌黎先生文集》之《读荀子》末墨批云:"余尝抄诸子精醇之语为一编,欲取韩子语题曰《诸子附圣录》,又抄其不合者题曰《诸子膏肓》。"⑧ 陈澧撰述宗旨可见一斑。

这些稿本,作于《读书记》成书之前,多为陈澧读书时随手摘录或札记,亦间有按语,不少条目后收入《读书记》。从陈澧所摘录诸子之言或者按语,亦可见其诸子学旨趣,如其论"九流类"曰:"九流之学惟儒家

① 《陈澧集》第 2 册,第 230 页。
② 《陈澧集》第 1 册,第 166 页。
③ 以上数种,参见陈澧《东塾遗稿》,桑兵主编《清代稿钞本续编》第 81、82 册,广东人民出版社,2009 年影印本。
④ 以上数种,参见陈澧《东塾遗稿》,《清代稿钞本续编》第 69 册。
⑤ 以上数种,参见陈澧《东塾遗稿》,《清代稿钞本续编》第 85 册。
⑥ 汪宗衍:《陈东塾(澧)先生年谱》,沈云龙主编《近代中国史料丛刊》第 763 册,台北:文海出版社,1972 年影印本,第 132 页。
⑦ 汪宗衍:《陈东塾(澧)先生年谱》,《近代中国史料丛刊》第 763 册,第 133 页。
⑧ 黄国声、李福标:《陈澧先生年谱》,广东人民出版社,2014,第 324 页。

耳，道、名、法、墨、纵横、阴阳皆宜废，杂家、小说置之不论之列，农家则其学已绝矣。"① 如在《孔门儒家》中曰："六艺儒家所以独高九流二氏者，天长久地，万万年如此。有人类，必以经学、儒学治之，不然则人与禽兽同矣。故周、孔之书，万万年必不废也。"② 又言："儒家实能兼道、墨、名、法之所长，彼杂家者欲兼其长，适自成为杂而已，其识卑故也。"③ 又论魏晋以后诸子曰："《颜氏家训·序致》：'魏晋以来所著诸子，理重事复，递相模学，犹屋下架屋，床上施床耳。'故余尝谓魏晋以后子书不必读也。"④ 可见从手稿到《读书记》刊刻流行，陈澧的经子观念是前后一致的。

二 陈澧与张之洞旨趣相同的诸子学思想

儒家在先秦本是诸子之一，汉代之后，儒术独尊，成为功令之学，周秦诸子因而沦为儒学附庸，鲜为儒家士人所关注。至清代亦是如此，如《四库全书总目·子部总序》云：

> 自六经以外立说者，皆子书也。其初亦相淆。自《七略》区而列之，名品乃定。其初亦相轧。自董仲舒别而白之，醇驳乃分。……儒家以外有兵家，有法家，有农家，……叙而次之，凡十四类。儒家尚矣。⑤

馆臣在这里对历史上的经子关系做了简明扼要的梳理，认为先秦六经与诸子混而为一，至汉代董仲舒、刘歆出，才"醇驳乃分""名品乃定"，而诸子之中，儒家诸子仍居首位。乾嘉时期的章学诚在《文史通义》中曰：

> 战国之文，其源皆出于六艺。何谓也？曰：道体无所不该，六

---

① 陈澧：《东塾遗稿》，《清代稿钞本续编》第 69 册，第 270 页。
② 陈澧：《东塾遗稿》，《清代稿钞本续编》第 69 册，第 31 页。
③ 陈澧：《东塾遗稿》，《清代稿钞本续编》第 69 册，第 32 页。
④ 陈澧：《东塾遗稿》，《清代稿钞本续编》第 69 册，第 220 页。
⑤ 《四库全书总目》卷 91，上册，中华书局，1965 年影印本，第 769 页。

艺足以尽之。诸子之为书，其持之有故而言之成理者，必有得于道体之一端，而后乃能恣肆其说，以成一家之言也。所谓一端者，无非六艺之所该，故推之而皆得其所本，非谓诸子果能服六艺之教而出辞必衷于是也。老子说本阴阳，庄、列寓言假象，《易》教也；邹衍侈言天地，关尹推衍五行，《书》教也；管、商法制，义存政典，《礼》教也；申、韩刑名，旨归赏罚，《春秋》教也。其他杨、墨、尹文之言，苏、张、孙、吴之术，辨其源委，挹其旨趣，九流之所分部，《七录》之所叙论，皆于物曲人官得其一致，而不自知为六典之遗也。①

章学诚认为周秦诸子思想无不包括于六艺之中，乃是"六典之遗"，六经的地位远远超过九流，其论仍不出汉代以来的经子传统观念。显然陈澧在经子关系的认识上仍然秉持着这一传统。那么陈澧的诸子学思想在清代诸子学史上有什么特别的意义及影响呢？

张之洞是晚清一位极有影响力的人物，其"中学为体，西学为用"之主张在晚清的思想界产生重要影响。而张之洞对陈澧学术与为人颇为敬重，陈澧之学在晚清民国能够备受学界关注，与张之洞的有意推重关系匪浅。光绪五年（1879），陈澧七十寿辰，张之洞正任职京师，乃集楹联自京师寄赠曰："栖迟养老，天下服德；锐精寝思，学者所宗。"②此乃集《后汉书》陈寔、陈元传之语而成。陈寔，汉末著名士人，为官有德，在汉末党锢之祸之中以气节著称，后致仕归乡居，屡征不应。陈元是汉末著名士人，苍梧郡（今广西梧州）人，学问精博，为学者所宗，少随父陈钦学习《左氏春秋》，因与范升争立《左氏春秋》而经史留名。张之洞此时虽未与陈澧晤面，却撰赠此联，对其学行颇为推崇，以人师、经师目之。而陈澧则答以篆书楹联曰："万言笔语关文运，十载神交寄我心。"③此语对张氏这位未曾谋面的后学的学术表示了肯定。光绪十年，张之洞督

---

① 章学诚撰，吕思勉评《文史通义·诗教上》，李永圻、张耕华导读整理，上海古籍出版社，2008，第19页。
② 《陈澧集》第 1 册，第 526~527 页。
③ 《陈澧集》第 1 册，第 526 页。

粤，陈澧已于光绪八年谢世，二人始终缘悭一面。^①但陈澧与张之洞之间的学术交往对张之洞产生重要影响。张之洞总督两广、两湖时，创办广雅书院、两湖书院，陈澧弟子林国庚、梁鼎芬、马贞榆、于式枚皆应聘于二书院，其中梁鼎芬乃张之洞幕府之重要成员。^②

光绪二十四年三月，张之洞《劝学篇》问世，分内、外两篇，"内篇务本，以正人心，外篇务通，以开风气"，^③其主要目的是"保国、保种、保教"，^④在当时思想界产生重大影响。而《劝学篇》在今天看来，著作权虽属张之洞，但众幕僚对于《劝学篇》的出台产生重要影响，其中陈澧弟子梁鼎芬此时正在张之洞的幕府，^⑤而最先将《劝学篇》刊布者，也确为梁氏，对此，张之洞幕宾陈庆年曾致书缪荃孙言及此事道：

> 《劝学篇》之作，本为救正康党。康败以后，京都有某大臣谓是康梁之学，遂致誉康者引是书为同调，诋康者亦怪其说之合符，无识附和，不可究诘。由于词旨微婉，未加显斥，浅人不省，盲论滋多。南皮师因嘱庆年与陈叔伊衍、朱强甫克柔条件指明，再谋刊布。自节庵至沪，昌言于海上报馆，议论大转。《申报》及中外日报皆有《书〈劝学篇〉后》之作，揭其宗旨。湘中《翼教丛编》亦录数首，海内

---

① 张之洞《忆岭南草木》之《菊坡精舍朱槿》云："乾嘉才斯盛，人耻不读书。后进弃心得，骈骛各殊涂。谁与端经术，通德在番禺。洸洸陈先生，深入五经邪。尽划汉宋畛，兼握文笔珠。日日曳杖来，菊坡开精庐。晚学不得见，见此一丛朱。"此诗反映了张之洞对陈澧学术的推崇。参见赵德馨主编《张之洞全集》第12册，武汉出版社，2008，第157页。光绪元年张之洞《创建尊经书院记》："诸生问曰：此可以祛不学之病矣。近世学者多生门户之弊，奈何？曰：学术有门径，学人无党援。汉学，学也。宋学，亦学也。经济、词章以下，皆学也，不必嗜甘而忌辛也。《輶轩语》言之已详。大要读书宗汉学，制行宗宋学。汉学岂无所失，然宗之则空疏蔑古之弊除矣。宋学非无所病，然宗之则可以寡过矣。至其所短，前人攻之，我心知之。学人贵通其论事理也。贵心安争之而于己无益，排之而究不能胜，不如其已也。"张之洞作此文时与陈澧还未有交谊，但其汉宋调和的理念与陈澧的学术思想如合符契。参见《张之洞全集》第12册，第370页。
② 陆胤：《经古学统与经世诉求——张之洞创建广雅书院的学派背景》，《清史研究》2013年第2期。
③ 《张之洞全集》第12册，第157页。
④ 《张之洞全集》第12册，第159页。
⑤ 陆胤：《张之洞与近代国族"时空共同体"——从〈劝学篇〉到癸卯学制》，《开放时代》2017年第5期。张之洞先后任两广、两江、两湖总督，陈澧弟子梁鼎芬等皆为其重要幕僚。张督两广，聘梁氏主讲广雅书院，督两江，聘梁氏主讲钟山书院，督两湖，聘梁氏主讲两湖书院。光绪二十二年，张之洞由两江总督调任两湖总督，梁鼎芬亦随之入鄂。光绪二十四年三月，张之洞《劝学篇》成，梁氏正在幕下，后张创办《正学报》，梁氏出任总理。参见吴天任《梁鼎芬年谱》，广东人民出版社，2018，第127页。

狂惑，亦可因是渐解。①

虽然无直接证据证明《劝学篇》出自梁鼎芬等人之手，但从《劝学篇》的内容看，陈澧《读书记》对《劝学篇》确实产生了较为深刻的影响，此与梁鼎芬当不无关系。《劝学篇》本为勉励士子读书而作，对儒先言行学问多有推重，而陈澧乃受《劝学篇》推崇的为数不多的学者之一。《劝学篇》论读经曰：

> 五经总义，止读陈澧《东塾读书记》、王文简引之《经义述闻》，《说文》止读王筠《说文句读》。②

论如何读宋以后理学诸书曰：

> 理学，看学案。……惟读学案，可以兼考学行，甄综流派。黄梨洲《明儒学案》成于一手，宗旨明显而稍有门户习气。全谢山《宋元学案》成于补辑，选录较宽而议论持平，学术得失了然易见。两书甚繁，当以提要钩元之法读之，取其什之二即可。通此两书，其余理学家专书可缓矣。惟《朱子语类》原书甚多，学案所甄录者未能尽见朱子之全体真面，宜更采录之。陈兰甫《东塾读书记》朱子一卷最善。③

又论"中学"言：

> 如资性平弱并此亦畏难者，则先读《近思录》《东塾读书记》《御批通鉴辑览》《文献通考详节》，果能熟此四书，于中学亦有主宰矣。④

又论科举之弊，专列"《东塾读书记》引朱子论科举"一条：

---

① 钱伯城、郭群一整理，顾廷龙校阅《艺风堂友朋书札》（下），上海人民出版社，2018，第 1195 页。
② 《张之洞全集》第 12 册，第 170 页。
③ 《张之洞全集》第 12 册，第 171 页。
④ 《张之洞全集》第 12 册，第 171 页。

《东塾读书记》引朱子论科举。南宋时科举之弊，朱子论之者甚多，其言亦极痛切，今略举数条于此。①

由此可见《劝学篇》对陈澧《读书记》之推重。《劝学篇》内篇中有《宗经》一篇。而颇为有趣的是，《宗经》篇不是从正面引导学人如何尊经，而是从反面立论，通过讨论周秦诸子思想的利弊得失来论证学习儒家经典之重要性。对于此篇宗旨，其在文末总结言："道光以来，学人喜以纬书、佛书讲经学，光绪以来，学人尤喜治周秦诸子。其流弊恐有非好学诸君子所及料者，故为此说以规之。"②《劝学篇》崇经抑子观念可见一斑。又详论诸子曰：

> 衰周之季，道术分裂，诸子蜂起，判为九流十家。惟其意在偏胜，故析理尤精，而述情尤显。其中理之言，往往足以补经义，应世变，然皆有钓名徼利之心，故诡僻横恣，不合于大道者亦多矣。即如皇子贵衷，田子贵均，墨子贵兼，料子贵别，王廖贵先，兒良贵后，此不过如扁鹊适周则为老人医，适秦则为小儿医，聊以适时自售耳，岂其情哉？自汉武始屏斥百家，一以六艺之科为断。今欲通知学术流别，增益才智，针起痼聋跛躄之陋儒，未尝不可兼读诸子，然当以经义权衡而节取之。刘向论《晏子春秋》曰："文章可观，义理可法，合于六经之义。"斯可为读诸子之准绳矣。（《汉书·艺文志》曰："若能修六艺之术，观九家之言，舍短取长，则可以通万方之略矣。"意与此同）盖圣人之道，大而能博，因材因时，言非一端，而要归于中正。故九流之精，皆圣学之所有也；九流之病，皆圣学之所黜也。诸子之驳杂，固不待言，兹举其最为害政、害事而施于今日必有实祸者。③

《劝学篇》虽然承认周秦诸子"析理尤精"，于儒家经义有所补，且有

---

① 《张之洞全集》第 12 册，第 182 页。
② 《张之洞全集》第 12 册，第 166 页。
③ 《张之洞全集》第 12 册，第 165 页。

"应世变"之用，但所言所论多"钓名徼利之心，故诡僻横恣"，因而"不合于大道者亦多矣"。九流百家之言皆为儒家"圣学之所有"，诸子之病"皆圣学之所黜也"，诸子书中有害政、害事之实祸。张氏认为欲知学术流别、增益才智，避陋儒之弊，诸子百家之书未尝不可兼读，但需要以"经义权衡而节取之"。又言："诸子知取舍，可以证发经义者，及别出新理而不悖经义者取之，显悖孔、孟者弃之，说详《宗经》篇。"① 详析《劝学篇》之论，与上文中陈澧"以经观子"而节取诸子之言的思想可谓如出一辙。在《宗经》篇中，张之洞对诸子百家皆有相关的品评，而其中许多看法也与陈澧《读书记·诸子书》相吻合。如《劝学篇》论管子思想曰：

> 《管子》谓惠者民之仇雠，法者民之父母。其书羼杂伪托最多，故兼有道、法、名、农、阴阳、纵横之说。②

《读书记》论管子思想曰：

> 凡所谓"忠臣者务明术"如此类者，法家语也。……"凡物载名而来，圣人因而财之"如此类者，名家之言也。……"虚无无行谓之道"……此则老子之说矣。……其《地员》篇则农家者流。《艺文志》农家之书无存者，于此可见其大略。盖一家之书，而有五家之学矣。③

对于《管子》一书的思想，陈澧与张之洞具体认识上虽稍微有差异，但毫无疑问，均认为该书包含了其他派别的思想，二者大体可谓相同。

另外，春秋战国时期，诸子百家争鸣，而动荡激变的社会环境是诸子思想产生的根源。周秦诸子学说在很大程度上有"应世变"的现实关怀。陈澧对此有所认识，其言曰：

> 列子云："孔子曰：'曩吾修《诗》《书》，正礼乐，将以治天下、

---

① 《张之洞全集》第 12 册，第 170 页。
② 《张之洞全集》第 12 册，第 165 页。
③ 《陈澧集》第 2 册，第 231 页。

遗来世，非但修一身、治鲁国而已。而鲁之君臣，日失其序，仁义益衰，情性益薄。此道不行一国与当年，其如天下与来世矣。吾始知《诗》、《书》、礼、乐无救于治乱，而未知所以革之。'"此假托孔子之言不足与辩；但观其言，则凡道、墨、名、法诸家所以自为其学者，皆以为孔子之《诗》、《书》、礼、乐无救于乱，而思所以革之也。此道、墨、名、法诸家之根源也。[①]

在陈澧看来，孔子修《诗》《书》，正礼乐是为了正天下，但孔子的思想主张在当时难以救世之乱，诸子百家因而试图变革孔子之说以应世变。陈澧此言实隐含着一层意思，即道、墨、名、法诸家思想的根源于孔子。换言之，周秦诸子思想与儒家六艺相通，其要在于"治天下"。虽然如此，然诸子学术各有优劣，其言：

> 诸子之学，皆欲以治天下，而杨朱之计最疏，墨翟之计最密。杨朱欲人不贪，然人贪则无如之何；老子欲人愚，然人诈则无如之何；商鞅、韩非皆欲人畏惧而自祸其身。墨翟"兼爱""非攻"，人来攻则我坚守。何以为守？蓄其人民，积其货财，精其器械，而又志在必死，则可以守矣。此墨翟之所长也。[②]

陈澧强调诸子学思想在"治天下"方面的价值，与晚清讲求"经世致用"的思潮兴起密不可分，如魏源等人试图将通经致用扩展至"通子致用"，曾国藩等理学家也注意到了周秦诸子在补充儒学"应世变"方面的价值。[③]显然，陈澧的认识与此相关。总而言之，对周秦诸子思想的认识上，陈澧《读书记》与张之洞《劝学篇》之间有一种或明或暗的联系，且二人之思想其实仍不脱汉代以后经子观念的窠臼。

晚清时期，乾嘉诸儒以子证经的风气在晚清仍有较大影响，如俞樾《诸子平议》、孙诒让《墨子间诂》等仍延此路。俞樾《诸子平议序》中

---

① 《陈澧集》第 2 册，第 251 页。
② 《陈澧集》第 2 册，第 238 页。
③ 参见罗检秋《清代思想史上的诸子学》，《安徽史学》2015 年第 3 期，第 10~12 页。

说："圣人之道，具在于经，而周秦两汉诸子之书，亦各有所得，虽以申韩之刻薄，庄列之怪诞，要各本其心之所独得者而著之书，非如后人剽窃陈言，一唱百和也。且其书往往可以考证经义，不必称引其文，而古言古义，居然可见。"① 又在《左祉文诸子补校序》中言："余谓治经之道，其要有三：曰正句读，审字义，通古文假借。治诸子亦然。"② 胡适《中国哲学史大纲》言："清初的诸子学，不过是清初经学的一种附属品，一种参考书。不料后来学者越研究子书，越觉得子书有价值。……于是以前作经学附属品的诸子学，到此时代，竟成专门学，一般普通学者，崇拜子书，也往往过于儒书。岂但是'附庸蔚为大国'，简直是'婢作夫人'了。"③ 胡适此言大致概括了清代以来诸子学的发展趋势。可以说，在以子证经的学术背景下，周秦诸子纳入了学者的学术视野，推动了清代诸子学的发展。光绪元年，张之洞任四川学政时，为引导士子读书，作《𬨎轩语》，也认识到了周秦诸子的重要性，但其思想仍不出"以子证经"一路，其言曰："读子为通经，以经证子，汉王仲任已发此义。"④ 他认为读子对治经主要有三个方面的作用，即"证佐事实""补群经论文、佚文""兼通古训、古音韵"。⑤ 而在讲论读诸子方法时，张氏指出其要在于"读子宜求训诂看古注"，⑥ 并进一步展开言：

> 诸子道术不同，体制各别，然读之亦有法。首在先求训诂，务使确实可解，切不可空论其文，臆度其理。（如俗本《庄子因》《楚辞灯》《管子评注》之类，最害事。）即如《庄子》寓言，谓其事多乌有耳，至其文字、名物，仍是凿凿可解，文从字顺。岂有著书传后，故令其语在可晓不可晓之间者乎？以经学家实事求是之法读子，其益无限。大抵天地间人情物理，下至猥琐纤末之事，经、史所不能尽

---

① 俞樾：《春在堂全书》第 2 册，凤凰出版社，2010 年影印本，第 1 页。
② 俞樾：《春在堂全书》第 4 册，第 447 页。
③ 胡适：《中国哲学史大纲》，中州古籍出版社，2016，第 7 页。
④ 《张之洞全集》第 12 册，第 202 页。
⑤ 《张之洞全集》第 12 册，第 202 页。
⑥ 《张之洞全集》第 12 册，第 202 页。

者，子部无不有之。其趣妙处，较之经、史，尤易引人入胜。故不读子，不知瓦砾糠秕，无非至道。不读子，不知文章之面目变化百出，莫可端倪也。（今人学古文，以为古文。唐、宋巨公学诸子，以为古文，此古文家秘奥。）此其益人，又有在于表里经、史之外者矣。①

张之洞所言，综其大端有三：其一，读周秦诸子当如经学家实事求是之法，先明训诂，不可穿凿义理；其二，诸子亦包含有经史所不能尽的人情物理；其三，诸子文法变化多端，有益于修辞作文。但总体而言，张之洞思想仍不出清人之范围，即诸子书仍然是经史之附庸。张之洞在《輶轩语》中论乾嘉时诸子学言"以经学家实事求是之法读子"，②可见早期张之洞诸子学思想仍不脱乾嘉旧途，但在《劝学篇》中又言："乾嘉诸儒以诸子证经文音训之异同，尚未尽诸子之用"。③可见从《輶轩语》至《劝学篇》，张之洞诸子学思想有一个转变，但不是经子关系的转变，而是具体的治学方法的转变，《輶轩语》仍旧受考据影响较深，但在经子关系上，张之洞在《輶轩语》中论诸子曰："至其义理虽不免偏驳，亦多有合于经义，可相发明，宜辨其真伪，别其瑕瑜，斯可矣。"④此与《劝学篇》在经子关系上的认识是一致的，《劝学篇》只是更注重周秦诸子思想的致用性。

而在陈澧的治学过程中，乾嘉诸子学的成果也纳入了他的学术视野，在《读书记·诸子书》开篇即引用谢墉《新刊荀子序》即明证。如对王鸣盛、卢文弨、毕沅之书的征引，则更加说明这一点。而乾嘉考据之风对陈澧学术仍有影响，如其《老子注》《公孙龙子注》即沿此风气的产物，又如他在《苏爻山墨子刊误序》中言：

> 昔吾友邹特夫告余：《墨子》经上、经下二编有算法，此算书之最古者。余读之信然为之惊喜。特夫又言：《备城门》以下讹脱不可读，可惜也。此语忽忽二十年矣。今苏君爻山以所著《墨子刊误》见

① 《张之洞全集》第 12 册，第 202 页。
② 《张之洞全集》第 12 册，第 202 页。
③ 《张之洞全集》第 12 册，第 165 页。
④ 《张之洞全集》第 12 册，第 202 页。

示，正讹字，改错简，涣然冰释，怡然理顺，而《备城门》以下尤
详。墨子以善守称，《备城门》诸篇，乃其法也。此又兵书之最古者。
墨子之书害道，而特夫、戈山乃能取其长，探其奥，真善读古书者。①

苏时学《墨子刊误》是晚清墨学的重要著作之一，早于孙诒让《墨子间
诂》，章太炎、梁启超等人颇为推重此书。②在此，陈澧依然坚持传统观
念，认为《墨子》一书害道，但认可邹伯奇等人以西学来解释《墨子》，
同时也认识到了文字校勘在诸子学研究中的重要性。但其《读书记·诸子
书》则显然不限于此。这从《读书记》撰作的初衷可以看出，其注重的是
考据与义理相结合，纠正乾嘉朴学之弊，而《读书记·诸子书》也当在这
个意义上去理解。因而以《读书记·诸子书》较之乾嘉诸老以及晚清孙诒
让、俞樾的诸子学研究，陈澧更注重的是诸子学"治天下"的思想价值，
但其经子关系的观念，仍不出传统以经观子的窠臼。

陈澧与张之洞在学术交往中，张之洞的《輶轩语》曾对陈澧产生较大
影响，上文讲到张之洞曾赠陈澧寿联，陈澧在回赠张之洞的寿联旁款中
云："孝达尊兄先生惠寄楹帖，其语过奖不敢当，书此奉酬。近年得读大
著《輶轩语》，回忆庚午岁读浙闱策问，服膺至今十二年矣。己卯十月之
望，陈澧兰甫并识。"③可见陈澧对张之洞这位后学的《輶轩语》早有关
注。在张之洞作《輶轩语》之时，亦是陈澧撰作《读书记》之时，而陈澧
《读书记·诸子书》在经子观念上，是否受此影响难以确论，但可以看出，
张之洞诸子学思想与陈澧诸子学思想之间的相同之处，这当代表了当时一
批学者的观念，并且，这恐怕也是张之洞如此推重陈澧学术的一个重要
原因。

三　陈澧对章太炎诸子学思想的影响及其异同

太炎是晚清民国学术巨子，一生为学颇为自负，在音韵、文字、训诂

---

① 《陈澧集》第 1 册，第 119 页。
② 梁启超：《清代学术概论》，商务印书馆，2011，第 279 页。苏时学《墨子刊误》刊刻于同治六年
　　（1867），而俞樾《墨子平议》刊刻于同治九年，孙诒让《墨子间诂》刊刻于光绪二十一年。
③ 《陈澧集》第 1 册，第 526 页。

以及经史、诸子学、佛学研究方面皆有不凡之成就。从早年的《膏兰室札记》，到《诸子学略说》《齐物论释》《訄书》《检论》《国故论衡》，到晚年在国学会所讲《诸子学说》，讲论周秦诸子贯穿太炎生平始终。太炎早年学从俞樾，"少好周秦诸子，于老庄未得统要"，①因而其早年诸子学撰著基本承袭俞樾考据一路，《膏兰室札记》即代表作。但太炎并不满足于清代乾嘉以来的诸子学余风，曾自言："盖学问以语言为本质，故音韵训诂，其筦籥也；以真理为归宿，故周秦诸子，其堂奥也。"②又曾与弟子吴承仕言："常念周秦哲理，吾辈发挥始尽，乃一大快。"③可见注重对周秦诸子的哲学发挥是太炎诸子学术的根本归宿，太炎因而也颇为自负。而陈澧《读书记》对章氏诸子学思想产生过重要影响。

《国故论衡》一书是太炎生平重要著述之一，颇为其所看重，他与其婿龚宝铨言："夫成功者去，事所当然，今亦瞑目，无所吝恨；但以怀抱学术，教思无穷，其志不尽。所著数种，独《齐物论释》《文始》，千六百年未有等匹。《国故论衡》《新方言》《小学答问》三种，先正复生，非不能为也。"④1913年至1916年，太炎被袁世凯软禁于北京，1915年，其婿龚宝铨设法刊行《章氏全书》，章氏致信龚氏强调《国故论衡》的重要性言：

> 《国故论衡》原稿亦当取回存杭。此书之作，较陈兰甫《东塾读书记》过之十倍，必有知者，不烦自诩。⑤

太炎对陈澧学术颇不以为然，其在《检论·清儒》中曰："晚有番禺陈澧，善治声律、《切韵》，为一家言。当惠、戴学衰，今文家又守章句，不调洽于他书，始鸠合汉、宋，为《通义》及《读书记》，以郑玄、朱熹遗说最多，故弃其大体绝异者，独取小小翕盍，以为比类。此犹撮豪于千马，必

---

① 《太炎文录补编》（下），《章太炎全集》第11册，上海人民出版社，2018，第495页。
② 《书信集》（上），《章太炎全集》第12册，第328页。
③ 《书信集》（上），《章太炎全集》第12册，第400页。
④ 《书信集》（下），《章太炎全集》第12册，第746页。
⑤ 《书信集》（下），《章太炎全集》第13册，第755页。

有其分刌色理同者。澧亦洁行，善教授，诸显贵务名者多张之。"① 《訄书·清儒》之论与此相同，② 太炎之评价是否中肯另当别论。而太炎于其《国故论衡》虽自视甚高，然仍将其与陈澧《读书记》做比较，亦可见《读书记》在其心中之分量。而《国故论衡》就其形式上说亦与《读书记》相似。《国故论衡》分上、中、下三卷，上卷论小学，中卷论文学（乃传统"文学"观念，非仅现代学科体系下的文学观念），下卷论诸子学。而《读书记》大致分为三个部分：其一，通论儒家诸经（附小学）；其二，诸子书；其三，学术史。章太炎学出俞樾，远绍乾嘉，故小学在其体系中有重要之地位。陈澧论学汉宋兼采，以义理为归，故义理之学占有较大之分量。但周秦诸子学皆被纳入二人的学术视野。较陈澧"排名法而尊《孟子》"的观念不同，《国故论衡》中《原学》《原儒》《原道》诸篇乃颇有推崇诸子而贬抑儒家之言，其《原名》颇为推重名家，而在《明见》篇中则言"九流皆言道"，"自纵横、阴阳以外，始征臧史至齐稷下，晚及韩子，莫不思凑单微，斟酌饱满"。③《辨性》对儒家"性善说"、告子"无善无恶"、荀子"性恶"进行分析，"性善说"乃宋明以来儒学思想的一大关键，章太炎对告子、荀子的肯定，无疑是对传统的一大颠覆，大大提高了周秦诸子的在学术界的地位。

　　钱穆论章太炎、梁启超、胡适等人的诸子学研究时曾言："因举章炳麟《诸子学略说》、胡适《诸子不出于王官论》、梁启超《中国古代思潮》诸篇所论，历加驳杂，其言颇足以矫时弊。然清儒尊孔崇经之风，实自三人之说而变。学术思想之途，因此而广。"④ 钱氏此言，正指出章太炎诸子学思想与陈澧等清儒之不同。对比陈澧与太炎的诸子学思想，可知二人相同的地方在于，不局限于清代乾嘉以来注重对诸子文本的音韵、训诂与文字进行疏通，而皆注意到了周秦诸子"应世变"的思想价值。但与太炎不

---

① 《检论》，《章太炎全集》第3册，第486页。
② 《〈訄书〉重订本》，《章太炎全集》第3册，第158页。
③ 《〈国故论衡〉校定本》，《章太炎全集》第5册，第305~306页。
④ 钱穆：《国学概论》，《钱宾四先生全集》第1册，台北：联经出版事业股份有限公司，1998，第367页。

同的是，陈澧对诸子学的认识仍秉承传统观念，即以儒家传统经学立场来看待子学，因而对诸子学的取舍以是否合于孔孟儒家思想为重要原则。1914 年，太炎又在《自述学术次第》中言：

> 若夫周秦九流，则眇尽事理之言，而中国所以守四千年之胙者也，玄理深微，或似佛法，先正以邹鲁为衡，其弃置不道，抑无足怪。乃如庄周《天运》，终举巫咸。此即明宗教惑人所自始；惠施去尊之义，与名家所守相反；子华子迫生不若死之说，又可谓管乎人情矣。此皆人事之纪，政教所关，亦未有一时垂意者。汪容甫略推墨学，晚有陈兰甫始略次诸子异言，而粗末亦已甚。此皆学术缺陷之大端，顽鄙所以发愤。古文经说，得孙仲容出，多所推明。余所撰著，若《文始》《新方言》《齐物论释》及《国故论衡》中《明见》《原名》《辨性》诸篇，皆积年补订前人所未举，其他欲作《检论》明之。①

太炎认为周秦九流之言精妙而尽事理，但玄理深微，有似佛法，先辈学者多以儒家衡量周秦诸子，因此对其学说弃置不道，无足为怪。但他接着指出，《庄子·天运》已明宗教惑人之弊，惠施"去尊"，子华子"迫生不若死"之说事关人情政教，此即指出诸子九流有与儒家相通者，只是前辈学者多未留意于此。太炎接着指出清代自汪中开始略有发明墨学义理，至陈澧开始列举诸子与儒家思想之异同，但较为粗略，虽是学术（即认识到了诸子思想义理），但弊端亦大。汪中是乾嘉时期一位重要学者，他在批判儒家正统思想的同时，竭力提倡周秦诸子思想，其《荀卿子通论》、《墨子序》及《墨子后序》等文为荀子、墨子辩护，指出"荀卿之学，出于孔氏，而尤有功于诸经"，② 在清代思想界引起较大反响。太炎言陈澧"始次诸子异言"正指陈澧《读书记·诸子书》认识到了周秦诸子之说有不少与儒家思想相通之处。而太炎对汪中及陈澧皆持批评态度，太炎对汪氏的批

---

① 《太炎文录·自述为学次第》，《章太炎全集》第 11 册，第 507~508 页。
② 参见汪中《述学补遗》，《续修四库全书》第 1465 册，第 415~419 页。

判针对汪氏虽认识到《墨子》一书的思想价值，但在经子关系上，仍然不出前人旧辙，并且引而不发；[①] 对陈澧诸子学批评的原因在于陈澧在经子关系上则过分崇儒，过分坚守传统，认为此乃学术之弊端。而太炎认为对儒家与周秦诸子当平等对待，双方并无高下之分，如其在与友人的信中曰："大氐六艺诸子，当别其流，毋相纷糅，以侵官局。"[②] 而这也表明太炎试图纠正清代以来的经子之争走向，构建自己的诸子学思想体系，其"顽鄙所以发愤"之言正当如是观。

太炎的此种观点，在其著作及师友书信中屡有申说。如在《菿汉微言》中言："精理诸子，信其不易。"[③] 1911 年，与弟子钱玄同言："仆近思老、庄、荀、韩，真天民之秀，盖无一浮夸欺诞语。"[④] 太炎 1910 年给弟子钱玄同的信中讨论教育时言："仆谓教育自从周、孔，研精仍有九流，其用各殊，弗容举一废一矣。"[⑤] 1906 年在《与友人论〈朴学报〉书》中言："九流诸子，自名其家，无妨随义抑扬，以意取舍。若以疏证六经之作，而强相皮傅，以为调人，则只形其穿凿耳。"[⑥] 1910 年在《与王鹤鸣书》中又言："仆以九流著于周、秦，凡为学者，非独八儒而已。"[⑦] 而从1899 年前后成书的《訄书》初定本，1904 年前后的《訄书》重定本中《订孔》《儒墨》《儒法》《儒道》《儒侠》《儒兵》等文，到 1915 年重新修订的《检论》中的《订孔》《道术》《道微》《原墨》《原法》《儒侠》《本兵》等篇，不无有意贬低孔子及儒家，认为孔子仅为"古之良史"，在《儒道》篇中言："儒家之术，盗之不过为新莽；而盗道家之术者，则不失

---

① 汪中在《墨子序》及《墨子后序》中虽肯定墨子的价值，但还是以儒家思想来衡量墨家，而且引而未发，未及详论。如在《墨子序》中曰："《亲士》《修身》二篇，其言淳实，与曾子《立事》相表里，为七十子后学者所述。"参见汪中《述学·内篇》卷 3，《续修四库全书》第 1465 册，第 401~402 页。罗检秋指出，汪中虽认为诸子平等争鸣，各有价值，冲击了当时独尊儒学的观念，但在当时正统学术压力下，汲取诸子思想资源有限。此种认识是不错的。参见罗检秋《清代思想史上的诸子学》，《安徽史学》2015 年第 3 期，第 10 页。

② 《书信集》（上），《章太炎全集》第 12 册，第 398 页。

③ 《菿汉微言》，《章太炎全集》第 7 册，第 50 页。

④ 《书信集》（上），《章太炎全集》第 12 册，第 208 页。

⑤ 《书信集》（上），《章太炎全集》第 12 册，第 180 页。

⑥ 《书信集》（上），《章太炎全集》第 12 册，第 232 页。

⑦ 《书信集》（上），《章太炎全集》第 12 册，第 237 页。

为田常、汉高祖。"① 其在《原学》中言:"视天之郁苍苍,立学术者无所因,各因地齐、政俗、材性发舒,而名一家。"② 在太炎看来,周秦诸子本无优劣,在知识的本质上是相通的,儒学不是知识的全体,儒家与诸子在知识论上拥有合法性与独立性。③

太炎诸子学研究是近代诸子学由朴学向义理转向中的重要一环,而从陈澧对太炎的影响来看,陈澧的诸子学思想虽不出"以经观子"的传统窠臼,但是其开始关注周秦诸子学的思想价值,纠正乾嘉以来的"以子证经"的治学取向,对章太炎注重发明诸子学的玄理有着重要影响。但陈澧严格的"以经观子"的学术立场则为章太炎所批评,太炎因而有意与之立异,正如太炎弟子黄侃在《序国故论衡》中言太炎诸子学曰:"于诸子之业,则见古人之大体,而不专于邹鲁;识刑名之取舍,而无间于儒墨。"④此可谓一语道毕太炎诸子学思想之特色与旨趣。

结　语

清代考证学大盛,始焉借子证经,既乃离经治子。校勘训释,日益明备,自得西学相印证,义理之焕然明者尤多。⑤ 晚清以来,儒学式微,面对社会的激烈变化,应对乏力,进而学者将注意力转向于挖掘周秦诸子"应世变"的意义。有学者总结近代诸子学"义理转向"发生于1903年至1906年,⑥ 而从我们对陈澧的诸子学思想的考察以及其接受史可知,在晚清时期,魏源、曾国藩、陈澧、张之洞等传统儒家学者早已确然认识到周秦诸子之书在补充儒家"应世变"上的思想价值,已然不再是乾嘉时期的"以子证经"之旧辙,但他们仍然摆脱不了汉代以来以经观子的历史包袱。

---

① 《〈訄书〉重订本》,《章太炎全集》第3册,第131页。
② 《〈訄书〉重订本》,《章太炎全集》第3册,第131页。
③ 参见黄燕强《章太炎论经子关系》,方勇主编《诸子学刊》第11辑,上海古籍出版社,2014,第377页。
④ 黄侃:《序国故论衡》,《国粹学报》第4号,1910年。该文中华书局2016年版《黄季刚诗文集》未有收录。
⑤ 吕思勉:《先秦学术概论》,中国人民大学出版社,2011,第18页。
⑥ 黄燕强:《由朴学转向义理——章太炎诸子学思想演变的考察》,方勇主编《诸子学刊》第16辑,上海古籍出版社,2018,第217~218页。

而至晚清革命思想兴起，经学逐渐瓦解，经章太炎、梁启超、胡适等人的提倡，诸子学才彻底摆脱了经学附庸地位，形成"先秦诸子之学，近数十年来，研究者大盛"① 的局面。而在这一过程中，陈澧的诸子学思想可能或者确然对张之洞、章太炎等人的诸子学思想发生过影响，而张、章二人在晚清民国思想界、学术界的影响之大，自不赘言，因而对陈澧的诸子学思想的考察，可以概见晚清诸子学学术之流变。

从陈澧个人学术思想来看，其"以经观子"的思想虽体现了他严守儒家传统"黜名法而尊孟子"价值取向，但在治学的路数及追求上，已然异于乾嘉诸老，也异于同时期以治诸子学闻名的俞樾、孙诒让等江浙学人，体现出鲜明的经世致用倾向。并且就诸子学思想看，也确实体现陈澧学术中融考据与义理于一途，以义理为归的学术宗旨，而此"义理"的价值在于经世致用。钱穆在《中国近三百年学术史》中认为陈澧是清代乾嘉汉学与民国学术之间的一个过渡性学者，不惟经学方面，从其周秦诸子思想看，也确实印证了钱氏的认识。

［本文发表在上海社会科学院《传统中国研究集刊》编辑委员会编《传统中国研究集刊》第 23 辑，上海社会科学院出版社，2020］

---

① 吕思勉：《先秦学术概论》，第 18 页。

嘉道、咸同之间：丁晏《佚礼扶微》探赜

覃力维

武汉大学文学院

　　梁启超在梳理"清代学者整理旧学之总成绩"时，特列"辑佚书"一项，于三礼辑佚列有丁晏《佚礼扶微》。[①] 丁书体例完备，搜罗甚勤，特有益于"佚礼"研究，胡玉缙即赞许其书"补苴罅漏，张皇幽渺，讲求佚礼者，要必以是为渊薮焉"。[②] 皮锡瑞言"国朝经师有功于后学者"三事，亦列"辑佚书"，与"精校勘""通小学"并举。[③] 但其所重在汉魏六朝经说，并不推崇《佚礼扶微》，且基于今文立场支持邵懿辰《礼经通论》以《礼经》十七篇本无残缺的观点，质疑"丁氏能证古文《尚书》之伪，而必信《逸礼》为真"。[④] 丁氏晚年其实也受到邵懿辰《礼经通论》的影响，甚至完全推翻了早年撰著《佚礼扶微》的意义，自言"后人于亡佚之余，拾取《逸礼》，既无补于正经，增多伪书，反有害于正学"，[⑤] 是皮氏又未

---

①　梁氏称丁氏此书"辑西汉末所出《仪礼》逸篇之文"，不甚准确。丁氏书中实不止《仪礼》逸篇，《仪礼》逸篇也非出自西汉末（盖因《别录》《七略》为说，但易引人误解）。梁启超：《中国近三百年学术史》，俞国林校，中华书局，2020，第430～446页；《清代学术概论》，俞国林校，中华书局，2020，第102～103页。孙钦善先生总结"清代考据学成就"，亦有"辑佚学"。孙钦善：《清代考据学》，中华书局，2018，第346～377页。

②　胡氏言"前有道光戊寅自序"，不确，道光无戊寅年，当是嘉庆二十三年（1818）。胡玉缙著，王欣夫辑《许廎学林》卷17，中华书局，1958，第421页。

③　皮锡瑞：《经学历史》，周予同注释，中华书局，2004，第241～245页；吴仰湘编《皮锡瑞全集》第6册，中华书局，2015，第92页。

④　见《经学通论》"论邵懿辰以逸礼为伪，与伪古文书同，十七篇并非残阙不完，能发前人之所未发"条。又吴仰湘师点读作"逸《礼》"，本文凡以"逸礼"明确指向《礼古经》所遗三十九篇者，皆作《逸礼》，视为书名。《经学通论》，《皮锡瑞全集》第6册，第391～392页。

⑤　丁晏：《邵位西礼经通论跋》，《颐志斋文集》卷7，《清代诗文集汇编》第587册，影印1949年丁步坤铅印本，上海古籍出版社，2010，第194页。

及相知。正反评价之间，恰能体现丁晏《佚礼扶微》在嘉道至咸同思想光谱中的独特位置。

一 佚逸之间：《佚礼扶微》的成书与改写

山阳丁晏（1794～1876），字俭卿，号柘唐，晚号石亭居士。[①] 丁氏曾求学江藩，一生著述颇多，遍及四部，凡六十一种百五十一卷，其中经部有二十六种五十八卷，[②] 而处于清代学术、政治与社会转变的特殊时刻，思想前后数变。[③] 丁氏礼学著作，除《佚礼扶微》外，尚有《礼记释注》《周礼释注》《仪礼释注》等书，皆成于三十岁之前，意在"解释郑意""阐发郑旨"。[④] 丁氏年谱（如《历年纪略》《柘唐府君年谱》）记诸礼学著述皆成于道光二年（1822），但观诸书自叙，只有《礼记释注自叙》作于道光二年夏四月，而《周礼释注自叙》《仪礼释注自叙》作于道光三年八月，《佚礼扶微自叙》则最早成于嘉庆二十三年（1818）十月，后又有改订。其中，《佚礼扶微》成书最早，传世所见即嘉庆二十三年写定本（光绪时《南菁书院丛书》据此刊刻），但丁氏后学皆记成于道光二年，却世无传本。自戊寅（1818）至壬午（1822）四年之间，从稿本、年谱所录自叙看，《佚礼扶微》的内容确实发生了变化。而丁氏文集所录自叙与年谱所见大体相同，亦有"佚""逸"用字上的变化，是戊寅、壬午间的过渡文字。因此，在稿抄本（刻本）、文集、年谱间，

---

① 丁晏卒于光绪元年十二月（公历已入 1876 年）。丁氏生平，可参多种年谱，如清丁一鹏编《历年纪略》、清丁寿恒等编《柘唐府君年谱》等，尤以曹天晓《清儒丁晏年谱》最为翔实。曹天晓：《清儒丁晏年谱》，硕士学位论文，南京师范大学，2018。

② 曹天晓：《清儒丁晏年谱》，硕士学位论文，南京师范大学，2018，第 276～291 页。

③ 据严寿澂研究，丁晏少时服膺阳明之学，后却以经学考证名家，垂暮之年则趋于宋儒义理身心之学，太平天国运动后终归王阳明、吕坤之学。严寿澂：《嘉道以降汉学家思想转变一例——读丁晏〈颐志斋文集〉》，《近世中国学术思想抉隐》，上海人民出版社，2008，第 250～265 页。丁氏思想的变化并非由此及彼地线性呈现，实际上是一个复杂的综合体。

④ 《历年纪略》《柘唐府君年谱》记丁氏各礼学著述（包括《佚礼扶微》）皆成于道光二年，但只有《礼记释注自叙》作于道光二年夏四月，《周礼释注自叙》《仪礼释注自叙》皆作于道光三年八月，《佚礼扶微自叙》则最早成于嘉庆二十三年十月，后又有改订。此数年左右又撰有《论语孔注证伪》《毛郑诗释》《郑氏诗谱考正》《诗考补注补遗》《周易解故》《孝经征文》《说文举隅》等书。曹天晓：《清儒丁晏年谱》，硕士学位论文，南京师范大学，2018，第 56～61 页。

存在三个不同版本的《佚礼扶微自叙》，但世所流行者却为内容有误的最早稿抄本。

《佚礼扶微》现存稿抄本四种、刻本一种（《南菁书院丛书》本），稿抄本有十三行本、九行本两类，皆为两卷，刻本则为五卷。[①] 师顾堂影印本已对中国国家图书馆藏十三行、九行稿抄本及《南菁书院丛书》本的关系有所论定，言"十三行本为增订初稿或其录副，九行本为手订稿本，丛书本即据九行本或其录副本誊清刊刻"。[②] 诸本异同，大致显示出《佚礼扶微》有从十三行本到九行本写定，再到《南菁书院丛书》刊刻的定型过程；其中也有九行本误而十三行本、丛书本不误者，如目次中"佚记"下"迎礼"，九行本作"迎亲礼"，便系笔误。三本皆有戊寅十月丁晏自叙，十三行本、九行本又都有同年十月张珣跋文。张跋赞许时年二十五岁的丁晏"英年笃学，实事求是"，而著述"雅材好博，卓然可传"，而《佚礼扶微》"搜罗赅备，部居不厕，淹贯群书，论辨多美，不觉有积薪之叹矣"，但并未察觉丁氏嘉庆二十三年戊寅自叙的内在矛

① 稿抄本中，中国国家图书馆藏两种，上海图书馆藏两种。中国国家图书馆藏两种行款不同，一种半叶九行，行二十字，有"丁晏""山阳丁晏图书""丁晏图书""修学好古""延古堂李氏珍藏"印（善本书号：A01974），《续修四库全书》即据此影印；一种半叶十三行，行二十四字（善本书号：12037）。上海图书馆藏两种皆九行二十字，一种内容完备，有"吴兴刘氏嘉业堂藏书记"印（索书号：793647-50）；一种只存一卷，有"丁晏""山阳丁晏图书""俭卿""润州吴庠眉孙藏书"印（索书号：821460）。"延古堂李氏"指天津李士铭（1849~1925）、李士鉁（1851~1926）兄弟，"吴兴刘氏"即南浔刘承幹（1881~1963），"润州吴庠"即镇江吴庠（1878~1961），可见丁氏九行本有多个藏本，并非稀见。而光绪十四年（1888）《南菁书院丛书》又据九行本梓行，只是变上下二卷为五卷，此后《丛书集成初编》《清经解三编》《古籍佚书拾存》以及师顾堂等皆据此影印。丁晏：《佚礼扶微》，《续修四库全书》第 110 册，上海古籍出版社，2002 年影印本，第 607~669 页；王锷：《三礼研究论著提要》（增订本），甘肃教育出版社，2007，第 421 页；中国古籍总目编纂委员会编《中国古籍总目·经部》，中华书局，2012，第 470 页；上海图书馆藏信息，参"上海图书馆古籍目录"网（https://gj.library.sh.cn/org/shl）；中国国家图书馆藏两种稿抄本皆已于"中华古籍资源库"公开。

② 本文使用的《佚礼扶微》版本，是师顾堂影印 1940 年董康珂罗版《景宋八行本周礼疏》（贵州教育出版社，2020）时的附赠品，无版权页，底本为《南菁书院丛书》本，并据丁书抄本补齐目录与嘉庆二十三年张珣跋文，又附今人乔秀岩《小识》，颇便使用。师顾堂亦论及诸本差异："十三行本最为原始，无《补遗》，无《附录》末之'后郑《礼记》本四十九篇大小戴共传其学非小戴删取《大戴礼》论'条，然正文已有增改。九行本增入《补遗》及《附录》末条，并续加订补。举凡九行本订补之处，《南菁书院丛书》本全部吸收。惟两部稿本都分为两册，其中《佚经》《佚记》为一册，余篇为一册，故目录依之分为上、下；而丛书本则篇各为卷，故作五卷，非作者本意如此。另外，两部稿本《附录》后均有嘉庆二十三年张珣跋，惟十三行本残阙文末时间署名，而刻本无此跋。"丁晏：《佚礼扶微》，师顾堂影印《南菁书院丛书》本，广陵书社，2018，第 2 页。

盾与错误。①

该叙备言此书结构与得名之由：

> 蒙暇日浏览群书，左右采获，久之成帙，乃重加排纂，系以鄙说。首佚经，次佚记，次佚文，次附录。取东汉章帝诏书"扶微学"之语，命之曰《佚礼扶微》。其不曰"逸"而曰"佚"者，何也？《尚书·无逸》，《史记》作《无佚》，汉熹平石经《书》"逸"字皆作"佚"。《说文》不载"逸"字，当从古文作"佚"也。②

丁晏将佚经、佚记、佚文以及附录诸礼说、礼论，皆置于"佚礼"名义下，极大拓展了"佚礼"的范围，并有汉章帝建初四年（79）十一月白虎观之会"扶进微学，尊广道蓺"之意。③ 但丁晏以"逸""佚"二字流变定书名用字，并不准确。《说文解字》兔部明有"逸"字，丁氏可能未及细察。又以"佚"字为古文，其根据《史记》尚有可说，如太史公曾求学于孔安国；并以今文熹平石经为据，则难免自相矛盾（石经《尚书》"无逸"作"毋劮"，"劮"与"逸""佚"字通，但许慎《说文解字》不

---

① 除《佚礼扶微》外，张氏又列丁著十种，参诸年谱、自叙，先于戊寅（1818）《佚礼扶微》成书者仅有《论语孔注证伪》、《柘塘脞录》（当即《淮阴脞录》）二书，年谱所记，皆成于嘉庆二十二年。有五种成于戊寅《佚礼扶微》之后，年谱记《毛郑诗释》、《诗考补遗》（全名当是《诗考补注补遗》）成于嘉庆二十五年，但前者自叙作于道光二年（1822）八月，后者作于道光三年十月；《今文孝经征文》（当即《孝经征文》）年谱中成于道光三年，自叙又在道光二年；《楚辞天问疏》（即《楚辞天问笺》）自叙言创始于嘉庆二十二年，"属草粗具，藏于箧中"，直至咸丰四年（1854）方"覆加审定，缮写成书"，参诸张跋，创始之言不虚；《颐志斋诗文集》成书更复杂，丁氏自编诗集时间较早，如《颐志斋诗草》有道光四年盛大士序，又有道光十二年自序，《柘唐府君年谱》记道光十三年秋"自编录诗文成集"，并言"自是壹意著述，进取之志日瞠"，实际上编纂仍持续至晚年。余《学易咫闻》《今文尚书训纂》《郑笺破字辨》三种则无书传世，年谱记《周易解故》成于道光三年，《颐志斋文集》所载自叙同，但《广雅丛书》本自叙撰于嘉庆二十四年，《学易咫闻》或与之有关；《今文尚书训纂》无考，丁氏另有《尚书余论》撰于咸丰五年，其尤丁智倒是撰有《尚书今古文注》；《郑笺破字辨》亦未有成书，当是已融入《毛郑诗释》中。诸书虽成书时间有先后，但构思草创较早，可见丁氏青年时著述之勤。另十三本所录诸书名有误，九行本有改正，如"孝经征文"原作"孝经考证"，"毛郑诗释"原作"毛郑诗弼"，"诗考补遗"原作"诗考搋遗"，"柘塘脞录"原作"柘塘闲话"，"颐志斋诗文集"原作"枕经堂诗文集"。丁晏：《佚礼扶微》，《续修四库全书》第 110 册，第 665 页。另参丁寿恒等编《柘唐府君年谱》，四川大学古籍整理研究所编《儒藏·史部·儒林年谱》第 45 册，四川大学出版社，2007，第 445、483 页。曹天晓：《清儒丁晏年谱》，硕士学位论文，南京师范大学，2018，第 313~320 页。

② 丁晏：《佚礼扶微》，师顾堂影印《南菁书院丛书》本，第 3 页。

③ 章帝诏书"扶微学"之语主要言宣帝、光武帝立诸经博士之深意。《后汉书》卷 3，中华书局，1965，第 138 页。

取，丁氏亦未能细察）。① 因是自觉叙中存在错误，丁氏曾另撰叙文，后收入《颐志斋文集》，文字出入较大：

> 蒙暇日采获群言，详加甄录，以补二公之所未备。首列逸经。次佚记，凡《五帝记》《号谥记》《亲属说》《别名说》《王度记》《三正记》《王霸记》《青史氏记》《昭穆篇》《本命篇》《瑞命篇》《礼服传》，许慎《五经异义》又引《盛德记》《三朝记》，皆今《大戴》之文，不复述也。其散句无篇名者，别为佚文缀于后，义有隐略则为图说以表明之。附以《管子·弟子职》、《荀子·礼论篇》、贾子《容经》、《汉石渠礼论》、叔孙通《礼器制度》、戴德《丧礼变除》、郑康成《丧服变除》、何休《冠仪约制》等篇，皆汉儒说经之文，其视刘敞之《义》为近古矣。创始于著雍摄提格，递有增益，阅二载而成。取汉章帝诏书"扶微学"，总题曰《佚礼扶微》。其诸断圭碎璧之是宝，片言只字之不遗乎？至若淹中已亡，河内久佚，《孔丛子》之军礼，大抵伪文；刘有年之佚经，无非依托，又辑佚礼者所不取也。②

所谓"阅二载而成"，即新叙当成于嘉庆二十五年。叙中不仅删去了解释"逸""佚"用法的文字，将二字混用；还对王应麟、吴澄辑佚的不足做了翔实的说明，远较二十三年叙文为详；更是详细分疏了《佚礼扶微》的文本结构，显然与稿本、刻本的面貌有异。虽然主体结构并未发生大的变化，如佚经（新叙称"逸经"）、佚记、佚文，仍是"佚礼"最核心的内

---

① 熹平石经《尚书》或说为小夏侯本，或说为欧阳本，为今文则无疑义。屈万里：《汉石经尚书残字集证》卷 2，台北：联经出版事业公司，1984；周凤五：《新出熹平石经〈尚书〉残石研究》，虞万里编著《二十世纪七朝石经专论》，上海辞书出版社，2018。虞书另收吴承仕《新出伪熹平石经〈尚书〉残碑辨证》、罗振玉《记小夏侯〈尚书〉》、朱廷献《由汉石经残字看今文〈尚书〉》、许景元《新出熹平石经〈尚书〉残石考略》、吕振端《汉石经〈尚书〉残字异文考》等，皆与《尚书》有关。另参虞万里《〈尚书·无逸〉篇今古文异同与错简》，《"中央研究院"历史语言研究所集刊》第 87 本第 2 分，2016 年。

② 丁晏：《颐志斋文集》卷 2，《清代诗文集汇编》第 587 册，第 96~97 页。此叙又录于丁寿恒等编《柘唐府君年谱》，文字又有出入，如"佚"字皆作"逸"。丁寿恒等编《柘唐府君年谱》，《儒藏·史部·儒林年谱》第 45 册，第 469~471 页。

容，但前后内容"递有增益"，内部细节已发生改变，如戊寅本见于"补遗"的叔孙通《礼器制度》、郑玄《丧服变除》，此时皆在附录。又如所列"佚记"篇目，数量更是少于戊寅本。而丁寿恒《柘唐府君年谱》又记《逸礼扶微》成书于道光二年壬午（1822），并录有叙文。道光二年叙在庚辰自叙基础上又有变化，主要是改全部"佚"字为"逸"，与戊寅叙言书名用"佚"不用"逸"，截然相反。但同治二年（1863）《颐志斋丛书》所列书名以及丁晏《柘翁七十自叙》，仍称《佚礼扶微》，丁一鹏《历年纪略》亦同。丁一鹏"侍先生最早且久"，丁寿恒为丁晏三子，该书之称名有异，表明"逸""佚"二字之别格外受到关注。

《佚礼扶微》一书出现了戊寅、庚辰、壬午三叙，后二叙内容大体相近，只用字有异。从戊寅到庚辰，两年之间《佚礼扶微》的内容肯定有调整，且至晚在同治二年似仍称"佚礼扶微"，惜无传本可见。而戊寅叙言书名用"佚"而不用"逸"，庚辰叙"佚""逸"兼用（"逸"专用于"逸经"，当承自吴澄《仪礼逸经传》，亦称"佚经"；戊寅叙也用"逸"字，但无"逸经"用例），系于壬午之叙则用"逸"而不用"佚"。丁氏及其后学兢兢于二字之别，显然主要是为了修正戊寅叙的错误。戊寅叙中，丁晏误解《说文解字》有"佚"无"逸"，且以今文熹平石经"佚"为古文。丁氏此处虽有疏漏，但其研读《说文》前后十余年，用力甚勤也是事实，显示出乾嘉小学在此时的巨大影响力。

《颐志斋丛书》统计丁氏著述，刻印者凡二十二种四十一卷，未刻缮稿者计二十五种共九十五卷，其中有《说文举隅》一卷。据丁氏年谱，《说文举隅》撰于道光三年，与《佚礼扶微》时间相近。今中国国家图书馆藏稿抄本两种，一或为丁晏手稿本（善本书号：10759，有"丁晏图书""丁赐福读书记"等印），一为其孙丁赐福1923年七十一岁时所抄（善本书号：14010，有"丁赐福读书记""南通冯氏景岫楼藏书"等印）。国图又藏丁晏《说文脞语》稿本一种（善本书号：10758，封面题"敝帚千金""颐志斋"，有"颐志斋主人珍藏"等印），似无甚义例。丁氏又有《说文通说》一种（其兄丁智亦著有《说文指掌》四种），为丁氏弟子段朝端

（1843～1925）抄录，今藏于湖北省图书馆（索书号：善/2298），前有丁晏序文：

> 蒙年十四，始见《说文五音韵谱》，越五年，乃购得始一终亥原书。沉潜反复，沿波溯源，如是者十余年，久而识其旨要，于是书粗有得焉。不揣梼昧，欲为后生晚学观其会通，祛其疑滞，兹特条举而析言之。①

据丁氏说，嘉庆十二年（1807）得见宋李焘《说文解字五音韵谱》，嘉庆十七年购得《说文解字》全书。至其撰著《佚礼扶微》戊寅（1818）叙时，研读《说文》已有六年，后五年又成《说文举隅》一书。赵铮推测《说文通说》成书于道光五年（1825）前后，距嘉庆十七年确有"十余年"。而在《说文举隅》《说文通说》成书之前，嘉庆二十五年十月丁晏作《吴山夫先生说文引经考跋》，已言"蒙末学肤受，谫陋寡闻，然从事于《说文》者盖亦有年"。②《说文举隅》正是补苴山阳吴玉搢《说文引经考》而作。在戊寅版《佚礼扶微》中，丁氏对"《说文解字》引礼"也有独到分析（䢾、瓒、菹、鷁、栾、墀等字），并驳正南城吴照《说文引经考异》：

> 近南城吴氏照辑《说文引经考异》舛戾颇夥，称《逸礼》"钘毛牛藿，羊苄豕薇"。考《仪礼·公食大夫》记云："铏芼牛藿，羊苦豕薇。"郑注："今文苦为苄。"许君据高堂生今文，故作"羊苄"，其艹部"苄"字注明称"礼记"，即《公食》记文，吴氏以为《逸礼》，误矣。③

丁氏《吴山夫先生说文引经考跋》也举有"羊苄豕薇"的例子，只是《佚礼扶微》所论略早，不知当时丁晏是否已通览乡贤之书。丁氏对"许

---

① 丁晏著，段朝端释《说文通说》，湖北省图书馆藏清抄本。另参赵铮《从两个未刊本看丁晏的说文学研究》，向光忠主编《说文学研究》第3辑，江西教育出版社，2008，第253页。

② 丁晏：《颐志斋文集》卷3，《清代诗文集汇编》第587册，第117页。据赵铮文，安徽师范大学图书馆藏有吴玉搢《说文引经考》道光元年（1821）本丁晏的批校题跋，未及睹。

③ 丁晏：《佚礼扶微》，师顾堂影印《南菁书院丛书》本，第94～95页。

书之通例"的重视，也能体现其《说文》学的造诣。《说文通说》中归纳
"引经以广异义""引经直称经曰"等义例，《颐志斋文集》亦有《说文引
经说直称经考》，与"引经直称经曰"例大体相同。^① 这些认识，又都会影
响其对《说文解字》引"礼"的分析。观其论说《说文》，实难想象丁氏
在戊寅叙中为何失误，盖为智者千虑之失。

《佚礼扶微》数年之间不断改换自叙，似乎也预示了该书在丁氏生前
持续改变面貌与认知的遭遇。咸丰二年（1852）聊城杨以增因丁晏"笃好
郑学"，而"录其释《诗》《礼》者，汇刻《六艺堂诗礼七编》"。"七
编"即《毛郑诗释》《郑氏诗谱考正》《诗考补注》《诗考补遗》《周礼释
注》《仪礼释注》《礼记释注》，意在"翼赞笺注，嘉惠来兹，而乡先生北
海之学亦借是以阐明也已"。^②《佚礼扶微》与郑学关联较小，显然不会收
入"七编"。同治二年（1863）刊印《颐志斋丛书》，收书二十二种（包
括《六艺堂诗礼七编》），亦无《佚礼扶微》，属于"未刻缮稿"二十五
种之一。张之洞《书目答问》刊行于光绪二年（1876），经部列有丁晏书
数部，或言"六艺堂自刻本"，或言"六艺堂本"，实即《颐志斋丛书》。^③
《书目答问》又录有吴澄《仪礼逸经传》、诸锦《飨礼补亡》，言为"补
《仪礼》之逸"。《佚礼扶微》其时并未梓行，自然也未提及，直至光绪十
四年收入《南菁书院丛书》，因此蒙文通有按语"山阳丁晏《佚礼扶微》
五卷"以补《书目答问》。^④ 而《南菁书院丛书》刊印《佚礼扶微》五卷，
并不符合丁晏原稿上下二卷的原貌，也未改换丁氏前后数变的自叙，更可
能与丁氏晚年对此书的态度矛盾。

二 正伪之间：丁晏晚年对《逸礼》的矛盾态度

同治二年八月，时年七十岁的丁晏，撰著《柘翁七十自叙》时，尚称

① 丁晏：《颐志斋文集》卷3，《清代诗文集汇编》第587册，第115页。
② 杨以增：《〈六艺堂诗礼七编〉序》，周广骞、丁延峰校注《海源阁杨氏诗文校注》，国家图书馆出版
社，2020，第101~103页。
③ 《书目答问》以丁晏《尚书余论》为"自著六艺堂诗礼七编本"，不确，"七编"中无《尚书余论》，
当是《颐志斋丛书》。又《书目答问》以《诗考补注补遗》为林伯桐著（修本堂本），亦误。来新夏、
韦力、李国庆汇补《书目答问汇补》，中华书局，2011，第46、47、55、57、65、75、88、193页。
④ 来新夏、韦力、李国庆汇补《书目答问汇补》，第91页。

"佚礼古经，用扶微学，裨益草庐，淹中玩索，著《佚礼扶微》二卷"。①
但到同年十二月时，丁晏对"佚礼"已经有了更深入且略显矛盾的看法。
丁晏此时受邵懿辰《礼经通论》的影响，坚定了《仪礼》十七篇为完书的
观点，同时又未全部接受邵氏"论《逸礼》三十九篇不足信"的说法。其
在同治二年十二月二十日所作《礼经通论叙》中，认为邵懿辰"启二千年
儒先未发之覆"的礼学新说（"《礼经》之十七篇，依郑《目录》大戴十
七篇之次，本末精粗粲然具备，《礼》本经十七篇未尝不完，《大戴》八十
五篇各有所附"）"信不虚也"，赞许邵氏此书"文字精密，义蕴闳深，
非捃摭考据家所及，明圣道而翼世教，胥有赖焉"。②丁晏又在邵懿辰基础
上，"更引伸其论，阐发益明"，表达自己对相关问题的进一步思考，只是
"惜不得位西而就正之也"。

如其论《仪礼》为完书，言道光二年（1822）著《仪礼释注》时已
有此疑问：

> 余曩著《仪礼释注》，序言《礼经》汉初鲁共王、河间献王、大
> 毛公皆传其文，班书称高堂生及二戴、庆氏三家递相授受。迄于汉
> 季，刘向《别录》备载十七篇之目，郑君始为作注，具列古文、今文
> 之学。后之学者当考其渊原，识其为孔子七十子之传，尊信古经，以
> 祛俗儒疑经之妄。余之所见如此，其时已疑《礼经》为全书。

今读《仪礼释注自叙》，丁晏分疏古文之学、今文之学（大戴之学、小戴
之学、庆氏学）甚明，而"详列古文今文之学两汉经师之授受"的目的似
仅在"祛俗儒疑经之妄"，③实无"疑《礼经》为全书"之意。丁氏继言

---

① 《柘翁七十自叙》现藏南开大学图书馆，特别感谢曹天晓先生赐示整理文本。丁晏：《柘翁七十自叙》，
南开大学图书馆藏清同治二年（1863）丁氏家刊本（曹天晓整理录文）。
② 丁氏此叙不见于年谱、文集，见于邵懿辰《礼经通论》同治三年六月望三益斋刻本（时间据孙殿起
《贩书偶记》说）。邵懿辰：《礼经通论》，黄铭、秦婷点校，丁耘编《思想史研究》第 7 辑，上海人
民出版社，2009，第 374 页；孙殿起录《贩书偶记》，中华书局，1959，第 30 页。
③ 《仪礼释注自叙》作于道光三年（1823）八月，言："蒙既笃好郑学，紬绎注文，博考而研究之，为
《释注》二卷。复详列古文今文之学两汉经师之授受，庶后之学者览其渊源，尊信古礼，识其为周公
孔子七十子之传，以祛俗儒疑经之妄，为郑学者其亦有取乎此也。"丁晏：《仪礼释注》，《续修四库全
书》第 93 册，影印清咸丰二年（1852）杨以增刻本，第 238 页。

有"三十年之疑",即汉代《礼经》为何称"士礼",但与邵氏说不同:

> 专言《士礼》者何?天下无生而贵者,自天子以至庶人入学习
> 礼,统乎士也。由士而上及大夫、诸侯,则有聘、射、丧、祭、乡
> 饮、公食之礼,而不言天子之礼,王天下然后议礼,圣人何敢僭言。
> 至《大戴记》上及公冠、天子之冠礼,《小戴记》上及郊禘、明堂大
> 飨之礼,而《礼经》略不之及,非阙也。执礼雅言,执止此也,约礼
> 善诱,约仅此也,圣人之教综十七篇而体用该矣。太史公《儒林传》
> 言"于今独有《士礼》,高堂生能言之",《七略》言"后苍等推士礼
> 而致之天子之说",是汉初儒者所见,即此《士礼》之经也,而犹未
> 敢定为完帙。今见邵先生之论,积三十年之疑,一朝而豁然解,始知
> 《礼经》为古完书,而后人或疑其阙残,或疑其诬伪,则不学之过也。

邵懿辰对汉世称"士礼"的解决方式,是怀疑太史公"疏略",其言
"高堂生至后苍未必自以为所传皆士礼也"也是疑似之辞。丁晏之论并不
以史传记载为疑,而有汉初儒者"未敢定为完帙"之说,与邵氏以《礼
经》为完书之识断有别;又申发"天下无生而贵者,自天子以至庶人入学
习礼,统乎士也"之义,较邵氏之疑更为合理。如果说以《仪礼》为完
书,丁晏尚有《仪礼释注》作为铺垫,而在论述二戴《记》的内容与关系
时,丁晏则直接改变了早年的说法:

> 余因悟经既完书,即记亦为原本。《汉志》礼家:"《记》百三十
> 一篇。"自注:"七十子后学者所记。"《大戴记》八十五篇,《小戴
> 记》四十九篇,《曲礼》《檀弓》《杂记》分为上下,实止四十六篇,
> 合二戴之《记》,正符百三十一篇之数,则汉以前相传之《记》本如
> 是也。《小戴》四十九篇,东汉桥仁有《礼记章句》四十九篇,曹褒
> 传庆氏礼,亦四十九篇,可见《小戴》之文亦原书而无残阙。《大戴
> 记》今存四十篇,其缺者为《小戴》之所取。《大戴·哀公问》《投
> 壶》二篇与《小戴记》同,《曾子大孝》篇与《小戴·祭义》同,
> 《礼察》篇与《小戴·经解》同。除去四篇,实得三十六篇,合之

《小戴》四十九篇，适符八十五篇之数，晋陈邵谓小戴删取大戴，其说是也。二戴《记》传自孔门，《隋志》妄谓《月令》《明堂位》《乐记》三篇为马融所作，不知《月令》见《吕览》之书，《乐记》见刘向之《录》，非自季长始传，前儒纠之当矣。经记皆为完书，而非汉儒所能附益。

邵懿辰对二戴《记》整体的分析，今存《礼经通论》上卷有"论大小戴传《礼记》""论汉初经记分而不分""论记传义问四例"诸条，明确反对调和二戴《记》篇数的说法。①丁晏则仍是以二戴《记》篇数之合为依据，论证小戴删取大戴之说为是。其说二戴《记》篇数，早在撰著《佚礼扶微》时已有巧思，只是篇数分合有异。《佚礼扶微》中有"后苍《礼记》本四十九篇大小戴共传其学非小戴删取大戴礼论"，其言：

> 然则此四十九篇之文，固两汉所盛行，其自朝廷章奏以至史官之纪录、学士之诵说，莫不征引，固非私儒所敢损益也。善夫《六艺论》之言曰：戴德传《记》八十五篇，则大戴礼是也；戴圣传《记》四十九篇，则此《礼记》是也。据此则大小戴《记》各自传述，非大戴删取古礼，亦非小戴删取大戴，郑君之论可谓明且确矣。小戴所传四十九篇，《曲礼》《檀弓》《杂记》皆分为上下，实止四十六篇。大戴所传八十五篇，今本起《主言》第三十九，终《易本命》第八十一，实存三十九篇。尝谓今大戴本无阙文，二戴同受自后苍，疑大戴亦传今《礼记》，以大戴三十九篇合于《礼记》四十六篇，适得八十五篇，以大戴八十五篇合于小戴四十六篇，适得百三十一篇，正《汉·艺文志》称"《记》百三十一篇，七十子后学者所记"是也。

① 邵懿辰《礼经通论》下卷今存其目十一篇，见于高均儒《与张铭斋书》，与二戴《记》关系较大：论《礼记》分附经后，论十七篇之次序，论《曲礼》《玉藻》《内则》《少仪》等篇为总记与经切附，论《冠义》等十一篇宜分附于经，论《礼运》等七篇为《礼》通论宜总附经曲之后，论《大戴·公冠》篇宜附《士冠礼》作记，论《文王世子》《保傅》《学记》《大学》，论《曾子》十篇、《子思子》四篇，论杂篇，论《将军文子》《儒行》《哀公问五义》，论五经中《礼》当合二戴《记》共为《礼经》。邵氏另有《与张铭斋书》亦论及二戴《记》，此不赘述，后文有分析。邵懿辰：《礼经通论》，《思想史研究》第7辑，第377页。

窃以大戴本书既有《礼记》，又益以记若干篇，其书或分或合，分之为四十九，所以重师传；合之为八十五，所以广异义也。后人见《大戴记》中亦有四十九篇文，又多于小戴，故疑小戴删大戴而为之，而不知后苍之师法，实原止四十九篇也。①

此论以《大戴礼记》实存三十九篇，《礼经通论叙》则言《大戴礼记》今存四十篇，除与《小戴礼记》相似四篇外，实得三十六篇。因此，八十五篇的算法也由《佚礼扶微》时的《大戴》三十九篇与《小戴》四十六篇，变成《大戴》三十六篇与《小戴》四十九篇之和。虽皆以《大戴》八十五篇与《小戴》四十六篇合《记》百三十一篇，但《礼经通论叙》所言《小戴》篇数实则无定。总体而言，《佚礼扶微》之论尚有新义，以后苍、二戴皆传四十九篇，暗合今文家法，而《大戴礼记》实为增广异义之作；及至《礼经通论叙》之说，则二戴《记》篇数分合无定，去取随意，实难称"阐发益明"。更值得留意者，乃是丁晏对《逸礼》三十九篇的态度，在评说邵懿辰《礼经通论》时，前后略显矛盾，其中激进之说甚至否定了早年撰著《佚礼扶微》的意义。

邵懿辰《礼经通论》以《逸礼》三十九篇不足信，文中有丁晏之附记，与邵氏说不同：

《逸礼》三十九篇即《礼古经》之文，合《礼经》十七篇及三十九篇，《班志》《七略》所云"《礼古经》五十六篇"，具有明文。《逸礼》之三十九篇，犹《逸书》之十六篇，皆古经之厪存者，汉世未有师说。惟《仪礼》十七篇、《今文尚书》二十八篇，汉儒传授其学，郑君皆为之作注。位西此论谓《逸礼》不足信，过矣。当依草庐吴氏别存《逸礼》为允。至斥《逸礼》为刘歆诬伪，颇嫌臆断。且《逸礼》古经，汉初鲁共王得于孔壁，河间献王得于淹中，《朝事仪》见于《大戴礼》，《学礼》见于贾谊《书》，皆远在刘歆之前，未可指为

① 丁晏：《佚礼扶微》，师顾堂影印《南菁书院丛书》本，第147~148页。

歆赝作也。①

丁晏以邵懿辰《逸礼》疑伪说"过矣""颇嫌臆断"，仍取吴澄《仪礼逸经传》"别存《逸礼》为允"。但在《邵位西礼经通论跋》中，则表述了截然相反的看法：

> 《逸书》绝无师说，犹《逸礼》不立学官。后人于亡佚之余拾取《逸礼》，既无补于正经，增多伪书，反有害于正学。《礼经》当专求之十七篇，《尚书》当专求之二十八篇，圣学之传如是而已。窃谓学者从事五经，《易》《诗》《春秋》皆完书，《仪礼》古经、《尚书》今文皆真古文也。《礼记》之四十九篇，七十子后学之传，或疑为杂出汉儒，亦考之不审耳。诚得好学深思者，颛门五经，反复而紬绎之，其旨赅而其学邃矣。《语》云："述而不作，信而好古。"余年逾七旬，墨守经训，深慨夫博涉旁支，妄疑臆造，徒滋繁词，无裨实事，故因邵氏之论而约言之，以谂后之学者。②

前尚论"别存《逸礼》"，此已是"既无补于正经，增多伪书，反有害于正学"，如是则《佚礼扶微》仿吴澄之书便无甚意义。其观念变化之剧烈，似就在数月之间。《礼经通论叙》撰于同治二年十二月，言"今漕帅吴仲宣先生已印行胡氏书，复刊邵氏《通论》上卷"。《贩书偶记》以吴棠（1813~1876）望三益斋刻《礼经通论》，成于同治三年（1864）六月，丁跋或与叙文非同时而作。同治四年初秋，丁晏又作《邵位西忧行录序》，述及与邵懿辰的交集：

> 己未江南借浙闱举乡科，三儿寿恒往应秋试，得见位西，衮衮论学，备询余所著书，以未及识面为歉。次年，贼陷浙省，位西杳然无闻。迨伯平转徙至淮，始得见《礼经通论》遗稿半部及遗文数十篇。③

---

① 邵懿辰：《礼经通论》，《思想史研究》第7辑，第390页。
② 邵懿辰：《礼经通论》，《思想史研究》第7辑，第408页。丁晏：《邵位西礼经通论跋》，《颐志斋文集》卷7，《清代诗文集汇编》第587册，第194~195页。
③ 丁晏：《颐志斋文集》卷5，《清代诗文集汇编》第587册，第147~148页。

丁寿恒乡试在咸丰九年（1859），其间与邵懿辰有交流。咸丰十年二月太平军攻杭州，邵懿辰辗转海昌、绍兴、祁门、杭州数地，并始撰《礼经通论》。咸丰十一年七月，《礼经通论》写就十八篇，十月又重编《礼经通论》；十一月杭州失守，文澜阁、孙氏寿松堂、钱唐汪氏振绮堂等藏书皆被毁，巡抚王有龄殉难，十二月初一日邵懿辰殉节。[①] 及至同治二年（1863），丁晏方看到邵氏挚友高均儒（1811～1868）所藏《礼经通论》等书，即《礼经通论叙》所言"吾友高君伯平与位西至交，藏有《通论》上卷，钞以示余，其下卷毁于浙烽，此幸而存者，重可宝也"。吴棠望三益斋刊刻《礼经通论》，丁晏校订时尚认为当存《逸礼》，但作跋时已有"博涉旁支，妄疑臆造，徒滋繁词，无裨实事"之叹，不知是否有感于时局之动乱。丁氏《柘翁七十自叙》言"四十以前，训诂考索；六旬以后，义理研求"，六旬（1853）正值太平军攻克南京之时，所谓"粤匪披猖"一直持续至同治年间，其间咸丰十年又有"捻匪交攻"。[②] 时势变换，可能极大影响了丁晏思想的变化，数月之间，其对《逸礼》就有了截然相反的认识，个中详情，今已难详。[③] 若以时间论，晚于《礼经通论叙》以及附记的《礼经通论跋》，或许是丁氏晚年定论。如果皮锡瑞曾读到丁氏《礼经通论跋》，也许就不会再生"必信《逸礼》为真"的质疑。[④]

三　汉宋之间：《佚礼扶微》的宋学渊源

丁氏晚年虽受邵懿辰影响，改变了对《仪礼》《逸礼》以及二戴《记》的看法，但今文色彩远不如邵氏。丁氏身后，概述其学术者，也只是多言其学兼重汉宋：

> 生平读书为学，笃守有恒之训，治一书已，方治他书。躬自校

---

① 吴瑞获：《邵懿辰年谱》，硕士学位论文，华东师范大学，2018，第95～103页。

② 丁晏：《柘翁七十自叙》。

③ 吴棠又涉及当时清廷与湘淮集团在两江地区的权力之争，咸丰十一年擢江宁布政使，兼署漕运总督，同治二年十一月署江苏巡抚，是清廷在两江牵制湘淮集团的重要力量。参阅邱涛《咸同之际清廷与湘淮集团的江浙控制力之争》，《清史研究》2020年第4期。

④ 皮锡瑞所读邵懿辰《礼经通论》当是《皇清经解续编》本，该本依例删去了书前后的序跋，故而皮氏未及相知。

订，丹墨不去手。尝谓学者读书，当从汉儒以正故训，故训定而后义理显，从宋儒以析义理，义理明而后故训确。故所著论，于汉学特精，于宋儒亦无所违焉。[光绪《淮安府志·丁晏传》（光绪十年刊本）]

然晏治经学不掊击宋儒，尝谓汉学、宋学之分，门户之见也。汉儒正其诂，诂正而义以显；宋儒析其理，理明而诂以精，二者不可偏废。（《清史稿·丁晏传》）

柘唐覃精研思，诸经皆有撰述。晚年治《易》，尤嗜《程传》，为《述传》一书，于治乱消长，独见征兆，而不杂以空疏无当之辞，最得汉经师遗意。论者谓道咸以来，惟柘唐为能以汉学通宋学焉。（《清儒学案·柘唐学案》）

道咸以来，治学之儒多以汉学为破碎，于是调停汉宋，不名一家，其有立志远大者，则又推理学以为世用，如山阳学派是也。（刘师培《近儒学案序》）①

丁氏《周易述传》成于咸丰五年（1855），符合《柘翁七十自叙》（1863）"六旬以后，义理研求"的自述，再如《诗集传附释》《书蔡传附释》《禹贡蔡传正误》《春秋胡传申正》等书皆成于六旬以后。而"四十以前，训诂考索"之言，也大致可对应丁氏"笃好郑学"著述，如《六艺堂诗礼七编》所录诸书。但丁氏兼重汉宋并非如四十（1833）、六十（1853）断然可分，只不过在著述内容上有分布性特征。四十与六旬二十年间，丁氏成书较少，但道光十年（1830），丁晏主讲盐城表海书院时，特著《读经说》以示为学门径，已完整展现了丁氏的汉宋"经学"观：

自汉立五经博士，师法传授，不颛一家。唐时立九经于学官，孔贾为之《正义》。明神宗时，荟萃两汉魏晋之注及唐宋疏释诸家，镂板雍学，未尝诏人之诵习也。我朝崇尚经学，钦定诸经昭示万古，十三经注疏颁在学宫，尊经之义大矣。窃谓为学之道，莫先于读经。读

① 曹天晓：《丁晏评传资料集录》，《清儒丁晏年谱》，硕士学位论文，南京师范大学，2018，第333~345页。

经之法，莫先于读注疏。注疏之学，朱子教人之学也。朱子《论孟精义序》云："汉魏诸儒正音读，通训诂，考制度，辨名物，其功博矣。学者苟不先涉其流，则亦何以用力于此。"《答李季章》云："汉儒之学，有补于世教者不少。"又曰："《周礼》也，且循注疏看去。"又曰："五经疏，《周礼》最好，《诗》《礼记》次之，《书》《易》为下，《仪礼疏》不甚分明。"夫以朱子擘究注疏如此，而后之为宋学者拨弃训故，空言心性以自文其寡陋，岂朱子之意哉！于是矫其弊者，又倡为汉学，其始创于一二好古之儒，广异扶微，甚有裨于学者，其流至于专己守残，支离傅会，掊击宋儒，学愈歧而经愈晦矣。余谓汉学、宋学之分，门户之见也。汉儒正其诂，诂定而义以显。宋儒析其理，理明而诂以精。二者不可偏废，统之曰经学而已。[①]

丁晏不分汉宋门户，且推崇朱子，借朱子之言以兴起注疏之学，并反思汉学出现的弊端（江藩撰著《国朝汉学师承记》，丁晏又曾受学于江氏），与当时出现的汉学反思同辙；六旬以后江南局势骤变，又加深了丁氏的反思力度，《礼经通论叙》言"非捃摭考据家所及"，只是与邵懿辰重今文学略异，丁晏实际上不分汉宋，亦不分今文古文。襄助张之洞完成《书目答问》的缪荃孙，曾受学于丁晏，后又撰丁氏传记，因而《书目答问》中丁晏的形象并非汉学专门。柳诒徵遂言"固合义理考据而一之，不分门户，视皖苏诸经师翘举徽帜，及萧山河间之集矢宋儒者，迥乎不侔""博闻精识，左右采获，折衷贵当，故不屑姝姝暖暖于一先生之言"，也因此《书目答问》"不遽以丁先生比次于汉学专门诸大师"。[②]

如果仅从汉宋的角度看，《佚礼扶微》实际上已经展现了这种倾向。丁晏《佚礼扶微自叙》首言"缉佚礼何仿也？仿于宋之王厚斋，元之草庐先生也"，并引王应麟《困学纪闻》、吴澄《仪礼逸经传序》，申言戊寅叙"宝断圭碎璧""收片言只字"之义（庚辰、壬午叙则言"断圭碎璧之是

---

① 丁晏：《读经说》，《丛书集成续编》第15册，影印《颐志斋丛书》本，台北：新文丰出版公司，1988，第239页。
② 《劬堂序跋集》，杨共乐、张昭军主编《柳诒徵文集》卷8，商务印书馆，2018，第435页。

宝，片言只字之不遗"）。礼学辑佚，王应麟并无专门著述，所论除《困学纪闻》外，又见于《玉海·艺文志》《汉艺文志考证》等书；吴澄则有《仪礼逸经传》传世，因而《柘翁七十自叙》言"裨益草庐"。顾颉刚先生也有"《佚礼扶微》之宋学渊源"说，言"清学承宋学"，只不过"宋学创始，自然粗疏；清学继事，因得精密"而已，而丁晏"此文亦将清学承宋学之事实说出"，并对"学者以治经为不急之务，听其废置"的现状，兴"抱简册而彷徨"之叹。①

今考王应麟所辑佚礼，如《困学纪闻》"汉逸礼"条言：

> 《艺文志》谓之《礼古经》，未有《仪礼》之名。张淳云："疑后汉学者见十七篇中有仪有礼，遂合而名之。"孔壁古文多三十九篇，康成不注，遂无传焉。《天子巡狩礼》《朝贡礼》《王居明堂礼》《烝尝礼》《朝事仪》见于《三礼注》，《学礼》见于贾谊书，《古大明堂之礼》见于蔡邕《论》，虽寂寥片言，断圭碎璧，尤可宝也。②

此列王氏认定的《逸礼》篇名七篇，吴澄《仪礼逸经》有《王居明堂礼》，《朝事义》则为《仪礼传》十篇之一，不为经属。丁晏《佚礼扶微》戊寅叙言"《朝事仪》见于《大戴记》，《学礼》亦见《保傅篇》，非逸也"。王氏《玉海·艺文》亦有"汉逸礼"条，较《困学纪闻》略详，赘引如下：

> 《周礼疏》：半璧曰璜者，逸《礼记》文。（《大宗伯》）烝尝之礼有射豕者，据逸《烝尝礼》而知。（《射人》）
> 《记·月令》注："《王居明堂礼》。"《正义》云："《逸礼》篇名。""凡祭五祀于庙，用特牲，有主有尸，皆先设席于奥。"《正义》云："皆《中霤礼》。""行在庙门外之西。"《正义》云："皆《中霤礼》文。"（《泉水》正义有"中霤之礼"。《礼记注》亦引《逸礼》。

---

① 《汤山小记》，《顾颉刚读书笔记》卷9，中华书局，2011，第9页。
② 王应麟著，翁元圻等注《困学纪闻》（全校本）卷5，栾保群、田松青、吕宗力校点，上海古籍出版社，2008，第572页。

《记・奔丧》正义引《逸礼》。）

《王制》疏：《逸礼》云"皆升合于太祖"。

《文选》注：《逸礼》曰"三皇禅云云，五帝禅亭亭"。

《论衡》：宣帝时，河内女子坏老屋，得佚《礼》。

《后汉・舆服志》注引《逸礼王度记》。

蔡邕《明堂论》引《礼记・保傅篇》《古大明堂之礼》《王居明堂之礼》《大学志》《昭穆篇》《月令记》。

《通典》引《逸礼本命篇》。

《天官・内宰》注引《天子巡狩礼》。《聘礼》注引《朝贡礼》。《觐礼》注引《朝事仪》。《诗正义》引《杂问志》云："《天子巡守礼》无六军之文。"《汉书》引《礼明堂记》曰：周公朝诸侯于明堂。《贾谊传》引《学礼》。《论衡》"案《礼记瑞命篇》"。《礼记正义》"案《大戴礼・衅庙篇》"。《荀子》引《聘礼志》。①

此条未分经记，但王氏实际上有明确的区别意识，如《玉海・艺文》记志类另有"汉逸礼王度记"（又列《文王世子记》引"世子之记"、《学记》引"记"）、"礼三正记"（又列《白虎通》引《别名记》《亲属记》《礼运记》《五帝记》，《夏官》注引《王霸记》，《文选》注引《瑞命记》）、"蔡氏辨名记"诸条，并有辑佚。② 王氏又在《汉艺文志考证》中更加完整地对散佚之礼经、礼记予以说明，后世礼学佚经、佚记的辑佚篇目即多在此范围内反复调和。其于《汉书・艺文志》"《礼古经》五十六卷"言：

今其篇名颇见于他书，若《学礼》（《贾谊传》）、《天子巡狩礼》（《内宰》注）、《朝贡礼》（《聘礼》注）、《朝事仪》（《觐礼》注）、《烝尝礼》（《射人》疏）、《中霤礼》（《月令》注疏、《诗・泉水》疏）、《王居明堂礼》（《月令》《礼器》注）、《古大明堂礼》、《昭穆篇》（蔡邕《论》）、《本命篇》（《通典》）、《聘礼志》（《荀子》）。

① 王应麟撰，武秀成、赵庶洋校证《玉海艺文校证》卷5，凤凰出版社，2013，第197~198页。括号内为原注，下同。

② 王应麟撰，武秀成、赵庶洋校证《玉海艺文校证》卷5，第1123~1125页。

又有《奔丧》《投壶》《迁庙》《衅庙》《曲礼》《少仪》《内则》《弟子职》，诸篇见大小戴《记》及《管子》。

吴澄《仪礼逸经》八篇，唯有《禘于太庙礼》《公冠礼》不见于王氏考证，而王氏所列《曲礼》《少仪》等《礼记》篇目，吴澄又有新的安排（见《礼记纂言》）。丁晏并不完全认同王氏认定的《逸礼》篇目，除《学礼》《朝事仪》外，《昭穆篇》《本命篇》《聘礼志》皆列于"佚记"，《曲礼》《少仪》《内则》也不列于"经"（补遗有《内则记》），《弟子职》则列于"附录"，并言"迨宋朱子录入《小学》，遂与《内则》《少仪》同为经曲之节，而《仪礼经传通解》亦载其文，固入学者所宜首事也"。[①]

《佚礼扶微》庚辰叙对王氏《困学纪闻》还有两条批评，因未及王氏其他撰述，实则都难以成立：一为"《毛诗·时迈》正义亦引《天子巡狩礼》，不仅见于《礼注》"，上引《玉海·艺文》"汉逸礼"条"《诗正义》引《杂问志》"即是；二为"《周礼·士师》注引《军礼》，又厚斋所未及也"，《汉书·艺文志》"《军礼司马法》百五十五篇"，王氏《汉艺文志考证》明言"《周礼注》引《军礼》'无干车，无自后射'，岂即此书所载欤"，[②]与丁氏同。

王应麟又于《汉书·艺文志》"《记》百三十一篇"下言"逸篇"：

> 今逸篇之名可见者有《三正记》《别名记》《亲属记》《明堂记》《曾子记》《礼运记》《五帝记》（《白虎通》），《王度记》（《礼记注》，《礼记》《周礼》疏，《后汉·舆服志》注），《王霸记》（《夏官》注），《瑞命记》（《文选》注、《论衡》），《辨名记》（《春秋疏》），《孔子三朝记》（《史记》《汉书注》），《月令记》《大学志》（蔡邕《论》）。

吴澄《仪礼传》不收佚记，但以刘敞所补《士相见义》《公食大夫

---

① 丁晏：《佚礼扶微》，师顾堂影印《南菁书院丛书》本，第114页。
② 王应麟：《汉艺文志考证》卷2，第161页。

义》与《礼记·冠义》《昏义》诸篇同列。丁晏则列刘氏二义入附录，王氏所列篇目并悉数纳入"佚记"，只是以《别名记》《辨名记》二篇相同（王氏《玉海·艺文》有"蔡氏辨名记"），又以《月令记》与《明堂月令》为一。王氏说《明堂月令》，见于《汉书·艺文志》"《明堂阴阳》三十三篇"的考证：

> 隋牛弘曰："案刘向《别录》及马宫、蔡邕等所见，当时有《古文明堂礼》、《王居明堂礼》、《明堂图》、《明堂大图》、《明堂阴阳》、《泰山通义》、魏文侯《孝经传》等并说古明堂之事。其书皆亡。"《唐会要》引《礼记·明堂阴阳录》，牛弘亦引《明堂阴阳录》，今《礼记·月令》于《别录》中属"明堂阴阳记"，故谓之《明堂月令》，《说文》引《明堂月令》。①

以《汉书·艺文志》所论，《明堂阴阳》三十三篇与《记》百三十一篇明显不同，《隋书·艺文志》言马融增《月令》《明堂位》《乐记》三篇以足《礼记》四十九篇，即与《月令》《明堂位》的"明堂阴阳"性质相关（《汉书·艺文志》亦单列"《乐记》二十三篇"）。牛弘所论明堂诸书，有经有记有义，盖古人对明堂一类神圣建筑尤为用心。丁晏所辑《明堂月令》多出自《说文解字》，与王氏说亦同。总体而言，王应麟所论佚经、佚记篇目都被丁晏接受，只是在经、记性质上有所调整。

与丁氏对王氏的批评并不妥当不同，丁晏对吴澄《仪礼逸经》的批评，确实符合《柏翁七十自叙》"裨益草庐"的言说。《佚礼扶微》戊寅叙尚只言吴澄只收见于郑注之《中霤礼》、《禘于太庙礼》（王应麟不言《禘于太庙礼》，《玉海·艺文》录《王制》疏引《逸礼》一条与之相关，但不言经名）、《王居明堂礼》，而不及亦见于郑注之《巡守》《朝贡》《烝尝》诸礼（庚辰叙增入《军礼》）。庚辰叙另添四失，多论吴澄已有篇目引证不完备，涉及《奔丧礼》《中霤礼》《禘于太庙礼》《王居明堂礼》四篇。从结构而言，《佚礼扶微》"裨益草庐"者仅在《仪礼逸经》。吴澄

---

① 王应麟：《汉艺文志考证》卷 2，第 156~157 页。

《仪礼传》的设计与辑佚无关，是朱子以《礼记》解《仪礼》思路的延续，从而重新赓续了自孙炎、魏徵以来的《礼记》类纂传统。丁晏《佚礼扶微》的宋学渊源，从自叙看虽直接承自王应麟、吴澄，但更深的渊源实际上是朱子及其《仪礼经传通解》。

王应麟《困学纪闻》"汉逸礼"条明引"朱氏"之言，出自《仪礼经传通解》：

> 经礼固今之《仪礼》，其存者十七篇。而其逸见于它书者，犹有《投壶》《奔丧》《迁庙》《衅庙》《中雷》等篇。其不可见者，又有古经增多三十九篇。而《明堂阴阳》《王史氏记》数十篇，及河间献王所辑礼乐古事多至五百余篇，傥或犹有逸在其间者，大率且以《春官》所领五礼之目约之，则其初故当有三百余篇亡疑矣。所谓曲礼，则皆礼之微文小节，如今《曲礼》《少仪》《内则》《玉藻》《弟子职》篇所记事亲事长、起居饮食、容貌辞气之法，制器备物、宗庙宫室、衣冠车旗之等，凡所以行乎经礼之中者，其篇之全数虽不可知，然条而析之，亦应不下三千有余矣。[1]

王氏与朱子不同者，乃以《投壶》《奔丧》诸篇（包括《曲礼》《少仪》等篇）属之《逸礼》三十九篇，朱子则以《逸礼》三十九篇为"不可见"，并申言经曲之辨中三百、三千的实际意义。而吴澄《仪礼逸经》诸篇，朱子至少已言及五篇；《仪礼传》的设计更是直接仿照《仪礼经传通解》。虽然朱子并无辑佚《逸礼》三十九篇之意，但启发了后人对相关话题的追索，尤以受《仪礼经传通解》影响甚大的明代通礼书编纂最为明显，但这些追索并未受到清人的重视。王应麟、吴澄佚礼辑佚的脉络正处于朱子礼学的延长线，只是清人辑佚尤重征实，对佚礼可能涉及的政治、社会话题则不甚措意，当然也有前述邵懿辰的《逸礼》疑伪说以及汪宗沂《逸礼大义论》之作，但这些作品更受到时局时势的影响。

---

① 朱熹：《仪礼经传通解》，王贻梁校点，吕友仁审读，朱杰人、严佐之、刘永翔主编《朱子全书》（修订本）第 2 册，安徽教育出版社，2010，第 28 页。

丁晏将佚礼辑佚溯源至宋元人，并在其基础上增补改正，虽未提及朱子，但丁氏对朱子礼学的影响肯定有所认识，并有逐渐加深的过程。丁晏早年撰著《读经说》时（1830），主张汉宋兼采，似尚未特别重视朱子礼学，但也论及《仪礼经传通解》：

> 《周礼》则兼取王与之《订义》，而以惠氏《礼说》、戴氏《考工》、沈氏《禄田》及江永《疑义》参之。《仪礼》则兼取李如圭《集释》，而以张尔岐《句读》、凌廷堪《释例》及江氏《释宫注》参之。《礼记》则兼取卫湜《集说》，而以纳喇性德《补正》、江氏《择言》及任大椿《弁服释例》参之。……益以陈祥道《礼书》、朱子《经传通解》、秦蕙田《五礼通考》、惠氏《九经古义》、江氏《群经补义》、余萧客《古经解钩沉》，皆当博采。①

及至晚年，丁氏在《礼经通论叙》（撰著时已是1864年）中，则特别表彰朱子重兴《仪礼》"礼经"之功：

> 尝论《礼经》之学，两汉以来，至朱子而大著于世，黄氏榦、杨氏复承其师说而发明之。自王氏《新经》出，《仪礼》就湮，陈用之《礼书》违郑臆说，元之敖继公凿空回穴，说亦多歧，有明一代无传《礼经》之人。我朝经学昌明，亭林、蒿庵、鄞万氏、崑山徐氏暨安溪、望溪、慎修诸子缵述发扚，绩溪胡氏萃为《仪礼正义》，微言大义昭若发蒙，《礼经》古书得所取正。②

其论"有明一代无传《礼经》之人"，是未认识到明人礼学的基本特征，《仪礼》学从朱子及其门人直接跳至清儒显然也不现实，但其将清人《礼经》学溯源至朱子则是通人之论。因此，《佚礼扶微》也有朱子礼学的遗泽蕴藏其中，而不仅仅是受王应麟、吴澄的影响。如前所述，相较王应麟、吴澄所辑所列，丁晏对佚礼篇目与逸文的辑佚显然更为全面、完备而

---

① 丁晏：《读经说》，《丛书集成续编》第15册，影印《颐志斋丛书》本，第239~240页。
② 邵懿辰：《礼经通论》，《思想史研究》第7辑，第373~374页。

有条理。但正如顾颉刚先生所言，清人学术中的宋学渊源或因素，同样也不容忽视。《佚礼扶微》明显有清人"汉学"或"考据学"的风格，如书中附有大量丁氏按语，即明证；丁氏及其后学兢兢于"逸""佚"二字之别，同样是乾嘉考据学风的表征。但从源头论，宋人已经为清人预备了大量话题，并已有相当充分的展开。至少在佚礼辑佚的过程中，后世并未跳出朱子、王应麟等人奠定的思路与框架。

当然，深入丁氏学术与思想的内部，汉宋之间仍只是一方面。汉学训诂与宋学义理，显然只是方便法门与简易分疏而已。丁晏将汉宋学视作一体，并同时反思汉宋学的不足。咸丰四年（1854），丁氏《吴仲宣大令读诗一得序》即言"余少好章句之学，然训诂琐碎，义理空虚，二者皆无益实用"；咸丰八年，《重刻韩乐吾先生遗稿序》又言"夫学之不讲久矣，肆辞章者其学浮，考训故者其学琐，二者皆无用之学也"。其中，关注"实用"的言论明显与时局有关，这同样引发了丁晏对少时研读王阳明文章的感叹，《重刻韩乐吾先生遗稿序》便谓"余自少时笃嗜阳明先生全集，反复究心，叹其功业文章，真能有用于世。以为大儒之贤且仁者，莫先生若也"。这与道光五年（1825）丁晏《答吴春畦书》言《程氏易传》"言近指远，垂戒至深"，并"可以考见义理，有裨实用，即以是为圣人之心可也"义近。[①] 此并非言道光五年阳明学影响丁氏若何，而是其关注"实用""实事"的观念终其一生都未有变改，如《邵位西礼经通论跋》（约1864）中亦有"墨守经训，深慨夫博涉旁支，妄疑臆造，徒滋繁词，无裨实事"之说。

因此，如果仅以传世可见《佚礼扶微》以及其他经学著述论丁氏学术，显然只能看到其汉宋兼采的一面。丁晏早年撰著《佚礼扶微》，嘉道之间变改自叙，明显是为了改正说解《说文解字》"逸""佚"二字的错误；同治初年又受邵懿辰《礼经通论》影响，初仍以存《逸礼》为允，最后甚至以之"既无补于正经，增多伪书，反有害于正学"，思想变化剧烈。这很可能影响了《佚礼扶微》的流传，即只有最早的戊寅版稿抄本传世，

---

① 丁晏：《颐志斋文集》卷5、8，《清代诗文集汇编》第587册，第135、144、204~205页。

庚辰叙及壬午叙所见的改定本则无有传世；且丁晏七十岁之后至辞世十余年间，也无将《佚礼扶微》刊刻的计划，但或如《说文脞语》一样"敝帚千金"，也无毁弃之念。而光绪间王先谦以流传之稿抄本二卷而为刻本五卷，实际上仍是在凸显丁晏的"汉学"属性，并不关注丁晏个人思想的可能变化。这提醒我们在讨论学者思想时，并不能平面地观察学者的著述与言论，也不能只是简单地塑造出学者观念的线性变化。学者在面对复杂的现实世界时，不同时间、不同场合，言语表达、思想观念都会发生一定程度的变形，同时又没有摆脱已有的思维方式与形态，最终成了一个复杂且矛盾的综合体。

清代学术世界中当代著作的传抄批校与知识共建

——基于陈启源《毛诗稽古编》现存抄本的考察

于　浩

南昌大学国学研究院

引　言

陈启源（？~1689），字长发，吴江人，明末诸生，入清后不仕，以学术终老。他的生平事迹不甚详，所交往者除同邑朱鹤龄外，便是当地的一些隐逸书画家，如顾樵水、顾茂伦、徐介白等人。但他留下的经学著作《毛诗稽古编》（以下简称《稽古编》①）在清代产生了很大的影响，根据他的自述，此书的撰写始于康熙十三年（1674），完成于康熙二十六年。两年后陈启源就去世了（康熙二十八年）。他生前声名不显，远不如好友朱鹤龄。朱鹤龄《诗经通义》一书，是与陈启源《稽古编》差不多同时开始撰作的，二人互相勉励而又有分工，《诗经通义》侧重阐释《毛诗序》，《稽古编》侧重考释《毛诗故训传》。《诗经通义》成书后即已刊行，朱鹤龄早年即以诗文闻名，后又以经学著称当世，与黄宗羲、顾炎武、李颙并称海内四大布衣（朱鹤龄《传家质言》）。陈启源生前名既不显，死后也寂寂，《稽古编》一书直到嘉庆十八年（1813）才有第一个刻本。按常理朱鹤龄书应流布更广，但是到了乾隆时期，《诗经通义》已罕有人提及，《稽

---

① 《稽古编》的研究，学位论文有郭明华《〈毛诗稽古编〉研究》，硕士学位论文，东吴大学，1992；洪文婷《陈启源〈毛诗稽古编〉研究》，博士学位论文，台湾"中央"大学，2007。均未关注到《稽古编》各抄本与版本的复杂问题。江尻彻诚（『陳啓源の詩經學：「毛詩稽古編」研究』北海道大学出版会、2010）始注意到《稽古编》在传抄过程中的复杂文本问题及其对学术发展的重要性，但未及讨论诸多现存抄本。王承略先生《陈启源〈毛诗稽古编〉的内容体例及版本系统》[《盐城师范学院学报》（人文社会科学版）2017年第3期]一文则对《稽古编》版本系统进行了梳理，但仍留下了不少疑义。

古编》却成为学者表彰的典范之作。在没有刻本的情况下，《稽古编》一直以传抄的方式流传，在《四库全书》编纂开始前后，甚至成为当时主流学术群体积极讨论和反复传抄的重要著作。不少学者将陈启源与吴中惠氏相提并论，认为他们是清代"汉学"的共同开创者，也是清代《诗经》研究的开启者。

《稽古编》除《四库全书》各抄本外，存世抄本至少还有九种，分别是：赵嘉稷康熙四十年抄本（复旦大学图书馆藏）、张尚瑗抄本（复旦大学图书馆藏）、张敦仁校清抄本（国家图书馆藏）、钱坫批校本（国家图书馆藏）、王季烈跋本（国家图书馆藏）、王昶跋本（北京师范大学图书馆藏）、山东省图书馆藏清抄本、天津图书馆藏清抄本、南京图书馆藏清抄本。以上诸本中，赵嘉稷是陈启源弟子，他的抄本是最接近陈启源原书之本。张尚瑗是朱鹤龄弟子，根据嘉庆年间庞佑清、费云倬校刻《稽古编》时介绍的参考诸本可知，张尚瑗确实曾抄过一部，复旦大学图书馆所藏的这一部，是诸本中唯一有张尚瑗长序的抄本，但是文字错讹甚多，不够精审，更像是根据张尚瑗抄本转抄的一个本子，在没有更多证据的情况下，这里还是暂时称其为"张尚瑗抄本"。张敦仁的校本和钱坫的批校本，行款、误字等情况非常接近，它们之间有转抄关系。王季烈跋本，其实是孔继涵的抄本，书中有孔继涵、程晋芳、桂馥的批校及跋语，非常珍贵。王昶跋本，也是各个抄本中唯一有王昶跋文的，很可能是《四库全书》抄录《稽古编》的底本——"王昶家藏本"。山东省图书馆藏的抄本，行款、形制与赵嘉稷本完全相同，但错字很多，应该是赵嘉稷本的一个转抄本。以上七种抄本，所根据的底本都是陈启源的最后手稿本或转抄本。只有天津图书馆的抄本，是根据刻本抄的，底本与其他抄本不同，版式、行款、字体也与以上抄本有显著差异。① 以上各种抄本，多有批点、批校，不少还有朱墨两种颜色批校文字及浮签，字迹各不相同，显示这些抄本至少经过两人阅读和批校。

嘉庆十八年至二十年，庞佑清（其曾祖母的曾祖父为陈启源）与费云

---

① 南京图书馆藏清抄本因有破损，正在修复，无缘寓目。

倬校刻《稽古编》时，提供了他们当时参考的诸多抄本目录，除了上面提到的赵嘉稷康熙四十年抄本和张尚瑗抄本外，还有赵嘉稷康熙二十二年抄本（甲子本）、校甲子抄本、校张（尚瑗）本、王本、朱本、金本等。可见清代的《稽古编》抄本至少有十余种之多。根据现有的材料来看，惠栋、赵文哲、翁方纲等学者也各自有抄本。《稽古编》的传抄，从《稽古编》还未完全定稿就已开始，一直持续到清代晚期。即使刻本出现后，仍有传抄。《稽古编》各抄本的阅读，也一直持续到近代，时代最晚的一篇跋文，是近代藏书家王季烈在 1944 年所题。阅读者中，不仅有不知姓名的读者，也有陈启源的弟子、后学，还有像孔继涵、程晋芳、桂馥、王昶、赵文哲、张敦仁、钱坫这些清代的知名学者与校勘家。根据其他材料还可以了解到，在《稽古编》的传抄过程中，惠栋、江声、翁方纲等学者起到了关键作用。《稽古编》的传抄和批校，既体现了清代学术观念的变化，也展现了清代学者如何通过典范性的学术著作进行交流并构建知识话语的过程。

当然，相比于印刷品而言，抄本在数量上仍然不占优势。但清代学者往往借助于抄本，互相借阅、评点、讨论，一些抄本似乎一直在流通，而不是固定在某个藏家手中，像《稽古编》这样清人视域中的"当代著作"更是如此，它会频繁地被传抄、批校、过录，一本抄本中，经常会有多个阅读者的痕迹。学术书籍并不是商业产品，它没有商业的驱动力和营利的动机。人们抄写它也不是为了获利，而是为了获得其中对于经典的新的阐释、理解与方法。陈启源作为清代初年的学者，是后来乾嘉学者学习和模仿的典范，这不仅因为他对朱子《诗集传》及明代《诗传大全》等批驳甚力，更为重要的是他树立了以小学考证经文、以寻绎《毛诗故训传》体例来考索诗义的研究理路，既启发了惠栋、钱大昕、段玉裁等学者，也与乾嘉考据学的学术风格极为相契。而惠栋、钱大昕等人对《稽古编》方法与理念的吸收、继承正是通过抄本来完成的。以往的书籍史研究，或集中于早期写本，或集中于宋代及以后的刻本。《稽古编》显然是一个既特殊又有趣的案例：它的抄本影响远远超过刻本；它的抄本中留下了大量的批校;它并非具有版本价值的宋元善本,而是一部对清人而言的"当代学术著作";它展现了清代学者如何通过抄本来传播学术理念,学者们如何共享资源、交流意见,通过传抄来阅读、学习当代学术著作,这种传抄和批校构建了学者们的学术认同与共识。总而言之,它呈现了当时学术世界的"活态"。

一 《毛诗稽古编》的传抄与传播

大约在康熙十八年（1679），陈启源《稽古编》"初脱稿"（根据朱鹤龄序及陈氏后叙,朱鹤龄序落款为康熙十八年）,曾给朱鹤龄修订并请他写序。陈氏在此基础上不断修改,康熙二十三年（甲子）,赵嘉稷拜访陈启源,借陈氏稿本抄了一部,这就是后来庞佑清刻本中所称的"甲子抄本"。不久赵嘉稷将此本赠予曹溶,据赵嘉稷序所言,这个抄本后来或藏在曹氏后人手中,或归徐乾学所有,嘉庆间庞佑清刊刻时仍能够看到此本,并有根据此本转抄的校抄本。康熙二十六年,《稽古编》修订成书,陈启源自己手抄了一部,字体用的是《说文解字》（以下简称《说文》）里的大小篆（并参酌钟鼎碑刻篆文,见《稽古编·正字》）。又十数年后的康熙四十年（辛巳）,赵嘉稷在陈氏后人手中见到此本,于是根据此本又抄了一部,为了便于流传和阅读,没有用原书的字体,而是"以时下习书录之",字体用楷书,但保留了大量楷化篆体的异体字。今天收藏在复旦大学图书馆的赵嘉稷抄本,卷末有抄手题词云:"康熙辛巳三月朔日起,五月初二日钞毕。霅泽亭记。"书首又有赵嘉稷的私人印章"遂禾"和"嘉生"。可知复旦大学的这个抄本,就是赵嘉稷康熙四十年抄本无疑。"霅泽亭"恐怕就是抄手的名号,可惜已不知其真实姓名了。

差不多同时,朱鹤龄的门人张尚瑗也抄了一个本子,此本后也有转抄本,庞佑清刻本称之为"校张本"。这一时期,《稽古编》只在很小的范围内流传,并未产生较大影响。从张尚瑗的序也可以看出,他对于《稽古编》是否能够传世而有影响,并不十分自信,"吾邑偏隅,愚庵先生与长翁,并起而从事《诗》学,愚庵成书,在丑寅之间,实长翁施手之日也。

《稽古编》之成书，后之者十二年，此亦晚年论定之后矣。历泛滥而指归益出，涉繁芜而精粹弥彰。愚之为此言，使帖括家见之，必当如杜审言之斥崔浩然，斯文不没，俟有识者见之，信两书之必传，亦愈见吾言之不妄耳。"① 从这段话里还可见，张尚瑗并没认识到《稽古编》不同于朱鹤龄《毛诗通义》的价值所在。乾隆初年的学者袁栋也指出，虽然《稽古编》"极为该博"，但"惜未行于世"。②

当惠栋参与到《稽古编》的传播过程之后，《稽古编》才真正产生影响。③ 从现有材料来看，惠栋手中的抄本应该就是陈启源亲书的手稿本，这个本子是何时、如何到惠栋手中，今已无法知悉。但通过王昶的跋文可知，乾隆十三年（戊辰，1748），王昶初识惠栋，即在惠栋家中看到了此本。他还告诉我们，此本后来归吴企晋，赵文哲又从吴企晋家转抄了一部。后王昶、赵文哲俱因两淮盐案发，泄露机密，发配伊犁，又随阿桂征缅甸、平大小金川。赵文哲不幸没于木果木之役，藏书逐渐散佚，但据吴省钦说，赵文哲的《稽古编》抄本进献给了四库馆。④ 王昶、赵文哲、钱大昕、王鸣盛、曹仁虎、褚寅亮都曾就读于紫阳书院，以经术诗古文著称，经学方面深受惠栋影响。钱大昕不知是否也是从惠栋处看到了《稽古编》，他的《潜研堂集·答问三》有关《诗》的内容中，大部分都是根据《稽古编》为说。借助于惠栋及其弟子的影响力，《稽古编》逐渐流传开来。纽树玉就听过江声转述惠栋的话，赞扬《稽古编》好处已到七分。⑤这一时期，《稽古编》在吴中学子中广泛流传。惠栋之所以极力表彰《稽古编》，是因《稽古编》的方法理念与其极为契合，惠氏尝云："汉人通经有家法，故有五经师训诂之学，皆师所口授，其后乃著于竹帛，所以汉经师之说，立于学官，与经并行。五经出于屋壁，多古字古音，非经师不能

---

①　此序载复旦大学图书馆藏高燮旧藏张尚瑗抄本《毛诗稽古编》卷末，又可参陈才《陈启源〈毛诗稽古编〉序跋提要辑录》，上海图书馆历史文献研究所编《历史文献》第23辑，上海古籍出版社，2021，第31页。

②　陈才：《陈启源〈毛诗稽古编〉序跋提要辑录》，《历史文献》第23辑，第44页。

③　参于亭、于浩《〈毛诗稽古编〉与清代汉学的展开》，《长江学术》2016年第2期。

④　吴省钦：《白华后稿》，《清代诗文集汇编》第372册，上海古籍出版社，2010年影印本，第185页。

⑤　钮树玉：《毛诗稽古编札记跋》，《匪石先生文集》卷下，《清代诗文集汇编》第463册，第492页。

辨，经之义存乎训，识字审音，乃知其义。是故古训不可改也，经师不可废也。"① 此观念实为陈氏观念之翻版，《稽古编·叙例》说："原古人释经，多由师授，不专据经本。况《诗》得于讽诵，非竹帛所书、确有画一，诸儒传写、师读各分，经文亦互异，故字与义有不必相符者，非得师授，岂能辨其孰是哉？今师授虽绝，而《传》义尚存，寻释《传》义以考经文，其异同犹可证。"②

乾隆四十一年，王昶自四川军中回到京师，发现《稽古编》已是学界非常重视的著作，"今余自蜀归，见通经道古之士靡不重是书，传写亦浸广"。王昶便从翁方纲那里借了一部来抄，王昶的本子后来进献四库馆，成为《四库全书》抄本的底本来源。目前可知的诸多乾隆中期的抄本，似乎多与翁方纲有关，而其传抄过程又与《四库全书》的编纂相始终。乾隆三十六年，孔继涵刚中进士，就从同年程晋芳处借得《稽古编》抄本转抄一部，四十一年又补抄了陈启源的《毛诗稽古编后叙》。孔继涵还做了批校，他去世后，此书又归桂馥所有，很可能桂馥也是借来转抄，未抄完而孔继涵去世，书遂留在桂馥处。乾隆三十六年至四十一年，正是程晋芳、孔继涵、桂馥与翁方纲交往密切之时，而三十七年《四库全书》开始编修，这些学者又同在馆中，诗酒唱和极为频繁，同时共享书籍，互相传抄。王昶在乾隆四十一年回到京师，感受到《稽古编》很受重视，是很真切的实情。这一时期与翁方纲、程晋芳等交往密切的还有钱坫，今存国家图书馆的一部清抄本上就有钱坫的批校，这一部应该也来自以翁方纲为中心的学人群体。

通过这一时期的传抄与批校，《稽古编》几乎成为当时考据学者所必知或必读的当代学术经典著作。加之《四库全书》收录《稽古编》并予以极高评价，又进一步促进了《稽古编》的传播，如胡承珙正是通过《四库全书》抄本的副本，得以读之一过。③

嘉庆十八年（1813），庞佑清从陈氏后人手中获得陈氏手稿本，加以

---

① 惠栋：《九经古义述首》，《松崖文钞》卷1，《清代诗文集汇编》第284册，第49页。
② 陈启源：《毛诗稽古编》卷1，山东友谊书社，1992年影印本，第23~24页。
③ 胡承珙：《毛诗稽古编后跋》，《求是堂文集》卷5，《清代诗文集汇编》第518册，第288页。

锓版刊行，这是《稽古编》的第一个刊本，今国家图书馆藏李慈铭旧藏本即此本，相较于两年后的校订刊本，嘉庆十八年初刊本多了一篇江苏督学文宁的序。之后，庞佑清又请费云倬等在初刊本的基础上加以校勘，参考了初稿本以及各种抄本并附校记，至嘉庆二十年刊刻告竣。嗣后阮元编刊《学海堂经解》，又以嘉庆二十年刻本为底本收入此书。清末各地方政府开设书局印制经史之书甚多，也用石印的方式缩印了嘉庆二十年刻本，使其传播更为广泛。① 这之后以传抄、批校方式传播《稽古编》的现象就不复存在了。

二 《毛诗稽古编》与清代批校文化

如上文所言，在现存《稽古编》抄本中，最为显著的特征是它们都经过了至少一人的阅读和批校，其中至少有三个抄本经过了转抄。韦胤宗曾揭示批校是清代学术中一个非常有特色的阅读与学术实践，他由此提出"批校文化"的概念，指出："批校是书籍之上手写的记注，从后来读者的角度来讲，正文是刻本，前人的批校是写本，因此批校的创作与流传实则是一种刻本文化与写本文化的结合体。"② 《稽古编》的特殊之处在于，一方面，它的抄本上的批校要远远多于刻本，这一部分原因在于它诞生之初和很长一段时间内没有刻本，而当刻本出现时，考据学的高潮已经过去。另一方面，《稽古编》的传抄和批校也给我们展现了清代学者面对当代著述时的阅读、学习和交流方式。我们必须注意的是，《稽古编》是一部拥有三十卷篇幅的著作，往往会被抄成六册到八册，而孔继涵抄完一部居然花了五年的时间。这却并没有阻止学者们的抄写和学习。《稽古编》是一个绝好的案例，可以从其传抄与批校一窥清代学术的运作方式、学者对资源的共享与交流以及在面对经典学术著作时的态度。

1. 文本观念

清代学者在面对宋元刻本时，有着非常严谨的文本观念，十分注意还

---

① 关于《稽古编》的版本系统及各本情况，笔者另有撰文《〈毛诗稽古编〉的传抄、批校与清代学术》详加考释，待刊。
② 韦胤宗：《浩荡游丝：何焯与清代的批校文化》，中华书局，2021，第89页。

原文本的原貌。他们面对当代著作时同样如此。《稽古编》各个抄本中的批校，最为常见也数量最多的是校勘文字，一方面是指出手民之误，另一方面则是尽量还原《稽古编》的文本，而这主要与《稽古编》特殊的字体风格有关。上文提到，《稽古编》的原稿是以篆书写成，赵嘉稷在康熙四十年抄录时，将篆字楷化抄之，所以虽然全书是楷书，但不少字形仍是篆体。这其实是晚明以来的一种风气，由于尚古好奇，不论是在书法领域还是在刊行书籍时，晚明人喜欢将籀文、篆文以楷体书之，造成一种艺术上的新奇效果。这种风尚又广泛流行于陈启源所在的吴中地区。最典型的例子是吴县学者赵宧光，他不仅创造了"草篆"，即以草书写篆体，在刻书时也喜欢用楷化篆书，比如他的代表作《说文长笺》《六书长笺》，都是用此种字体刻成的。他的小宛堂以刻书著称当时，这种字体也是小宛堂刊本的一种特色。我们若对比《稽古编》与《说文长笺》（见图1），很容易发现其中的连续性，《稽古编》是晚明此类风气在清初的余影。

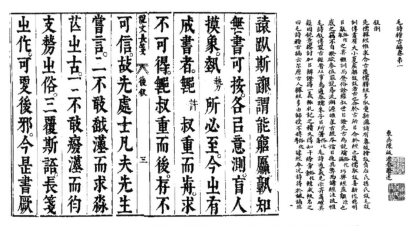

图1 （左：赵宧光《说文长笺》；右：陈启源《毛诗稽古编》）

资料来源：《说文长笺》，《四库全书存目丛书》经部第195册，影印首都图书馆藏明崇祯四年赵均小宛堂刻本，齐鲁书社，1997；《毛诗稽古编》钱坫批校本，中华再造善本影印国家图书馆藏本，国家图书馆出版社，2009。

这样的风气，在清代本来是屡被批评的。陈启源原稿执着于《说文》古籀与篆书，即使赵嘉稷以时下习书录之，仍不免有大量异体字，被清代学者批评为"刻意求古"。但是，清代学者在传抄《稽古编》时，却往往尽量保存楷化篆体的面貌。如果某一抄本将这些楷化篆字改为通行字体，批校者往往不厌其烦地将其批改回来。这一点在王昶跋本中表现得最为明显，此本全书多用通俗字体，颇失陈书原貌，批校者则用朱笔将原书用异体字形处一一改之（见图2），如"以"改为"目"，"於"改为"亏"，"雅"改为"疋"，"曹"改为"肙"，"齊"改为"朁"，"夏"改为"憂"，"其"改为"丌"，等等。钱坫批校本也有此现象，钱坫批校本天头部分以"坫案"开头的墨笔批校为钱坫之笔，正文部分还有朱笔批校，则为另一阅读者所书，朱笔批校除改误字外，也常将通行字体改为楷化篆字，如"丘"改为"北"，"驳"改为"駁"等。这一点显示对于清代的阅读者而言，学术著作文本原貌仍然是第一要义，在他们看来，北"楷化篆字"的样貌是《稽古编》的重要组成部分，甚至可以说是陈启源学术呈现的重要方式，不论是传抄者还是阅读者，都十分重视这一点。

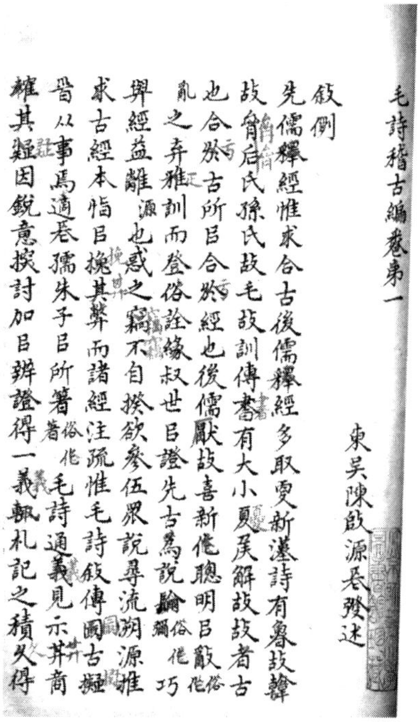

值得注意的是，以《说文》篆书书写学术著作的方式在清代中期依然存在，曾经阅读《稽古编》的江声，其一生精力所粹之作《尚书集注音疏》，就是用《说文》篆书抄写、刊刻而成［见图3，乾隆五十八年（1793）近市居刻本］。这固然是因江声笃信《说文》，同时也不能不说是受到了陈启源的影响。

图2　王昶跋本《稽古编》及朱笔批校

资料来源：北京师范大学图书馆藏本。

2. 多本对读

从现有诸本的批校来看，批校者之所以能够还原《稽古编》抄本"楷化

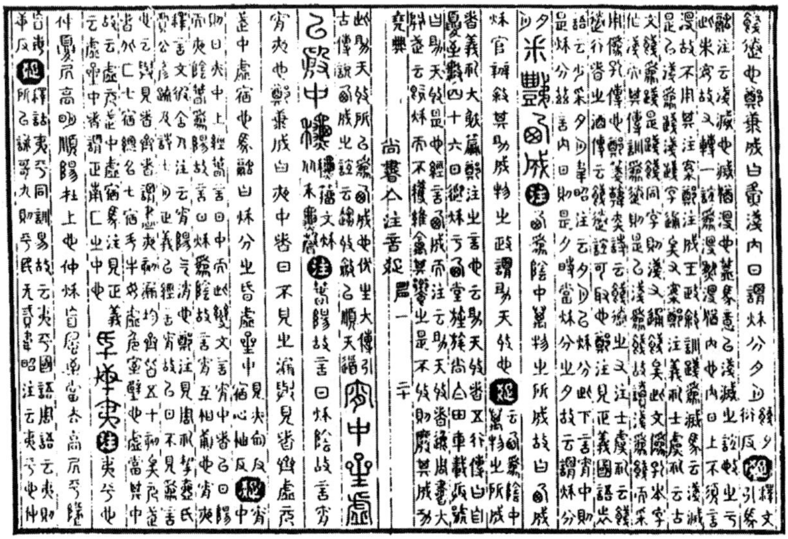

图 3　江声《尚书集注音疏》

资料来源：江声《尚书集注音疏》，《续修四库全书》第 44 册，影印湖北省图书馆藏清乾隆刻本，上海古籍出版社，2010。

篆字"原有面貌，应该是阅读时都有更早更接近原本的抄本可供对勘。不仅如此，通过批校文字还可以发现，《稽古编》的阅读者还尽量搜集其他版本加以对勘。比如山东省图书馆所藏清抄本的朱笔批校者，就曾用四库抄本对读并录下异文。钱坫批本的朱笔批校者，参考了庞佑清刻本（钱坫于嘉庆十一年去世，可知此本的朱笔批校者非钱坫，且批校时间在嘉庆二十年后），记录下了两条庞刻本与抄本的相异处。赵嘉稷抄本的一个晚清读者，在能看到刻本和四库本的情况下，经常用刻本和四库本来校勘文字；还参考了朱鹤龄《诗经通义》，书中有两条浮签批校，一条抄《诗经通义》卷一《关雎》部分以驳朱子，一条抄《诗经通义》卷二《邶风》诗下评程子严粲一段，都是为了补充陈氏之说。从这些对勘、引他书相证的批校中，可以看到清人阅读时的严谨与细致，这种细腻的阅读是他们学术生活的"常态"。

　　清代学者传抄书籍，常会倩抄手为之，不必亲自抄写，但抄手抄毕后，学者往往会再校读一过，使文本上的错讹尽量减少。文本从一个藏家辗转到另一个藏家，又会校读一遍，甚至会在前人批校基础上再加批校，或表彰其正，或指陈其失。如山东省图书馆藏清抄本，卷十六第十四页下《苕之华》诗部分，墨笔批校者施以断句"若凌霄色黄，则芸黄乃言其盛华之盛，不可喻时之衰也"。并批校云："盛华句有误。"旁有朱笔批校，则云："乃言其盛为句。"可知墨笔批校者断句有误，故此句读不通。后来的朱笔批校者则改正其失，指出这句话应该在"其盛"处断句，即"芸黄乃言其盛，华之盛不可喻时之衰也"，这样意思就很通顺了。这样的阅读广泛见于清人批校本，他们的批校并不完全为学术研究或撰写学术著作做准备，更多体现的是一种纯粹的读书兴趣。一方面，像《稽古编》这样的著作，在清人的学术认知里已属于"必读"；另一方面，这样的阅读方式已经浸入清代学者的生活世界，不仅是学术的一部分，更是生活的一部分。

除了校勘文字，《稽古编》的部分批校还对陈启源的观点、方法提出了考辨和疑问。这比较集中地体现在钱坫的批校中。他为数不多的批校中，考订了陈氏的引书之误、考证文字之误、过信古书之误等问题。如《稽古编·绿衣》批校云："钱坫案：冽，虽见《玉篇》，然是后世《大广益会》所加，恐未必是孙强增补，宁论顾野王乎？校雠须择识字人，可谓名言。"《稽古编·巷伯》批校云："坫案：《说文》鉇下云：'曲也，从金多声。一曰鬻鼎，读若摘。一曰若《诗》曰侈兮云侈。'今本'一曰'下讹作'《诗》曰哆兮侈兮'，陈氏又强改为'鉇兮哆兮'，展转相误，殊非考古之道。"《稽古编》毕竟是清代初年的学术著作，且陈启源囿于当时条件，无法见到始一终亥的《说文》本，所用《尔雅》《玉篇》等书恐亦非善本。加之钱坫之时，声音文字之学已得到进一步发展，故钱坫能从更深入的视角观察《稽古编》一书，他对《稽古编》的批评也完全是从学术角度出发，故其批校也对陈氏多有表彰。此外，像胡承珙（1776~1832）《毛诗稽古编跋》（《求是堂文集》）、李富孙（1784~1844）《毛诗稽古编跋》（《校经顾文集》卷十八）等跋文中也有类似钱坫批校中评议《稽古编》考订内容的地方。这种带有考证、评议性质的批校很可能就是此类跋文最原始的形态。当一位学者需要对某部著作做出评价、判断，或需撰写提要跋文时，他的第一步工作很可能是像钱坫一样，做出较为严谨的批校。

3. 过录批校

目前所见的《稽古编》抄本，有几部之间关系非常密切，可能有直接的传抄关系。比如张敦仁校本很可能就直接转抄自钱坫批校本（见图4）。两个抄本不仅版式行款完全一致，连误字错字大多相同；钱坫批校本卷二十《公刘》诗部分缺抄一页内容，而张敦仁亦缺。钱坫批校本天头部分有20条钱坫的批校文字，以"坫案"或者"钱坫案"开头。张敦仁批校本天头也有这样的钱坫批校，不过只有8条。细考张敦仁本的钱坫批校，其笔迹与正文笔迹完全相同，可知属于抄手在转抄钱坫批校本时，同时过录了钱坫批校，但只过录了8条，其余的批校则付诸阙如，或抄手一时疏忽未过录全备。从这两个抄本的关系可见，清代学者在传抄学术著作时，

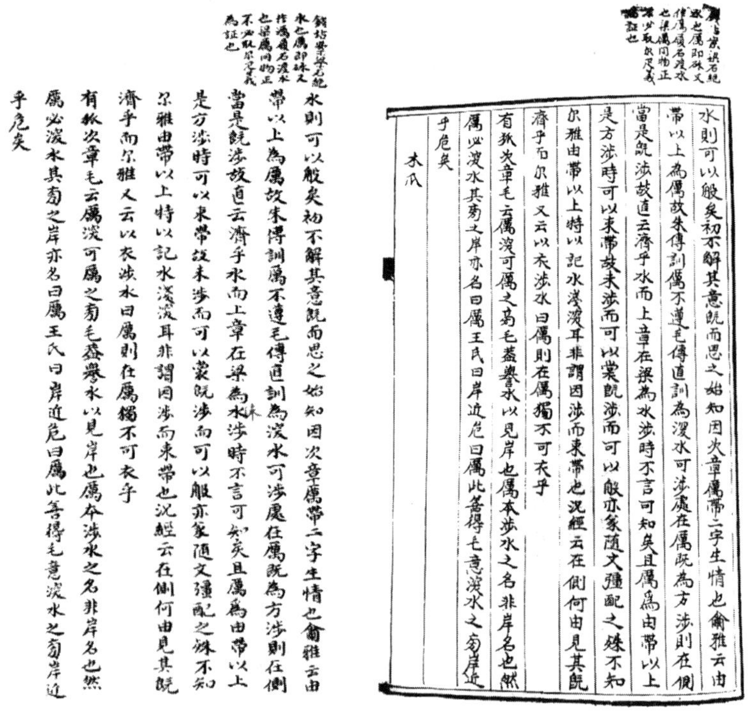

图4　《稽古编》之张敦仁校本与钱坫批校本对比

资料来源：国家图书馆藏本。

如果所抄之本有重要的批校，也会一并过录。

国家图书馆藏王季烈跋本（见图5）也值得介绍，此本后有近代学者、藏书家王季烈的跋，但它其实是孔继涵的抄本，书末陈启源《稽古编后叙》末有两条题词，特别重要，为先后两位不同学者所题：

①乾隆辛卯借程鱼门同年本抄，丙申五月十一日复抄是序，是日热甚。

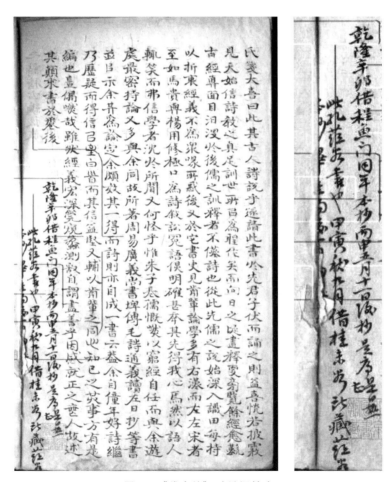

图5　《稽古编》孔继涵抄本

资料来源：国家图书馆藏孔继涵抄、王季烈跋本。

②此孔荭谷书也。甲寅秋九月借桂未谷所藏荭谷本抄毕，重阳后一日。雨樵记。

题词①应该是孔继涵所书，孔继涵与程晋芳同为乾隆三十六年（辛卯，1771）进士，亦符同年之称。此书是孔继涵中进士后，从程晋芳处借得抄本转抄一部，至乾隆四十一年抄毕，写下了这段话。题词②中的雨樵，疑为山东诸城学者李梴。甲寅为乾隆五十九年，此年桂馥五十九岁。题词透露两个重要信息：一是此本经孔继涵归桂馥所藏，题词者从桂馥处借得此本另录一部，并在此本上题下上面一段话；二是书中有笔迹不同的朱笔校记，应该就是孔继涵、桂馥所校。王季烈跋也说此本"经程鱼门、孔荭谷、桂未谷诸先生校勘，弥可宝贵"。今书中确有不同字迹的批校及浮签，惜已不能分辨属何人所书。如书中如王季烈所云还有程晋芳批校的话，那么则是孔继涵转抄此书时，亦过录了程晋芳的批校，孔继涵抄毕后，亦校读一过。去世后此书归桂馥，桂馥又在程晋芳、孔继涵基础上进行了批校。

有趣的是，雅昌2016年春拍也出现了一部孔继涵抄本，① 钤有白文"孔继涵印""继涵之印"，朱文"荭谷"印，并有题词①，但无题词②与王季烈跋，且题词①字迹较王季烈跋本更为规整，这种文本面貌使孔继涵抄本的性质变得复杂，或雅昌拍卖之本为孔继涵原本，而国图所藏王季烈旧藏本是根据孔继涵本的一个转抄本欤？那么这个转抄本不仅过录了程晋芳、孔继涵的批校，也过录了孔继涵的题词。它的抄写者很可能就是第二条的题词者，所谓"此孔荭谷书也"，其意当指此本为照孔继涵之书抄成，而非指此本为孔继涵原书。但不论如何，此本更可以看到清代学者在转抄文本时，是备录底本，其所据之本的所有信息都会照录无遗。这样的转抄，非常近似于"影抄"，虽然他们所面对的文本并非宋元旧籍，而是一部当代学术著作，但仍用这样的方式保留书中所有信息，也保留了最后抄写者之前所有阅读者的痕迹。而清代学者过录批校、跋文、题词等的方

---

① "孙继涵跋钞《毛诗稽古编三十卷》"，雅昌艺术网，https：//auction.artron.net/paimai-art5090241200。

式，不仅显示出他们是如何贡献阅读的心得，而且再一次证明清代学者阅读学术著作的方式，是一种非常严谨的学术性阅读，既会关注到正文，也会关注到前人留下的批校。

4. 书籍交换与学术网络

从孔继涵抄本的转抄轨迹、王昶跋本的来源及钱坫批校本与张敦仁校本间关系可见，清代学者有较为频繁的书籍交换活动，形成了较为成熟的学术网络，通过这样的方式，学者们可以交流最新的学术信息、分享学术资源并由此探讨相关的学术话题。虽然有关《稽古编》交换和共享的直接材料今已不可见，但我们能从类似的文献中推想《稽古编》的传抄与分享过程。比如从翁方纲手札中可见，翁氏与友人常互相借古书、法帖拓本等传抄，进行批校，并将批校文字进行共享，加以过录。如翁氏得知卢文弨刻成《经典释文》即乞借观；对钱大昕所著《放翁年谱》亦请人抄写，并加校对，又请借钱大昕校勘过的《广雅》阅读；他曾借陆玑《毛诗草木鸟兽虫鱼疏》予桂馥，强调"中有讹误，即祈随手改之，不必粘签"；得汪琬所刻《说文系传》，即寄给桂馥一部；又尝从新安吴绍灿处借得《说文》何焯校本，审校一过并跋之；王昶得何焯藏抄本李光地《周易观象》亦分享给翁方纲，翁题跋于后；[①] 等等如是。

又翁氏致周湘浦札云："朱长孺《通义》，其考订字句处多已见于《稽古编》者，愚所抄乃其所讲大义，故今不送看。……"[②] 可知翁方纲除抄有《稽古编》外，亦抄有朱鹤龄《毛诗通义》大义。《稽古编》也正是在这样频繁的书籍交换活动和丰富的学术网络中，才得以成为"传写浸广"的著作，凭借抄本就获得许多重要学者的阅读与认同。

三 《稽古编》的"副文本"与清代学术建构

《稽古编》的诸多抄本，不仅有阅读者、批校者留下的痕迹，还经过

---

① 沈津辑《翁方纲题跋手札集录》，广西师范大学出版社，2002，第556~588页；沈津：《翁方纲年谱》，台北：中国文哲研究所，2002，第117、233页。
② 沈津辑《翁方纲题跋手札集录》，第539页。

了历代藏家的辗转收藏，这些藏家大多在抄本上留下了自己的印记，包括藏书印、批语、跋文等，构成了丰富的"副文本"。

藏书印提供了这些抄本的递藏轨迹，我们大略可以知道它们曾被哪些藏书家或学者收藏、阅读。如赵嘉稷康熙四十年抄本为刘承幹嘉业堂旧藏，张尚瑷本曾经萧山王宗炎（1755~1826，号晚闻居士）、高燮（1878~1968）吹万楼收藏，钱坫批校本曾经晚清湖湘藏书大家何绍基（1799~1873）收藏，张敦仁校本则先后经张敦仁（1754~1834）、南海吴荣光（1773~1843）及锦县樊子容收藏，王季烈跋本则为晚清藏书家王季烈（1873~1952，号蠕庐）旧藏，山东省图书馆藏本则经过王筬（生平不详）、仁和胡珽（1822~1861，字心耘）收藏。这些收藏者中，一部分留下了记录或跋语，如刘承幹在《嘉业堂藏书志》中写有提要，王宗炎在书中留下了两条跋文，王季烈亦有长跋。还有一些阅读者，他们有关《稽古编》的跋文、书信保存在各自的文集中，这也属于《稽古编》"副文本"的一部分。这些题词跋语展现了丰富面向，如作者介绍、抄写时的心境。但更多的是对《稽古编》的考订和评价，这些"副文本"从不同角度、不同时间段展示了清代学人如何通过学术抄本构建了知识认同，而这些认同又如何影响到后来的阅读者。

1. 对《稽古编》的学术评定

《稽古编》的各种跋文、题词都涉及学术评价问题，这些评价并不是各自独立的，而是有交流、互通，最后达成了一定的共识。如王昶、钱大昕等对《稽古编》最早的认知来自惠栋；钮树玉对《稽古编》的认识则来自江声，而江声也是转述惠栋的话。《稽古编》传抄的早期阶段，对其评价主要在引据详博、考证精密等方面。如张尚瑷称赞陈氏"惟经史子集，无不研求，故能于泛滥求其指归，于繁芜取其精粹"。袁栋也称《稽古编》"极为该博"。这一点都为后来评价所认同，如钮树玉云："其考订精密，持论详慎，信足攀唐窥汉。"

在乾隆中期《稽古编》传抄最为频繁的时候，对其的评价就常涉及当代学术地位的问题，这时就能看到一些考据学者，尤其是有汉学背景的学者，往往将陈启源与吴中惠氏相提并论，并将《稽古编》视作清代汉学的开创与典范之作。如钱大昕《与晦之论尔雅书》就说："圣朝文教日兴，好古之士，始知以通经博物相尚，若昆山顾氏、吴江陈氏、长洲惠氏父子、婺源江氏，皆精研古训，不徒以空言说经，其立论有本，未尝师心自用，而亦不为一人一家之说所囿。"① 王昶也在跋文里说："余尝谓绍郑、荀易学，定宇《易汉学》《周易述》称最；绍毛、郑《诗》学，是书称最。其疏通证明，一本《尔雅》《说文》，以迄两汉六朝古义，不为后世俗说所恩。"② 所云"尝谓"，也就是说王昶至少和友人、同人谈起过这个话题，或者曾得到同时学者的认同。这些观点在官方修撰的《四库全书总目》（以下简称《四库总目》）中得到了肯定："其间坚持汉学，不容一语之出入，虽未免或有所偏。然引据赅博，疏正详明，一一皆有本之谈。盖明代说经，喜骋虚辨。国初诸家，始变为征实之学，以挽颓波。古义彬彬，于斯为盛。此编尤其最著也。"③ 将《稽古编》作为扭转风气，开创"征实之学"的最著之作。后来阮元给庞佑清刻本写序，也完全接受了王昶和《四库总目》的评价："元和惠君研溪著《诗说》，发明古义，与陈氏不谋自合。盖我朝稽古右文，儒者崇尚实学，二君实启之。"④ 借由刻本的传播力度和阮氏个人学术影响力，加之阮元又将《稽古编》刻入《学海堂经解》，更加强化了这种共识。

在学者间的信件中，也可以看到类似的交流，王昶在给褚寅亮介绍江声之学时，将陈启源与张弨相提并论："近长洲布衣江鱣涛，名声，工《说文》之学，见其所书，当与张力臣（张弨）、陈长发上下。"⑤ 胡承珙写给陈奂的信则将陈启源与段玉裁并称："我朝说诗家，所见十余种，善读《毛诗》者，唯陈氏长发与懋堂先生（段玉裁）二人而已。"⑥ 这里多

① 钱大昕：《潜研堂集》，吕友仁标校，上海古籍出版社，2009，第605页。
② 王昶：《跋稽古编》，《春融堂集》卷43，《清代诗文集汇编》第358册，第436页。
③ 《四库全书总目》卷16《经部·诗类二》，中华书局，1965年影印本，第132页。
④ 阮元：《毛诗稽古编序》，《毛诗稽古编》，《儒藏》精华编第29册，王承略、马小方校点，北京大学出版社，2011，第884页；另陈才辑有《陈启源〈毛诗稽古编〉序跋提要辑录》，《历史文献》第23辑。
⑤ 王昶：《与褚舍人揖升书》，《春融堂集》卷30，《清代诗文集汇编》第358册，第333~334页。
⑥ 胡承珙：《答陈硕甫明经书》，《求是堂文集》卷3，《清代诗文集汇编》第518册，第255页。

少有表彰陈奂老师的因素，但亦可见陈启源在清代《诗》学中的地位。胡承珙《与竹邨书》还说："承珙所见宋人说《诗》尚近十种，然皆一邱之貉耳。拙著从毛者十之八九，从郑者十之一二。始则求之本篇；不得，则求之本经；不得，则证以他经；又不得，然后泛稽周秦古书。于语言文字名物训诂，往往有前人从未道及者，不下数十百条，拟俟通录一本后，乃摘出别钞以便就正。但近人著述如陈长发《稽古编》者不可多得。"①借由书信、序跋等反复评定，陈启源在清代《诗经》研究上的开创性地位已毋庸置疑了。

2.《四库总目》的影响

《四库总目》的评价产生了深远的影响，在《稽古编》的众多副文本中有很清晰的体现。比较有趣的是，《四库总目》在表彰陈氏成就后，指出《稽古编·附录》中"西方美人"和"捕鱼诸器"两条都引申而提倡佛教，是"于经义之外，横滋异学"，属于"白璧之瑕"。此说出后，《稽古编》诸多题词、跋文均谈及这一点，可见《四库总目》在知识塑造上的强大作用。比如张尚瑗本中的王宗炎跋就说《稽古编》"有功于毛郑，不可不读之书也。然好驳朱子，词旨轻薄，非忠厚之义。附录一卷云西方圣人及戒报二条，则害义之大者。"刘承幹《嘉业堂藏书志》也据《四库总目》为说："《四库提要》深以附录中《邶风》'西方美人'一条，颂言释氏，斥为横滋异学。"而赵嘉稷康熙四十年抄本，朱笔批校者（据刘承幹《嘉业堂藏书志》，他已不知此朱笔批校者为何人）不仅用朱笔勾出了这两部分的内容，还在"西方之人"条上贴浮签批云："此条并下卅卷周三《周颂》中'诗言捕鱼之器凡十有二云云'一条当删之为愈。"直欲删之而后快。张维屏（1780~1859）则在《松心日录》中从中西交流的角度为陈启源开脱："明末徐光启诸人方崇信利玛窦，长发幼时，或习闻西论，遂渐染而沉溺与？"②到清代晚期，学术思潮发生变化，考据之学逐渐被斥为琐碎之学、破坏大道之学，更有学者利用这一点批驳陈启源，如夏炘

---

① 胡承珙：《与竹邨书》，《求是堂文集》卷3，《清代诗文集汇编》第518册，第265页。
② 陈才：《陈启源〈毛诗稽古编〉序跋提要辑录》，《历史文献》第23辑，第44页。

《读诗札记》卷3说："康熙时吴江有陈启源者，著《毛诗稽古编》一书，写以小篆，专辟朱子而宗小序、毛、郑，可谓古调独弹矣。其《附录》中'西方美人'一条，盛称佛教东流始于周代，孔子抑三王，卑五帝，藐三皇，独归圣于西方，侮圣悖经，至斯已极。则其专斥朱子，尤罪之小者矣。"[①]

结　语

《稽古编》的传抄和批校几乎贯穿了清代学术的始终，我们可以看到，《稽古编》经过了一个从尚不能明晰其价值，到普遍认同并给予极高评价，再到质疑、批评的过程，这本身就是不断变化的清代学术观念在《稽古编》上的投射。《稽古编》的传抄和批校还呈现出清代学术极为细腻和丰富的一面，清代学者通过传抄文本、过录批校和跋语等方式分享学术资源、交流学术成果。而他们阅读、批校学术文本也极为深入和细致，学术的阅读已经成为他们生活的一部分，用多本对读、校勘、写下批语、跋文、评价，是他们习以为常的常态，未必是为某种学术著作和研究做准备。在《稽古编》传抄最为流行的时期，正好是《四库全书》开始编纂之时，我们看到一个比较成熟的学术网络，处于网络中心的学者们互相借阅书籍，了解最新的研究动态，获取最新的研究信息，并将各自的批校与认知透过书信、雅集加以共享。由是，围绕《稽古编》产生的相关材料除批校、跋语外，还有提要、书信等，构成了丰富的"副文本"，这些"副文本"对构建学术评价与学术认同起到了积极作用，并潜移默化地影响着后来的阅读者。

---

① 　夏炘：《读诗札记》卷3，《续修四库全书》第70册，第647页。

论《四库全书总目》儒家类"尊程朱"原则之选择

王献松

安徽大学徽学研究中心

《四库全书总目》是中国传统目录学史上一部里程碑式的目录著作，对中国两千多年的学术与著作做了系统总结与批评。在学术批评方面，《四库全书总目》整体上"重汉轻宋""重考据轻义理"的学术立场已经成为学界的共识。笔者对此亦深表认同，但仍应指出的一点是，在这一整体的学术立场之下，《四库全书总目》在个别类目中又有着某些与此学术立场貌似相悖离的倾向，如子部儒家类就有着明显的"尊程朱"倾向。那么，清廷在编修《四库全书总目》过程中，何以会在整体"重汉轻宋"的前提下，在儒家类中选择以"尊程朱"为基本原则呢？笔者拟从清初以来官方对程朱理学态度转变的历史背景梳理出发，呈现《四库全书总目》这一选择的合理与无奈。

一　崇儒重道：清前期文化方针的确立

满族入主中原，建立清王朝，其首要任务就是要处理好满族与汉族的关系，以维护江山稳定。清廷入关之后，主要精力集中在以铁血手腕大力绞杀南明政权，并大肆屠杀抗清民众。但清廷很快意识到，单纯的肉体绞杀只能起到一定的威慑作用，很难维持长久的统治，只有同时从文化层面进行思想安抚，平复社会上大部分民众的抗清意识，才能使政局稳定。于是，清廷结合汉族思想文化传统，提出了"崇儒重道"的文化方针，致力于改变汉族士人仇恨清廷的情绪，以期缓和满汉矛盾。顺治十年四月甲寅清世祖谕礼部曰："国家崇儒重道，各地方设立学宫，令士子读书，各治一经，选为生员。岁试、科试，入学肄业，朝廷复其身，有司接以礼，培养教化。贡明经，举孝廉，成进士，何其重也。朕临御以来，各处提学官，每令部院考试而后用之，诚重视此生员也。……今后各提学御史、提学道，诚能体朕教养储材之心，实力遵行，自使士风丕变，人材辈出，国家治平，实嘉赖之，朕不靳升赏。如仍沿袭陋规，苟图自利，宪典具在，决不宽宥。"① 清廷通过正式谕旨形式，提出"崇儒重道"，广设学宫，招纳士人，补充人才，使其服务于国家治理，"崇儒重道"成为清前期一大国策。康熙时期，清圣祖不满足于通过科举取士，下诏开博学鸿儒科，以招纳人才，康熙十七年正月乙未清圣祖谕史部曰："自古一代之兴，必有博学鸿儒振起文运，阐发经史，润色词章，以备顾问著作之选。朕万几余暇，游心文翰，思得博学之士，用资典学。我朝定鼎以来，崇儒重道，培养人材，四海之广，岂无奇才硕彦、学问渊通、文藻瑰丽、可以追踪前哲者？凡有学行兼优、文词卓越之人，不论已仕未仕，令在京三品以上及科道官员、在外督抚布按，各举所知，朕将亲试录用。其余内外各官，果有真知灼见，在内开送史部，在外开报督抚，代为题荐。务令虚公延访，期得真才，以副朕求贤右文之意。尔部即通行传谕。"② 清圣祖通过重申清初以来的"崇儒重道"文化方针，令臣子举荐博学鸿儒，以求人才，并通过一系列措施，巩固儒学的地位。而在"崇儒重道"这一政策之中，清廷除对孔、孟儒学大加推崇外，主要是倡导"程朱理学"。

清廷之所以选择以倡导"程朱理学"作为其"崇儒重道"的重要内容，主要是基于以下三点。

其一，满族入关，统治文明程度较高的汉族，其在政治制度、思想等方面上是缺乏准备的。梁启超说："满洲初建国时候，文化极朴陋。他们向慕汉化，想找些汉人供奔走，看见科第出身的人便认为有学问。……其望风迎降及应新朝科举的，又是那群极不堪的八股先生，除了《四书集注》外更无学问。清初那几位皇帝，所看见的都是这些人，当然认这种学问便是汉族文化的代表。程朱学派变成当时宫廷信仰的中心，其原因在

① 《世祖实录》，《清实录》第3册，中华书局，1985年影印本，第585页。
② 《圣祖实录》，《清实录》第4册，第910页。

此。"① 梁氏之言虽有偏激，但也道出了满族文化相对于汉族文化的劣势。而"程朱理学"自北宋兴起以来，一直是儒学的主流，成为社会普遍尊信的意识形态。元代以来更是以朱熹《四书章句集注》作为科举考试内容，使程朱理学成为科举取士的标准，此后虽有阳明心学的冲击，但程朱理学一直处于官方正统学术地位。所以，清廷倡导"程朱理学"有很好的社会思想基础。

其二，晚明以来，阳明心学末流之弊端日益凸显，不少儒家学者开始对"陆王心学"进行反思；再加之明朝覆灭，更有不少儒家学者将之归咎于"陆王心学"的"空谈误国"，使"陆王心学"一时成为学者批判的对象，"黜虚崇实"成为清初思想界主流，"程朱理学"与考据学开始逐渐兴盛。梁启超说："几百年来好谭性理之学风，不可猝易，而王学末流之敝，又已为时代心理所厌，矫放纵之敝则尚持守，矫空疏之敝则尊博习，而程朱学派，比较的路数相近而毛病稍轻。故由王返朱，自然之数也。"② 清廷从国家层面倡导"程朱理学"，正是对明末清初这一"黜虚崇实"思潮的迎合，以顺应儒学思想的发展，并重新整顿清初"天崩地解"的思想文化秩序，所以能够得到儒家学者的拥护。

其三，程朱理学中存在对清廷统治有益的内容。程朱理学是对先秦儒学进一步的伦理化，他们强调"理"是天地万物之本原，君臣、父子、夫妇等伦理关系是"理"之体现，如程颢说："父子君臣，天下之理，无所逃于天地之间。"③ 而君臣关系的普遍性对清廷消解汉族士人的反抗心理有一定作用。满族既然入主中原，满人皇帝即为天下之君，这种君臣关系即"天理"。所以，对程朱理学的提倡，在一定程度上也有利于对满族统治的合法性证明。

二　宋学昌明：清廷对程朱理学的提倡

在"崇儒重道"这一文化方针下，清廷采取了一系列的措施，对"程

---

① 梁启超：《中国近三百年学术史》，商务印书馆，2011，第129页。
② 梁启超：《中国近三百年学术史》，第121页。
③ 程颢、程颐：《二程集》，王孝鱼点校，中华书局，2004，第77页。

朱理学"大力提倡。清昭梿（1776～1833）在谈及清圣祖对"程朱理学"的倡导时说："仁皇夙好程朱，深谈性理，所著《几暇余编》，其穷理尽性处，虽夙儒者学，莫能窥测。所任李文贞光地、汤文正斌等皆理学耆儒。尝出《理学真伪论》以试词林，又刊定《性理大全》《朱子全书》等书，特命朱子配祠十哲之列。故当时宋学昌明，世多醇儒者学，风俗醇厚，非后所能及也。"① 昭梿之语虽然简略，但已涉及清廷倡导"程朱理学"的诸多举措。

其一，清代皇帝开经筵日讲，研习程朱理学。顺治元年，清军入关，清世祖福临年仅七岁，有官员疏请开经筵，以儒家典籍教导幼年皇帝，然未能实行。至顺治十二年四月二十五日，清廷才正式开始日讲礼；至顺治十四年九月丙午，清廷正式举行第一次经筵大典。其子清圣祖玄烨自小就研习儒家典籍，其用功之勤，更过其父，于康熙二十三年十一月乙丑自述其学习经历曰："朕自五龄，即知读书，八龄践阼，辄以《学》《庸》训诂询之左右，求得大意而后愉快。日所读者，必使字字成诵，从来不肯自欺。及四子之书，既已通贯，乃读《尚书》，于典、谟、训、诰之中体会古帝王孜孜求治之意，期见之施行。及读大《易》，观象玩占，实觉义理悦心，故乐此不疲耳。"② 可见清圣祖自幼年起，就开始受儒家文化熏陶，对儒家经典《四书》《尚书》《周易》等书均有研习。但康熙初年，政局主要由四大顾命大臣执掌，为避免皇帝过多受汉文化影响而违背"祖制"，经筵日讲一度废弛。至康熙九年，清圣祖才正式将经筵日讲提上日程，拟十一月二十一日正式开日讲，十年二月十七日举行经筵。此后，除遇到天灾（如康熙十八年地震）、巡幸、出征等特殊情况暂停经筵外，其他时间都严格按照每年2次的成例举行，终康熙一朝，共举行经筵60次。而日讲则始自康熙十年（1671）清圣祖十八岁时，至康熙二十五年清圣祖三十三岁时停止，共举行896次。③ 可以说，满族皇帝"崇儒重道"、倡导并研习"程朱理学"的这一行为，不仅为汉族士人起到了很好的表率作用，也缓

---

① 昭梿：《啸亭杂录》，何英芳点校，中华书局，1980，第6页。
② 《圣祖实录》，《清实录》第5册，第228页。
③ 白新良：《经筵日讲与康熙政治》，《清史考辨》，人民出版社，2006，第141～155页。

和了满汉之间的敌对情绪，使汉人开始逐渐从心理上接受满族皇帝的统治。

其二，历代国家治理多以儒臣为主，清朝也不例外。清圣祖不但自己刻苦学习儒家文化，而且还大力重用儒臣，扶植了一大批理学名臣。赵慎畛（1761~1825）《榆巢杂识》卷一"理学名臣"条载："康熙初，圣教涵淳，人才蔚起，一时如张文端（鹏翮）、魏敏果（象枢）、熊文端（赐履）、汤文正（斌）、张清恪（伯行）、李文贞（光地），皆崇尚理学，践履笃实。"① 除这些人外，魏裔介、陆陇其、张英等也是清初理学名臣。这些理学名臣多是程朱理学派学者，如魏裔介"守周、程、张、朱正脉，身体而心会之"。② 汤斌"于书无不读，而尤好习宋诸大儒书"。③ 熊赐履"谓洙泗之统，惟朱子得其正；濂洛之学，惟朱子汇其全"。④ 李光地"谭经讲学，一以朱子为宗"。⑤ 陆陇其谓"今之论学者无他，亦宗朱子而已。宗朱子为正学，不宗朱子即非正学"。⑥ 张伯行"学以程朱为准的"。⑦ 而在这些理学名臣中，以熊赐履、李光地最为突出，与清圣祖关系最为密切。《清儒学案》曰："康熙朝文治昌明，儒臣承流宣化，其最著者，提倡理学则有熊孝感，荟纂群经则有李安溪。"⑧ 又曰："康熙朝儒学大兴，左右圣祖者，孝感、安溪后先相继，皆恪奉程、朱而深究天人，研求经义、性理，旁及历算、乐律、音韵。"⑨

清圣祖在大力扶植朝理学名臣之外，对在野理学学者也多有奖掖，如康熙四十二年十一月辛酉（二十日）清圣祖命传谕陕西巡抚鄂海曰："盩厔县处士李颙，人好读书，明理学，屡征不出，朕甚嘉之，特手书'操志清洁'匾额赐之。"⑩ 邓之诚在论清初理学名臣时说："康熙时，所谓理学

---

① 赵慎畛：《榆巢杂识》，徐怀宝点校，中华书局，2001，第14~15页。
② 唐鉴：《国朝学案小识》，《唐鉴集》，李建美校点，岳麓书社，2010，第425页。
③ 唐鉴：《国朝学案小识》，《唐鉴集》，第309页。
④ 唐鉴：《国朝学案小识》，《唐鉴集》，第458页。
⑤ 唐鉴：《国朝学案小识》，《唐鉴集》，第429页。
⑥ 唐鉴：《国朝学案小识》，《唐鉴集》，第269页。
⑦ 唐鉴：《国朝学案小识》，《唐鉴集》，第297页。
⑧ 徐世昌编纂《清儒学案》，舒大刚等校点，人民出版社，2010，第798页。
⑨ 徐世昌编纂《清儒学案》，第1023页。
⑩ 《圣祖实录》，《清实录》第6册，第173页。

名臣，汤斌、陆陇其稍有本末，余皆以此致身持禄而已。虽亦尊闽、洛，而与其时名儒之在野者，不甚相涉，欲恃此数人转移风气，难矣。"① 理学名臣虽然并不能完全转移社会风气，但清圣祖通过对理学名臣的扶植，确实缓解了满汉冲突，缓和了民族矛盾，为清初政局的稳定起到了一定作用。

其三，满族自入关后，虽然对汉族士人反清活动极力打压，但同时对儒学采取了一些褒扬活动。如顺治初年，清廷多次遣官祭先师孔子；顺治二年六月己未，摄政王多尔衮谒先师孔子庙、行礼；顺治九年九月辛卯，清世祖更是亲临太学，祭祀至圣先师孔子；顺治十七年正月庚辰，清世祖以文庙新成，又亲祭先师孔子。康熙二十三年（1684），清圣祖首次南巡，就亲往曲阜，至孔子庙祭祀孔子，并于大成殿行三跪九叩礼，亲书"万世师表"四字匾额。

除孔子极尽荣宠之外，清廷表彰力度最大的要数程朱理学的代表人物朱熹，这主要体现在：康熙五十一年，朱熹在孔庙祭祀体系中，由"先贤"升入"十哲"，列于"孔门四科"弟子之后。在孔庙祭祀体系中，孔子为正祀，其从祀则分为四配、十哲、先贤、先儒四等，朱熹原与北宋五子（周敦颐、张载、程颢、程颐、邵雍）同列于第三等"先贤"，康熙五十一年升入第二等的"十哲"之中，自此从祀"十哲"为十一人。② 《清实录》康熙五十一年二月丁巳载："谕大学士等：'朕自冲龄，笃好读书，诸书无不览诵。每见历代文士著述，即一句一字于理义稍有未安者，辄为后人指摘。惟宋儒朱子，注释群经，阐发道理，凡所著作及编纂之书，皆明白精确，归于大中至正。经今五百余年，学者无敢疵议。朕以为孔孟之后，有裨斯文者，朱子之功最为弘巨。应作何崇礼表彰，尔等会同九卿、詹事、科道详议具奏。'寻大学士会同礼部等衙门，议覆：'宋儒朱子配享孔庙，本在东庑先贤之列，今应遵旨，升于大成殿十哲之次，以昭表彰至

---

① 邓之诚：《中华二千年史》第 5 卷，东方出版社，2013，第 100 页。
② 朱熹于宋淳祐元年（1241）列入从祀孔庙，明嘉靖九年（1530）列第四等"先儒"中，崇祯十五年（1642）升入从祀第三等"先贤"中，至康熙五十一年又升入从祀第二等"十哲"中。

意。'从之。"① 而在大学士与九卿、詹事、科道讨论表彰朱熹时，甚至有人建议将朱熹列于"四配"之后，被李光地阻止，最终列于"十哲"之后。李光地《榕村语录》载："圣庙从祀之礼，斟酌停当最难。前日议朱子升堂，将位于颜、曾、思、孟之下。某奏：'朱子功德，虽不让颜、曾、思、孟，但十哲俱是圣门先贤，一旦加其上，恐朱子亦不安。似不如列于十哲之下为是。'果蒙俞允。"② 从礼部官员之议及李光地之奏可以看出，朱熹在士人心目中的地位是极高的。朱熹并非孔门高弟，其得以升列"十哲"之后在普通人看来已经是一种超格礼遇了。此外，康熙五十二年，清圣祖还颁谕纂修《朱子全书》，并为之作序，后收入《四库全书》儒家类。清圣祖序曰："至于朱夫子，集大成而绪千百年绝传之学，开愚蒙而立亿万世一定之规，穷理以致其知，反躬以践其实，释《大学》则有次第，由致知而平天下，自明德而止于至善，无不开发后人而教来者也。……至于忠君爱国之诚，动静语默之敬，文章言谈之中，全是天地之正气，宇宙之大道。"③ 可见其受朱熹影响之深，以至于"读书五十载，只认得朱子一生所作何事"。④ 此外，清圣祖命纂修《朱子全书》还有为朱子之书做一"标准本"之意，以便天下士子更好地学习朱熹书中"忠君爱国之诚，动静语默之敬"等内容。《御纂朱子全书》提要即曰："读朱子之书者，奉此一编为指南，庶几可不惑于多岐矣。"⑤ 可以说，通过纂修《朱子全书》，朱熹已经成为上自天子，下至普通士人共同学习的对象。清圣祖对朱熹表彰之力度，不可谓不大。除《朱子全书》外，清圣祖还颁谕编修刊刻了很多程朱理学著作，《四库全书》所收就有《御纂周易折中》《钦定书经传说汇纂》《钦定诗经传说汇纂》《钦定春秋传说汇纂》《御纂性理精义》等书。这些书都是在明代所修《五经大全》《性理大全》等书基础上，精心修订而成，颁示天下，以作为当时经学、理学的标准读本。

---

① 《圣祖实录》，《清实录》第 6 册，第 466~467 页。

② 李光地：《榕村语录》，《榕村全书》第 6 册，陈祖武点校，福建人民出版社，2013，第 328 页。

③ 朱熹：《御制朱子全书》，《景印文渊阁四库全书》第 720 册，台北：台湾商务印书馆，1986，第 2 页。

④ 朱熹：《御制朱子全书》，《景印文渊阁四库全书》第 720 册，第 2 页。

⑤ 《四库全书总目》，《景印文渊阁四库全书》第 3 册，第 66 页。

其四，清廷对于非议程朱理学之学者则大加斥责。如清夏炘《述朱质疑》卷六《跋大学章句》曰："恭读圣祖仁皇帝《朱子全书序》论《大学》云：'五章补之于断简残篇之中，而一旦豁然贯通之为止，虽圣人复起，必不能逾。'我圣祖博极载籍，学达天人，然则固以朱子之补传为不谬也。一日问翰林侍读学士崔蔚林曰：'朱子之格物，王阳明之格物，二者孰是？'对曰：'朱子不是，阳明亦不是。'圣祖作色曰：'然则汝说转是耶？'未几，落职。（见王氏懋竑《白田草堂文集》）萧山毛氏大可为《大学古本》之说，自云得之于浮屠高笠先生。所作《四书改错》一书，专以掊击紫阳为事。已锓诸木，闻圣祖升朱子于十哲，遂自斧其板。（见全氏祖望《鲒埼亭集》）乾隆初，御史谢济世复以《大学古本》进，且拾毛氏之唾余，谓明代以同姓同乡尊崇朱子。奉高宗纯皇帝上谕曰：'谢济世请用其自注《学》《庸》，易朱子《章句》，颁行天下。独不自揣己与朱子分量相隔如云泥，而肆口诋毁，狂悖已极。且谓明代以同乡同姓尊崇朱子之书，则直如爨下老婢陈说古事，虽乡里小儿，亦将闻而失笑也。'"①清廷对崔蔚林、谢济世等敢于非议程朱理学者的打压，正可见清圣祖、清高宗卫道之严。其中，崔蔚林为顺治十五年（1658）进士，曾任翰林院侍读学士，并充日讲官。《清儒学案》卷一《夏峰学案》载："康熙六年，（崔蔚林）往苏门谒夏峰。夏峰语之曰：'子嗜阳明，须知阳明与程、朱相剂为用，非有牴牾也。'……直经筵，以《致知格物说》进。诏撰《易经讲义》，未终。病痹，具疏乞休，忌者言其病非实，落职罢归。"②崔蔚林虽曾师从孙奇逢，却是清初阳明心学学者，其"以《致知格物说》进"当与夏炘所载清圣祖与崔蔚林问答一事相关，后因病痹而乞休，非实，遭到罢官。清圣祖认为崔氏言行不一，空疏不学，将其作为汉官中"有道学之名"而"言行皆背"之反面典型予以点名批评，康熙二十三年六月丁巳清圣祖谕大学士等曰："凡所贵道学者，必在身体力行，见诸实事，非徒托之空言。今汉官内有道学之名者甚多，考其究竟，言行皆背。

---

① 夏炘：《述朱质疑》，《续修四库全书》第952册，上海古籍出版社，2002年影印本，第64~65页。
② 徐世昌编纂《清儒学案》，第32页。

如崔蔚林之好事，居乡不善，此可云道学乎？精通道学，自古为难。"① 康熙二十四年四月辛卯清圣祖又谕大学士等又曰："从来道德、文章，原非二事。能文之士，必须先明理；而学道之人，亦贵能文章。朕观周、程、张、朱诸子之书，虽主于明道，不尚辞华，而其著作，体裁简要，晰理精深，何尝不文质灿然，令人神解意释。至近世则空疏不学之人，借理学以自文其陋。如崔蔚林，本无知识，文义荒谬，岸然自负为儒者，真可鄙也。"② 进一步否定崔蔚林的"儒者"身份，认为他是"空疏不学之人"，不过是"借理学以自文其陋"，并非真儒。笔者认为，清圣祖之所以对崔蔚林尽力贬低，除其个人修养方面的问题外，还与他作为"阳明心学"学者的身份有关。清圣祖通过对崔蔚林的这种道德打压，不仅表明心学学者在言行一致方面有所欠缺，更树立其为空疏不学之典型，不过是"借理学以自文其陋"，使心学处于极其负面的地位，以达到其尊崇程朱理学之目的。而谢济世（1689~1755）为康熙五十一年进士，曾因"科目朋党案"被发往阿尔泰军前效力，并遭顺承郡王、振武将军锡保奏其在军中有"注释《大学》，毁谤程朱"之举，③ 被刑部拟罪斩立决，经清世宗宽宥而免死。清高宗即位后，谢济世被赦，遂又将其所著《大学注》《中庸疏》进呈，希望以其书代替朱熹《四书章句集注》。《清实录·高宗实录》乾隆元年正月乙卯（二十日）载："总理事务王大臣议奏：'御史谢济世进自著《学庸注疏》，于经义未窥毫末，其称明初尊朱之令，以同乡同姓之故，名为表章圣贤，实则推尊本朝。尤属谬妄无稽，甚为学术人心之害。请严饬，发还其书。'从之。"④ 二月庚辰（十六日）清高宗又谕总理事务王大臣曰："朕自继序以来，勤思治理，广开言路，俾大小臣工，皆得密封折奏。……或琐屑而昧于大体，或空言而无补于国事，非朕求言之本意也，故前降谕旨，谆谆训迪。其中尤可诧怪者，谢济世请用其自注《学》《庸》易朱子《章句》，颁行天下。独不自揣己与朱子分量相隔如云泥，而肆口

---

① 《圣祖实录》，《清实录》第 5 册，第 202~203 页。
② 《圣祖实录》，《清实录》第 5 册，第 263 页。
③ 《世宗实录》，《清实录》第 8 册，第 93 页。
④ 《高宗实录》，《清实录》第 9 册，第 351 页。

诋毁，狂悖已极。且谓'明代以同乡同姓，尊崇朱子之书'，则直如爨下老婢陈说古事，虽乡里小儿，亦将闻而失笑也。"① 谢济世再一次遭到皇上严厉斥责，其取代朱熹的愿望终归破灭。幸好乾隆初年以"宽缓"为政，谢济世未遭进一步追究，后于家中病逝，得以善终。可见，清廷除在正面对程朱理学大力倡导外，对于敢于非议程朱理学者，也大力斥责，从侧面巩固了其尊崇程朱理学的政策。

三　夷夏之辨与聚徒讲学：理学对清朝统治的挑战

清廷虽然自建国之初即提倡"程朱理学"，使"宋学昌明"。但在程朱理学兴起之后，其中的部分思想观念及行为方式又对清朝的统治存在一定的挑战，这不得不使统治者重新思考应对程朱理学的态度与方式。

1. 夷夏之辨

在思想上，宋儒倡导的"夷夏之辨"对满族统治构成威胁。"夷夏之辨"是儒家政治伦理的重要内容，孔子在编订《春秋》过程中，就构建了"内诸夏而外夷狄"的观念，后经《春秋》公羊学家的发挥，成为儒家重要思想。而在宋代，由于国家受到辽、金等的进犯，这种强调"夷夏之辨"的思想再度兴盛，胡安国作《春秋胡氏传》，朱熹编《资治通鉴纲目》，都通过继承《春秋》"严夷夏之防"的观念阐发其"夷夏之辨"的思想，使之成为理学的重要内容之一。

清廷入主中原，本身就有"以夷代夏"的色彩，与儒家"以夏变夷"的观念相冲突。清廷以武力征服中原的进程虽然迅速，但其驯服汉族士人思想的过程却非常缓慢，而其中的主要原因就是"夷夏之辨"的观念在起作用。所以，清廷在倡导程朱理学的同时，还不得不防范其中"夷夏之辨"的部分。在清初，鉴于明朝灭亡的惨痛教训以及满族的统治，一大批汉族士人投入反清复明的反抗斗争之中，而思想上对清廷统治的挑战也是其中重要内容。在这一挑战中，其最主要的武器就是"夷夏之辨"学说。如顾炎武（1613~1682）在《日知录》中列有"素夷狄行乎夷狄"一条，

---

① 《高宗实录》，《清实录》第 9 册，第 375 页。

借阐释经义而抒发其反清思想，如其中曰："夫兴亡有迭代之时，而中华无不复之日，若之何以万古之心胸，而区区于旦暮乎？"① 强烈表达反清复明思想。又曰："若乃相率而臣事之，奉其令，行其俗，甚者导之以为虐于中国，而借口于'素夷狄'之文，则子思之罪人也已。"② 批评降臣为儒家之罪人。后来其弟子潘耒刊刻《日知录》时，因该条内容过于敏感，迫于清廷大兴文字狱的高压政策，将此条删除。

说到底，理学中的民族思想成分，一直是满族统治者心存顾虑的部分。三藩之乱时，吴三桂等以儒家"夷夏之辨"为号召，即对清廷统治合法性的挑战。虽然三藩之乱最终以失败告终，但"夷夏之辨"的思想力量却使清廷深为忧虑。清圣祖曾于康熙五十六年十一月辛未颁谕曰："自古得天下之正，莫如我朝。太祖、太宗初无取天下之心，尝兵及京城，诸大臣咸奏云当取，太宗皇帝曰：'明与我国素非和好，今取之甚易，但念中国之主，不忍取也。'后流贼李自成攻破京城，崇祯自缢，臣民相率来迎，乃翦灭闯寇，入承大统。……我朝承席先烈，应天顺人，抚有区宇，以此见乱臣贼子无非为真主驱除耳。"③ 将满族入主中原描述成"应天顺人"之举，试图消解汉族对满族朝廷的仇恨。清世宗更是通过《大义觉迷录》一书，亲自上阵，直接回应"夷夏之辨"，如其曰："自古中国一统之世，幅员不能广远，其中有不向化者，则斥之为夷狄。如三代以上之有苗、荆楚、玁狁，即今湖南、湖北、山西之地也。在今日而目为夷狄，可乎？至于汉、唐、宋全盛之时，北狄、西戎世为边患，从未能臣服而有其地，是以有此疆彼界之分。自我朝入主中土，君临天下，并蒙古极边诸部落俱归版图，是中国之疆土开拓广远，乃中国臣民之大幸，何得尚有华夷中外之分论哉！"④ 又曰："夫人之所以异于禽兽者几希，以其存心也。君子以仁存心，以义存心。若僻处深山旷野之夷狄、番苗，不识纲维，不知礼法，蠢然漠然，或可加之以禽兽无异之名。至于今日蒙古四十八旗喀尔喀等，

---

① 顾炎武著，张京华校释《日知录校释》，岳麓书社，2011，第297页。
② 顾炎武著，张京华校释《日知录校释》，第297页。
③ 《圣祖实录》，《清实录》第6册，第695页。
④ 清世宗：《大义觉迷录》，《吕留良诗文集》下册，徐正等点校，浙江古籍出版社，2011，第199页。

尊君亲上，慎守法度，盗贼不兴，命案罕见，无奸伪盗诈之习，有熙皞宁静之风。此安得以禽兽目之乎！若夫本朝，自关外创业以来，存仁义之心，行仁义之政，即古昔之贤君令主，亦罕能与我朝伦比。且自入中国已八十余年，敷猷布教，礼乐昌明，政事文学之盛，灿然备举，而犹得谓为异类禽兽乎？孔子曰：'夷狄之有君，不如诸夏之亡也。'是夷狄之有君，即为圣贤之流。诸夏之亡君，即为禽兽之类，宁在地之内外哉！"[1] 清世宗从疆土开拓、施行仁政等角度来重新界定夷夏概念之分，以消解单纯从地域上对夷夏的划分。应该承认，清世宗的这一努力还是取得了较好的效果的，这也在一定程度上说明了清初满族皇帝在开疆拓土和学习汉文化方面的动力。在这种重新阐释"夷夏之辨"之外，再辅以思想高压专制，清代前中期的统治者在应对儒家"夷夏之辨"这一挑战的过程中，基本上取得了胜利，使清廷得以延续近三百年。而到晚清时期，当革命党再次以"驱除鞑虏，恢复中华"这种极具"夷夏之辨"色彩的口号相号召时，压抑已久的民族情绪再次爆发，并最终取得胜利。从这一最后结果来看，也说明了清廷的顾虑确实是问题的关键。

2. 聚徒讲学

在形式上，聚徒讲学的理学传播方式也被清朝统治者视为社会不稳定因素。讲学作为理学传播的重要形式之一，在一定程度上使思想界趋于活跃，而这却偏离了清廷借宋明理学统一思想的初衷。如梁启超说："清初讲学大师，中州有孙夏峰，关中有李二曲，东南则黄梨洲。三人皆聚集生徒，开堂讲道，其形式与中晚明学者无别。所讲之学，大端皆宗阳明，而各有所修正。"[2] 而清廷对这些"大师"级别的学者的招抚，最终都无功而返，他们的讲学活动仍是清廷统治中的不稳定因素。虽然讲学的内容是对阳明学的修正，有利于程朱理学的发展，如汤斌作为孙奇逢弟子，其学术以程朱理学为宗，与其师略有不同。但讲学的这一形式本身是传播思想的重要途径，再加上在讲学基础上广泛出现的结社活动，使民间一直存在着

---

① 清世宗：《大义觉迷录》，《吕留良诗文集》下册，第217页。
② 梁启超：《中国近三百年学术史》，第53页。

一种精神上的不驯服，成为清廷思想统治的薄弱环节。

今以《清儒学案》所载学者讲学之事，论列于下，以见清初讲学之盛。孙奇逢"承明季讲学之后，气象规模，最为广大，被其教者，出为名臣，处为醇儒，世以比唐初河汾之盛云"。① 黄宗羲"及海氛渐灭，乃奉母返里，毕力于著述。既而请业者日至，复举证人书院之会于越中，以申蕺山之绪。其后，东之鄞、西之海宁皆请主讲，守、令亦或与会"。② 陆世仪"南都亡，乃避世终隐，筑桴亭居其中，罕接宾客。与同志讲学，远近归之。既而应学者之请，讲于东林，又再讲于毗陵"。③ 张履祥"闻京师变，缟素不食，携书笈步归，……惩讲学标榜之习，来学之士，于授读外未尝纳拜，一以友道处之"。④ 陆陇其"少即讲学，专宗朱子，以居敬穷理为要"。⑤ 张伯行"丁父忧归，建请见书院讲学。……遂擢福建巡抚，……扩建学舍，亲与讲学，闽学大兴；调江苏巡抚，治如在闽"。⑥ 高泰"及归林下，时东林书院毁废已十余年，先生重建之，……次第复道南祠、丽泽堂，筑再得草庐，讲学其中。四方学者相率造庐问道，凡三十余年。……清初巨儒李二曲、陆桴亭、张清恪皆尝至会讲"。⑦ 施闰章"重修景贤、白鹭两书院，集多士讲学其中"。⑧ 魏禧"以世乱，移家翠微峰，……彭躬庵士望、林确斋时益亦至，皆与先生立谈定交，挈妻子来家翠微。又有李咸斋腾蛟、丘邦士维屏、彭中叔任、曾青藜灿，与先生昆弟三人，皆敦古谊，相与讲学，世所称易堂九子也。时南丰谢文洊讲学程山、星子宋之盛讲学髻山，弟子著录者数十百人，与易堂相应和"。⑨ 李颙"年未四十，学已大成，关中人士多从讲学。……常州守骆钟麟初为盩厔令，造庐请业，事之如师；至是迎至常州讲学，以慰学者之望。无锡、江阴、靖江争来

---

① 徐世昌编纂《清儒学案》，第 2 页。
② 徐世昌编纂《清儒学案》，第 43~44 页。
③ 徐世昌编纂《清儒学案》，第 95 页。
④ 徐世昌编纂《清儒学案》，第 152 页。
⑤ 徐世昌编纂《清儒学案》，第 309 页。
⑥ 徐世昌编纂《清儒学案》，第 367 页。
⑦ 徐世昌编纂《清儒学案》，第 431 页。
⑧ 徐世昌编纂《清儒学案》，第 549 页。
⑨ 徐世昌编纂《清儒学案》，第 566 页。

迎，所至听讲者云集，执贽门下甚众"。① 张沐"自幼励志为圣贤，官内黄时，讲学明伦堂，学者兴起"，"滇事平，以老乞休归，先后主讲登封、禹州、汝南、开封书院，晚辟白龟圃，四方学者从之"。② 熊赐履"以票拟错误罢职，寄居江宁，筑下学堂以藏书，讲学不辍"。③

在清初讲学活动中，虽然陆王心学派逐渐式微，而程朱理学派兴起，但在满族统治者看来，程朱理学派的讲学同样有相互标榜之嫌，影响到朝臣，甚至会形成朋党之争。清圣祖于康熙五十四年十一月己酉颁谕曰："今科道官员，虽有条陈，多出私意，简任言职，不可任结纳声气之人。若使互相标榜，援引附和，其势渐成朋党矣。又如理学之书，为立身根本，不可不学，不可不行。……宋明季世，人好讲理学，有流入于刑名者，有流入于佛老者。昔熊赐履自谓得道统之传，其没未久，即有人从而议其后矣。今又有自谓得道统之传者，彼此纷争，与市井之人何异？凡人读书，宜身体力行，空言无益也。"④ 清圣祖提出"宋明季世，人好讲理学"，就是对讲学活动的一种否定，认为对于程朱理学的学习，应该学、行兼顾，身体力行，而不应该崇尚"空言"，以讲学相号召。而清圣祖之所以批评讲学，就是为了防范臣子"结纳声气""互相标榜，援引附和"，以至于形成朋党，进而削弱君主的专制权力。但由于清圣祖早期对理学提倡甚力，且仍需要理学作为其思想统治的基础，所以理学的讲学活动仍旧不少。至乾隆朝，清高宗逐渐开始着重表彰实学，以"敦崇实学"相号召，进一步对由讲学带来的空谈议论进行批评。并通过编修《四库全书》及《四库全书总目》，来大力表扬逐渐兴盛起来的考据学，以抵制程朱理学通过讲学而倡导的空谈议论，如《四库全书总目》儒家类按语曰："儒者之患，莫大于门户。"⑤ 又《集部总叙》曰："大抵门户构争之见，莫甚于讲学。"⑥ 将讲学视为儒家最大的祸患，从而打击讲学活动。

---

① 徐世昌编纂《清儒学案》，第 729 页。
② 徐世昌编纂《清儒学案》，第 752 页。
③ 徐世昌编纂《清儒学案》，第 952 页。
④ 《圣祖实录》，《清实录》第 6 册，第 613 页。
⑤ 《四库全书总目》，《景印文渊阁四库全书》第 3 册，第 72 页。
⑥ 《四库全书总目》，《景印文渊阁四库全书》第 4 册，第 2 页。

总之，对于清廷而言，程朱理学是一把双刃剑。清廷在大力提倡程朱理学以巩固其思想统治的同时，又不得不同时防范其中对自己统治不利的成分。随着清朝统治的稳固，虽然"崇儒重道"的文化方针并未遭到公开否定，但也逐渐转向倡导"敦崇实学"这一新的文化方针了。在程朱理学对清廷的挑战逐渐凸显之后，它已成为统治者不得不解决的问题，而其主要手段即通过有意扶植方兴未艾的考据学来打压程朱理学，《四库全书总目》整体上"重汉轻宋""重考据轻义理"的立场即这一手段最为集中的具体表现。

结　语

既然在清中期编纂《四库全书》以及《四库全书总目》时，打压程朱理学已经成为新的文化导向，那么在《四库全书总目》儒家类中，为何仍然选择"尊程朱"作为其著录原则呢？

其一，在目录分类中，儒家类是一个传承有序、地位极其稳定的类目。自西汉刘向、刘歆父子校理秘府藏书时所编《别录》《七略》起，不论是六分法还是四分法，也不论子部地位的升降，儒家类一直稳居子部第一类，地位极其稳定，这是目录分类中"崇儒"思想的体现。而翻阅目录著作亦可发现：子部儒家类所收录的著作也极其稳定，除《孟子》一书由子升经外，其收录的宋代以后著作即以程朱理学为主，兼有陆王心学等其他著作。目录学中的目录分类体系对类目的源流极为重视，任何类目的增删都必须有理有据，《四库全书总目》虽然对传统目录分类体系有所调整，如将子部之墨家、名家、纵横家三类目并入杂家类，但其对传承有序、地位极其稳定的儒家类却无法进行大规模调整，只能对所收著作数量略加取舍增删。

其二，就儒家类内部而言，《四库全书总目》如果不采取"尊程朱"原则的话，要么以"尊陆王"为原则，要么对程朱、陆王同加贬斥。其中前者与清廷的文化立场相违背，而后者则很有可能导致在著录儒家类著作时条目过少，无法承担其子部第一类目的职责。此外，自汉以降，随着儒家以外的先秦诸子百家影响力的消散，后世的子部与《汉书・艺文志》的

"诸子略"已有很大不同，注重思想性的"成一家之言"的子书逐渐蜕变为重视各种学科门类的知识性子书，而儒家类反倒成为子部最能体现子书思想性的类目。儒家类作为一个"成一家之言"的思想性的类目，其本身即与儒家义理密切相关，又如何可以舍弃宋代以来重视义理的儒家类著作呢？更何况，《四库全书总目》归根结底仍是一部目录著作，必须遵循一般性的目录著作的原则，不可能为了迎合当时的学术取向而对流传有序的儒家类著作进行过大的改变。

总之，《四库全书总目》既不可能取消儒家类，也无法重新构建儒家类，只能在整体上"重汉轻宋""重考据轻义理"的原则下，在儒家类中无奈地选择"尊程朱"的原则。这一选择既是对目录学分类传统的尊重，也是对清初以来"崇儒重道"文化方针的承袭，也有其自身的合理性。当然，正如笔者曾经指出的："'尊崇程朱理学'原则与《四库全书总目》在整体上'重汉轻宋''重考据轻义理'的精神存在着某种程度的紧张，但二者在本质上并不矛盾。……在清廷统治者看来，程朱理学已经'教条化''真理化'，只需用来遵行，不必再加讨论。《四库全书总目》儒家类对程朱理学派著作的表彰，只是号召士人以之作为立身行事的标准而已，并非号召学者从事于程朱理学的研究。……《四库全书总目》对宋代以来程朱理学著作虽然大力表彰，但对研究程朱理学的本朝学者的著作却是极力打压的，这反映的正是《四库全书总目》对历史上的程朱理学的表彰和对现实中的程朱理学的打压，这可谓《四库全书总目》对程朱理学态度的一体两面。"① 因此可以说，《四库全书总目》儒家类的"尊程朱"只是一种历史性的呈现，而非一种价值观的导向。

---

① 王献松：《论〈四库全书总目〉儒家类文献的著录原则》，《贵州文史丛刊》2019 年第 3 期，第 83~84 页。

经史之间的冢宰形象[*]

宫志翀

中国人民大学哲学院

引言　问题的提出

　　冢宰在政治制度中的地位与职任，是传统经史之学中的大问题。孔子的一句话"君薨，百官总己以听于冢宰三年"，引起了后学对这一形象的极大兴趣。在现存的战国至两汉时期的儒家文献中，存在着许多对冢宰形象的刻画，今日看来盖皆创构而非实录。其中，又以《周官》的刻画最为丰满，推重最高。这部充满争议的著作，经刘歆至郑玄等人的解释努力，被塑造成周代政制的遗存，挺立起了"周礼"的架构。此后《周礼》亦经亦史，后世职官体系的追溯，皆以冢宰统领的六官系统作为周制本身，这一系统成了官制沿革的精神源头。[①] 更直接的是，冢宰在两汉魏晋间作为一种政治文化的符号乃至运作机制，对现实政治产生了重大影响。

　　然而在此经史交汇的脉络下，其他经典文献对"冢宰"的某些共同想象被遗落了。其中的重点文本是《礼记·王制》，以及汉代经学的总结《白虎通》——它几乎吸收了《王制》全部的政制构想，并已经指出了《王制》和《周礼》冢宰职任的不同。事实上，郑玄以来的经学家认识到经典中存在着不同的冢宰形象者不乏其人。但郑玄的处理方案是笼罩性的，他以不合《周礼》者皆为夏殷之制，《王制》一篇首当其冲，郑注其

*　本文为国家社会科学青年项目"《大同书》校订、疏证与思想研究"（编号23CZX033）的阶段性成果。

①　杜佑：《通典》，王文锦等点校，中华书局，2009，第790页；《官制议》，姜义华、张荣华编校《康有为全集》第7集，中国人民大学出版社，2019，第241~243页。

中冢宰职任时虽未明言，但应从属于他对该篇的总体判断，且其注《曲礼》"天子建天官先六大，曰大宰、大宗、大史"云云定为殷制，亦可参证。① 由是，两种形象的差异变成了殷周官制的历史演变，构成了中国经史传统中的一则知识纽结，学者所说多不出其范围。即使不从郑氏之判分者，亦以《周礼》为标准。如刘宝楠注《论语》时，就批评《白虎通》将冢宰职说低了，应遵照《周礼》。② 实质上，郑玄的解释也是《周礼》的笼罩性的一种表现。

及至晚清，儒学欲重焕经典的力量以回应文明危机，就需解开经史纽结的学术传统，方法便是重启今古文之争。廖平欲还原一个"道一风同"的今文经学，故举出《白虎通》最常引据的《王制》，以与由《周礼》支撑起的古文经学礼制体系相抗衡。就冢宰问题而言，他一变时以今学为经、古学为史，《周礼》就成了孔子改制（《王制》）的历史背景，故《今古学考》中认为，《王制》中的冢宰记述只是因仍《周礼》，③ 而未深察它在两种政制构想中的位置、职任差异。至二变时完成《王制集说》，虽把握了其中冢宰形象的某些关键内涵，但又以《周礼》为伪作，④ 也错过了在对照中深入理解二者的机会。

后来，蒙文通接续了其师一变的思路。他区分今古文礼制的重点，一是《儒家政治思想之发展》中著名的乡遂异制问题，另一就是冢宰问题。这在《井研廖师与汉代今古文学》《先秦职官考》《从社会制度及政治制度论〈周官〉成书年代》三文中展现出来。然而，尽管他注意到《王制》与《周礼》的冢宰形象大有不同，但这一问题之所以未纳入《儒家政治思想之发展》的讨论，盖因蒙文通受廖平以今古为经史的影响，将其转化为儒家政治思想对周代制度的突破。就《王制》《周礼》的官制而言，他认为《王制》的三公总领百官之制与《诗》《书》多合，判断其为西周早期官制的回响，而廖平以《周礼》为史的限定，使他相信冢宰总领百官之

---

① 《礼记正义》，吕友仁整理，上海古籍出版社，2008，第 170、509、563 页。
② 刘宝楠：《论语正义》，高流水点校，中华书局，1990，第 604 页。
③ 《今古学考》，舒大刚、杨世文主编《廖平全集》第 1 册，上海古籍出版社，2015，第 29 页。
④ 《王制集说》，《廖平全集》第 5 册，第 171 页。

制，反映了西周末期的官制变化。① 这就不合于《儒家政治思想之发展》的"进步性"思路。至于冢宰所处的两种官制反映的政治思想的差异，他也再未深究，尽管他在经史文本间的钩沉抉微极富启示价值。

此后，经学在现代学术体制下大多被纳入历史学、文献学的领域，《周礼》的性质与成书年代依旧是重点话题，冢宰形象也是主要研究角度之一。② 但经典中的两种冢宰形象及其思想意义问题，却淡出了学术视野，这也使相关经学研究和周代、两汉的职官制度研究，在涉及冢宰问题时，仍有不少缴绕模糊处。

质言之，冢宰形象之所以在自古至今的经史之学中如此受重视，是因它作为一个重要的官职，牵连着儒家整体的政制构想。特别是《周礼》将它推上了枢纽位置，并深刻影响了后代的政治与学术。历来对冢宰问题的典范性讨论，从《白虎通》到郑玄、再到廖平、蒙文通等，尽管他们立场、结论相反，但有一点是共同的，都旨在透过这一官制形象，理解《周礼》的性质、今古文的差异、儒家的制度理想、政治制度史的转迁等经史传统的重大问题。

如今，现代学术有更清晰的区分经典与历史的自觉和方式。较之传统，我们有两个重要推进。一是关于《周礼》的文本性质，其作为战国秦汉之间的政制构想，已基本成为共识。二是关于周代政制的真实样貌，现代历史学、考古学已有更充分明晰的还原。这就使《王制》《周礼》及相关的经学文献，同样作为政制构想的性质得以明确。而它们恰产生于周末至秦汉，这一文明史剧烈转型的阶段，它们的思想意义值得充分的重视。

因此，冢宰形象仍是我们最好的入口。本文的任务是重勘冢宰的两类

---

① 《经学抉原·并研廖师与汉代今古文学》，蒙默编《蒙文通全集》第 1 册，巴蜀书社，2015，第 289、294 页；《先秦职官考》，《蒙文通全集》第 3 册，第 313~320 页；《从社会制度及政治制度论〈周官〉成书年代》，《蒙文通全集》第 3 册，第 364~367 页。

② 代表性的有《周官辨非序——周公制礼的传说和周官一书的出现》，《顾颉刚全集》第 12 册，中华书局，2010；杨向奎《周礼的内容分析及其著作时代》，《山东大学学报》1954 年第 4 期；徐复观《周官成立之时代及其思想性格》，《徐复观论经学史二种》，上海书店出版社，2006；彭林《周礼主体思想与成书年代研究》，中国社会科学出版社，1991。

形象，它指冢宰在两种政制构想中的不同地位和职任，折射出了不同的制度理念，或者说政治哲学。并且，这两种政制构想并非凭空产生，又在后代历史中留下了长久的印记，故应在文明史转型的进程之内，理解它们的蕴生和影响。最后，在这种政制理念与文明史进程，也即传统所谓经与史的互动中，回味经学的理论价值，以思考经学如何重新被纳入哲学研究的视野内。

一 周制的背景与孔子的谜题

本节先简述周代政制的基本架构，在此背景下理解宰（大宰、冢宰）的地位、职任及其变化。为下文认识《王制》《周礼》的政制设计提供参照。

周代以宗法为纽带构成的政体类型，是一种君主主导下的贵族议政制。就中央政府而言，周王之下有一个贵族议政、执政的群体，史籍与金文所载有周公、召公、毛公、毕公、虢公等。[①] 周王直接授命他们领属百官行事，其常被称为保、大保、大师，但此非官职而是执政之美誉。[②]

周代真正的行政机构是卿事寮和太史寮。太史主管文书，太史寮是随着行政事务的积累丰富，在西周中期逐渐壮大起来的。卿事寮则自始就居行政中枢地位，由执政公卿总领，其主要官属为三有司：司土（司徒）、司工（司空）、司马。司土主教民耕作、征发徒役，司工主经界土地、营造公共工程，司马主军事相关事务。[③] 周人三有司组成的卿事寮，初步体现了分官任职的理性色彩，且职任专主民事民政，故被认为是早期中国官僚制开始建立的标志。并且，三有司会奉命执行各个层级的行政事务，亦

---

① 杨宽：《西周史》，上海人民出版社，2016，第337~343、359~367页；李峰：《西周的政体：中国早期的官僚制度与国家》，吴敏娜等译，生活·读书·新知三联书店，2010，第67页。

② 杨宽：《西周史》，第337~342、359~365页；张亚初、刘雨：《西周金文官制研究》，中华书局，1986，第1~8页。李峰在官僚制的视野下，区分了尊称与行政职称，对于理解师、保的职任与周代的政体类型性质极具意义。李峰：《西周的政体：中国早期的官僚制度与国家》，第65页。后来古文经学以大师、大傅、大保为三公，言其"与王同职""参天子，坐而议政，无不总统"，是周制的回响。《汉书·百官公卿表》，中华书局，1962，第723页；陈寿祺：《五经异义疏证》，曹建墩校点，上海古籍书局，2014，第201页。

③ 张亚初、刘雨：《西周金文官制研究》，第8~26页。

是诸侯国官制的基本组成部分。① 足见三有司的分职与配合，是周代政治架构的基本单位与运转动力。

至于本文关注的宰、大宰（冢宰），则不属于周的职官行政体制，而是周王或诸侯的私人仆从。宰之名商代就有，甲骨文作 🏠，由"宀""辛"组成。"辛"本象刑刀，引申为执刀屠割之义，在"宀"下会意得奴隶在屋下杀牲之义。殷周时杀牲是为了供奉祭祀与宴飨，故宰指筹备祭祀、宴飨的家奴总管。② 文献中最早的有名的宰为伊尹，战国时仍流传着"伊尹为宰""以割烹要汤"的故事，③ 亦可验证宰的最初职任。

西周金文中"宰"的材料不多，职任亦是王的管家。不过，研究者发现宰的称号与职任有两个层次的变化，意义值得关注，且与传世文献能够呼应。首先，西周皆称宰，东周（一说西周晚期）始出现大宰；且周王室皆称宰，诸侯多称大宰。④ 的确在经传文献中，大宰之名出现在《左传》《国语》等取材自春秋战国时期各诸侯国史的文本中；⑤ 而六经中直称宰者皆周王之宰，唯《诗》一处，《春秋》四处。《小雅·十月之交》有"家伯维宰"句。⑥《春秋》隐元年"天王使宰咺来归惠公仲子之赗"，桓四年"天王使宰渠伯纠来聘"，僖九年"公会宰周公、齐侯"云云会于葵丘，僖三十年"天王使宰周公来聘"。⑦ 尽管四条属于春秋时事，但孔子书宰而不随时俗大宰之称，当是遵守周史书法的表现。当然，《诗·大雅·云汉》

---

① 顾栋高：《春秋大事表·春秋列国官制表》，吴树平、李解民点校，中华书局，1993，第 1040~1059 页。童书业云："邦国之官最重要者为司徒、司马、司空"。参童书业《春秋左传研究》，中华书局，2006，第 171~172 页。

② 李圃主编《古文字诂林》（修订本）第 6 册，上海教育出版社，2019，第 813~816 页。

③ 王先慎：《韩非子集解》，钟哲点校，中华书局，1998，第 93 页；焦循：《孟子正义》，沈文倬点校，中华书局，1987，第 653 页。

④ 张亚初、刘雨：《西周金文官制研究》，第 40 页；李峰：《西周的政体：中国早期的官僚制度与国家》附录一《西周金文中所见官名列表》，第 316~317 页。

⑤ 《左传》言大宰（冢宰）有 23 次，涉及的人物包括鲁公子翚"将以求大宰"（隐十一年）、宋大宰督（桓二年、庄十二年）、楚大宰字商（成十一年）、宋大宰向带（成十五年）、郑大宰石㚟（襄十一年、十三年）、宋大宰皇国父（襄十七年）、楚大宰伯州犁（昭元年）、楚大宰蒍启疆（昭元、七年）、郑冢宰子皮（昭元年）、楚大宰犯（昭二十一年）、"周公为大宰"（定四年）、吴大宰嚭（哀元年、七年、十二年、十三年、十五年、二十四年）、吴大宰子余（哀八年）。《国语》言大宰有 2 次，分别是大宰文公和大宰忌父。

⑥ 《毛诗正义》，李学勤主编《十三经注疏》（标点本），北京大学出版社，1999，第 724~725 页。

⑦ 《春秋公羊传注疏》，刁小龙整理，上海古籍出版社，2014，第 26、139、412、491 页。

歧出"疚哉冢宰"一句，学者认为当是东周观念加工过的结果。^① 此外，还需考虑《诗》的韵律，"宰"与前后"纪""右"古音皆为支韵；且"冢"字固为"大"义，然金文偶有"冢司土""冢司马"之称但无此常职，可见此一"冢宰"也是誉称而非常职。^② 至于周王室称宰、诸侯国称大宰，当因周王有大师、大保执政公卿，故宰不得称大，诸侯虽亦有世卿辅政，但卿多任具体官职，且无师、保之设置，故尊君之家臣为大宰。

再者，西周晚期以来，周王的宰越来越介入政治。他会在周王册命官员时担任傧右一职，这本应由比受册命者高一级的官员担任，此外宰还能代王赏赐臣下。由宰代表的王者家臣介入政事从而地位显赫，在上引两处《诗》中亦表露无遗。《云汉》："鞫哉庶正，疚哉冢宰；趣马师氏，膳夫左右。"《十月之交》："皇父卿士，番维司徒，家伯维宰，仲允膳夫，棸子内史，蹶维趣马，楀维师氏。"宰、膳夫、趣马皆为王一人及王家服务，师氏非常设官职，这里殆负责护卫王家。这些人尽管不如卿士、司徒位高职重，但已然是王亲近信任的人物。事实上，金文也有膳夫传达王命的记录。^③ 至于《春秋》四次书"宰"，代表周王赠赙、聘问、会盟，已更明显是代行王命的角色。

宰、膳夫等亲近信任的私臣，是周王越过执政公卿和行政有司，实现其意志最直截的方式。是故，宰的地位上升、介入政事，实质是王权扩张的一种重要表征。这是理解后世的冢宰形象建构与官制衍生的关键。不过也需指出宰职变化的限度，它仍只是一种制度外的便宜途径，它的地位和职任仍未进入正式官制，也不可能高于执政公卿和三有司等。

至于大宰在春秋时期诸侯国的地位大体亦如是。首先，它变成了较显赫的职任。如《左传》，隐十一年公子翚请杀桓公，"将以求大宰"；又昭元年赵孟赴郑结好，欲宴飨间受一献之笾豆，向郑子皮赋诗讽喻，后谓

---

① 张亚初、刘雨：《西周金文官制研究》，第40页。
② 李峰：《西周的政体：中国早期的官僚制度与国家》附录一《西周金文中所见官名列表》，第311~312页。
③ 张亚初、刘雨：《西周金文官制研究》，第42~43页。

"武请于冢宰矣",都表明大宰(冢宰)掌握了更大的政治权力。① 然而它的职任仍不离于祭享礼仪等事,赵孟之所以请于冢宰子皮,是因为子皮负责宴饮的礼仪筹备。即使如此大宰仍非各国官制之最要者。如上曾述,三有司是周代官制的基本架构,只是在各诸侯国的地位有差异。如鲁三桓分居三有司;宋六卿,在三有司之上由右师、左师执政;郑六卿,三有司常设其余不详,而其执政之卿誉称"当国";晋数作新军,以中军之将执政,三有司皆大夫职;楚为蛮国,以令尹、司马、莫敖为要职。② 是各国皆不以大宰为执政贵卿。

还需考虑到,诸侯国与周王室相同,国君之下有世卿组成的辅政集团,鲁有三桓、郑有七穆、晋有六卿、齐有国高,三有司代表的各国要职大多掌握在他们手里。③ 是故,尽管春秋时政出世卿,从而在卿士争权的过程中,出现一执政贵卿,如郑子产、鲁季孙、齐管仲等。其中也许不乏有人居大宰以执政的事,如桓二年华督杀司马孔父与宋殇公,《左传》谓其时为"大宰","遂相宋公";又如《国语・齐语》"桓公自莒反于齐,使鲍叔为宰"等,④ 但总归是在人不在职。就政制变迁的历史视野看,春秋时期是贵族政制因权力斗争而开始解体,新的全面效忠于君主的官僚体制还未萌芽的阶段,后者在战国时期才完成,故大宰所代表的君主信任的私臣,也还未在官制中获得稳定的地位,更遑论贵居诸卿之上了。

不过,孔子的一句话给后世留下了重新构想冢宰形象的空间。在为子张解说《尚书》"高宗谅阴,三年不言"时,孔子带出了一句"君薨,百官总己以听于冢宰三年",作为"三年不言"的制度支撑。⑤ 盖因儒家相信,三年之丧自天子达于庶人,但天子服丧时,他的政治职任该如何履行?这一空白期需要某种制度化的支撑。晚清以来学者大多指出,三年丧

---

① 《左传正义》,李学勤主编《十三经注疏》(标点本),第129、1148~1149页。
② 顾栋高:《春秋大事表・春秋列国官制表》,第1034~1037页;童书业:《春秋左传研究》,第339页。
③ 参章书业《春秋左传研究》,第99、361页。
④ 《左传正义》,李学勤主编《十三经注疏》(标点本),第137~138页;徐元诰:《国语集解》,王树民、沈长云点校,中华书局,2002,第216页。
⑤ 程树德:《论语集释》,程俊英、蒋见元点校,中华书局,1990,第1037~1040页。另《檀弓》也有记载:"子张问曰:'《书》云"高宗三年不言,言乃谨",有诸?'仲尼曰:'胡为其不然也!古者天子崩,王世子听于冢宰三年。"《礼记正义》,第390~391页。

并非"古之人皆然"的实事，则"百官总己以听于冢宰三年"殆亦如是。[①]孔子的这一简单概括尚留有很大的想象空间，如同设下了一个谜题。理解的关键自然在于"冢宰"与百官的关系。《王制》《白虎通》一系和《周礼》给出了不同的构想。

二 《王制》中的三公与冢宰

理解《礼记》文本的最主要困难，是体会各篇章内在思路的连贯性。《礼记》中确乎有散乱缀合的杂记，也有很多篇章有完整的思想脉络，《大学》《中庸》《礼运》《王制》皆是。对于它们，只需着眼于意义的连绵，而非计较逻辑、论证的紧凑，就会豁然得解。当然，《礼记》整体因郑玄注而得一通盘的理解。不过他以制度说经，尤其用《周礼》贯注群经，则经典中不合《周礼》者皆推归夏殷时代。在此意义上《礼记》，尤其《王制》篇，乃至它所关联的各类经说中的礼制，亦因郑注而受桎梏。观郑注《王制》俄而以为周制，俄而以为夏殷之制，则其理解的《王制》为"先王班爵、授禄、祭祀、养老"的制度汇编，非一通贯的制度设计。[②]

这一认识因晚清廖平、康有为、皮锡瑞诸家推重《王制》而被扭转。皮锡瑞作笺以纠郑注之失，一一厘清其依据《周礼》造成的误解。廖平和康有为皆有重新编排《王制》文本脉络，并配合以意义阐释的作品。目的都是克服郑注之支离，复现《王制》的思想脉络与力量。是故，尽管间有特出己义、过度编排的问题，但这些著作仍透露出他们对文本脉络的精审洞察，是我们理解《王制》整体的政制设计与冢宰问题的重要阶梯。

与通常的制度类文本只是依照某种原则顺序铺陈不同，《王制》的文本脉络体现出一种制度生成的思路。[③] 其以"王者之制禄爵"一句总

---

① 康有为：《孔子改制考》，姜义华、张荣华编校，中国人民大学出版社，2010，第 203、225、227 页。

② 《礼记正义》，第 449 页。

③ 参刘伟《〈王制〉之基》，曾海军主编《肇端发始见人文——第一届"儒家人文与素质教育"研讨会论文集》，四川大学出版社，2015；刘伟《秩序的理念——论〈王制〉之品格及读法》，曾海军主编《切磋三集：四川大学哲学系儒家哲学合集》，华夏出版社，2013；吕明烜《"司空职"与"〈王制〉义"》，《中国文化》2018 年秋季号。

起，先言诸侯、卿大夫之爵等，次由百亩之田所食上推各等人之食禄。再由禄爵之等扩展到诸侯封地等次，进而逐步推算到九州封国之数及天下的统系秩序。可以说，《王制》开篇是以爵、禄和土（田）三个基本单位推演出一套天下秩序。爵等是政治秩序的骨架，须先挺立起来。禄须与爵相配，又须切合农田的生产力。爵禄二者又都离不开封土和耕田的规划设计。《王制》开篇的制度推演，仿佛在一片空白的天地间，开始设计一种文明生活秩序。

制度生成的特征也表现在《王制》的官制设计上。此部分居全篇末段，主要由司空、司徒、司马、司寇四章组成，且四者构成递进关系。无论金文、经典记载还是后世职官的比附，司空的职位均不如司徒、司马尊贵。[①]《王制》叙官则非以职位尊卑为次，而是考虑对于文明生活，何种事务（职官）更具奠基意义，以及各种人类事务之间的层次关系。司空平治水土，度地制邑以使民安居乐业，是文明生活开展的必要前提，故居首。其末言"民咸安其居，乐事劝工，尊君亲上，然后兴学"，过渡到下章司徒的职任。司徒主道德教化，教化的制度基础是学校，此一章详论教学、选士之方。末言"大乐正论造士之秀者以告于王，而升诸司马"，过渡到司马章。司马论材授职，兼有黜退之全，经其举任或黜降，百官各得其所。此外，司寇正刑明辟是三有司外最重要的职任，因为将罪恶的人惩处或排除在共同体之外，是文明生活的必要机制。

总之在这一部分，《王制》通过列举几种中枢职任的生成关系，象征性地完成了百官的设置。此前，《王制》言"天子三公、九卿、二十七大夫、八十一元士"，三三相成的等秩，显系理想设计。而就后文言年终"百官各以其成质于三官，大司徒、大司马、大司空以百官之成质于天子"来看，三有司就是天子的三公，总领百官。事实上，这一制度构想还广泛

---

① 张亚初、刘雨：《西周金文官制研究》，第8~24页。《曲礼》："天子之五官，曰司徒、司马、司空、司士、司寇。"《礼记正义》，第170~171页。《周礼》六官：天官冢宰、地官司徒、春官宗伯、夏官司马、秋官司寇、冬官司空。《周礼注疏》，彭林整理，上海古籍出版社，2010，第37页。自成帝始，汉以丞相、太尉、御史大夫为司徒、司马、司空，参《汉书·百官公卿表》，第725~726页。魏晋南北朝大率以太尉、司徒、司空为三公，参杜佑《通典》，第489~450页。

存在于《尚书大传》《韩诗外传》《春秋繁露》《说苑》等早期经说文本中。① 至于其背后的制度理念，则《白虎通》的解释较明彻，《白虎通·封公侯》云：

> 王者所以立三公九卿何？曰：天虽至神，必因日月之光；地虽至灵，必有山川之化；圣人虽有万人之德，必须俊贤。三公、九卿、二十七大夫、八十一元士，以顺天成其道。……司马主兵、司徒主人、司空主地。王者受命为天地人之职，故分职以置三公，各主其一，以效其功。……《别名记》曰："司徒典民、司空主地、司马顺天。"②

其传达了两个理念。首先，君主不是无所不能的，故只有在贤能的辅佐分职下，才能处理好政事。领属百官的三公自是最重要的佐助。再者，王者以贯通天地人之道为任，为司马、司空、司徒分别匹配上天地人的意义，表示三公辅政的必要性与完备性，三者缺一不可，又无须再增设他职。

与周制相比，就能明确看出儒家政治理念的突破。就实际职任而言，三有司主管民政的职任并无太大变化，但他们的地位上升为三公，不再是纯粹的行政官僚，而是与王者参论政事，取代了周人世袭贵族的议政群体。这体现着自《春秋》"讥世卿"到《王制》"天下之县内诸侯，禄也"，③ 一以贯之的选贤与能的政制理想。并且，伴随着三有司为三公的，是民政民事的意义凸显，它成为政治的主要责任，符合儒家"方制海内非为天子，列土封建非为诸侯，皆以为民"④ 的民本取向。

至于我们关心的冢宰职任，并不出现在官制设计的部分，它的首次现身甚至与司空四章隔得很远。在开篇天下秩序的规划之后，《王制》历叙天子、诸侯在各类礼制上的等次差异，如做主题的概括，依次为朝聘、巡守、征伐、田猎、国用、祭祀等。这些主题亦是环环相扣的，朝聘与巡守

---

① 皮锡瑞：《尚书大传疏证》，吴仰湘点校，中华书局，2015，第117~123页；许维遹校释《韩诗外传集释》，中华书局，1980，第290页；苏舆：《春秋繁露义证》，钟哲点校，中华书局，1992，第361~371页；向宗鲁：《说苑校正》，中华书局，1987，第9~12页。
② 陈立：《白虎通疏证》，吴则虞点校，中华书局，1994，第129~132页。
③ 《春秋公羊传注疏》，第60页；《礼记正义》，第477页。
④ 《汉书·谷永传》，第3466页。

是诸侯述职、天子黜陟，且统一政教风俗的机制。诸侯其有变乱制度者，则天子亲自或委任州伯征伐。田猎自古有军事演练的性质，故上接征伐，而田猎捕获的实际用途主要在于祭祀和宴飨等礼仪，故向下关联祭祀的内容。并且，田猎须根据时节进入山林，这就引出节用制财之义，冢宰的形象就在此田猎、国用、祭祀关联起的背景下出场。这也符合宰最初从执刀杀牲者，到筹备祭祀宴飨的管家的意义链条。

冢宰职任的论述可分为三个小段：

> 冢宰制国用，必于岁之杪，五谷皆入，然后制国用。用地小大，视年之丰耗。以三十年之通制国用，量入以为出。

> 祭用数之仂。丧三年不祭，唯祭天地社稷，为越绋而行事。丧用三年之仂。丧祭，用不足曰暴，有余曰浩。祭，丰年不奢，凶年不俭。

> 国无九年之蓄曰不足，无六年之蓄曰急，无三年之蓄曰国非其国也。三年耕，必有一年之食。九年耕，必有三年之食。以三十年之通，虽有凶旱水溢，民无菜色，然后天子食，日举以乐。[①]

第一、三段是制国用的内容，第三段是对"三十年之通"的详细解说。[②] 三十年为一世，以如此长远的政治视野，蓄积下九年的余粮，殆足以备水旱、安百姓。[③] 值得注意，冢宰在《月令》中也出现过一次，在季秋之月"乃命冢宰，农事备收，举五谷之要，藏帝藉之收于神仓，祗敬必饬"。[④]

至于"以三十年之通制国用"，是以三十年的平均收支为标准，核算本年的收成，有余则积蓄，不足则赈济于民。且以此为基准，规划来年的

---

① 《礼记正义》，第509~510页。
② 廖平将第三段下退两格，作为第一段的"记"。见《王制订》，《廖平全集》第5册，第116页。
③ 康有为指出，《王制》"冢宰制国用"一段的根本理念是富民。"孔子深虑国家之匮，不能藏富于民。于是履亩丘甲，加富于民，于是预征聚会，箕敛明春，经总制纷纷而作，故务富民，民无菜色而日食以乐。谓先天下而忧，后天下而乐，所以教后王务忧民而无自逸，义至深透。"见康有为《考定王制经文》，林振岳整理，虞万里主编《经学文献研究集刊》第23辑，上海书店出版社，2020，第42页。
④ 《礼记正义》，第704页。

耕作面积和政事支出。可以想象，如将国家的政治事务与官僚体系比作一台机器，冢宰掌握的财政支出，就是政务机器运转的仪表盘和阀门。它既反映也控制着国家财用持续稳定地输入和输出。

第二段对丧祭规格的表述，透露了冢宰能制国用的原因。因为它是天子的管家，需筹备各项礼仪，并且天子的丧祭等礼仪不是私家事务，而是有着明确的政治、公共意义，故用度需从国用支出。不过，尽管冢宰兼管财政支出，但私臣身份依旧使它未进入正式的官制序列中。这表现在《王制》下文官制设计最末，年终考计之时冢宰的第二次现身：

> 天子斋戒受谏。司会以岁之成质于天子，冢宰斋戒受质。大乐正、大司寇、市三官以其成从质于天子，大司徒、大司马、大司空斋戒受质。百官各以其成质于三官，大司徒、大司马、大司空以百官之成质于天子，百官斋戒受质。[①]

从以上分别三次质成于天子，三次斋戒受质的流程来看，冢宰显然在三公领属的百官序列之外，它的属官只有司会一人。并且，冢宰与三公、百官的分途，在《白虎通》中也得到呼应。前文曾述，三公问题是在《封公侯》篇的开始正式介绍的；而冢宰问题是在《爵》篇最末"论天子即位改元"所附及的，其云：

> 故天子诸侯，凡三年即位，终始之义乃备，所以谅闇三年，卒孝子之道。故《论语》曰："古之人皆然，君薨，百官总己以听于冢宰三年。"所以听于冢宰三年者何？以冢宰职在制国之用，是以由之也。故《王制》曰："冢宰制国用。"所以名之为冢宰何？冢者，大也。宰者，制也。大制事也。故《王度记》曰："天子冢宰一人，爵禄如天子之大夫。"[②]

---

① 《礼记正义》，第 563 页。
② 陈立：《白虎通疏证》，第 40~41 页。皮锡瑞也注意到《王制》和《白虎通》分别叙述三公与冢宰的职任。参《王制笺》，吴仰湘编《皮锡瑞全集》第 4 册，中华书局，2015，第 621 页。

《王度记》是《大戴礼》佚篇，案考其篇名与遗文，当是与《王制》类似的制度文本。其言"爵禄如天子之大夫"，则冢宰非正式之大夫职可知，只是比照大夫的禄位。

总之，综合在以《王制》《白虎通》为中心的早期经学文本中，三公与冢宰的出现频率与地位、职任的差别，我们可在谨慎的限度内得出以下推论。首先，以安民、教民、选贤为业的三有司位居三公，是儒家一种新的政制构想的中枢。再者，冢宰在此政制中不居于首领地位，甚至未进入正式官制序列。它的政治职能是核算每年的财政收支计划，这是它作为天子的管家，掌管天子的丧祭宾客诸礼仪的筹备用度而延伸出的职任。并且，鉴于节用制财之法诸如"什一而税"、"山林川泽以时入"、王者不与民争利、"以三十年之通量入为出"等原则已然确定，可以想见冢宰在财政收支上并无特殊的立法权。它掌握的国用收支，是整个政务系统是否持续稳定运转、民生是否安足的记录与反映，然而王、三公与百官才是政制运转的主体和动力。

进而，三司为三公和冢宰节用制财的职任体现了儒家选贤与能、安民教民的政治理念。这实际上和西周晚期以降宰的职任显赫所反映的王权扩张，或春秋时期各诸侯国政出大夫、陪臣，经权力斗争而形成贵卿一人执政，又或战国时期新型王权国家的官僚制等历史背景皆有不同，有着明显的理想色彩。最后，这一类关于冢宰和百官职任的刻画，很大程度是对孔子"君薨，百官总己以听于冢宰三年"一语的制度想象。它未必是集中的，有明确的传授的，而很可能是松散的，但又有共同政治理念背景的。

因此如综合上述富于理想色彩的制度与理念，我们不妨尝试还原早期儒家如何想象孔子此语。首先，天子居丧期间"三年无改于父之道"，政事一仍前王法度。[①] 再者，三公分担王者天、地、人之职，总领百官各循旧轨。最后，国用之道"以三十年之通量入为出"，即遇凶旱，国有蓄积以周赈于民。是故，所谓"百官总己以听于冢宰三年"，非冢宰执政总摄

---

① 以《论语》"三年无改于父之道，可谓孝矣"来理解"高宗谅闇，三年不言"，是自《坊记》就有的解释传统。参《礼记正义》，第1966页；《春秋公羊传注疏》，第359页；《论语注疏》，李学勤主编《十三经注疏》（标点本），第203页。

百官，而是平日三公领属百官，于岁末向冢宰会其成、计其用，通过冢宰将一年的国用汇报给天子，使天子知晓政务的基本情况。

三 《周礼》中的冢宰形象

将冢宰理解为统驭百官的职任，在《周礼》外还有《荀子·王制》《大戴礼记·盛德》两处。不过，《周礼》仍是这一形象建构最主要的力量。《荀子·王制》《大戴礼记·盛德》都只有对冢宰职任的一句概括，且在它之上还有更高的辟公、三公之职，与王参论政教。① 只有在《周礼》里，冢宰才是王之下总摄群职的执政者，并且它真正以制度设置的方式，丰满了冢宰的地位与权力，展现了对"百官总己以听于冢宰三年"的另一种想象。

不过在《周礼》的设计中，冢宰形象仍明显保留着西周春秋以降"宰"的职任传统。这就使《天官冢宰》一篇的内容可被归纳为两类职任。这两类职任在《周礼》的解释史上，很大程度被纳入冢宰与大宰称号的"冢""大"之辨中。这是因为，天官以"冢宰"命篇，但叙述治官之属和具体职任时都称"大宰"，至于它的属官向它汇报工作时又称"冢宰"。② 根据地官司徒、春官宗伯等篇的体例，冢宰和大宰就是同一职位，但何以有二称？注家大都认识到，尽管在训诂上"冢"即"大"义，然而冢宰的称号与命职，带着对"百官总己以听于冢宰三年"的想象，突出其总摄百官的意味，故需将"冢"与"大"的意义区分开来。这最清晰地表现在善于体会经文语境与结构的郑玄注中。其释"天官冢宰"的篇题云：

---

① 《荀子·王制》："本政教，正法则，兼听而时稽之，度其功劳，论其庆赏，以时慎修，使百吏免尽而众庶不偷，冢宰之事也。……故政事乱，则冢宰之罪也。"王先谦：《荀子集解》，沈啸寰、王星贤点校，中华书局，1988，第170~171页。《大戴礼记·盛德》："古之御政以治天下者，冢宰之官以成道……是故官属不理，分职不明，法政不一，百事失纪，曰'乱'也；乱则伤冢宰。"方向东：《大戴礼记汇校集解》，中华书局，2008，第840页。

② 贾疏："案经大宰职曰'凡邦之小治，冢宰听之'，是专国小治而称'冢'也。司书职曰'掌六典、八法、八则之贰，以逆王及冢宰'，是贰王事总众职而称'冢'也。又宰夫职曰'乘其财用之出入，凡失财用、物辟名者，以官刑诏冢宰而诛之'，是总众官诛赏而称'冢'也。又司会职曰'以周知四国之治，以诏王及冢宰废置'，是总四国之治而称'冢'也。若主当官、不兼他职则言大者，谓若下文'大丧，赞赠玉、含玉'，宾客，'赞玉几、玉爵'，'祀五帝则蒞卜'，如此之类，与诸官并有事，则称'大'也。"《周礼注疏》，第8页。

> 象天所立之官。冢，大也。宰者，官也。天者统理万物，天子立
> 冢宰使掌邦治，亦所以总御众官，使不失职。①

其注"大宰"云：

> 变冢言大，进退异名也。百官总焉则谓之冢，列职于王则称大。
> 冢，大之上也。山顶曰冢。②

依郑义，"冢"表示比"大"更高的地位，取冢宰之名且冠首于天官之部，都表示其总御百官的权力。至于大宰的命义，"列职于王则称大"，贾公彦谓："不总百官，与五卿并列，各自治六十官"，孙诒让也持这种认识。③是谓相较司徒、宗伯等五官，宰因列职于王而获加"大"的尊称，因此"大宰"指向了它率领六十属官时的专职专任。其实，《周礼》文本并不存在冢宰职任与大宰职任的分别表述，它们实际上混合在"大宰之职"云云一章中。但经师们的"冢""大"之辨，指示出了冢宰（大宰）职任的两个不同层次：一是总摄《周礼》三百六十官制系统的职任；一是领属天官六十，近侍于王的专职专任。这两种层次的区别与关联，是我们理解《周礼》冢宰形象建构的锁钥。我们分别来看。

设官分职是《周礼》构想政制的一种全新方式。它理解的政治以事与职为中心，将天下的政治事务划分成不同范畴（"六典"），各由一系的官职序列掌管，再拆分成不同职任的专官负责，行事时由相互关联的职官合作完成。但此官制系统中，冢宰是一个例外。就与司徒、宗伯等分职而言，冢宰掌六典之一的治典，但治典的实质含义，又是"掌建邦之六典，以佐王治邦国"。④ 也即，冢宰既在分职意义上属于官制系统的一部分，而其职责所在又是摄治群官、于政事无所不主，它也由是高于其他五典之官，成为官制系统的枢纽。刻画这一形象是"大宰"职一章的重心。

---

① 《周礼注疏》，第1页。
② 《周礼注疏》，第7页。
③ 《周礼注疏》，第8页。孙诒让：《周礼正义》，汪少华整理，中华书局，2015，第23页。
④ 《周礼注疏》，第37页。

　　此章先列举冢宰职任十条，后描述其一年内常行之事，前后照应。归纳起来，冢宰职任可分为四类。首先是对官僚体系的全面掌控。《周礼》仍是封建制，就爵等言，百官之上还有诸侯和畿内王族贵胄。后文叙冢宰正月布政，亦先言"施典于邦国"（诸侯）、"施则于都鄙"（畿内贵族），末言"施法于官府"。① 然而冢宰职十条"以八法治官府"居首，凸显出总摄百官是它最重要的职任。治官八法官属、官职、官联、官常、官成、官法、官刑、官计的具体意涵，在它的副手小宰的职任描述中展开。② 概括来说，官属至官法六者涵盖了官职的拆分、规定、统属与合作，是官僚体系的建立机制；官刑、官计二者指向官僚体系的考核、奖惩机制。后文叙冢宰于正月"乃施法于官府，而建其正、立其贰、设其考、陈其殷、置其辅"，呼应了前一方面；于"岁终，则令百官府各正其治，受其会，听其致事，而诏王废置。三岁，则大计群吏之治而诛赏之"，呼应了后一方面。③ 历来以设官分职之繁密庞大而被称赞体大思精的《周礼》，它的制作者在恰恰在最开始的冢宰职任之中，就透露了全书官僚体制的生成、监管机制。

　　当然，政制的真正统治者是王，冢宰联结王与百官，佐助和代替王实施管理。不过在《周礼》的设想中，受它管理的还包括诸侯、畿内的贵族、民人和诸侯之民，这基本涵盖了政制的所有层级。诸侯与畿内贵族皆属君位，冢宰对他们的管理一方面体现在，于正月布政时，向诸侯申敕六典，向畿内贵族申敕八则（祭祀、法则、废置、禄位、赋贡、礼俗、刑赏、田役）。六典与八则都是政治的纲领性原则或措施，尽管由冢宰所掌握，但也可理解为王命的传达。另一方面，冢宰又能于诸侯"建其牧，立其监，设其参，傅其伍，陈其殷，置其辅"，于畿内贵胄"建其长，立其两，设其伍，陈其殷，置其辅"，意在将各层级分散的治理权力编织成一个相互领属、辅翼、监督的统系。至于天下民人，"以八则治都鄙"覆盖了畿内之民，冢宰还有"以九两系邦国之民"，亦是通过设立自诸侯到官

---

① 《周礼注疏》，第58~60页。
② 小宰有六属、六职、六联、八成、六计。《周礼注疏》，第77~84页。
③ 《周礼注疏》，第60、68页。

吏的各级尊长来管理民政。总之，冢宰治天下君民的六典、八则、九两诸法，尽管不似治百官之八法细密严明，但建立统系的思路仍与之一贯。建立统系的目的自然是上统于王者，很大程度上，冢宰是王的意志的传达者与执行者，这又会自然过渡到冢宰的全权代理，如谓"凡邦之小治，则冢宰听之。待四方之宾客之小治"。①

比这更高的是，它还有赞导、教告于王的职责。冢宰职有两条特言"诏王"，其云：

> 以八柄诏王驭群臣：一曰爵，以驭其贵；二曰禄，以驭其富；三曰予，以驭其幸；四曰置，以驭其行；五曰生，以驭其福；六曰夺，以驭其贫；七曰废，以驭其罪；八曰诛，以驭其过。
>
> 以八统诏王驭万民：一曰亲亲，二曰敬故，三曰进贤，四曰使能，五曰保庸，六曰尊贵，七曰达吏，八曰礼宾。②

郑注："诏，告也，助也。""告"自是"诏"字常训，训为"助"盖因他注意到，后文言冢宰的日常工作有"作大事，则戒于百官，赞王命。王眡治朝，则赞听治。眡四方之听朝，亦如之"，③应是此类诏王驭群臣、万民的场合，"助"是"赞"与"佐"的常训。不难想象，佐助王管理诸侯、贵族、百官、万民的冢宰，必是深谙八柄、八统这类统治技艺，能在王决策时参谋的。另一种可能场景则是新君治政之初，譬如将"诏王"的责任结合《檀弓》"古者天子崩，王世子听于冢宰三年"之说，则冢宰必会成为新君的政治教师与监护人。

最后，制国用的职任也在《周礼》中得到细化。"以九职任万民"言制民生业，"以九赋敛财贿"言赋敛种类，"以九贡致邦国之用"言诸侯贡赋种类，"以九式均节财用"言王者日用、礼仪的规制。④此外，它还有不少属官辅助管理，如大府等掌蓄积各类财物，职内等掌财用收支的账目，

---

① 《周礼注疏》，第 68 页。
② 《周礼注疏》，第 43~45 页。
③ 《周礼注疏》，第 67 页。
④ 《周礼注疏》，第 47~54 页。

司书掌贡赋相关的各类版图档案等。其中，司会仍是它最重要的帮手，据郑注，冢宰只负责王室的日用和礼仪支出，诸侯、贵族、百官的政事收支都由司会掌管，也是通过财用反映他们的治理情况，汇报给冢宰和王。[①]由此，司会职"掌邦之六典、八法、八则之贰，以逆邦国、都鄙、官府之治"同于小宰，其设官"中大夫二人，下大夫四人，上士八人，中士十有六人"品秩、人数同于小宰、宰夫，唯下士、府史人数略少。

通过上述介绍，我们对于冢宰"佐王治邦国"的性质有了基本的认识。它的治理权力覆盖了政制的各个环节，其中尤以治官之法最为繁密、深入，还能通过财政权周知政治的运转情况。并且作为政务系统的首领人物，他还是王身边的参谋、劝诫者，甚至可能成为王的政治监护人。可以想象，面对如此繁重的政务他一定需要不少帮手。然而事实却并不如此。天官当中能佐助冢宰处理具体政务的，只有两个群体。一是上述自大府至职币九个官职组成的财政系统，其殆由司会中大夫二人、下大夫四人和大府下大夫二人领属。另一便是小宰中大夫二人，宰夫下大夫四人，领属上士八人、中士十有六人、旅下士三十有二人及一众府史之徒，组成了治官考绩的行政中枢机构。事实上，这两个机构对应着上述冢宰职任中最具行政理性的二者：治官之法和制国用之法。但是作为统驭天下政务的职官，它们加上冢宰总共才有十二种，仅占天官之属的1/5。

那么，天官的大部分职属都主掌何事？贾公彦已指出，自宫正至夏采是王的私家臣仆，它们分别负责王家的宫室、饮食、疗疾、酒肴、出行、妇功等具体事务。[②]但它们共同组成天官系统的主体，并作为冢宰的属官，反映出冢宰的另一重职任，以及天官系统的真实属性。

相比于政事的职权，冢宰一章末段还描述了一些它日常负责的事务：

① 《周礼注疏》，第51~52、219~220页。
② 贾疏："自此宫正已下至夏采六十官，随事缓急为先后，故自宫正至宫伯二官，主宫室之事，安身先须宫室，故为先也。自膳夫至腊人，皆供王膳羞、饮食、馔具之事，人之处世，在安与饱，故食次宫室也。自医师已下至兽医，主疗疾之事，有生则有疾，故医次食馔也。自酒正至宫人，陈酒饮肴羞之事，医治既毕，须酒食养身，故次酒肴也。自掌舍至掌次，安不忘危，出行之事，故又次之。自大府至掌皮，并是府藏计会之事，既有其余，理须贮积，或出或内，宜计会之，故相次也。自内宰至屦人，陈后夫人已下，内教妇功，妇人衣服之事，君子明以访政，夜以安息，故言妇人于后也。夏采一职，记招魂，以其死事，故于末言之也。"《周礼注疏》，第10页。

祀五帝，则掌百官之誓戒，与其具修。前期十日，帅执事而卜日，遂戒。及执事，眡涤濯。及纳亨，赞王牲事。及祀之日，赞玉币爵之事。

祀大神示亦如之。享先王亦如之，赞玉几、玉爵。

大朝觐会同，赞玉币、玉献、玉几、玉爵。

大丧，赞赠玉、含玉。①

祭祀、丧葬、朝聘、会同这些实实在在的礼仪筹备工作，是冢宰"列职于王"的专职专任。这无疑需要宫正、膳夫、酒正、掌次等一众天官的佐助，事实上小宰、宰夫职中也有赞佐冢宰行礼的规定。② 是故，尽管冢宰一章重点突出其无上的政治权力，且配备了一定的行政官僚，但在天官一篇整体的结构与旨意中，统驭一众王室私臣的管家，仍是冢宰的本职工作和身份底色。

冢宰的双重职任与身份，透露出天官命名的真实含义和《周礼》的制度理念。表面上，冢宰是百官首领，政事皆经他报知于王，但若考虑到他的私臣身份，则不妨反过来看，冢宰尊贵的地位职权，是王的意志在政制中的符号化表达，他就像王的分身影子，代替王进入政事系统。治官八法作为《周礼》的制作原理，寄托在冢宰职任之中的真实意图，很可能是说给王听。这一点需结合《周礼》另一常为人所忽略的特征来理解。

作为一种政制设计，该书以百官职事为中心，关联诸侯、卿大夫、士、民人各阶层，唯不明言天子（王）的职权。表面上，《周礼》中天子（王）是缺席的。但汉代古《周礼》说有"天子无爵，同号于天，何爵之有"的说法，与孟子至汉代今文学的"天子一爵"说针锋相对，旨在将天子（王）超拔在诸侯、卿大夫、士等爵位构成的政制之上，确立君主的无上权威。③ 古《周礼》说的文本依据，不在《周礼》的条文细目中，而在天官一篇的整体结构与旨意中。"同号于天"与天官率皆王的私臣，提示

---

① 《周礼注疏》，第 61~66 页。
② 《周礼注疏》，第 85~86、94~97 页。
③ 陈寿祺：《五经异义疏证》，第 198 页。

出天子（王）就是《周礼》中作为"天"的存在。天官的命名意义与高于其他五官的地位，都源自天子（王）本身的无上尊威。冢宰总摄政事和它代表的天官所谓"象天所立之官""统理万物"的另一层意象，则源自天子（王）的绝对政治权力。

总之，《周礼》将"百官总己以听于冢宰三年"的另一理解方向充分拓展，又同时充分展示了冢宰作为私臣的职任传统，二者的反差显示出了此一理解方向隐含的制度理念。冢宰总领百官之权来自他是王最信任的近臣，在此意义上"百官总己以听于冢宰三年"，既可想象为王授权冢宰听政三年，也可想象为王虽居丧，仍可通过冢宰向百官传达命令，抑或二者的综合，实质上都是间接听命于王。既嵌入百官当中又高于其上的冢宰，作为王与百官的居间环节，它在《周礼》中的职任规定，何尝不是王统治百官的各类手段。

归根结底，《周礼》代表的这一理解方向与政制构想，体现着王权主义的色彩。它与西周末期以降大宰介入政事的现象，下至战国时期新型王权国家下另一类似官职——相（宰相、相国、丞相）的兴起，有着显著的呼应关系。并且，这一呼应在后代历史中持续激荡，既深刻塑造了中国古代的政治制度史，也影响着《周礼》及其冢宰形象的命运。

四　汉代政制中的三公与冢宰

上文明确了冢宰在两种政制构想中的地位与职任，亦借此反映了《王制》与《周礼》不同的制度理念。《王制》的官制枢纽在三公，体现着重民尚贤的价值，规定冢宰的私臣地位与有限职权，也反映出一种公私分际的观念。《周礼》的官制枢纽在冢宰，它是君权映射进官制的一个"倒影"，它的无上职权传递出尊君的意图。简单评判二者制度理念的优劣，或何者是更儒家的，意义不大。毕竟重民尚贤、公私分际与尊君都是儒学思想的重要内容。与其停留在空泛的思想比较，不如回到当时的历史世界，考察两种理念与构想如何进入具体的政治制度中，在经与史的互动中思索它的意义和价值。我们将以两汉为焦点，向前后关联到战国至魏晋的整个历史脉络，从中观察三公与冢宰的浮沉与纠葛。我们先看三公的问题。

就思想史而言，三公是战国人想象的辅政者的一个泛称符号，[①]《王制》是以周人三有司之职充实了三公的观念，战国史则是以秦的丞相、御史大夫、太尉三公制为终局。至汉武开经术入仕之途，经学成了汉代的政治文化，各类政治理念、制度构想开始浸润汉人所承袭的秦制。就三公名号而言，自武帝元狩四年置大司马（太尉职），至成帝绥和元年更名御史大夫为大司空，再到哀帝元寿二年更名丞相为大司徒，汉人逐渐完成了对秦三公制的儒家化。[②] 东汉一朝也沿用此三公名号，[③] 也才有了上文《白虎通》中的三公论述。

不过制度史研究已指出，伴随着儒学三公观念覆盖丞相、御史大夫、太尉制度的，是原先丞相总领百官的大权被一分为三。至东汉光武帝，三公又一并被架空为论道之官，备员而已。[④] 况且，如果说丞相与司徒、太尉与司马的职任还属近似，御史大夫则与司空职全无涉，更名后仍行其监察职事。可见这一制度儒家化的样本意义仍属有限，政制本身并未完全受政治文化的规约。

事实上，现实的政治制度运作有其自战国以降一贯的历史逻辑。战国时期，与三公从泛称到充实的过程并行的，是"相"从观念、故事落实为职位的过程。顾炎武已指出，三代言"相"者皆非实有此官名和职任，而是经战国观念重述后的产物。[⑤] 当时流传着大量贤者"相"君治政的故事，既有三代史迹的重述，也有当时变法革政事迹的美化，它们是王权国家崛起的思想产物。相君者为百官之长、变法革政，在建造出一个更强力的国家的同时，本质上也完成了君主的集权。是故，这种君支持"相"者变

---

① 参徐复观《两汉思想史》，九州出版社，2014，第 185~190 页；祝总斌《两汉魏晋南北朝宰相制度研究》，北京大学出版社，2017，第 18 页。

② 《汉书·百官公卿表》，第 724~725 页。

③ 《后汉书·百官志》，中华书局，1965，第 3357~3562 页。

④ 安作璋、熊铁基：《秦汉官制史稿》，齐鲁书社，1984，第 45~47、53 页。

⑤ 顾炎武著，黄汝成集释《日知录集释》，栾保群、吕宗力校点，上海古籍出版社，2006，第 1364~1365 页。

法，"相"者为君收摄利权的二而一的过程，以战国各国皆设"相"职统领百官为终局。①

七国中秦所设丞相一职，最彻底地体现了相与君的关系。因六国之相皆贵戚，为春秋执政之卿的延续，秦相则率用他国人。显然，这些人凭贤才谋略为君主所任命，也更忠诚于秦君一人。《汉书·百官公卿表》言丞相"掌丞天子，助理万机"，②凝练地揭示了它与君主、百官的关系，丞与承通，其上承君意，下理政务、总百官。然而丞相仍不是真正独立的中间环节或百官（政府）的代表，其职权附属于君主的性质，在越强势的君主统治时暴露得越明显，如《秦始皇本纪》云："丞相诸大臣皆受成事，倚辨于上。""天下之事，无小大皆决于上。"③

进而，秦汉丞相的职任可概括为总摄百官与出谋定策两方面。④这与《周礼》式的冢宰形象何其相似。官制史研究已指出，战国秦汉间反复出现一类官职生成的现象，即亲信者得参知政事，后为其设立官职机构，终成为总领百官的政制中枢。⑤我们不妨亦称其为"冢宰式机制"。

例如，汉初沿用丞相、御史大夫、太尉三公分职的架构，至汉武始有所更作。先是中朝外朝格局形成。汉武内改制度、外事征伐，朝廷多事，为更直截地实现其意志，他擢取严助、主父偃、朱买臣等人，予以侍中、中常侍、散骑等加官。⑥其秩虽卑，但得以入值禁中，在左右顾问参谋。这些心腹奉意承事，又才辩捷给，在朝堂上数诎丞相与大臣。⑦这就组成了围绕在君主身边的中朝，形成了对三公领属的外朝的压制。中外是公私之别，颜师古称严助等辈皆"天子之宾客"，⑧准确把握了中朝诸官与天子

① 参王先谦《荀子集解》，第224页；许维遹《吕氏春秋集释》，梁运华整理，中华书局，2009，第541页；王先慎《韩非子集解》，第460页。
② 《汉书·百官公卿表》，第724页。
③ 《史记·秦始皇本纪》，中华书局，1982，第258页。
④ 祝总斌：《两汉魏晋南北朝宰相制度研究》，第44页。
⑤ 严耕望：《中国政治制度史纲》，上海古籍出版社，2017，第3~4页；安作璋、熊铁基：《秦汉官制史稿》，第3~4页；陈仲安、王素：《汉唐职官制度研究》，中西书局，2018，第2页。
⑥ 《汉书·百官公卿表》，第724页。孟康云："中朝，内朝也。大司马、左右前后将军，侍中，常侍，散骑，诸吏为中朝，丞相以下至六百石为外朝也。"《汉书·刘辅传》，第3253页。
⑦ 《汉书·严助传》，第724页。
⑧ 《汉书·严助传》，第724页。

的私属关系。

当政务悉决于上，行政文书的分类、流转与保管就是武帝急需的辅助工作，这就壮大了尚书一职。尚书本是皇帝身边掌管行政文书的小吏，是史官传统的衍生。汉武多事，奏议简牍邃增，故任用中朝近臣"左右曹、诸吏分平尚书奏事"，[①] 即替他先审阅评议文书。中朝制度的进一步加固是霍光辅政时期，而他总揽朝政的方法便是"领尚书事"，[②] 把控每件政事的决策权。由此，霍光成为昭帝的政治代理人，代表昭帝向三公、百官发号施令。此后，尚书逐渐侵犯丞相、御史大夫任用官吏、监察诛赏、参知政事等权力。至元帝时，萧望之已称："尚书百官之本，国家枢机。"[③] 成帝时增补了尚书员数，明确了五种分曹职掌，复用士人充任，这就使尚书成了独立的行政机构。其替代三公占据中枢的进程，历光武帝政不任下、总揽权纲而基本奠定。"虽置三公，事归台阁""尚书见任，重于三公"之说屡见。[④]

我们知道，三省制是魏晋至宋元政制的核心架构，尚书尤居其要。它正是在汉代君主扩张权力的过程中，逐步建立并取代三公制度的。事实上，中书与门下的形成亦出于同一机制。武帝以宦官为尚书，即称中书，中书专权在元帝时就出现。石显为中书令，元帝"以显久典事，中人无外党，精专可信任，遂委以政，事无大小，因显白决"。[⑤] "丞相匡衡、御史大夫张谭皆阿附畏事显，不敢言。"[⑥] 至于中书从尚书中独立出来，则又因魏武专政、魏文篡位而成。[⑦] 门下省由侍中一职转变而来。武帝时严助、朱买臣等皆以侍中职而诟责公卿。西汉时侍中大多由外戚、功臣武士子弟、文学侍从三类人充任，皆与君主有某种私人性关系。东汉时文学侍从一类为师儒重臣所替代，这与当时设侍中寺为侍讲备问机构有关。门下省

① 《晋书·职官志》，中华书局，1974，第729页。
② 《汉书·昭帝纪》，第217页。
③ 《汉书·佞幸传》，第3727页。
④ 《后汉书·仲长统传》，第1657页；《后汉书·陈忠传》，第1565页；杜佑：《通典》，第588页。
⑤ 《汉书·佞幸传》，第3726页。
⑥ 《汉书·王尊传》，第3231页。
⑦ 严耕望：《中国政治制度史纲》，第85页。

的真正壮大又在中书省之后，为北朝所重。①

　　由此，可见两汉在古代政治制度史上的标本意义。其上承秦制——王权国家最彻底的形态，下开三省制，奠定了后世千余年的政制架构。早期帝制阶段（战国至魏晋）的官制生成的基本机制，在汉代集中、持续地展露出来。在中朝制度的土壤中，尚书、中书、门下（侍中）的设立、壮大进而占据中枢，都由冢宰式的机制所催生。在很大程度上，它是帝制中的某种结构性的存在。近来制度史研究指出，古代有礼仪型和信—任型两类君臣关系，前者是行政官僚群体，后者是皇帝身边的私臣，这与中外朝之分对应。② 事实上，也存在着从信—任型向礼仪型君臣关系的转化：私臣获幸介入政事，久之设立官职、机构，但行政事务自身的理性化需求，久之固化为制度性力量，与君主产生矛盾，迫使君主再任命私臣，以越过官僚系统。丞相三公制的疏远和架空，尚书、中书之分皆由此。总之，无论是《周礼》极具预示性的冢宰形象，还是历史中的冢宰式机制，它们的实质都是王权不断张大并压制官僚体系，以私家侵公事，背后又是以天下为私家的观念。无怪乎韦伯眼中理性化的官僚制，用以描述古代中国时又需加上"家产式"的限定。

　　并且，近臣专权不仅是冢宰式的官制衍生机制，事实上他们经常就被称作冢宰。例如，西汉最著名的两个冢宰就是霍光和王莽。霍光在武帝近侧侍从日久，深得信任，为武帝临终托孤之臣。上文已言霍光通过领尚书事秉政，作为昭帝的政治代理人。《汉书·叙传》云："孝昭幼冲，冢宰惟忠。"③《魏相传》云："自后元以来，禄去王室，政繇冢宰。"④ 皆指霍光言。王莽是元后外戚家族的一员，他前期仕途的浮沉与元后有莫大关系。哀帝死后，元后与王莽选立了同样幼弱的平帝，王莽任大司马，兼任太傅，统领尚书，大权独揽。此后他不断为自己造势、加封，元始四年立其

① 严耕望：《中国政治制度史纲》，第87页。
② 这方面的研究进展，参侯旭东《宠：信—任型君臣关系与西汉历史的展开》，北京师范大学出版社，2018，第7~9页。
③ 《汉书·叙传》，第4238页。
④ 《汉书·魏相传》，第3135页。

女为平帝后，同时为自己加封"宰衡"，这是他篡位计划的重要一步。他要求被授予"宰衡太傅大司马印"，"位在诸侯王上，百官统焉"。① 至明年他在明堂仿效周公受九锡之命未久，平帝即离奇死亡。②

其实，《周礼》中冢宰能够"诏王"的职权已经预示了，为集中君权而设立代理人与代理人的专政，是一体两面。作为分身影子的冢宰式人物在君权衰弱时反噬本体，是帝制始终潜藏的结构性危机。后世冢宰式人物专权、篡位者亦屡见不鲜。总而言之，从战国到魏晋官制演变的历史脉络看，《周礼》的冢宰形象预见性地把握了王权国家的某些核心的制度诉求。之后历史中类似人物、机构的反复涌现，并确实冠以冢宰称号，未免不是《周礼》一书逐渐被接受、推重的历史因素之一。

然而这并不意味着，《王制》式的三公制度所寄托的分职、任贤、重民等理念一直被排斥在政治外。事实上，汉代儒生始终对君主总揽大权、任用近臣外戚、尚书褫夺三公职权等有明确的批评。如盖宽饶讥切武帝"以刑余为周召"，萧望之亦谏言罢中书宦官，以通明公正者任尚书职，二人皆因此得罪于上。③ 又如东汉时陈忠直言"尚书决事，多违故典，罪法无例，诋欺为先，文惨言丑，有乖章宪"，主张恢复"汉典旧事，丞相所请，靡有不听"的三公制。④ 这些声音始终是限制君主专断意志，伸张官僚系统自身理性化运转的一股力量。

此外，儒学还有另一种浸润制度的方式。前文曾述，近臣群体被确立为中枢机构后，就不可避免地按照政务的理性化逻辑运转。而儒家的经学作为汉代的政治文化，就掌握着对何谓政治的"理性"的阐释。故此类机构后逐渐由师儒充任。以尚书为例，自武帝创设，昭帝至成帝间逐步确立中枢地位，以成帝四年为尚书台增员、分曹为标志，分曹是官僚化、理性

---

① 《汉书·王莽传》，第4068页；《汉书·孔光传》，第3363页。
② 伴随着霍光、王莽作为冢宰执政的，是他们比照周公的形象。王莽已不待言，霍光事见《汉书·昭帝纪·赞》："成王不疑周公，孝昭委任霍光。"《汉书·五行志》："光执朝政，犹周公之摄也。"这最终导向了经学中周公与冢宰的合流，伪《古文尚书·蔡仲之命》即言"惟周公位冢宰正百工"，这又是以《周礼》被全面接受为背景的，故伪《古文尚书·周官》转述了《周礼》的六官分职。参《汉书》，第233、1335页；《尚书正义》，黄怀信整理，上海古籍出版社，2007，第660页。
③ 《汉书·盖宽饶传》，第3247页；《汉书·佞幸传》，第3727页。
④ 《后汉书·陈忠传》，第1565页。

化的明确特征。而成帝即位之初，就任用传小夏侯之学的太傅郑宽中领尚书事。郑宽中殁后，谷永称赞他："严然总五经之眇论，立师傅之显位，入则乡唐虞之闳道，王法纳乎圣听，出则参冢宰之重职，功列施乎政事。"[①] 此称郑宽中为冢宰，固然是对他辅政重臣地位的承认，事实上"每少帝立则置太傅录尚书事，犹古冢宰总己之义"也是东汉的惯例，[②] 由师儒居冢宰位无疑是儒家乐于看到的。其实，此前的丞相制，后起的中书省、门下省都经历了这一儒家化的过程。种种价值理想以政治文化的方式，通过教化为政之人的途径来进入制度、濡柔制度。

总之，《王制》的三公形象和《周礼》中的冢宰形象，以不同的方式进入了现实的政治与制度。它们在汉代的浮沉，也牵连着《王制》与《周礼》两个文本的进退，并且在根本上是它们背后不同政治理念的消长与制衡。在此经与史的互动中，我们能更清楚地体会经学的价值与它影响历史的方式。

结　语

本文的基础工作是梳理冢宰形象刻画的源流。它在经郑玄解释之后，成为一个治丝益棼的知识纽结，根源在于模糊了经与史的关系。具体来说，就是没有对殷周历史中的冢宰与《王制》《周礼》中的冢宰做出区分。晚清今文家判分《王制》《周礼》意义重大，但他们率以《周礼》为史，甚至为伪，也就在冢宰问题上没有区分周制本身与《周礼》的建构。在他们的基础上，我们可以借助现代的学术视野与成果再做推进。首先，不借助任何制度文本，仅从出土文献和史料中归纳总结出周制的架构和冢宰在当中的职任和地位。进而以此为参照，我们发现，作为对孔子"君薨，百官总己以听于冢宰三年"的呼应，《王制》《周礼》两个文本中的冢宰形象，都有明显的建构特征，服务于两种政制构想，也体现着不同的政治理念。有此源头处的分疏，经学史的争论及郑学影响下的官制史追溯，都能

---

① 《汉书·儒林传》，第3605页。
② 《晋书·职官志》，第729~730页。

豁然得解。

进而，本文对《王制》《周礼》不同冢宰形象，特别是其隶属的两种政制构想，以及不同的主导理念，并不做出价值立场的评判，从而超越了今古文之争的思路。因为这两个制度文本的真正意图，还是传递其政治理念。而《王制》贤能分职、安民教民的理念，《周礼》下立统系、上尊于王的理念，都是政制的必备要素，无法取舍其一、衡量高下。它们甚至无法划分思想归属，尚贤与安民固然是儒家的显著特征，但尊君与一统也是儒家的重要主张，否则《周礼》之外，《荀子》《大戴礼记》也做出同类构想就无法理解。

是故，本文采取文明史转进的视野，来理解这些从政治理念到政制构想再到其中的冢宰形象产生、影响历史的方式，以及历史中的浮沉命运。《周礼》的冢宰形象的深远意义在于，它充分预示了战国以降的官制衍生机制。我们以"冢宰式机制"命名之，不只能更好地把握其实质，并理解一类政治文化现象，并且也体现了经典的文明史意义。然而，《王制》中的三公制及贤能分职的理念，同样渗透进后世的政治制度与文化当中，并不时与冢宰式机制构成了制衡关系，存在消长命运。

最后，本文也是以剖析冢宰形象为例，体现一种理解经史关系的视野。事实上，郑玄学影响下的经史传统，在古典世界有其说服力且意义深远。但在现代观念的冲击下，它的很多基本前提陷落，使人们必须重新理解经之为经、经史关系的议题。晚清重构经史关系的真正关怀正在于此。在晚清各种重构经史关系的方案中，蒙文通的"儒史相资"说近来渐为学界所重视。张志强和皮迷迷的研究都指出，蒙文通沿着廖平以《王制》《周礼》区分今古与经史的思路，着重发掘经典如何提供了一种超越历史、规约历史的价值理想，并构造出一种秩序的理想型，使之成为文明史的价值源头。[①] 本文则在此基础上尝试推进和深化。

就周代史实而言，三有司和宰都真实存在过，它们的职任地位都出于

---

① 参见张志强《经、史、儒关系的重构与"批判儒学"之建立——以〈儒学五论〉为中心试论蒙文通"儒学"观念的特质》，《中国哲学史》2009 年第 1 期，第 105 页；皮迷迷《经史转型与"儒史相资"——以蒙文通的"禅让"研究为例》，《中国哲学史》2016 年第 2 期，第 56 页。

现实统治的需要。以孔子一句"君薨，百官总己以听于冢宰三年"为契机，战国思想界展开了不同方向的政制构想，《王制》和《周礼》是其典型。它们的思想创构尽管方向与结果不同，但性质一致，都是既汲取先代的文明经验，又基于政治理念的突破，赋予历史的"质料"以新的"形式"，呈现出新的政制类型。

并且，经典之所以成为历史的全新开端，是因其切中了政治秩序的核心要素，从而超越了此前的历史脉络，又成为之后历史的典范。《王制》和《周礼》体现的上述价值理念，都是政治生活不可或缺的要素。它们影响历史的方式不同，在历史中也不乏纠葛与浮沉。但合而观之才能明了，不论哪方面，历史都不断回溯经典这一根源，以调校其发展的形态与方向。这就是经典对于历史的定向意义。

[本文发表在《哲学研究》2023 年第 10 期]

"徇情"与"节文"之间

——三年丧三十六月说的展开

范云飞

武汉大学中国传统文化研究中心

　　"三年丧"可谓中国古代礼学中最为核心的问题之一。三年丧的具体丧期有郑玄的二十七月说、王肃的二十五月说，久为古今学者所关注。①除此之外，还有较为非主流的三十六月说。武周圣历初年（698），时任弘文馆学士的王元感著论认为"三年之丧，合三十六月"，遭到凤阁舍人张柬之的反驳。②明清学者主张三十六月说者尤多，以毛奇龄最为突出。日本学者岛一详细分析过王元感、张柬之两人的争论，将唐前期经学分为新、旧两派。③吴飞从经义逻辑的角度反驳毛奇龄。④目前尚未见对三年丧三十六月说的全面搜集与梳理。

　　丧期与自然人情、社会习俗、礼制节文关涉甚密。《礼记·三年问》对三年丧期之义有极为精彩的阐发："三年之丧何也？曰：称情而立文，因以饰群，别亲疏、贵贱之节，而弗可损益也。"亲丧之后，人的哀痛思慕之情随时间逐渐淡化，顺应人情的自然变化而制定的丧期，也因之有祥、禫之节，服丧者也因礼制之节而规范自己的感情，总之达到情文相称、情礼调适的状态。同时，丧期长短也与亲疏远近的家族伦序、尊卑贵贱的社会等级挂钩，组成情感、礼制、家族、社会的复合结构。在这张致

---

① 王锷、井超主编，王宁玲编纂《檀弓注疏长编》卷5对历代学者关于丧服祥、禫之节的论说搜罗颇备，本文不赘，广陵书社，2021，第268~293页。

② 《旧唐书》卷91《张柬之传》，中华书局，1975，第2936页；《新唐书》卷199《儒学王元感传》，中华书局，1975，第5666~5668页。

③ 岛一「張柬之・王元感の三年喪禮説とその周邊」『唐代思想史論集』中國藝文研究會、2013、112-114頁。

④ 吴飞：《三年丧起源考论》，《文史》2020年第3辑，第219~220页。

密络合的网格中，改变丧期，必然是一场经义逻辑推理的冒险，也将对既有的经学、情感、社会的结构造成冲击。分析三年丧三十六月说的展开过程及其所遭受的反驳和阻遏，也就是探究经学与情感、社会联动过程中的经说生成方式，以及其所造成的影响。

一 王元感、张柬之论辩详析

汉唐间关于三年丧期的争论集中在郑、王二十七月与二十五月两说之间，但还有一条三十六月说的隐脉，有待发掘。这条隐脉最早可追溯到汉末的应劭。汉文帝临崩，下"短丧诏"，令天下吏民仅为自己服丧三十六日，应劭解释说："凡三十六日而释服矣。此以日易月也。"① 据此说，既然服丧三十六日是"以日易月"，反推出三年丧应是三十六月。颜师古注《汉书》驳斥应劭："此丧制者，文帝自率己意创而为之，非有取于周礼也，何为以日易月乎！三年之丧，其实二十七月，岂有三十六月之文！禫又无七月也。应氏既失之于前，而近代学者因循谬说，未之思也。"② 颜氏驳应说极有道理，文帝遗诏只说"大红十五日，小红十四日，纤七日"，③并未强调三十六日之总数，更没有说这是根据"以日易月"的原则制定出来。所谓"以日易月"，或是应劭因循俗说，或是自己创造，并无根据。④

除了应劭，何休亦透露出一丝类似的消息。《公羊传》文公二年"作僖公主"，乃是讥文公"欲久丧而后不能也"，何休以为："文公乱圣人制，欲服丧三十六月，十九月作练主，又不能卒竟，故以二十五月也。"⑤ 据礼制，十三月小祥而作练主，文公乃十九月始作练主，比一般情况推迟了六个月，何休由此推测文公欲服丧三十六月，认为这是"乱圣人制"的非礼之举，文公也未能完成这一久丧之举。

① 《汉书》卷4《文帝纪》，中华书局，1962，第133~134页。
② 《汉书》卷4《文帝纪》，第134页。
③ 《汉书》卷4《文帝纪》，第131页。
④ 关于对汉文帝短丧诏"以日易月"说的详细辨析，以及两汉三年丧的实行情况，可看拙稿《两汉大臣服丧考》，武汉大学历史学院主编《珞珈史苑》2015年卷，武汉大学出版社，2016。
⑤ 《春秋公羊传注疏》卷13，阮元校刻《十三经注疏》清嘉庆刊本，中华书局，2009年影印本，第4921页。

至于两汉官僚士人实际的服丧情况，西汉罕有服三年丧者，偶一见之而已；东汉儒学渐盛，士人多以操行相砥砺，故服丧之风大盛。而究其当时所行之服，三年丧其实以二十五月为主流。西汉初年的马王堆帛书《丧服图》中就说："三年丧，属服，廿五月而毕，行其年者父。"明确表示父丧三年，实行二十五月。① 再比如《鲜于璜碑》"子无随殁，圣人折中，五五之月，令丞解丧"，所谓"五五之月"，就是服丧二十五月。② 《费凤碑》曰"（缺）菲五五，缞杖其未除"，③ 《樊敏碑》曰"遭离母忧，五五断仁"，④ 皆以三年丧为五五二十五月，可见西汉初到东汉，三年丧以二十五月为常，并没有实行三十六月的任何明确证据。⑤

在这一背景下，应劭认为汉文帝短丧诏"以日易月"，隐然可反推三年丧三十六月，并不符合两汉实际情况。颜师古驳应劭，且曰"近代学者因循谬说"，可见在距离颜氏不远的时代，仍有学者沿袭"以日易月"之说。可惜这一隐脉沉湮既久，只鳞半爪，难窥其全。

直到武周时期，王元感再次高扬三年丧三十六月之说，是这条隐脉在汉唐时代的高光时刻。可惜王元感之论久已不存，⑥ 若欲复原其逻辑，首先就面临一个巨大障碍。清代以来，学者做过多次尝试。清初汪琬认为："唐儒又有主三十六月者，此据《丧服四制》'丧不过三年''三年而祥'之说也。"⑦ 只是猜测，并无证据。⑧ 岛一认为王元感是据"以日易月"反

---

① 裘锡圭主编，湖南省博物馆、复旦大学出土文献与古文字研究中心编纂《长沙马王堆汉墓简帛集成》第3册，中华书局，2014，第164页。
② 高文：《汉碑集释》，河南大学出版社，1997，第286页。
③ 洪适：《堂邑令费凤碑》，《隶释》卷9，中华书局，1986年影印本，第108页。
④ 洪适：《巴郡太守樊敏碑》，《隶释》卷11，第128页。
⑤ 皮锡瑞认为："汉人丧服之制谓之'五五'，盖本今文说与纬书。"《汉碑引经考》卷4，吴仰湘编《皮锡瑞全集》第7册，中华书局，2015，第31页。
⑥ 对此，清初阎若璩认为史传之所以阙载王元感之论，是为了刊除谬说，以免惑世。阎若璩：《丧服翼注》，《潜邱札记》卷4，《清代诗文集汇编》第141册，上海古籍出版社，2010年影印本，第137页。
⑦ 汪琬：《答或人论祥禫书二》，《尧峰文钞》卷33，《四部丛刊初编·集部》第1686册，商务印书馆影印林佶康熙三十年（1691）写刊本，第139页。
⑧ 阎若璩就对此进行了辛辣的讽刺，认为汪琬把杜佑的三年丧二十八月说误当成三十六月，并指出杜佑《通典》所据的其实是《礼记·间传》，而非《丧服四制》。阎若璩：《丧服翼注》，《潜邱札记》卷4，第137页；又见卷5，《三与陶紫司书》，第153页；卷6，《六与陶紫司》，第156页；卷6，《又与戴唐器书》，第176页；见《清代诗文集汇编》第141册。

推出三年丧三十六月，仍为无据之言。①

今欲分析王元感的理路，只能从张柬之的驳议加以逆推，除此之外，别无他法。所幸张柬之的驳论尚存于两《唐书》中，今将驳议分为六段，撮要复述：A 段借《春秋》文公二年"公子遂如齐纳币"论证鲁僖公的丧期为二十五月，而非三年；B 段借《尚书》之《伊训》及《太甲》中篇论证成汤之丧期为二十五月，而非三年；C 段借《礼记》之四处明文说明三年丧为二十五月；D 段用《仪礼》说明三年丧实为二十五月；E 段较为关键，论证《礼记》是否可信，涉及经典观念的差别，下文将详细论述；F 段论证礼不仅是人情，也是客观规范，批评王元感"徇情弃礼"。② 岛一已对张柬之驳议做过比较细致的疏通文义的工作，今不赘。③ 今所见张柬之 A、B、C、D 四段驳论，前两段为根据《春秋》《尚书》之经文隐晦处所进行的推理，后两段为《礼记》《仪礼》之明文。由此推想王元感在立论时，基于《春秋》《尚书》之经文的推理方法与张柬之不同；此外，他不承认《礼记》《仪礼》的可信性。若不如此，则无法证成其三年丧为三十六月的结论。幸运的是，关于上述两点，我们恰好能从张柬之驳议中找到王元感立论的蛛丝马迹。

先说王元感基于《尚书》经文的推理。张柬之 B 段十分关键：

> 《尚书·伊训》云："成汤既没，太甲元年，惟元祀十有二月，伊尹祀于先王，奉嗣王祗见厥祖。"孔安国注云："汤以元年十一月崩。"据此，则二年十一月小祥，三年十一月大祥。故《太甲》中篇云"惟三祀十有二月朔，伊尹以冕服奉嗣王归于亳"。是十一月大祥，讫十二月朔日，加王冕服吉而归亳也。是孔言"汤元年十一月"之明验。……不得元年以前，别有一年。此《尚书》三年之丧，二十五月之明验也。④

其中说："不得元年以前，别有一年。"这显然是对王元感的驳诘，则王元

---

① 岛一「張柬之・王元感の三年喪禮説とその周邊」『唐代思想史論集』、112-114 頁。
② 《旧唐书》卷 91《张柬之传》，第 2936~2939 页。
③ 岛一「張柬之・王元感の三年喪禮説とその周邊」『唐代思想史論集』、107-126 頁。
④ 《旧唐书》卷 91《张柬之传》，第 2937 页。着重号为笔者所加。

感认为"元年以前，别有一年"。欲理解两人分歧，还得回到《尚书》经传本身的逻辑。张栻之借以驳论的《尚书》内容出自《伊训》和《太甲中》，其文如下：

> **成汤既没，太甲元年，**（孔传：太甲，太丁子，汤孙也。太丁未立而卒，及汤没而太甲立，称元年。）……**惟元祀十有二月乙丑，伊尹祠于先王。**（孔传：此汤崩逾月，太甲即位，奠殡而告。）
>
> 《正义》曰：周法以逾年即位，……此经"十二月"是汤崩之逾月，……汤崩之年，太甲即称元年也。舜禹以受帝终事，自取岁首，遭丧嗣位，经无其文，夏后之世或亦不逾年也。顾氏云："殷家犹质，逾月即改元年，以明世异，不待正月以为首也。"……春秋之世既有奠殡即位、逾年即位，此逾月即位当奠殡即位也。①
>
> **惟三祀十有二月朔，**（孔传：汤以元年十一月崩，至此二十六月，三年服阕。）**伊尹以冕服奉嗣王归于亳。**（孔传：冕，冠也。逾月即吉服。）
>
> 《正义》曰：周制，君薨之年属前君，明年始为新君之元年。此殷法，君薨之年而新君即位，即以其年为新君之元年。②

上述文本分为经、传、疏三个层次，今分别抽绎其中的三层逻辑：

第一，经文《伊训》说成汤死后，太甲元年（元祀）十二月，伊尹祠于先王（成汤）。《太甲》中篇说三年十二月，伊尹以冕服奉嗣王（太甲）归于亳。仅就经文来说，成汤死于太甲元年或元年之前，并无确证。也就是说，无法推知太甲是在成汤死后之当年即位改元，还是逾年（第二年）改元。另外，《伊训》与《太甲》中篇两文悬绝，并不能直接看出前者是太甲即位，后者是太甲服阕，自然也就无法知道从成汤去世到太甲服阕，一共历时多少个月。

第二，孔传的一大创造，就是把《伊训》与《太甲》中篇联系起来解释，前者所谓太甲元年十二月伊尹祠于先王，解释为太甲即位，认为成汤在

---

① 《尚书正义》卷八《伊训》，阮元校刻《十三经注疏》清嘉庆刊本，第343~344页。
② 《尚书正义》卷八《太甲中》，阮元校刻《十三经注疏》清嘉庆刊本，2009，第347~348页。

太甲元年十一月去世;十二月,太甲即位(逾月即位)。后者所谓太甲三年十二月,伊尹以冕服奉太甲归于亳,指的就是太甲服阕。从元年十一月到三年十二月,历时二十六月(其实是二十五个整月),这就是太甲服丧的时限。

第三,《尚书正义》(以下简称《正义》)延续孔传的思路,又进一步区分了殷商"逾月即位"与周礼"逾年即位"。众所周知,按照周代礼制,前王去世,第二年嗣王才即位改元,称"元年"。孔传既然以成汤于元年十一月去世,太甲十二月即位,只有在逾月即位改元的前提下才说得通,否则此年只能是成汤终年,不能是太甲元年。(其实《正义》所谓殷商"逾月即位"出自其所引的顾氏之说,仅为前儒一说而已,并无特别坚实的理据。)

由此可见,《尚书》经文本身对即位改元、丧期月数并无规定,全靠孔传牵合《伊训》《太甲》而创为之说,又经《正义》完善之。稍一运思,即可知张柬之与孔传、《正义》的逻辑完全相同,都认为成汤于元年十一月崩,太甲于元年十二月即位,二年十一月小祥,三年十一月大祥,三年十二月服阕即吉,丧期二十五月。

由此反观张柬之对王元感的驳诘"不得元年以前,别有一年",也就可以理解了。逆推王元感的逻辑,他应该是完全抛弃了孔传、《正义》的解释,否定所谓殷商"逾月即位"之说,而是直探经文,以逾年即位这一惯常做法为前提,认为成汤之崩不在太甲元年,而在元年之前的一年。逾年之后,太甲才即位改元,称元年。元年十二月,伊尹祠于先王,此应为小祥周年之祭,由此逆推成汤之崩应在元年之前一年的十二月。三年十二月,伊尹以冕服奉嗣王归于亳,太甲服阕。则从太甲元年之前一年的十二月,到太甲三年十二月,正好三十六月。比较孔传、《正义》、张柬之与王元感所构建的时间线的差别,如表1所示:

表 1   太甲即位时间线

时间线	前一年十二月	太甲元年正月	元年十一月	元年十二月	二年十一月	三年十一月	三年十二月
孔传、《正义》、张柬之			成汤崩	逾月即位改元	小祥	大祥	服阕即吉

续表

时间线	前一年 十二月	太甲元年 正月	元年 十一月	元年 十二月	二年 十一月	三年 十一月	三年 十二月
王元感	成汤崩	逾年即位 改元					服阕即吉

资料来源：笔者据《旧唐书》卷91《张柬之传》与孔颖达《尚书正义》整理。

因王元感之论不存，只能根据张柬之的驳论逆推，所以其据《尚书》之《伊训》《太甲》正文所做的推论，千三百年来湮晦不彰。但王元感并非没有异代知音，清代丘嘉穗亦持三年丧三十六月之说，他论证道：

> 然古之所谓三年，实三十有六月。按《书》太甲居忧，《竹书纪年》及《通鉴前编》皆以三十祀丁未冬十二月为汤崩；戊申，太甲元祀冬十二月，伊尹祠于先王，奉太甲祗见厥祖，徂桐宫；己酉，二祀，太甲在桐宫；庚戌，三祀，冬十二月朔，伊尹奉太甲自桐宫，复居于亳。是首尾四年，实三十有六月也。[①]

其逻辑与王元感若合符契。不过，丘嘉穗的论证是独立进行的，他并未能复原王元感之论。另外，丘嘉穗仍相信汉文帝短丧诏"以日易月"之说，并以此作为证据之一，则是错误的。

简言之，王元感立足《尚书》经文，根据逾年改元的常礼，推出太甲为成汤服丧三十六月；张柬之则立足孔传、《正义》，采纳义疏中的殷商"逾月改元"之先儒旧说，推出太甲为成汤服丧二十五月。

王元感之所以只据《尚书》正文，不信传记注疏，与其经典观念有关，这可从其对待《礼记》《仪礼》的态度中获得印证。张柬之E段驳议颇有针对性地反问："吾子岂得以《礼记》戴圣所修，辄欲排毁？"由此可知王元感在经学上的一个基本立足点，就是"排毁"《礼记》，而其之所以排毁之，正是因为《礼记》为戴圣所修，而非孔子亲传。且戴圣生当秦火之后，所掇拾者不过余烬，自然不可信。大概王元感以《周礼》为"正

---

① 丘嘉穗：《东山草堂迩言》卷1"三年丧辨"条，《四库全书存目丛书·集部》第259册，齐鲁书社，1995年影印本，第326页。

经",以《仪礼》《礼记》为不可信之传记。且其若欲立三年丧为三十六月之论,必须排毁《仪礼》《礼记》,因为此二书中有关于三年丧"期而小祥,再期而大祥,中月而禫"的明文。张柬之则百般强调其所引《尚书》《春秋》《礼记》《仪礼》等皆是"礼经正文""正经",并历数西汉以来《仪礼》《礼记》的流传与师承,以此证明此二经之可信。

王元感对待《礼记》等经的态度,可从数年之后的事件得到印证。长安三年（703）,王元感"表上其所撰《尚书纠谬》十卷、《春秋振滞》二十卷、《礼记绳愆》三十卷"。[①] 虽然其书皆不传,已无从得知具体内容。但从书名以及其他学者的反应来看,王元感对经典文本以及两汉以来的传注义疏持批判态度。其书甫出,祝钦明、郭山恽、李宪等人"皆专守先儒章句,深讥元感揬撼旧义",[②] 所谓"先儒章句""旧义",就是汉晋旧注以及南北朝到唐初的义疏。再结合王元感、张柬之关于三年丧的辩论,可知王氏要区分正经与传记,辨正汉唐经说,回归"正经"本文。其所谓"纠谬""振滞""绳愆"云者,盖即此而言。正因为他对所谓"先儒章句"有摧陷廓清之志,若其书得立,则保守派学者所赖以立身的章句义疏将再无稳固基础,所以受到保守派学者的猛烈批判。[③]

王元感主张三年丧三十六月的深层原因,则在于他对传统的二十七月、二十五月的情文结构不满。当时士人通行之丧期,以祥、禫为节,渐次变服,以对应人之情感的变化。张柬之为此辩护说:"故练而慨然者,盖悲慕之怀未尽,而踊擗之情已歇;祥而廓然者,盖哀伤之痛已除,而孤邈之念更起。此皆情之所致,岂外饰哉。"[④] 认为祥、禫之节并非"外饰"。由此反推,王元感显然认为通行丧期的"外饰"不足以与丧亲之"内情"相称,所以要延长到三十六月。张柬之将王元感此说批评为"徇情弃礼",认为他过于放纵人的情感,放弃了既有礼制的情文结构。而王元感所以证成其说的方法,则是基于其经典观念,摆落传记注疏,直探《尚书》正

---

① 《旧唐书》卷 189 下《儒学王元感传》,第 4963 页。
② 《旧唐书》卷 189 下《儒学王元感传》,第 4963 页。
③ 关于彼时经学上的保守与革新之风,详见拙稿《经义逻辑与社会关系网络:唐中宗郊天韦皇后亚献议再探》,杜文玉主编《唐史论丛》第 37 辑,三秦出版社,2024。
④ 《旧唐书》卷 91《张柬之传》,第 2938~2939 页。

文，以经学论证的方式申说己见。

二 明清时期三十六月说的复现

自从王元感被张柬之反驳之后，其论遂湮没。一直到明清两代，此论又被学者拾起，并引起了一系列讨论。

明代学者中，最早提出三年丧三十六月的，应该是丰坊。丰坊伪造《鲁诗世学》，在解释《邶风·素冠》一篇时引用黄佐："三年之丧，三十六月而不数闰。"[①] 此书乃丰坊伪造，其所引乡贤前儒之言亦多出臆造，尤其黄佐之言，更为丰坊捏造。[②] 今检黄佐著述，似乎并无此论，可知这应该是丰坊本人的观点。丰坊又引据明太祖《御制孝慈录》"深以汉儒二十五月而毕之说为非。孔氏曰'子生三年，然后免于父母之怀'，岂二十五月之谓邪"。[③] 今检朱元璋《御制孝慈录》，确实开篇即批评短丧"不近人情"，强调丧服要据"人情"而定。但朱元璋此论并未涉及三年丧三十六月之说，主要是为了反驳《仪礼》父在为母服期、庶母无服，主张父在为母服斩衰三年，庶子为生母服斩衰三年，等等。朱元璋又讥讽固守《仪礼》《周礼》的学者为"不识时务"的"迂儒俗士"，甚至把后世的人寿短促、王纲解纽都归咎于所谓"迂儒"，进而强调"礼乐制度，自天子出"，皇帝所定，即为永制，超越《仪礼》《周礼》等经典。[④] 可见朱元璋之所以强调"人情"、崇厚礼制，其实是为了打压儒者士大夫，崇极君主权力，使君主之言超越经典，也超越一切前儒之言。其论与经学毫无关系，也无关乎三年丧之月数。不过正是其文中对"人情"的强调，启发了明代学者对延长丧期的追求。

丰坊之说影响及于清代。前揭丘嘉穗亦主张三年丧三十六月，他的座

---

① 丰坊：《鲁诗世学》卷 11《邶风·素冠》，中国国家图书馆编《原国立北平图书馆甲库善本丛书》第 9 册，国家图书馆出版社，2013 年影印本，第 209 页。

② 王赫：《伪书的诞生：明中叶文化学术氛围与丰坊的作伪》，《文献》2020 年第 4 期，第 45~69 页。

③ 丰坊：《鲁诗世学》卷 11《邶风·素冠》，中国国家图书馆编《原国立北平图书馆甲库善本丛书》第 9 册，第 210 页。

④ 朱元璋：《御制孝慈录序》，《记录汇编》卷 4，《丛书集成新编》第 35 册，台北：新文丰出版公司，2008 年影印本，第 71 页。

师陆菜服丧二十七月之后，又素服一年然后出，李渔村称赞陆菜"躬行君子，实守古礼，盖本于《鲁诗世学》之说"，可见丰坊之说已经悄然流入清代学者心中。① 不过丘嘉穗本人并未见过《鲁诗世学》，误以为这是宋本书，以致遭四库馆臣之讥。② 可见丘嘉穗的三年丧三十六月论，应该是其独立建构的。

丰坊之后，明末沈垚中亦持此说。沈垚中认为三年丧为三十六月，理由是汉文帝短丧诏"以日易月"，服丧三十六日。然而据上文论证，可知此说实难成立。又认为《仪礼·士虞礼》"期而小祥，……又期而大祥，……中月而禫。是月也吉祭，犹未配"其下疑有阙文，似乎"中月而禫"之后还有别的环节，一直到三十六月才真正终丧。这一思路仍然毫无证据。③ 针对沈垚中之说，清代学者亦有继承和批评，详见下文。

明清两代主张三年丧三十六月之论之最力且论证最丰富者，当推毛奇龄。毛氏在其《丧礼吾说篇》中用很长的篇幅论证"三年之丧不折月"。他认为："夫三年之丧，三十六月也，古人无虚悬日月之理。"经典既然说"三年""三载""三祀"，就是实实在在的三十六月，至于二十五月、二十七月云云，皆为汉以后儒者之误解，并非经典本意。但毛氏立论的基础，乃是："徐仲山作《丧服议》，有曰三年之丧，有必不可二十七月者，以其欺也。先王制礼，果宜在二十七月，何难直限二年加以三月定之，曰此二十七月之丧，而乃以三年为名？是欺死父母矣。夫死父母可欺乎？张南士《答服问》亦有云亲丧短月，是以估人之行待其亲。"④ 可见毛氏认为，"三年丧"如果不满三年，就是欺父母，丧期应该尽量长，礼应该尽量厚。

毛奇龄主张三年丧三十六月，但他毕竟要为此说披上一层经义的外衣。为此，他做如下论证。首先，"禫月"不等于"丧月"。《礼记·间

---

① 丘嘉穗：《东山草堂迩言》卷1"三年丧辨"条，《四库全书存目丛书·集部》第259册，第326~327页。
② 《四库全书总目》卷129《子部·杂说类存目》，中华书局，1965年影印本，第1110页。
③ 沈垚中辑《沈氏学弢》卷6《礼下》"三年丧"条，《四库全书存目丛书·子部》第131册，第511页。
④ 毛奇龄：《三年丧不折月说》，《丧礼吾说篇》卷7，《续修四库全书》第95册，上海古籍出版社，2002年影印本，第67~68页。

传》《仪礼》所谓"中月而禫",只是说禫月,没有说这就是终丧之月。郑玄、王肃的二十七月、二十五月之争,以郑玄为是,然而两人所争只是禫月而已,并非丧月。其次,"毕丧"不等于"终丧"。所谓"毕丧",指的是再期大祥之后的除丧、去丧,也就是除服、去服,仅仅除去丧服,但丧期并未结束。《仪礼·士虞礼》《礼记·三年问》《公羊传》《荀子》等所说二十五月而毕,指的是再期大祥之后,二十五月而"毕丧",但丧期尚未终结。毛奇龄据《间传》"中月而禫,禫而纤,无所不佩",认为禫祭之后,从"毕丧"到"终丧"之间,还有"纤"的阶段。三年丧三十六月包括三个阶段,分别是一年齐斩,二年缟练,三年纤素。再期大祥之后,可以除缟练而服纤素,至于三年终丧。[①]

毛奇龄强行区分"禫月"与"丧月"、"毕丧"与"终丧",并无根据,其所谓既禫之后还有"纤素"阶段,所据者也只有《间传》"禫而纤"一语而已。然而此据亦不可靠,这在他牵合汉文帝短丧三十六日的论证中暴露出来。如上所述,毛奇龄把三年丧三十六月分为三个阶段,分别是期而小祥(十三月)、再期而大祥(二十六月)、纤服终丧(三十六月),也就是13+13+10的模式。而汉文帝短丧诏则是大红十五日,小红十四日,纤七日,乃是15+14+7的模式,两者无法相合,且短丧诏之日期亦不符合期而小祥、再期而大祥的结构。毛氏对此解释说,三年三十六月,合五七三十五之数,再饶一月则为三十六月。其中大红二七十四月,因大红较重,所以饶一月,为十五月;小红二七十四月;剩下的就是纤七月。"以日易月"之后,就分别是十五日、十四日、七日。[②]且不说所谓"以日易月"已被颜师古驳倒,毛氏构建的三年丧三十六月之结构,就有13+13+10与15+14+7两种,断无弥缝之可能;且以五七三十五之数解释三年三十六月,更是毫无道理,纯为强词夺理。由此可知,毛氏据"禫而纤"一语推论禫祭之后还有"纤素"阶段,是不可靠的。四库馆臣讥其"恃其博洽,违心巧辩",诚为确评。[③]

---

① 毛奇龄:《三年丧不折月说》,《丧礼吾说篇》卷7,《续修四库全书》第95册,第68~69页。
② 毛奇龄:《三年丧不折月说》,《丧礼吾说篇》卷7,《续修四库全书》第95册,第70页。
③ 《四库全书总目》卷23《经部·礼类存目一》,第190~191页。

毛奇龄主张三十六月说的根本原因，出于其推重"人情"的礼学观念。四库馆臣评价其《辨定祭礼通俗谱》曰"其大意务通人情，故不免有违古义"，可见"务通人情"是毛氏礼学的一贯追求。为达成这一目的，毛氏不择经、传、记，凡是于己有利者，皆取而杂糅之，凡是于己不利者，皆斥而驳之。比如对《礼记》之《间传》《丧服四制》《内则》中他觉得有利，或者可以根据己意而加以发挥的文句，就尽量搜罗，为己所用；而对于《三年问》，则认为全是宰我之言，不可从也。归根结底，毛氏还是从"父母不可欺"这一自然情感出发，牵合《仪礼》《礼记》《汉书》等经史典籍，做一牵强之证明。

姚际恒也认为理想状态下的三年丧应为三周年（"三期"）。孔、孟只言"三年之丧"，并无二十几月之说，也无祥禫之节。其不足三周年者，姚氏称之为"短折"，认为春秋时期礼崩乐坏而始有之。至于祥禫之节的诸种异说，乃"秦汉诸儒起而斟酌于其间，定为二期又加三月之禫，著于礼文"云云。姚氏虽以三周年为善，但也承认"短折"之说影响深远，已不可挽回，推孝子之心，只能在既有规范下尽量从厚。概言之，姚氏也是从自然人情的角度立论，以徇情厚礼为旨。

除了毛、姚二氏，清初韦人凤又继承前揭沈垚中之说。韦氏之书不存，见徐乾学《读礼通考》所引。韦人凤为沈垚中助阵说："后王议礼，改而从厚，协乎天理人心之至，百代定为遵守，则有志复古者，自当以三年之丧仍从三十六月为断，以稍尽罔极之悲焉。"其所谓"改而从厚"云者，就是典型的重情厚礼的思路。然而沈氏"以日易月"之说本不能成立，其阙文之说，夏炘亦有反驳，《士虞礼》《既夕礼》文义相接，并无阙

① 《四库全书总目》卷22《经部·礼类四》，第181页。
② 姚际恒：《礼记通论辑本》上册，张晓生、简启桢辑点，林庆彰主编《姚际恒著作集》第2册，台北："中央研究院"中国文哲研究所，2004，第91~94页。
③ 韦人凤，字六象，浙江武康人。见卓尔堪编《遗民诗》，萧和陶点校，华东师范大学出版社，2013，第72页。
④ 徐乾学：《读礼通考》卷28《通论中》，《四库全书》第112册，台北：台湾商务印书馆，2008年影印本，第611页。
⑤ 徐乾学：《读礼通考》卷28《通论中》，《四库全书》第112册，第611页。

文。① 可见沈垚中、韦人凤的观点在经学上并不能成立，其立论之基也是推重人情。

徐乾学也不认可沈、韦之说。徐氏认为《礼记·三年问》所言"三年之丧，二十五月而毕"出自《荀子·礼论》，"荀子周人也，以周人而说周事，岂有谬误，而谓其据何经典邪？周人之言不足信，彼生于千载之后，又谁其信之？"② 徐氏之驳，实出自万斯同。万斯同比较三年丧之郑玄二十七月、王肃二十五月两说，认为王说为允，理由是："今之所论，皆周礼也，论周之礼，则当以周人之言为据。"荀子、公羊氏都认为"三年之丧，实以二十五月"，可知周人认为三年丧二十五月。若"据戴德之言，而废公羊、荀氏之说，则是周人之说周礼，反不若汉人之解周礼矣"。③ 万氏所言颇具清人考据学无征不信的精神，看重史实之确否，而非礼仪之厚薄。对于"丧宜从重"的诘责，万氏说："惟后人之居丧，事事不如古人，而独于外之素服，反欲求过于古人，故二十七月不已，又有为三十六月如王元感者，似乎笃于丧亲。岂知不勉其实而徒务其名，亦安见其为孝哉？"④ 认为一味延长丧期，并不能真正做到"笃于丧亲"，只不过为了虚名而已。

清初张文嘉也持三年丧三十六月论。其《复位齐家宝要》说："按鲁宣公新宫灾，在薨后二十九月，其时主犹在寝，可见古人丧不止于二十七月矣。"⑤ 试图根据《春秋》说明三年丧在二十九月以上。四库馆臣驳之曰："新宫"就是鲁宣公之庙，之所以称"新宫"，是因为宣公始死，不忍直称其庙。张文嘉不知此义，以为"新宫"非庙，以至于有此误解。⑥

---

① 夏炘：《学礼管释》卷17《释三年之丧》，《丛书集成三编》第25册，台北：新文丰出版公司，1997，第751页上、下栏。
② 徐乾学：《读礼通考》卷28《通论中》，《四库全书》第112册，第611~612页。
③ 《群书疑辨》卷3"三年之丧二十五月而毕"条，方祖猷主编《万斯同全集》第8册，宁波出版社，2013，第343页。
④ 《群书疑辨》卷3"三年之丧二十五月而毕"条，《万斯同全集》第8册，第343页。
⑤ 张文嘉：《复位齐家宝要》卷下《丧礼》"禫"条，《四库全书存目丛书·经部》第115册，齐鲁书社，1995年影印本，第710页。
⑥ 《四库全书总目》卷25《经部·礼类存目》，第209页。又按：四库馆臣明确反驳三年丧三十六月说，不过乾隆年间敕撰《钦定礼记义疏》又认为"唐虞以上，实是三年"，殷、周始变为二十五月，可视为官方学术对明清学者相关争论的调和。见甘汝来等《钦定礼记义疏》卷9《檀弓上》，《四库全书》第124册，第284页。

虽有万斯同、徐乾学、四库馆臣等权威学者的反对，由推重人情而导致的三年丧三十六月说并未绝迹，仍有学者主张不已。比如吴廷华在《仪礼章句》中延续王元感的观点及毛奇龄的论证，强调："愚亦谓人子之事父母，以实不以名。"① 认为郑、王二说皆不当，但不得已而从郑说："今从郑氏说，虽是礼疑从厚，然未为当。"② 虽在经义逻辑上并无任何突破，但把"礼疑从厚"的观念又强调了一遍。吴廷华随后遭到了四库馆臣、夏炘、凌曙、黄以周的相继反驳。③ 四种反驳皆无甚理论上的创新，主要不过是重复颜师古对应劭"以日易月"说的批评。驳论之所以无新见，主要因为立论无新见。上述丰坊、沈垚中、毛奇龄、姚际恒、韦人凤、张文嘉、吴廷华、丘嘉穗诸人之论在经义逻辑上并不自洽，甚至不及颜师古，也无怪乎驳无可驳。

总的来说，继王元感之后，明清学者相继主张三年丧三十六月说，但在学理上并无太多推进。他们或生造伪书，或牵合经传，或误据史证，论证都不能成立，只能靠强调人情、崇厚礼制为己说助阵。且三十六月说每一次出现，就随即遭到主流经学界的围剿，并未造成太大影响。虽然三十六月说在学理上难以成立，但依然反复出现，说明礼制上的丧服变除节文与人的情感心性、人们的服丧实践之间产生罅隙。三十六月说是为了弥缝这种罅隙的不太成功的经义建构尝试。

三 三年丧的情文矛盾与民间服丧实践

如上文所述，三年丧三十六月说产生的根本原因是礼制节文与自然人情之间的矛盾。传统礼制关于丧服变除的节文从情文相称变得情文不称，于是不得不提出新说，弥缝其间。三十六月说在武周时期迎来高光时刻，又在明清时期屡次复现，与当时礼制上的情文关系和社会上的服丧实践

---

① 吴廷华：《仪礼章句》卷 11《丧服》，阮元编《皇清经解》卷 281，学海堂咸丰十一年（1861）补刊本，第 1 页 b。
② 吴廷华：《仪礼章句》卷 14《士虞礼》，阮元编《皇清经解》卷 284，第 11 页 b。
③ 《四库全书总目》卷 20《经部·礼类二》，第 164 页；夏炘《学礼管释》卷 17《释三年之丧》，《丛书集成三编》第 25 册，第 751 页下栏、752 页上栏；凌曙《礼说》卷 3，阮元编《皇清经解》卷 1358，第 12 页 b~14 页 a；黄以周《礼书通故》卷 9《丧服通故》，王文锦点校，中华书局，2007，第 303 页。

相关。

中国古代素有"缘情制礼"的观念。魏晋之际,这一观念尤其盛行。彼时玄学中的自然、名教之辨在礼制上就表现为情、礼冲突。魏晋人议礼、议刑多斟酌人情。[①] 具体到三年丧,东汉率以二十五月为断,汉魏之际遂有郑玄二十七月、王肃二十五月之争。两晋皇室以王说为官方定说,士族则笃于人情,敦厚礼制,通行郑说,由此导致两晋皇室与士族各行其是。南朝宋以来,上下皆用郑说,一直延续到清末,官僚士大夫服丧皆以二十七月为断。虽或间有异说,但国家礼法律令向以郑说为准,罕有变化。自东汉以降,经魏晋之际的争论,国家上下在郑、王二说之间渐次选择丧期较长的二十七月说。

到了唐代,礼制中的人情因素更为凸显。学者指出唐代君臣议礼,多重人情,从唐太宗、武则天、唐玄宗到魏徵、岑文本、颜师古等人,屡次强调"礼缘人情""(礼)非从天降,非从地出,人情而已""称情以立文",代表一种革新的礼学观念。[②] 唐代屡兴大规模礼议,诸如父在为母服、嫂叔服、舅族之服等前代悬而未决的丧服问题,都在唐太宗、武则天、玄宗等帝王的主持下,基于人情的原则定著于礼典律令。[③] 在此背景下,王元感提出三年丧三十六月说,可谓得其时代制礼观念之先,又向前推进了一大步。

另外,王元感主张三年丧为三周年,或许受到唐代盛行的周年忌礼俗的启发。唐代受佛教影响,朝野上下通行周年忌。唐代皇室之周年忌日,也就是所谓"国忌日",百官须设僧斋、行香。宗教与民俗对礼法的渗透十分深入,行政命令亦难以禁断。文宗开成四年(839)、武宗会昌五年(845)曾停罢或变改国忌行香,亦不能使其断绝。[④] 唐代《假宁令》规定官员私家忌

---

① 余英时:《名教思想与魏晋士风的演变》,《士与中国文化》,上海人民出版社,2003,第377~383页。张焕君强调魏晋时期丧服"缘情制礼""以情制服,以礼裁之"的特点,用"情礼交融"加以总结。张焕君:《情礼交融:丧服制度与魏晋南北朝社会》,商务印书馆,2020,第296~303页。

② 島一「貞觀年間の禮の修定と『禮記正義』(上)(下)」『唐代思想史論集』、1-60頁。

③ 集中见于《旧唐书》卷27《礼仪志七》,第1019~1036页。

④ 《旧唐书》卷117《崔宁附崔蠡传》,第3403页;卷18《武宗纪》,第606页。

日可给假一日,甚至有官员因私家忌日而停废王事。① 佛教影响下的周年忌日礼俗绵延久远,至今不绝。王元感或许有感于民间的丧忌礼俗实践,根据贴近人情、崇厚礼制的原则,将三年丧创造性地解释为三周年。

明清时代的民间服丧实践亦悄然发生变化。从南朝到清代,国家礼法规范下的士族、官僚服丧,率皆遵从郑玄的二十七月说。至于国家礼法所约束不到的民间社会,则既无能力也没兴趣关心经学上的复杂争论,往往在佛教的影响下,把"三年丧"简单地理解为三周年,所以民间服丧三十六月,反而厚于士君子所行。自宋代以来,六朝隋唐时期累代仕宦的世家大族基本崩溃,中国从"贵族社会"转为"平民社会",官僚士大夫大多出身民间,与民间社会的联系愈加紧密。明清学者对民间服丧三十六月的礼俗尤为熟悉,见到民间服丧反而笃于士大夫,心中不能不有所触动。比如清初万斯同就说:

> 予乡四明之俗,禫除之后,仍以素服终三十六月,历祀相沿,莫以为误。既非古典,又违时制。乃不知礼者,竟以为古礼当然而不敢变;其知礼者,又以为亲丧宜厚而不敢议。此实非礼之礼,君子不以为可也。②

据万氏所言,清初浙东地区的民间就以服丧三十六月为俗,士君子由于"亲丧宜厚",对之亦不敢非议。万斯同虽然认为民俗不符合古礼,但四明乡俗至少已在其学术中留下痕迹。

被民俗触动而反思士大夫所行之礼的学者,清代中晚期的祁寯藻尤为典型。道光十四年(1834)祁寯藻遭母丧,他暂时抽离宦海,回到阔别已久的家乡山西寿阳县守丧。在此期间,他读礼习农,对乡俗有了新的感知。次年撰《马首农言》十四篇,③ 其中就记录了本地丧俗:"寿阳风俗之厚,莫如丧礼。民间三年之丧,皆以三十六月为断,谓之三周年。"④ 并著《三年之丧说》以申己意:

---

① 《旧唐书》卷 136《卢迈传》,第 3753~3754 页。
② 徐乾学:《读礼通考》卷 28《通论中》,《四库全书》第 112 册,第 612 页。
③ 《杂记·观斋行年自记》,任国维主编《祁寯藻集》第 1 册,三晋出版社,2015,第 152 页。
④ 《马首农言》,《祁寯藻集》第 2 册,第 31 页。

先王制礼，称情而立文，弗可损益。三年之丧，所以为至痛极也。孝子之心，终身焉尔已。不得已而为之立中制节，贤者不得过，不肖者亦不得不及也。名为三年，而实则二十五月。孝子之心，得毋伤其不及乎？且既以再期为加隆矣，何不直断以二年，而必迂回委曲，隆其名而杀其实，何名实不相副乎？若云渐得三年之竟，即以三年当之，是几几乎有幸其终丧之意，亦何解于朝祥莫歌者乎？谓之称情，而情已抑矣；谓之立文，而文已饰矣；谓之弗可损益，而已损之又损矣。古之礼，犹今之律也。悬律以示民，而曰吾之律可以少损焉，其孰从之？制礼以齐民，而曰吾之礼可少损焉，其孰安之？且使后世之律迂回委曲，以就先王之礼，亦非先王之所以范后世也。……今三晋之俗，亲丧，士大夫遵制，二十七月服阕，而民间持服，实以三十六月，谓之三周年。古风相沿，其来有自。礼失而求诸野，岂不信哉！①

祁寯藻作为官员，限于国家之制，只能服丧二十七月，见本地乡俗反而能服满三周年，于是认为这才是真正的"古礼"，并由此认为经典所谓"三年"就是三周年，如果可以折损为二十五月或二十七月，将无以取信于民。后儒曲解先王之礼，后世之律又"迂回委曲"，迁就被后儒曲解的"先王之礼"，为祁寯藻所不能接受。祁氏此论并无过多的经义论证，主要是作为重丧在身之人，从"孝子之心"展开说理。从祁寯藻个案不难看出士大夫如何来自民间、重回民间、有感于民间的厚礼而反思士大夫所行之国制，从而基于人的自然情感而试图在经学上论证三年丧三十六月。

"礼不下庶人。"传统礼制精致的情文结构与复杂的经义争论对真正的底层影响甚微。反倒是民间自发的服丧实践在默默推动三周年之丧，使之成为最底层、最广泛的既成事实。民间的服丧实践又反过来影响学者的经义建构，一次又一次地催生出学术上的三年丧三十六月的经说。上层的经义建构虽未成功，但底层的日常生活实践却在沉默且持续地将其落实，由

---

① 《杂记》，《祁寯藻集》第 2 册，第 320~321 页。

此造成真正深刻且巨大的变革。

结　语

综上所述，三年丧三十六月这一经说虽然并不主流，但时隐时显，前后相继，始终不绝。汉唐间即有此说的隐脉，武周时期，王元感明确揭举并加以论证，其经义逻辑的自洽程度较高，但遭到张柬之的反驳。明清学者又继续论证，却始终难以在经学层面成立，更难以发挥更大程度的影响。但此说在中国经学史上绵延不绝，学者时有提倡，说明传统礼制的情文结构存在问题。在"徇情"与"节文"之间，学者或弥缝旧义，或提出新说，始终在努力。

情文结构是礼制的核心，古人对此早有深刻认识。《礼记》中就有关于礼、情关系的颇多论述。《礼运》说："夫礼，先王以承天之道，以治人之情，故失之者死，得之者生。"《坊记》说："礼者，因人之情而为之节文，以为民坊者也。"《问丧》说丧礼符合"孝子之志，人情之实"，《三年问》说丧服变除程序是为了"称情而立文"。但《礼器》也说："礼之近人情者，非其至者也。"凡此种种，都在阐明情、文之间的张力：情是人所自发，礼则要为人情订立规范，礼以治情，因情节文，最终达到情文相称。情文结构是礼制得以存在的根基，也是其中最具张力的一对范畴。人情是流动的，礼制节文却不会轻易改变。为了维持礼制之存续，必须顺应人情，调整其节文，维持礼制情文结构的动态稳定。古往今来围绕礼制做出的无数调整，很大程度上都是为了维持这一动态稳定的结构。

学者往往能非常敏锐地捕捉到礼制情文结构的不稳定征兆，并尝试通过辩论经义、编织经说的方式弥缝其罅隙，试图调整情文结构。但从三年丧三十六月这一经说的展开过程来看，这种从书本到书本、从理论到理论的努力收效甚微，反而容易陷入无穷无尽的经义之网，最终流于学者之间的纸上辩经。反倒是社会上的日常生活实践蕴含巨大的原生力量，在缓慢而沉默地推动变革。因此，在考虑中国古代礼制变迁时，除了（明显的、容易留存下来的）学者论争之外，也应关注（沉默的、不易被记录的）人们的日常生活实践。

> ［本文发表在中国历史文献研究会编《历史文献研究》总第
> 51 辑，广陵书社，2023］

《丧服》中的出母、嫁母之服

朱明数

武汉大学中国传统文化研究中心

　　《丧服》所记载的母子之服，有子为嫡母、庶母、继母、慈母等数种，而其中尤为复杂者，乃是为出母、嫁母之服。[①] 子为出母、嫁母之服本于《丧服》"不杖期"章"出妻之子为母"，以及"父卒，继母嫁，从，为之服。报"两条经文。[②] 但自汉以来，出母、嫁母之服便往往在学者的论述之中出现交叉与重叠。又因为此两种丧服涉及血缘与宗族、情感与制度之间的对立与平衡，故而尤其为六朝礼家所关注。现有研究也多聚焦在魏晋时期。张焕君《情理交融：丧服制度与魏晋南北朝社会》以及郑雅如《情感与制度：魏晋时代的母子关系》都有专章对出母、嫁母、继母等相关问题进行了深入的讨论。他们指出，由于魏晋南北朝动荡的社会背景，议者对出母、嫁母、继母等服制的讨论，都强调"恩义相及""以情制服"。[③]"母子的情感恩义，虽然屡屡被父系制度贬抑为'私情'，但所谓'母子至亲''母以子贵'依然是魏晋时人所重视的'人情'。"[④] 张焕君、郑雅如的研究内容丰富，准确展现了魏晋时期对此话题讨论的基本格局。

　　但魏晋学者对经义的复杂辨析与阐发，不仅与当时的社会环境有关，也与此话题在经学内部的错综纠缠有关。经义的分歧正成为当时学者拣

---

①　本文中"嫁母"一词，所指较为宽泛，包括父卒生母改嫁、父卒继母改嫁等多种情况。若不需特做分别之处，径称"出母""嫁母"，于有需要之处则随文称举，以避繁复。
②　《仪礼注疏》卷 30，阮元校刻《十三经注疏》，中华书局，2009 年影印本，第 2390 页上栏。"父卒继母嫁"条之句读依王肃义。
③　张焕君：《情理交融：丧服制度与魏晋南北朝社会》，商务印书馆，2020，第 294 页。
④　郑雅如：《情感与制度：魏晋时代的母子关系》，凤凰出版社，2020，第 97 页。

择立论，各出己见的前提。因而，除了从历史的角度梳理学者论说，把握其时代特质外，从经学的角度分析争议的焦点，溯源学者论说的经义基础，或亦有助于加深对问题的理解，为长期以来的争议问题提供解决方案。

一　身份的纠缠和交错

讨论出母、嫁母之服，自然需要明确二者所指。从历代学者的论说来看，他们对出母、嫁母的认识颇为复杂。略举数家言之：

> 汉石渠议，问："父卒母嫁，为之何服？"萧太傅云："当服期。为父后则不服。"韦玄成以为："父没则母无出义。王者不为无义制礼。若服期，则是子贬母也，故不制服也。"宣帝诏曰："妇人不养舅姑，不奉祭祀，下不慈子，是自绝也。故圣人不为制服，明子无出母之义。玄成议是也。"①

萧太傅之论当是据《丧服》"出妻之子为母"之服，以定"父卒母嫁"之服，故以为除为父后者外，子皆当有期服。而韦玄成却以为，"父卒母嫁"不得比照出母。他以为只有被父所绝才有"出母"之称，而今父卒，母虽改嫁，子亦不得以出母视之，否则便是以子贬母。这里值得注意的是，韦玄成并未引及经文"父卒继母嫁"条以做比附，而是以为"父卒母嫁"无制服之理。可见在韦玄成的观念中，亲生母改嫁与继母改嫁当有所分别。宣帝则侧重强调"理无再适"的观念，以为父卒母嫁，则母自绝于父、自绝于子，故贬之无服。不过，宣帝之说后世学者多不认同，因为出母同样是"不养舅姑，不奉祭祀，下不慈子"，可是子为出母却有服。所以刘宋庾蔚之干脆就将父卒改嫁的生母与出母等同起来对待："母子至亲，本无绝道，礼所谓'亲者属'也。出母得罪于父，犹追服周；若父卒母嫁而反不服，则是子自绝其母，岂天理邪！宜与出母同制。"②

---

① 杜佑：《通典》卷89，王文锦等点校，中华书局，2016，第2440页。
② 杜佑：《通典》卷89，第2438~2439页。

既然论及"父卒母嫁"，那"父在母嫁"即父在而出母改嫁的情况也在学者的讨论之中。清儒胡培翚即提出："《大戴礼》云：'有所取，无所归，不去。'是古之出妻者大都使之归还本宗而已，非出之使他他族也。"[①]他以为妇人有从一之义，即便被出也应该是还归本族，不得轻易改嫁。在胡氏看来，父可以出母，而亦可命出母复归。出而未改嫁则犹有复归的可能，一旦改嫁，则与父族完全断绝，是以出母改嫁之服与出母未改嫁之服当有不同。不过，郑珍却不认同胡氏之说："母得罪于父，父出之。父与母绝矣。其嫁与不嫁，父皆不与知矣，惟知其出而已。"[②]在他看来，出母本就包括出而改嫁和出而未嫁，不必再生分别。

问题的复杂性由以上诸说已可见一斑。仅就亲生母子间而言，以上诸说便提出了几种有代表性的出母、嫁母关系模型（见图1）：

图1 出母嫁母关系示意图

资料来源：笔者自制。

第一种分别出而改嫁与出而未嫁，将被出改嫁之母与嫁母归为一类。第二种以父所绝与不绝为区分出母、嫁母的标准。第三种以母子血缘联系统括出母、嫁母，以为两者并无差别。在此基础上叠加对继母服的讨论，分析父在、父没之别，讨论为父后者如何服丧，问题就变得更加复杂了。更兼学者个人的立场、倾向有异，要知其所以然，判断其是非，就有赖于对经文的彻底分析。

二 "亲者属"与出母之服

先从相对而言简单一些的出母之服入手。《丧服》不杖章"出妻之子

---

① 胡培翚：《仪礼正义》卷22，张文、徐到稳、殷婴宁校点，《儒藏》精华编第48册，北京大学出版社，2016，第1036~1037页。

② 郑珍：《仪礼私笺》卷4，《续修四库全书》第93册，上海古籍出版社，2002年影印本，第294页。

为母"，《服传》解释云："出妻之子为母期，则为外祖父母无服。《传》曰：'绝族无施服，亲者属。'出妻之子为父后者，则为出母无服。《传》曰：'与尊者为一体，不敢服其私亲也。'"郑玄注"亲者属"云："母子至亲，无绝道。"《服传》对此子为出母之服给出了限定与补充。母为父所出，则必然与父族绝，可是子仍能为母服丧，这便是"亲者属"的缘故。如郑玄所言"亲者属"强调的正是母子之间的亲生血缘关系。后世学者更是进一步发明此意。徐邈、雷次宗指出，从经文书法之例来看，"出妻之子为母"这一表述非常精当。他们提出，若经文不强调母子的亲生关系，可径称"出母"或"父之出妻"，不必特言"之子"。可"若但言出母，嫌妾子亦服，故言'出妻之子'"，明非所生不服也，[①] "不直言为出母，嫌妾子及前妻之子为之服，且子无出母之义，故系夫而言出妻之子"。[②] 这就将子为出母之服，严格限定在亲生母子之间。徐、雷之论合于经传之意，其说亦是礼学家的共识。

不过，将出母之服限定在亲生母子之间，就引出了父在、父没时是否有别的讨论。

依据《丧服》，父在之时，士为其生母只能有齐衰杖期之服，父没之后方得伸齐衰三年。而今"出妻之子为母"，经文、《服传》皆未言有父在、父没之别，则父在之时子亦得为出母服齐衰杖期之服。这样一来，父在子为出母之服，同于父在为母，出母"绝族"的状态就不能在服制上得到明确体现。

是以，两晋礼学大家贺循便提出："父在为母，厌尊，故屈而从期。出母服不减者，以本既降，义无再厌故也。"[③] 在贺循看来，子为母本应服三年之服，以父在，故降而为期，是厌于尊而不得伸。而此时，母若再因被出而降，便是"再降"，可是"义无再厌"。所以贺循以为，父在子为出母之服较之父在为母虽有降等之理，而并无降等之实，故同于父在为母。

---

① 杜佑：《通典》卷 94，第 2532 页。
② 杜佑：《通典》卷 89，第 2437 页。
③ 杜佑：《通典》卷 89，第 2440 页。

贺循此说问题颇多，[①] 但其在出母之服中分别父在、父没的观点却颇有响应者。清初时高愈云："出妻之子为母期，盖指父没言之。父没本应为母齐衰三年，因其出也故降为期，不敢欺其死父也。若父在而出母没也，其惟心丧乎？"[②] 胡培翚认同高愈之说，并进一步指出："父在为母期，以父服至期而除，子不敢过之，亦服期而止。岂出母父所不服者，而子敢服之于父侧乎？然则为母期者以父在而屈，为出母期者必父没乃伸。"[③] 高、胡二人以为，夫为妻仅服齐衰杖期之服，当服丧期满，父已除丧，子不得不除，故亦只能以齐衰杖期之服服其母，而不得伸三年。以此类推，夫为出妻无服，此时，子同样应该为父所压，也就不能为出母服丧。是以父在，子为出母无服，父没，子为出母方得有齐衰杖期之服，这就与父在为母之服有别，"绝族"之义得以落实。

但是，高愈、胡培翚的论说是错误的。其错误在于误用"父之所不服，子亦不敢服"之说，因而未能把握子服出母的根本原因。

"父之所不服，子亦不敢服"本诸《服传》。[④]《丧服》之《记》言"公子为其母，练冠，麻，麻衣縓缘。为其妻縓冠，葛绖带，麻衣縓缘。皆既葬除之"。《传》曰："何以不在五服之中也？君之所不服，子亦不敢服也。君之所为服，子亦不敢不服也。"此处之"君"是诸侯以上之君，诸侯尊，为其妾无服。公子为父尊所厌，亦不能遂服其母，故有"父之所不服，子亦不敢服"也。与此类似，见诸《丧服》经传者尚有"父之所不

---

① 贺循是将父在为母理解为"厌降"，将出母之服理解为"出降"，故有"义无再厌"之说。但他对降服的理解是错误的。所谓"厌降"仅关涉公子（尊厌）、大夫之庶子（尊厌）、公之昆弟（余尊之所厌）。父在为母不是降服，而是不得加尊，以本服服之。

② 胡培翚：《仪礼正义》卷 22，《儒藏》精华编第 48 册，第 1036 页。

③ 胡培翚：《仪礼正义》卷 22，《儒藏》精华编第 48 册，第 1036 页。

④ "父之所不服，子亦不敢服"之义，亦见诸《礼记》孔颖达疏所引《丧服条例》。《丧服小记》云："夫降其庶子，其孙不降其父。大夫不主士之丧。"疏文云："大夫降其庶子，故为其庶子不为大夫者，服其大功。而《丧服条例》云：'父之所不服，其子亦不敢服'，故大夫不服其妾，故妾子为母大功也。今嫌既降其子，子厌其孙，故此明虽降庶子，而不厌降其孙矣。"但此段《仪礼正义》虽引《丧服条例》，却显然并非无条件接纳此说。大夫以尊不服其妾，若据"父之所不服，其子亦不敢服"言之，则妾之子为父所压，亦不得为其母服丧。但事实上，《丧服》载大夫妾所生之子，得为其母大功之丧，显然有异于"父之所不服，其子亦不敢服"，是以《仪礼正义》并未全信《丧服条例》，而仅是据《丧服条例》言妾子需从父降服其母而已。

降，母亦不敢降也"①"父之所不降，子亦不敢降也"② 等表述。

但稍做分析便可发现，上述经文多与"厌降"有关，则《传》文所言"所不服、不敢服"等，特有为之论，而非一种普遍、无限定的"凡例"。在这些例子中，只有当父为某一对象本有服而降（绝）服，才会引起子为同一对象的服制变化。若父于某一对象本无服，则子为此同一对象之服固不必受父服与否的约束。曹元弼对此有一定的认识，他说："夫父所不服，子亦不服者，谓从乎父而降也。父本有服而不服之，故子亦本有服而不敢服之。义统于父也。"③ 若父于某对象本就无服，子服与否，便不受父之影响，是以"礼为从母小功，舅、舅之子、从母昆弟、妻之父母缌，皆子一人之服，于父无与，不闻以父所不服而子服之为嫌"。④

由此可知，夫为妻有杖期之服，是本服。妻一旦被出，则族属断绝，夫为此绝族之人已然无所谓本服，也就更谈不上有降服、绝服了。父为之无服，子故不受父之影响，不必拘"父之所不服，子亦不敢服"之说。

曹元弼更进一步阐发"亲者属"之义："出妻之子所以为母期者，以子与母骨肉相连属，身体发肤所从受，有万不能已之情。故夫可绝其妻，而子不可绝其母。"⑤ 他将子为出母服的依据完全系于"亲者属"上。"盖夫妇有离合之义，故妻有过可出，而夫不为之服，妻既绝于夫，亦不复为夫服。母子无中斩之情，故母虽出而子仍为之服，母亦仍为子服，在子视其母固曰吾母也，在母视其子亦曰吾子也。"⑥"亲者属"体现的乃是亲生母子之间天然存在的血缘联系，它并不会随着母族、父族之间关系的变化而有所改变。所以无论母被出与不出，父在与父没，母子"亲者属"皆不变异。

进而，父在为母齐衰杖期、父在为出母齐衰杖期，看似长短相同，但

---

① "齐衰三年"章"母为长子"《传》文。《仪礼注疏》卷30，阮元校刻《十三经注疏》，第2388页下栏。
② "齐衰不杖期"章"大夫之适子为妻""大夫之庶子为适昆弟""大夫之子为世父母、叔父母、子昆弟、昆弟之子、姑姊妹、女子无主者，为大夫命妇者。唯子不报"三条经文之《传》，以及"大功"章"公之庶昆弟、大夫之庶子，为母、妻、昆弟"之《传》。见《仪礼注疏》卷30，第2391、2392、2401、2413页。
③ 曹元弼：《礼经校释》卷14，《续修四库全书》第94册，上海古籍出版社，2002年影印本，第388页。
④ 曹元弼：《礼经校释》卷14，《续修四库全书》第94册，第388页。
⑤ 曹元弼：《礼经校释》卷14，《续修四库全书》第94册，第387页。
⑥ 曹元弼：《礼经校释》卷14，《续修四库全书》第94册，第387页。

制服理据却不同：

> 曰："然则与父在为母不出者何以异乎？"曰："父在为母期，降
> 也。屈于父也。出妻之子为母期，不绝也，属乎子也。至亲以期断，
> 服既专属乎子，则知有服其母而已，无容异也。"曰："然则父没何以
> 不伸三年也？"曰："三年者，加隆之服也。父卒为母三年，尊得伸
> 也。母既出，非复家之所尊，且期者本屈于父之服，故不容有异。三
> 年则几与父并尊，母既出，不敢复以尊服服之。子统乎父也，尊服不
> 敢加，亲服无可绝也。出母为长子亦不三年，以己与庙绝，不复加隆
> 于祖祢之正体，服其亲服而已。"①

除"父在为母期，降也"这一表述似可斟酌外，曹氏之说可谓深明经旨。父
在为母齐衰杖期，乃是因尊无二上，故不得为母加尊，仅以本服服之。为出
母齐衰杖期，乃是本诸母子不可绝之血缘，故以本服服之。两者虽服期相
同，但背后的理由并不相同。其实，父在，嫡子、庶子为嫡母皆有服，而为
出母则仅亲生且非父后之子有服，此中之差异当已可体现出"绝族"之义。

明乎母子间不可断绝的血缘之亲是子为出母服的依据，那么前述"父
在母嫁"即再嫁之出母之服的问题便可轻松解决。

前引胡培翚所论，为再适之出母无服之说，并非其一人之见，而可能
是有所继承的。明儒吕坤便以为："出母而嫁，两相绝也。出母不嫁，为
父守也。夫死而嫁，忘我父也。继母而嫁，情又远矣。而皆杖期，不无等
乎？制礼者宜等焉。"② 清初之吴绂、蔡德晋亦从吕坤之说。及至乾嘉，褚
寅亮等仍以为，子为出母之服"谓未再嫁者耳，嫁则已绝于子"。③

但显然，母子血缘上的联系既然不因为父所绝而有所改易，也就并不
会因出母之再适而变化。且父之于出母，正如晋博士刘喜所论，母被出之
后"则他人矣，去就出处，各从所执，岂复矫（按：指矫公智）父所得制

---

① 曹元弼：《礼经校释》卷14，《续修四库全书》第94册，第387~388页。
② 黄以周：《礼书通故》第9《丧服通故》引吕坤说，王文锦点校，中华书局，2007，第312页。
③ 褚寅亮：《仪礼管见》卷中，《续修四库全书》第88册，第438页。

乎?"① 由此言之,出母之服但据"亲者属"而生,不必分出而未嫁与被出改嫁,亦毋庸分别父在、父没也。

三 "为父后者不服"与嫁母服的争议

除了以"亲者属"解释子为出母之服外,《服传》还特别限定"为父后者不服"。然则何谓"为父后者"?是否嫡妻所生之长子便是为父后者呢?从经文条例来看,恐怕并不如此。夏燮在《五服释例》之中详为归纳,以为:

> 今以经《传》所见"为后"之文,参以郑君之注,凡"为父后者"皆据父卒而言,义例分明。而苟其尚在,则必于"传重"及"为后"之上加一"将"字,明其当传重而尚未传重,当为后而尚未为后也。父卒,而后正其"为父后者"之名,所后之人卒,而后正其"为人后者"之名。②

而张锡恭亦以为:

> 凡言为父后者皆主父卒而立文,而父在之时,虽嫡长子不得称"为父后"也。所以然者,《丧服小记》云:"为父后者为出母无服。"无服也者,丧者不祭故也。注云:"适子正体于上,当祭祀也。"按注以"当祭祀"为言,则亦据父卒者。若父在,则主祭者父也,何病于丧者之不祭,而己不服出母耶?惟父卒而己主祭,故不敢用出母之私,而废尊者之祭也。③

夏燮、张锡恭的解释可谓确论。凡所谓"为父后者"皆指父卒后之承重者言,因此也就不一定特指嫡妻之长子。④《传》文解释"为父后者无服"之

---

① 杜佑:《通典》卷94,第2537页。
② 夏燮:《五服释例》卷2,《续修四库全书》第95册,第424页。
③ 张锡恭:《丧服郑氏学》卷5,吴飞点校,上海书店出版社,2017,第342页。
④ "为人后者"也同样如此,只有所后之人卒,才有为人后者之称。清代学者经过长期的讨论才逐渐确定了这一点。夏燮"必于'传重'及'为后'之上加一'将'字"之论,能够有效解释为人后礼中的不少争论。从经义的角度上来看,预为立后之说是不合理的。是以清代学者至少在经学层面于立后之限定是随着经学研究的深入而日益严格的。

故云："与尊者为一体，不敢服其私亲也。"① 父卒之后，已身承重则有祖先祭祀之重任，而吉凶不相干，是以若服出母之丧，则必废父族之祭，故为父后者当自我抑制，不服为"私亲"之出母。此外，"不敢服其私亲"之语亦见于"缌麻"章"庶子为父后者为其母"之《传》，谓之"私亲"从侧面亦显示出此服专系母子二人，而与父族无涉也。

至此，出母服的相关问题已经得到较为明确的解释：《丧服》"出妻之子为母"，是子为其生母之服，非所生则不服；除为父后者为出母无服外，出母改适与否，父在、父没与否，均不影响子为出母之服；而出母为子之服，同样因"亲者属"而有服，此乃本服，非报服，故经文不言"报"。②

为父后者为出母无服，经传明白无疑义。可是"父卒，继母嫁，从，为之服。报。"《服传》云："何以期也？贵终也。"并无"为父后者不服"的限定。这一差异，就引发出对嫁母（包括生母、继母而言）服理据的复杂讨论。

魏嘉平元年，魏郡太守钟毓以出母无主后为理由迎还出母并为服。钟毓为父后，依据《传》文，并不得为出母服。但学者论及此事，观点却颇有异同。成洽以为钟毓虽为父后，但当服出母，他提出："出母之与嫁母俱绝族，今为嫁母服，不为出母服，其不然乎！经证若斯其谬耳。"③ 吴商反驳成洽之说，提出："出母无服，此由尊父之命。嫁母，父不命出，何得同出母乎？……而今欲以出母同于嫁母，违废父命，岂人子所行？"④

言"嫁母，父不命出"，可知此"嫁母"乃是父卒而后改嫁之生母。因此，成洽、吴商两人实际上是暗用《丧服》"继母如母"之文，以"父卒，继母嫁"之服比例父卒生母改嫁之服，再进一步与出母之服相对比。成洽以为，既然《传》文不言为父后者不服嫁母，则当有服。可是，他指出，无论是被出还是改嫁，母与子已绝族。若为父后者为嫁母有服，而为

---

① 《仪礼注疏》卷30，阮元校刻《十三经注疏》，第2390页。
② 据《服传》之意言之，凡有先施后报、主客尊卑之别者，方有"报服"。此母子是据至亲以期断，以本服服之，故无所谓"报"。
③ 杜佑：《通典》卷94，第2533页。
④ 杜佑：《通典》卷94，第2533页。

出母无服，这就有些轻重失当。所以成洽不惜违背经传，谓其"若斯其谬"也要坚持为父后者为出母亦有服。吴商虽亦以为父后者为嫁母有服为前提，但是他指出，出母是父命之出，为父所绝，而父卒母嫁，此母并非为父所绝。在吴商看来，父之所绝与非父所绝就是为人后者为出母、嫁母服与不服之因。

吴商之论，已经触及对嫁母服理据的探讨。与其所说相似，袁准、谯周、淳于睿也以为为父后者为嫁母有服。[①] 但庾蔚之论及此事，以为："为父后不服出母，为废祭也。母嫁而迎还，是子之私情。至于嫡子，不可废祭。钟毓率情而制服，非礼意也。礼云继母'从，为之服'，非父后者也。"[②] "继嫁则与宗庙绝，为父后者安可以祖嗣而服之乎？"[③] 可见，为父后者不为改嫁之母服丧，也有支持者。

吴商非父所绝故服嫁母之说，与庾蔚之子因私情而服嫁母之说，实皆衍生自郑玄、王肃对"父卒继母嫁"经文的不同解读。正如刘宋时崔凯所言：

> "父卒继母嫁从为之服报。"郑玄云"尝为母子，贵终其恩也"，不别嫡庶。按王肃云："随嫁乃为之服，若不随则不服。"此二议，时人惑焉。[④]

惑在何处呢？郑玄对此经文的理解为"父卒，继母嫁，从为之服，报"，以为子为此父卒改嫁之继母之服源于曾经的"母子之恩"，今继母虽出嫁，但子感念旧恩，仍为之服丧。学者本郑玄此论而推之，继母、继子之间尚"贵终其恩"，那么生母与亲子或当亦然。是以父卒生母改嫁与父卒继母改嫁，皆当"从为之服"，实不用再做分别。而继母之恩又源于父命，故而吴商有嫁母"父不命出"之言，而谯周亦以为："父卒母嫁，非父所绝，

---

① 杜佑：《通典》卷94，第2533页。三人之说并不全同，但皆以为父后者于嫁母有服。
② 杜佑：《通典》卷94，第2533~2534页。
③ 杜佑：《通典》卷94，第2535页。
④ 以下引用崔凯之说，语句顺序略做调整，以使条理更为顺畅。杜佑：《通典》卷94，第2535页。

为之服周可也。"① 这样，经过学者的阐释，"从为之服"就有两方面的理由，其一是恩，其一是父命，而究其实此恩更本于父命。这样的话，此改嫁之母（兼包生母、继母）就不单纯是子的私亲，故为父后者亦当为之有服。

而王肃则读为"父卒，继母嫁，从，为之服，报"。所谓"从"便是要随此继母改嫁，继母抚养此子。如此则子方为此继母服衰。依据王肃之说，则子为此继母之服纯粹系于继母的养育之恩，与父无涉，这当然就是子的私亲，是以为父后者不得有服。"从，为之服"当然有生母、继母的差别，不过崔凯无暇深究，因为郑、王的差异已经使他足够疑惑了。

崔凯较为倾向于王肃之说："《传》云：'与尊者为体，不敢服其私亲'，此不独为出母言，为继母发。继母嫁己随，则为之服，则是私也。为父后者，亦不敢服也。"② 这很明显将从乎寄育作为子为父卒改嫁之继母有服的关键，且将此视作母子间的私恩，故为父后者不服。但是，崔氏又不能完全抛弃郑玄之说：

> 凯以为"出妻之子为母"及"父卒，继母嫁，从为之服，报"，此皆为庶子耳，为父后者皆不服也。凯以为齐缞三年章"继母如母"，则当终始与母同，不得"随嫁乃服，不随则不服"，如此者不成如母。为父后者则不服，庶子皆服也。③

崔凯"继母嫁己随，则为之服"之论，显然本之王肃。但其谓庶子为改嫁继母，"则当终始与母同"云云，实际上转又从郑玄"从为之服"以见"贵终其恩"之说，谓庶子即便不随继母改嫁，亦当为之有服。这样一种杂糅郑、王的论说，表现出崔凯已经认识到郑、王之说明显不同，而又想调和二家，故不得已而提出经文所言专据庶子立论的错误观点。④

---

① 杜佑：《通典》卷 94，第 2533~2534 页。
② 杜佑：《通典》卷 94，第 2535 页。
③ 杜佑：《通典》卷 94，第 2535 页。
④ 前已言及，为出母之服并不局限在庶子为其母之上，崔说此处有误。

四 "从为之服"的进一步推阐

层层推进之后，不难发现，解决嫁母服问题的关键是要处理郑、王的分歧，提供更为周遍、详密的解释模型。

从历代经学研究的实际情况来看，郑玄"从为之服"说响应者寥寥。但晚清学者张锡恭却持守郑说甚坚，并试图更进一步推衍郑说，使之更为邃密：

> 此节言"出妻之子"，下节言"父卒母嫁"，初以为出与嫁分节，究其实，以出与父卒分节也。出者，父所绝也，惟所生者为服，母子至亲无绝道也，故经云"出妻之子"。其嫁者同也，不必更言既出而嫁也。父卒而嫁者，非父所绝也，非所生者亦服，以非父所绝，不惟所生者之私亲也。经故言继母，继母为服而因母可知也，而庶子为适母可推也。①

张锡恭以为，出母是父之所绝，故子服出母，仅因母子有血缘联系，是以非所生则不服。为父后者以不得因私亲废祭祀之故，所以不服出母。此外，子为出母之服别无限制，不必以再适未适、父卒父没而妄生分别。至于父卒母嫁，无论改嫁者是生母还是继母，皆非父所绝，故不为子之私亲，是以非其所生者亦当有服，而为父后者亦服之而不嫌。"庶子为适母可推也"之论，则更是进一步拓展及于父卒嫡母改嫁的情形：嫡母非父所绝，庶子亦为之有服。经过张氏的解读，嫁母与出母之服的界限似乎是较为明晰了。

可是，若进一步深究，张氏以"非父所绝也"论定嫁母之服，不分别生母与继母的做法，也会面临问题。

东晋博士孙绰在论及"父卒，继母还前亲子家，继子为服"的特殊案例时，便指出"非父所绝"说的问题：

---

① 张锡恭：《丧服郑氏学》卷5，第341~342页。

> 继母丧父如礼，服竟之后，不还私家，逾岁历年，循养无二，母恩不衰。适见亲子，专自任意，无所关报，私随其志，绝亡夫，背继子，违三从正义，亦为大矣。今母虽不母，子何缘得计去留轻重而降之哉！夫五服有名，不可谬施。施之为出，出义不全；施之于嫁，嫁义不成。欲降服周，于礼何居？名在夫籍，私归亲子，丧枢南北，礼律私法，订其可知，便决降服。许令制周，颇在可怪。[①]

孙绰之论虽针对继母还归其前夫之家的特殊案例而发，但其实指出了嫁母"非父所绝"说在尊父之外隐含的子无责母之义。以无责母之义，则父卒之后，其母（无论是生母、继母）即便是"绝亡夫，背继子，违三从正义"，子都不能加以贬责，因为"尝为母子，贵终其恩"，"何缘得计去留轻重而降之哉"？可是，就经文来看，一个显然可见的差别是：父卒之后，继母"如母"，则子当为继母服齐衰三年；一旦继母改嫁，则子仅有齐衰杖期之服，轻重有别。同样是"非父所绝"而有此轻重差异的原因何在呢？这是"非父所绝"说不宜解释的问题。

同时，张锡恭言子为嫁母之服不限于亲生母子，更以为"庶子为适母可推也"，则子为改嫁之庶母是亦得以名服三月缌麻？又或庶子为父后者为其改嫁之生母何服呢？对"非父所绝"说的批评或许苛求，但从思路上来看，张锡恭于出母之服强化了子与生母之间的血缘联系，于嫁母之服则又以"非父所绝"淡化子与生母之间的血缘联系，终究给人以不切当之感。张氏对郑玄的株守大概有些太绝对了吧。

反倒是王肃"从，为之服"之说得到了更为广泛的响应，并且在学者的讨论之中日益邃密。王肃"从，为之服"之说实可衍生两种解释。

其一，据"继母如母"之例，以"从，为之服"兼包改嫁之生母、继母之服。不过，此说的缺陷较为明显。首先，若将子为嫁母之服全系诸从乎寄寓之恩，可推知：父卒，生母改嫁而己不从，固当无服。于是，子为出母有齐衰杖期之服，而为嫁母不从不服，固可推出贬"嫁"甚于"出"，

这样则于出母服之中，势必又不得不分别出而不嫁与出而改嫁两等，这就又使出母、嫁母之服相混淆，使《传》"亲者属"之义不彰。[1]

其二，则将"从，为之服"限定在继母上，生母改嫁不在此例之中。

晋河内从事史糜遗便言及此意："夫礼缘人情而为之制，虽以义督亲，然实以恩断。按'继母如母'谓其在父之室，事之犹母，见育犹子，故同之所生……继母出自他族，与己无名，徒以配父，有母之尊，亲抚己，故亦丧之如母。及其出也，既不终养育之恩，有弃为母之名，若不见育，则不服亦宜。"[2] 皇密亦以为"且经称继母如母者，盖谓配父之义，恩与母同。故孝子之心不敢殊也。《传》云'继母何以如母'，明其不同也"。[3] 史糜遗、皇密是将"继母如母"理解为继母在父室之例，一旦"父卒，继母嫁"则不能"如母"矣。此二人皆已注意到，父卒，继母改嫁与生母改嫁，其实有一个重要的分别，那就是生母无论改嫁与否，其与亲子之间的血缘联系是不会改变的。所以，"从，为之服"在他们看来，不过就是为改嫁继母之服的特例，并不能据"继母如母"之言以兼改嫁生母之服。基于此种观点，清儒更是从经义上做进一步的推阐。

当涂夏燮以为：

> 今但就礼言礼，出母有服，继母之嫁者有服，则己之嫁母不容无服。然为父后者，为出母无服，则嫁母与继母之嫁者，亦皆无服。唯继母之嫁，当如王肃之说，从则有服，不从则无服。若己母之嫁者，则当援亲者属之例，虽不从亦有服。然则己之嫁母固一一与出母之例同，故其有服无服之差，经传不再见也。[4]

就连同样极为尊郑的曹元弼，也不得不接受王肃之说：

> 从字句。……从乃为之服，则不从者不服，以非亲者属也。继母

---

[1] 胡培翚便持此说。也正因为如此，胡氏才会分出母不嫁与出母改嫁两类。其误已辨见上。胡培翚：《仪礼正义》卷22，《儒藏》精华编第48册，第1039~1040页。

[2] 杜佑：《通典》卷94礼五四，第2536页。

[3] 杜佑：《通典》卷89礼四九，第2438页。

[4] 夏燮：《五服释例》卷2《嫁母服例》，《续修四库全书》第95册，第418页下栏。

本因配父而为之如母，今既自绝于父则路人耳，何服之有？郑义盖如此，肃窃之，后人又误以马融说解郑注，非也。

> 注曰："尝为母子，贵终其恩"，"尝"当为"尚"，声之误也。从者尚为母子，则不从者非母子明矣。此继母之与因母异者。[①]

曹氏之说实是以王肃之义改造郑玄之说。经过夏爕、曹元弼的论述，出母、嫁母之服的理据同样变得清晰明确。出母、改嫁之生母虽然族属改易，但是母子血缘之联系不曾断绝，是以有齐衰杖期之服，为父后者不服，非所生者不服。继母与子则无血缘之亲，故改嫁继母之服以抚育之恩为凭，从则为之服，不从则不服。将出母、改嫁之生母同归在"亲者属"的原则之下，强化了母子之间血缘联系的作用。从与经文的契合程度来看，并没有明显的矛盾；从实践的角度来看，自魏晋以降之礼典、律令，亦多将出母与改嫁之生母归为一类。以此观之，此说或是较优之解。[②]

结　语

经由层层分析，《丧服》中子为出母、嫁母之服的问题基本得到解决。出母之服，当专据亲生母子言，非所生则不服。除为父后者为出母无服外，出母改适与否，父在、父没与否，均不影响子为母之服。而出母为子之服，亦以血缘之亲而有服，故不必言"报"，且即使子为父后，出母亦当服之。

嫁母之服的争议与郑玄、王肃对"从为之服"的解读密切相关。虽有张锡恭等极力回护郑玄之说，坚持以"非父所绝"作为子为嫁母有服的核心依据，但终究不若王肃之说更切合于经文、情理。后世学者更在王肃说的基础上进一步加以细化推阐，分别父卒改嫁之生母与继母为两类，将子为改嫁生母有服的依据与"亲者属"的血缘联系绑定起来，而将从乎寄寓

---

① 曹元弼：《礼经校释》卷14，《续修四库全书》第94册，第389页上栏。

② 必须指出的是，"亲者属"观念在强化血缘联系的同时，反而淡化了对亲生母子之间养育之恩的强调。一旦以"亲者属"作为子为夫族改嫁之生母有服之理据，则生母弃幼弱而不能减，抚稚子而不能加矣。此外，为父后者是否为改嫁继母服丧，仍然有讨论的空间。但大的关键问题已经能够得到较为合理的解释了。盖经学构想总是一种理想化的模型，不可能完美解决所有的问题。

处理为子为改嫁继母有服的前提，从则有服，有服则有报。论断颇为明确，出母、嫁母之服也各有理据，不再彼此纠缠。

在此过程中，学者们的具体论说虽有优劣疏密之别，论述也往往并非纯为解经而发，但其解说和辩难，勾勒出经文间的补充与制约关系，既揭示了问题的症结，又提供了解题的思路，仍是极为重要的经学资源。而在把握经义的基础上回顾学者的论说，对理解其立场、侧重，理解其所处的时空背景也当不无帮助。

[本文发表在中国历史文献研究会编《历史文献研究》总第50辑，广陵书社，2023]

牟宗三与张岱年关于"唯气论"哲学阐释的分歧
——兼议"清代新义理学"概念的合法性问题

姚彬彬

武汉大学中国传统文化研究中心

关于清代学术义理思想的得失问题，晚近学界一向存在不同意见，在1993 年前后，台湾地区学者张寿安等率先提出了"清代新义理学"（亦称"乾嘉新义理学"）之概念，这主要是针对以往学界多认为清代乾嘉汉学有考据而无义理、有学术而无思想的看法。他们认为，在学界以往的普遍观念中，所谓"义理"几乎专属宋明理学，而与清代考据学无缘，因此强调清代学术中亦存在独立于宋明儒学的义理学系统。[①] 这一说法随即引发长久讨论，后在大陆学界亦有响应，周积明、陈居渊等撰文支持此说的成立，并继有深入阐述。[②]

实际上，回溯关于清代义理学问题的研究历史可知，在 20 世纪上半叶时，学界于乾嘉诸儒是否有义理学的看法，本无原则性争议。以梁启超、胡适、钱穆的看法为代表，梁、胡于清儒义理学的成就评价甚高，梁启超以清儒"'情感哲学'代'理性哲学'"，"乃与欧洲文艺复兴时代之思潮之本质绝相类"。[③] 胡适则认为："这时期的经学家渐渐倾向于哲学化了。凌廷堪、焦循、阮元很可以代表这个倾向。""从戴震到阮元是清朝思想史上的一个新时期；这个时期，我们可以叫做'新理学时期'"。[④] 钱穆虽然于清儒的义理学造诣评价不高，乃至认为"卑之无甚高论"，却也承认他

---

① 参见杨念群《百年清史研究史·思想文化卷》，中国人民大学出版社，2020，第 98 页。
② 参见周积明《〈四库全书总目〉与乾嘉"新义理学"》，《中国史研究》2002 年第 1 期；陈居渊《清代"乾嘉新义理学"探究》，《求索》2003 年第 5 期。
③ 梁启超：《清代学术概论》，上海古籍出版社，2005，第 35 页。
④ 《戴东原的哲学》，季羡林主编《胡适全集》第 6 册，安徽教育出版社，2003，第 458 页。

们"求平恕，求解放，此乃乾、嘉诸儒之一般意见，而非东原个人的哲学理论也"，① 亦非无视其学的客观存在。彻底否定清学的义理思想价值的论断，以 20 世纪后半叶的牟宗三为典型，他在其代表作之一《从陆象山到刘蕺山》（1979）中断定，宋明儒学才是先秦儒家之嫡系，为中国文化生命之纲脉，然"此学随明亡而亦亡。自此以后，……中国之民族生命与文化生命遭受重大之曲折，因而遂陷于劫运，直劫至今日而犹未已"。故其感喟："是故自此以下，吾不欲观之矣。"② 并在《中国哲学十九讲》等多种作品中反复强调此意。兹后大陆以外学界的情况，如郑吉雄所言："诸种《中国思想史》《中国哲学史》一类书籍，受到前述提倡宋明理学的观点的影响，凡涉及清代思想，总表达了一种不太想讲、但又不得不讲的态度，因此这一类思想史论著中'清代'的部分，普遍显得支离、片断，模糊不清。"③ 这自然未必皆是直接受到牟宗三有关论断的影响，至少也代表了彼时较普遍的一种学术思想取向。

但值得注意的情况是，即使牟宗三先生本人，其对清学的负面看法亦非一向如此，其青年时代的著作《从周易方面研究中国之元学及道德哲学》（1935，后于 1988 年再版改题为《周易的自然哲学与道德函义》），以清代胡煦、焦循的易学思想为主要研究对象，著中认定"胡煦、焦循是中国最有系统最清楚最透辟的两位思想家"，"胡煦是从《周易》方面研究自然哲学，解析具体世界；焦循是从《周易》方面发挥道德哲学解析价值世界"。④ 胡煦（1655～1736）是清初学者，而焦循（1763～1820）正是乾嘉汉学的代表性人物之一。牟氏著中还说道："由焦氏之解《易》，可以见出孔门之真面目及真正中国道德哲学之真面目。他受戴震的影响很大；但比戴震透辟多了，伟大多了。"⑤ 不仅于焦循之学不惜溢美，这一表述事实上

① 钱穆：《前期清儒思想之新天地》，《中国学术思想史论丛》（八），生活·读书·新知三联书店，2019，第 8 页。
② 《从陆象山到刘蕺山·序》，《牟宗三先生全集》第 5 册，台北：联经出版事业公司，2003，第 5 页。
③ 郑吉雄：《从乾嘉学者经典诠释论清代儒学的属性》，彭林编《清代经学与文化》，北京大学出版社，2005，第 249 页。
④ 牟宗三：《从周易方面研究中国之元学及道德哲学》，天津大公报馆，1935，第 247 页。
⑤ 牟宗三：《从周易方面研究中国之元学及道德哲学》，第 248 页。

也间接承认了戴震本人的思想史地位。然何以牟氏后来发生如此大的思想转变，其成因颇值得玩味和探讨。在20世纪30年代，张岱年先生撰写系列文章，论定清儒的思想义理接续宋儒张载的"唯气论"，而后来牟宗三的有关哲学观点与张岱年几乎全然针锋相对（其著中虽未明言）。对比分析二家之说，当是解决这一问题的重要线索。

一 牟宗三对宋明儒学"唯气论"一系独立性的否定

牟宗三在其阐释宋明儒学的代表作《心体与性体》（撰写于20世纪60年代，出版于1968~1969）中，对宋明儒学做出三系之判分。其一，从南宋胡五峰到晚明刘蕺山的"性体"系。此系上承周敦颐、张载，并由程颢之"一本义"开出（然北宋之时"犹未分系也"，三家之说为其前承），认为"此系客观地讲性体，以《中庸》《易传》为主；主观地讲心体，以《论》《孟》为主"。本体上"以心著性"，于工夫论尚重"逆觉体证"。其二，从南宋陆象山到明代王阳明的"心体"系。认为此系"以《论》《孟》摄《易》《庸》，而以《论》《孟》为主"。重在讲一心之朗现，一心之伸展，一心之遍润，于工夫论上亦以"逆觉体证"为主；其三，从程颐到朱熹的"理体"系。认为此系"以《中庸》、《易传》与《大学》合，而以《大学》为主。于《中庸》《易传》所讲之道体、性体只收缩提炼而为一本体论的存有"，即"只存有而不活动"之理，于孔子之仁亦只视为理，于孟子之本心则转为实然的心气之心，因此，于工夫论上特重后天之涵养以及格物致知之认知的横摄，其落实处全在格物致知。[①] 由此可见，牟宗三认定宋明儒之学说全然为心性哲学的流变与分化，其立足于"此心性之学，乃中国文化之神髓所在"[②] 这一新儒家群体的共识性看法，在他看来，儒释道三教都是"生命的学问"，"中国人'生命的学问'的中心就是心和性，因此可以称为心性之学"。[③] 因此，在他对宋明儒学的阐释

---

① 《心体与性体》第1册，《牟宗三先生全集》第5册，第52~53页。
② 牟宗三等：《为中国文化敬告世界人士宣言——我们对中国学术研究及中国文化与世界文化前途之共同认识》，封祖盛编《当代新儒家》，生活·读书·新知三联书店，1989，第21页。
③ 牟宗三：《中国哲学的特质》，上海古籍出版社，2007，第75页。

中，并未给"气本论"留下位置，他甚至认为宋明儒中就不存在"唯气"的学说，这在他对张载哲学体系的分析中已可见一斑。

牟宗三虽称颂张载是"关河之雄杰，儒家之法匠"，但并不认同张载对"气"的偏重，认为张载"以气之纲缊说太和、说道，则著于气之意味太重，因而自然主义之意味亦太重，此所以易被人误解为唯气论也"。[①] 并认为张载哲学体系中的本体并非"气"，谓"横渠以天道性命相贯通为其思参造化之重点，此实正宗之儒家思理，决不可视之为唯气论者"。[②] 进而，通过一番曲折的解释，牟氏以"太虚即气"中的"太虚"才是张载哲学的本体观念，以"太虚神体"为形而上之最高存在，故"气以太虚——清通之神——为体"。[③] 从而得出结论："太虚固可以'清通之神'定，实亦可以'寂感真几'定，寂感真几即是寂感之神。总之，是指点一创造之真几、创造之实体（creative feeling、creative reality）。此真几实体本身是即寂即感、寂感一如的；总言之曰'神'亦可，神以妙用之义定；曰太虚亦可，太虚以'清通无迹'定。"[④] 此说解太虚为本体，与张岱年解太虚为空间之说异趣。然吾人细读《正蒙·太和》之文本，张载有"气之聚散于太虚"一语，可见太虚当为场所，又谓此"犹冰凝释于水"，意思十分明白，冰与水本为同一物存在的不同样态，自不能解为水为"形上"而冰为"形下"。牟氏持论之理据，在《正蒙·太和》"太虚无形，气之本体，其聚其散，变化之客形尔"等语，故其谓："'虚空即气'是根据'太虚无形，气之本体'而来，而'太虚无形'则是根据'清通而不可象为神'而来，是则太虚、虚空、虚无，即清通不可象之神也。"[⑤] 故牟宗三反对将张载所说的"太和"之下"分解为气与神"。[⑥] 然此说显与《正蒙》文本有所抵牾，《正蒙·乾称》："气之性本虚而神，则神与性乃气所固有，此鬼神所以体物而不可遗也。"显然将"虚"与"神"这类性质皆从属于气

---

① 《心体与性体》第 1 册，《牟宗三先生全集》第 5 册，第 459 页。
② 《心体与性体》第 1 册，《牟宗三先生全集》第 5 册，第 459~460 页。
③ 《心体与性体》第 1 册，《牟宗三先生全集》第 5 册，第 466 页。
④ 《心体与性体》第 1 册，《牟宗三先生全集》第 5 册，第 467 页。
⑤ 《心体与性体》第 1 册，《牟宗三先生全集》第 5 册，第 445 页。
⑥ 《心体与性体》第 1 册，《牟宗三先生全集》第 5 册，第 459 页。

之下。所谓“太虚无形，气之本体”者，当谓茫茫太虚，即气的本来存在样态，非离气别有一本体也，故张载言“太虚即气”。李存山曾全面辨析牟宗三对张载哲学的解读，得出结论认为：“就‘太虚’、‘神’与‘阴阳’的关系而言，无论在《易说》还是在《正蒙》中都没有确切的史料可以证明‘太虚’‘神’超越了‘阴阳’或‘太极元气’。”① 这一看法是公允的。

牟氏坚持以“太虚”为本体，这样如何解读“太虚即气”之语，便成了他必须解决的问题，对此，他利用了他所擅长的佛教天台宗的“圆教”说的解经方式，认为此“即”不能理解为“是”，认为：“是以此‘即’字是圆融之‘即’，不离之‘即’，‘通一无二’之‘即’，非等同之即，亦非谓词之即。显然神体不等同于气。就‘不等同’言，亦言神不即是气。此‘不即’乃‘不等’义。”② 简单言之，他认为“太虚即气”即“太虚不离于气”的意思。平心论之，此说的吊诡与勉强之处，相当明显。故牟氏乃至认定古今诸家皆误解张载之意：“当时有二程之误解，稍后有朱子之起误解，而近人误解为唯气论，然细会其意，并衡诸儒家天道性命之至论，横渠决非唯气论，亦非误以形而下为形而上者。”③ 为独张己说，乃至断言与张载同时代的二程都理解错了，持论毋宁太过。

牟宗三何以为了否定“气论”一系在宋明儒学中的独立存在，而坚持对张载学说做此牵合与生硬之解读？恐怕无非是要凸显“唯心论”的绝对独立性，这结合与他同时代的张岱年所著《中国哲学大纲》中有关气论哲学的论述，可以得到一些启示。《中国哲学大纲》中使用的概念体系，若以张载哲学为“唯气论”，以陆王一系学说为“唯心论”（此“唯心论”又恰恰是牟宗三所坚持的哲学立场）等，多亦牟宗三的《心体与性体》等诸书中所惯用，二家之持论则全然异路，而《中国哲学大纲》成书又更早，对读这两种著作，吾人若以牟氏著书过程中隐隐以张岱年之说为论敌，恐非无因之论。

---

① 李存山：《“先识造化”：张载的气本论哲学》，《中国哲学史》2009 年第 2 期。
② 《心体与性体》第 1 册，《牟宗三先生全集》第 5 册，第 481 页。
③ 《心体与性体》第 1 册，《牟宗三先生全集》第 5 册，第 493 页。

二　张岱年对中国古典气论哲学的唯物主义思想特质的探讨

根据张岱年先生自述，其《中国哲学大纲》于 1935 年开始撰写，1937 年完成初稿，1943 年曾在北平私立中国大学印为讲义，1958 年由商务印书馆正式出版。张岱年著中将宋明儒有关宇宙本根问题探讨的思想脉络分为三个基本类型，即气论、理气论、唯心论，其中理气论上承先秦道家之道气二元论，由北宋二程开其先，并由南宋朱熹集其大成；唯心论即"主观唯心论"，张岱年认为其在中国的正式形成当与佛教"万法唯识"观念的输入有关，在儒家中由南宋陆九渊及其弟子杨简开其端绪，并由明代王守仁集其大成。至于"气论"一系，张岱年的梳理用力最深，分两节述之，此说渊源自先秦秦汉之诸家思想，由北宋张载集大成而成"唯气论"（或称"气本论"），并由明清之际的王夫之承其学而有所拓进，清代以来又有颜李学派、戴震诸家扬其辉光。[①]"唯气论"一系近于西洋唯物论思想的这一看法，张岱年在其 1936 年所撰《哲学上一个可能的综合》一文中已有扼要的勾勒，其文谓：

> 唯物论在西洋哲学中即不曾有充分的发展，在中国哲学中，乃更不盛；但也有其传统。最早的有唯物倾向的哲学家，当推惠施，他最注重物的研讨，不以主宰的天及玄秘的道来解说宇宙，而以"大一""小一"来说明一切。其次唯物的倾向最显著的是荀子，荀子只承认一个自然的物质的天。而《易传》的思想也颇有唯物的倾向，故说乾阳物，坤阴物，乾坤只是二物，而其所谓太极，不过究竟原始的意思，也没有理的或心的意谓。宋以后哲学中，唯物论表现为唯气论，唯气论成立于张横渠，认为一切皆气之变，太虚也是气，而理亦在气之内，心也是由内外之气而成。唯气论其实即是唯物论，西文唯物论原字，乃是唯质或唯料的意思，乃谓质料为基本，而气即是质料的意思，所以唯物论译作唯气论，亦无不可。张子的唯气论并无多大势

---

①　参见张岱年《中国哲学大纲》，江苏教育出版社，2005，第 24 页。

力，继起的理气论与唯心论，都较唯气论为盛。到清代，唯气论的潮流乃一发而不可遏，王船山、颜习斋先后不相谋的都讲唯气。王船山由唯气进而讲唯器，器即物的意思。颜习斋更讲知不能离物，都是彻底的唯物思想。习斋以后有戴东原，讲气化流行，理在事物的宇宙论，理欲合一的人生论，皆唯物思想。①

此明确指出，"唯气论"思想的蓬勃兴起主要在清代。张岱年先生更认为："今日中国的新哲学，必与过去中国哲学有相当的继承关系。我们所需要的新哲学，不只是从西洋的最新潮流发出的，更须是从中国本来的传统中生出的。本来的传统中，假如有好的倾向，则发展这好的倾向，乃是应当。"② 这一"好的倾向"，其所指即唯气论这一传统走向，张岱年谓："中国近三百年来……有创造贡献的哲学家，都是倾向于唯物的。这三百年中最伟大卓越的思想家，是王船山、颜习斋、戴东原。在宇宙论都讲唯气或唯器；在知识论及方法论，都重经验及知识之物的基础；在人生论，都讲践形、有为。所谓践形，即充分发展人的形体，这种观念是注重动、生、人本的。我们可以说，这三百年来的哲学思想，实以唯物为主潮。"

故张岱年明确提出自己的哲学态度："现代中国治哲学者，应继续王、颜、戴未竟之绪而更加扩展。王、颜、戴的哲学，都不甚成熟，但他们所走的道路是很对的，新的中国哲学，应顺着这三百年来的趋向而前进。"③

张岱年先生所寄望的中国哲学的未来方向，即延续气学传统的唯物论的发展，更具体地说，实指马克思的唯物主义（张岱年称为"新唯物论"）于中国的植根和生长。他认为，"今后哲学之一个新路，当是将唯物、理想、解析，综合于一"，而"唯物与理想之综合，可以说实开始于马克思、恩格斯的新唯物论"。④

要之，张岱年视由张载开启，并在清代以来勃兴的气论哲学传统，为接引马克思主义输入中国的思想底蕴。在 20 世纪 30 年代，张岱年倾向于

---

① 《哲学上一个可能的综合》，《张岱年全集》第1卷，河北人民出版社，1996，第271~272页。
② 《哲学上一个可能的综合》，《张岱年全集》第1卷，第271页。
③ 《哲学上一个可能的综合》，《张岱年全集》第1卷，第273页。
④ 《哲学上一个可能的综合》，《张岱年全集》第1卷，第262页。

马克思"新唯物论"的哲学立场已经相当明确，其在1935年发表的《论现在中国所需要的哲学》中强调，未来新的中国哲学创造，在内容上必须具备四个特征：其一，在一意谓上是唯物的；其二，在一意谓上是理想的；其三，是对理的；其四，是批评的。① 他晚年回忆说："我自己当时的哲学见解，较集中地体现于《论现在中国所需要的哲学》一文，……30年代以来，我一直关心中国哲学的前途问题，考虑中国哲学复兴的道路。……《论现在中国所需要的哲学》这一篇，提出了我对于未来中国哲学的见解。"② 其所指向，亦即马克思主义哲学。

通过对张岱年先生的这一思路的爬梳，牟宗三何以坚决不承认气论哲学一系的存在，其深层原因也就呼之欲出了。张岱年判张载哲学是"唯气论"，牟宗三则说对于张载"决不可视之为唯气论者"；张岱年称陆王一系心学是"唯心论"，而这种"唯心论"又恰恰是牟宗三最为认同的哲学立场。1933年张岱年发表了《中国元学之基本立场——"本根"概念之解析》，文中称："今所谓本体，古谓之'本根'，或'元'。"③"元学"这一概念，虽未必是张岱年首倡，但于"中国元学"之概念界定，就笔者所见，或当即自张岱年始。而牟宗三1935年出版的《从周易方面研究中国之元学及道德哲学》中亦称"元学"，此"元学"之意涵，亦与张氏所阐者基本符契。凡此种种，当不能简单以巧合视之。

根据张岱年自述，他在1932年开始已与牟宗三之师熊十力先生有交往："我与熊十力先生相识，在1932年。当时我在《大公报》的《世界思潮》副刊上发表了几篇文章。熊先生对吾兄申府说，我想和你弟弟谈谈，于是我即到熊先生寓所拜访。其后熊先生在京时，我大约每半年访问他一次。主要谈些有关佛学和宋明理学的问题。"④ 而张岱年之兄张申府先生也是牟宗三的老师，由此可见，牟氏在青年时代自应早已与张岱年相识，二人系同龄，而彼时张岱年先生已然在哲学界有了一定名气，牟氏毕生不满

---

① 《论现在中国所需要的哲学》，《张岱年全集》第1卷，第240页。
② 张岱年：《张岱年学述》，林大雄整理，浙江人民出版社，1999，第38~39页。
③ 《中国元学之基本立场——"本根"概念之解析》，《张岱年全集》第1卷，第167页。
④ 《忆熊十力先生》，《张岱年全集》第8卷，第451页。

于马克思主义哲学观点，其于张氏之哲学取向，在当时已有所了解乃至逐渐发生质疑，自是顺理成章的情况。

1949 年以后，张岱年先生对于气本论思想的阐释继有深入，就对张载哲学的研究而言，1955 年张岱年发表《张横渠的哲学》，1956 年又出版《张载——十一世纪中国唯物主义哲学家》，以马克思主义唯物论为方法立场，全面梳理了张载的气化宇宙论、辩证观念、认识论、伦理学说、政治思想。张岱年的看法在当年虽亦引起了一些争议和讨论，但认定中国古代的气论哲学大体或部分接近于唯物论的看法，渐被主流的哲学和思想史学界接受。就彼时最具代表性的学术作品而论，1959 年出版的侯外庐主编的《中国思想通史》第四卷上册"关学学风与张载的哲学思想"节中称："从'气'的唯物主义的命题出发，张载把宇宙的全部时间进程形容为'气'的不断的聚散"，这些内容"无疑是张载思想中进步的因素"，尽管"还存在更多的唯心主义的、神秘主义的成分，是张载没有摆脱的"。[①] 1963年任继愈主编的《中国哲学史》第三册"张载的元气本体论思想"章中称："张载的哲学体系是唯物主义的，但其中也包含着不少唯心主义观点。他的元气本体论哲学得到明、清的进步思想家的继承和发展；他的哲学中人性论和宗教神秘主义部分，也曾受到宋、明的一些唯心主义学派的表扬，甚至有些本来是以元气本体论为基础的观点，也曾被后来的一些思想家加以歪曲。"[②]

由此可见，在 20 世纪 80 年代以前，以张岱年先生为代表的，视中国古典气论哲学是"唯物"的、较为"进步"的传统思想遗产，并以之为接引马克思唯物论输入中国的"内因"，为彼时大陆学界之主流意见。而就牟宗三而言，他从不讳言自己"讨厌马克思"，[③] 无论是他自身的思想取向，还是基于在现实中的所处环境，都决定了他将与这一观点持截然相反的对立立场。

---

① 侯外庐主编《中国思想通史》第 4 卷上册，人民出版社，2011，第 494~497 页。
② 任继愈主编《中国哲学史》第 3 册，人民出版社，2010，第 202 页。
③ 《客观的了解与中国文化之再造》，《牟宗三先生全集》第 27 册，第 433 页。

三 牟宗三否定清代学术思想价值及提倡"唯心论"的文化立场

张岱年先生论定清代学术中的主流哲学思想，即王夫之、颜元、戴震等人的学说皆接续了中国古典气论哲学而"实以唯物为主潮"。而牟宗三在20世纪60年代以后则全然不承认清学的任何义理学价值，乃至常在不同著作、不同场合中予以激烈批判，这与牟宗三对古典气论哲学的否定本身思路是连续一贯的。而且，牟宗三对清学进行批判时，总是将"清代学术—五四新文化运动—马克思主义传入中国"这三个思想史环节作为有内在必然联系的逻辑来进行叙述。如1989年他在晚年的一次学术发言中说：

> 乾嘉时代的学风是考据，它支配中国学术直到清末，余风至今未息，从那时起，中国的学问传统就断了。即使如梁任公这样博学，号称近代思想家的人，竟然对中国文化发展的脉络丝毫不清楚，他把乾嘉年间的学风看成中国的"文艺复兴"，这简直是违背常识，荒谬到极点。可见中国知识分子到清末已经没有思路了，不知道如何表现观念。我常感慨在清末民初之际，正是民族危急存亡之秋，而知识分子却拿不出办法，不能思考，没有理路，不会表现观念。"没有观念就没有生命"（no idea therefore no life）我这句话就是对这时代而发。中国人本来很聪明，很有智慧，文化累积那么深厚，为什么会落到如此地步呢？因为民族生命受挫折，文化生命受歪曲，学术传统断了，时代挑战一来，便只能以世俗浮浅的聪明去反应，衷心无主，东西跳梁。……这样的学问怎能歌颂它是"文艺复兴"呢？一直到现在，知识分子还不能痛切反省，还站在清人的立场批评王学、骂宋明理学，中国文化之根到那里去找呢？①

后文还言道，"'老总统'（引者按：指蒋介石）当年在阳明山提倡王学，其用意是对的"，并谓"阳明学既然因明朝亡国而断绝了，虽有国民党的

---

① 《"阳明学学术讨论会"引言》，《牟宗三先生全集》第27册，第410~411页。

提倡，还是'若即若离'"，①认为未来中华文化的发展方向，应该是以陆王心学为重心的"唯心论"的复兴。

就对清代学术的判定而言，梁启超、胡适等视清代考据学方法之为五四新文化时期"赛先生"，也就是"科学精神"的本土文化资源；而张岱年等倾向于马克思主义的哲学家们则又将清儒的"气本论"思想视为晚近"新唯物论"勃兴之先军。无论是"新文化运动"，还是"新唯物论"，都是牟宗三极为抵触和明确反对的。故他在1992年的一次谈话中断言："将来支配中国命运的是彻底的唯心论。"②并阐述了他理想中的"中国的唯心论系统"：

> 中国有唯心论，没有 idealism。中国人所说的心，不是 idea。孟子所说的良知良能是心，四端之心是心。陆象山言："宇宙便是吾心，吾心便是宇宙。"是宇宙心，其根据在孟子。王阳明讲良知，还是心。佛教讲如来藏自性清净心，也是心，不是 idea。如来藏自性清净心前一个系统是唯识宗，唯识宗讲阿赖耶，阿赖耶识是识心，也是心，不是 idea。所以，只有中国才有真正的唯心哲学。什么叫做彻底的唯心论呢？就是中国唯心哲学这一个大系统。③

并提出，这种唯心论"以哲学系统讲，我们最好用康德哲学作桥梁，吸收西方文化以重铸中国哲学，把中国的义理撑起来，康德是最好的媒介"。④这也是他一贯的哲学立场，即以康德哲学为参照，熔陆王心学、佛教天台宗的"圆教"思想，以及《大乘起信论》的"一心开二门"观念于一炉，即其所谓"中国的唯心论系统"。

虽然这一哲学立场基于他平生的思想取向而提出，但其持论却又明确

---

① 《"阳明学学术讨论会"引言》，《牟宗三先生全集》第27册，第412、414页。
② 《鹅湖之会——中国文化发展中的大综合与中西传统的融会》，《牟宗三先生全集》第27册，第448页。
③ 《鹅湖之会——中国文化发展中的大综合与中西传统的融会》，《牟宗三先生全集》第27册，第455页。
④ 《鹅湖之会——中国文化发展中的大综合与中西传统的融会》，《牟宗三先生全集》第27册，第456页。

置于与"唯物论"对立的语境之上。他判定，当时"'彻底的唯物论'的彻底失败，没有人相信马克思"，故"彻底的唯物论表现过了，表现的结果是彻底失败。将来中华民族的方向、历史运会的方向必然是彻底的唯心论，必然是一个大综和。这就是说，新儒家的兴起有历史运会上的必然性，你要担当这个必然性。中华民族要担当这个必然性"。① 这已绝非纯然学理性的讨论，已然涉及了文化意识形态取向层面的对立心态了。

由此，牟宗三何以不承认"气本论"哲学的独立性，以及为何改变了早年在《从周易方面研究中国之元学及道德哲学》中的看法，转而激烈否定清代学术思想的客观价值，已然可以得到明确的答案。

结　语

牟宗三在《心体与性体》中提出的宋明儒学之三系说，在学界历来见仁见智，杜维明曾指出："牟先生的清理给了我们一个脉络，而这个脉络的好处就是使我们能够了解牟先生对于整个宋明儒学的解读，以及他的思想的创发性，这一点非常好，也并非所有的人都能做得到的。但是人们如果把它看成客观了解宋明儒学的一种模式、一种定说，或者把它看作宋明的大思想家的一种自我认识，比如说宗周他们的自我认识，这里面问题就太多，纠缠也太多，……他的解释模式和思想的创发性并不是从历史传承的角度，而是从理论形态的相似性和义理的内在逻辑性中表现出来的，但是如果我们用那个模式来套宋明儒学，那问题就会变得非常复杂，思想史上几乎比较熟悉宋明一段的人都觉得这种划分问题比较多。"② 这一看法堪称公允。换言之，牟宗三对哲学史的研究，毋宁说更多存有"借他人酒杯，浇自己块垒"的倾向，惯于在对历史的叙述中投射和阐述自己的哲学思想，并非一种客观中立者的言说方式。所以，他对宋明儒学的诠释一向有甚多争议，诸如判朱熹之学为"别子为宗"而并非儒门正统之说，便是

---

① 《鹅湖之会——中国文化发展中的大综合与中西传统的融会》，《牟宗三先生全集》第27册，第450~451页。
② 杜维明、东方朔：《杜维明学术专题访谈录——宗周哲学之精神与儒家文化之未来》，复旦大学出版社，2001，第186页。

如此；其对张载哲学的解读，亦属此种情况。即使一向尊重牟氏的台湾地区学者杨儒宾近年亦强调，宋明儒学之三系，程朱言"性体"，陆王言"心体"，张载之气本论为"道体"，指的是"以气化之道作为本体的展现的学说"，以张载、方以智、王夫之等代表道体论一系，"可视为理学的第三系"，[①] 此说显然更近于张岱年先生的观点，亦较为切合实情。

深受汉唐气论哲学影响，并由张载开启的宋明儒之"气本论"一系思想，是否乃至多大程度上近于西洋唯物论，以及用这种"格义"的方式诠释中国古典气论哲学是否合理，当然是可以讨论乃至商榷的。牟宗三本人偏好"唯心论"的哲学立场，我们虽然难以接受，亦可尽量结合彼时的历史语境来给予一定"了解之同情"。但是，若以此否定中国哲学史上气本论哲学的客观存在，乃至由此全然否定清代义理学思想的客观存在以及价值意义，则是违背历史主义的客观性的。我们虽无意亦不可能否定牟宗三先生自身哲学体系的原创性价值，但他出于主观文化立场对气本论哲学和清代义理学所做出的判断，实在有失公允。就此而言，近三十年来学界关于"清代新义理学"存在与否的问题，实在是一个伪命题，而且，这一问题争议的形成，一开始就陷入了类乎"一切历史都是当代史"的立场先行的诠释误区之中。任何学术体系达到了一定高度之后，都不可能忽视或回避形而上的问题，统贯天人的超越性追求，实为中国传统一切学问的精神底蕴，在清学中当然亦莫之能外。

[本文发表在谢阳举主编《中国思想史研究》2023 年第 1 辑，中国社会科学出版社，2023]

---

① 杨儒宾：《继成的人性论：道体论的论点》，《中国文化》2019 年秋季号。

图书在版编目（CIP）数据

赓续·变革：清代学术与思想研讨会论文集／朱明
数编 . -- 北京：社会科学文献出版社，2024.12.
ISBN 978-7-5228-4792-4

Ⅰ . B249.05-53

中国国家版本馆 CIP 数据核字第 2024MV2680 号

赓续·变革
————清代学术与思想研讨会论文集

编　　者／朱明数

出 版 人／冀祥德
责任编辑／吴　超
文稿编辑／孙少帅
责任印制／王京美

出　　版／社会科学文献出版社·人文分社（010）59367215
　　　　　地址：北京市北三环中路甲 29 号院华龙大厦　邮编：100029
　　　　　网址：www.ssap.com.cn
发　　行／社会科学文献出版社（010）59367028
印　　装／三河市龙林印务有限公司

规　　格／开　本：787mm×1092mm　1/16
　　　　　印　张：23　字　数：343 千字
版　　次／2024 年 12 月第 1 版　2024 年 12 月第 1 次印刷
书　　号／ISBN 978-7-5228-4792-4
定　　价／139.00 元

读者服务电话：4008918866